Wilfried von Bredow (Hrsg.)

Die Außenpolitik Kanadas

Wilfried von Bredow (Hrsg.)

Die Außenpolitik Kanadas

Westdeutscher Verlag

Bibliografische Information Der Deutschen Bibliothek
Die Deutsche Bibliothek verzeichnet diese Publikation in der Deutschen
Nationalbibliografie; detaillierte bibliografische Daten sind im Internet über
<http://dnb.ddb.de> abrufbar.

Gesellschaft für Kanada Studien e.V.

Entstehung und Druck des Buches wurden freundlich begleitet und unterstützt durch
die kanadische Botschaft und die Gesellschaft für Kanada Studien.

1. Auflage Mai 2003

Alle Rechte vorbehalten
© Westdeutscher Verlag/GWV Fachverlage GmbH, Wiesbaden 2003

Der Westdeutsche Verlag ist ein Unternehmen der
Fachverlagsgruppe BertelsmannSpringer.
www.westdeutscher-verlag.de

Umschlaggestaltung: Horst Dieter Bürkle, Darmstadt

Gedruckt auf säurefreiem und chlorfrei gebleichtem Papier

ISBN-13: 978-3-531-14076-6   e-ISBN-13: 978-3-322-80483-9
DOI: 10.1007/978-3-322-80483-9

Inhalt

Einleitung

Wilfried von Bredow

Mit Kanada verbindet man hierzulande in der Regel freundliche Assoziationen – das Ahornblatt auf der Fahne, Ahornsirup, Eishockey, das die Kanadier aus unerfindlichen Gründen nur Hockey nennen, die unendlichen Horizonte der Prärien und die reine und klare Kälte des Nordens. Dass Kanada eine große Zahl von erfolgreichen Schriftstellern hervorgebracht hat und weiter hervorbringt, wissen die Kenner der zeitgenössischen Literatur. Wenn es aber politisch wird, versagen die Assoziationsquellen meist, und wenn man etwas über das politische System oder die Außenpolitik Kanadas sagen soll, herrscht oft Ratlosigkeit.

Das liegt zum einen an der doch ziemlich auf Deutschland und Europa konzentrierten Ausrichtung des politischen Diskurses in unserem Land, freilich auch an einem Sachverhalt, der sich immer wieder auf zwiespältige Weise als enorm folgenreich für Kanada ausgewirkt hat, nämlich die unmittelbare Nähe zu den Vereinigten Staaten, dem mächtigen südlichen Nachbarn. Für Staat, Wirtschaft und Gesellschaft in Kanada war und ist diese Nachbarschaft sozusagen schicksalsbestimmend; und gleichviel, wie sie von den Kanadiern wahrgenommen wird, sie übt auch einen entscheidenden Einfluss auf den außenpolitischen Verkehr Kanadas mit anderen Staaten und Regionen der Welt aus. Dabei gehört Kanada mit seiner Riesenfläche von beinahe 10 Mio. km² und seinen etwas mehr als 30 Mio. Einwohnern, seinem föderalen, parlamentarischen politischen System und seiner demokratisch geprägten politischen Kultur, seinem Reichtum an Bodenschätzen und seiner prosperierenden Wirtschaft zu den „erfolgreichsten" Ländern auf dem Planeten. Im internationalen System der Gegenwart, das ja nach dem Ende des Ost-West-Konflikts erhebliche strukturelle Änderungen durchmacht, spielt es die Rolle eines kooperativen, auf Vermittlung und Deeskalation von gewalttätigen Konflikten bedachten Landes, eben einer freundlichen Mittelmacht.

Im deutschsprachigen Raum gibt es eine insgesamt erstaunlich lebendige Kanada-Forschung, deren akademische Schwerpunkte allerdings in Disziplinen wie der Sprach- und Literaturwissenschaft oder der Geographie liegen. Politikwissenschaftliche Forschungen über Kanada werden nur an wenigen Orten systematisch betrieben, hier ist insbesondere das Institut für Kanada-Studien der Universität Augsburg hervorzuheben. Ziemlich dünn wird die Ertragslage, wenn man speziell nach Forschungen zur kanadischen Außenpolitik fahndet. Hierzu hat sich, in beschränktem Rahmen, ein kleiner Schwerpunkt an der Universität Marburg entwickelt, und der hier vorgelegte Band ist ein erstes Ergebnis dieser Bemühungen.

Nun ist es im akademischen Betrieb durchaus etwas Ungewöhnliches, wenn ein Sammelband wie dieser in so starkem Maße von jungen Autorinnen und Autoren geprägt wird, wie das hier der Fall ist. Die Vorgeschichte unseres Projekts ist schnell erzählt: Im Jahr 1999 begann eine Gruppe Studierender in Marburg, angeregt von Lehrveranstaltungen zur Politik der Vereinten Nationen, sich in einem konzentrierten und von beachtlicher Selbstdisziplin geprägten Maße auf die Teilnahme an einem der größten und seit vielen Jahrzehnten in den Vereinigten Staaten fest etablierten Planspiel vorzubereiten, der *National Model United Nations* (NMUN). Dieses Planspiel findet im Frühjahr jeden Jahres für eine knappe Woche am Sitz der Vereinten Nationen statt. Über tausend Studentinnen und Studenten aus Colleges und Universitäten der USA, aber auch aus anderen Ländern nehmen daran teil. Sie bilden Delegationen, die entweder ein Land, eine internationale Organisation oder eine Nichtregierungsorganisation in den verschiedenen Organen der Vereinten Nationen vertreten. Seit Jahren schon nehmen auch Delegationen verschiedener deutscher Universitäten an der NMUN teil.

Die Marburger Bewerbung, erstmals im Frühjahr 2000 mit einer Delegation an der NMUN in New York teilzunehmen, war erfolgreich. Mehr als das – wir sollten Kanada vertreten. Dies erwies sich vor allem insofern als ein Volltreffer, als am Marburger Zentrum für Kanada-Studien die kanadische Außenpolitik gerade zu einem Schwerpunkt auszuwachsen begann. Auf diese Weise waren günstige Voraussetzungen geschaffen, die inhaltliche Vorbereitung der NMUN-Delegation gründlich und professionell vorzubereiten. Tatsächlich konnten mit finanzieller Unterstützung der Gesellschaft für Kanada-Studien und der Kanadischen Botschaft eine Reihe von Workshops durchgeführt, die nötige Studienliteratur angeschafft und über Kontakte mit Diplomaten praxisnahe Einblicke in das Alltagsgeschäft der kanadischen UNO-Politik gewonnen werden. Die Aufsätze von Geoffrey Hayes und Martin Thunert sowie meine eigenen stammen aus dieser Vorbereitungszeit und dienten als Studienmaterial in den Seminaren und Workshops.

Tatsächlich sparten dann auch Vertreter der „richtigen" UNO-Vertretung Kanadas in New York nicht mit Komplimenten über die Sachkompetenz und die Wirklichkeitsnähe des Auftretens der Marburger. Die Teilnahme an der NMUN 2000 wurde für alle Beteiligten aus Marburg zu einem beflügelnden Erfolgserlebnis.

Erst danach wurde der Gedanke geboren, die in einem knapp einjährigen gemeinsamen und sehr intensiven Studium der kanadischen Außenpolitik am Beginn des 21. Jahrhunderts gewonnenen Einsichten und Erkenntnisse in einem Sammelband zu publizieren. Auch hier ging die Initiative von den Studierenden aus. In der Folgezeit wurde das auf den Erfahrungen mit der Vertretung Kanadas auf der NMUN 2000 basierende Projekt dann so verändert, dass nunmehr ein Kompendium vorliegt, das gleichermaßen einführenden Überblicks-Charakter besitzt und die inhaltlichen Besonderheiten und Prioritäten der kanadischen Außenpolitik herausarbeitet. Wegen dieser Mischung füllt der Band sozusagen gleich zwei Lücken im deutschsprachigen Schrifttum. Er sollte für alle diejenigen von Interesse sein, die sich für Außenpolitik und internationale Politik in der amerikanischen Hemisphäre interessieren und dabei ihren Blick nicht einzig und allein auf die USA richten. Diese Blickverengung zu überwinden, erscheint mir gegenwärtig für Europäer wichtiger denn je. Außerdem soll in den folgenden Beiträgen das Profil einer Außenpolitik sichtbar werden, das auch für andere Mittelmächte mit einer außenpolitischen Kultur des Multilateralismus, also insbesondere für Deutschland, eine beträchtliche Attraktivität besitzt – oder besitzen könnte, wenn man besser darüber Bescheid wüsste.

Die Komposition des Bandes ergibt sich aus dem Inhaltsverzeichnis. Im ersten Teil stehen Überblicks-Beiträge, die in ihrer Summe die Voraussetzungen und Schwerpunkte der kanadischen Außenpolitik, wie sie sich seit dem Zweiten Weltkrieg entwickelt hat, verdeutlichen sollen. Der zweite Teil konzentriert sich auf die kanadische Politik der *Human Security,* die insbesondere vom seinerzeitigen Außenminister Lloyd Axworthy nachdrücklich betrieben wurde. Auch seine Nachfolger haben diesen besonderen konzeptionellen Akzent der kanadischen Außenpolitik weiterverfolgt. Im dritten Teil schließlich geht es um die Konzepte, Vorstellungen und Aktionsmuster kanadischer Außenpolitik für das konfliktreiche internationale System der Gegenwart. Das im Anhang abgedruckte Interview mit der kanadischen Botschafterin Bernard-Meunier, einer studierten Politologin, ist alles andere als im nichtssagenden Kommuniqué-Stil verfasst; es soll gelesen werden als eine nachdenkliche und von diplomatischen Euphemismen freigehaltene Selbstdarstellung der kanadischen Außenpolitik „von innen heraus".

Eine Reihe von Danksagungen sind an dieser Stelle fällig: Katharina Iskandar und René Marc haben den Herausgeber bei der Sammlung und Sichtung der eingehenden Texte tatkräftig und mit viel Engagement unterstützt. David Bosold hat die Register und die Druckfassung der Texte erstellt. Nicht zuletzt wegen der Vorgeschichte dieses Bandes zeichnete sich die Zusammenarbeit zwischen den Autorinnen und Autoren und dem Herausgeber durch eine ungewöhnlich dichte Kommunikation aus. Dadurch konnte erreicht werden, dass die Beiträge mehr als nur lose aufeinander bezogen sind, vielmehr insgesamt einen zusammenhängenden Überblick über die aktuellen Probleme kanadischer Außenpolitik samt ihren Wurzeln vermitteln.

Erster Teil

Kanadische Außenpolitik:
Voraussetzungen, Akzente, Probleme

Der rasante Aufstieg einer Mittelmacht:
Kanadas Außenpolitik seit dem Zweiten Weltkrieg

Wilfried von Bredow

Politik ist ein schwieriges und in der Regel unbarmherziges Geschäft.[1] Es geht dabei um Macht und die Durchsetzung von materiellen oder immateriellen Interessen. Zwar vergröbert die Behauptung von der Politik als einem Null-Summen-Spiel zwischen den konkurrierenden Akteuren den Sachverhalt. Aber es lässt sich nicht leugnen, dass Gewinn und Verlust durchaus als angemessene Kategorien anzusehen sind, wenn der Erfolg oder Misserfolg eines politischen Akteurs bilanziert werden soll. Dies gilt besonders für die Außenpolitik, also das Insgesamt der vom Staat organisierten und gesteuerten grenzüberschreitenden Beziehungen eines Landes. Staatsgrenzen, staatliche Souveränität und von den Behörden und Agenturen des Staates kontrollierte Beziehungen scheinen am Beginn des 21. Jahrhunderts einen beachtlich großen und in vielen Fällen geradezu sichtbar größer werdenden Teil ihrer früheren Bedeutung eingebüßt zu haben. Schließlich ist die Zahl der nicht-staatlichen Akteure mit grenzüberschreitendem Handlungshorizont in den letzten Jahren ungemein angewachsen. Ein Netz transnationaler Beziehungen ist entstanden, das die herkömmlichen internationalen (zwischenstaatlichen) Aktionen erkennbar beeinflusst. Jeder Rück- und Überblick über ein halbes Jahrhundert Außenpolitik eines Staates muss also berücksichtigen, dass sich das internationale System und damit die Bedingungen außenpolitischen Handelns erheblich verändert haben.

Kanadas Außenpolitik darf, alles in allem, als eine Erfolgsgeschichte angesehen werden. Sie hat entscheidend zu dem positiven Bild des Landes als einer welt- und zukunftsoffenen sowie auch einer selbstkritischen Demokratie beigetragen. Sie hat aber zugleich auch das, was sich im demokratischen Prozess als die nationalen Interessen des Landes herauskristallisiert hat, dynamisch durchzusetzen versucht. Das ist häufiger gelungen, als zu erwarten war. Zugleich jedoch dürfen die Schwierigkeiten und Probleme kanadischer Außenpolitik nicht übersehen werden.

Ein erstes strukturelles Problem stellt die geographische Lage am Nordrand der USA dar, weil trotz partieller Relativierung der Bedeutung von räumlichen Aspekten in Politik und Wirtschaft diese Randlage direkt am Zentrum globaler

---

[1] Eine frühere Fassung ist abgedruckt in der Zeitschrift für Kanada-Studien, 20. Jg. 2000, Heft 1.

Interaktion nach wie vor enorme Auswirkungen auf die Handlungsmöglichkeiten kanadischer Akteure hat. Ein ebenfalls strukturelles, jedoch gänzlich anders geartetes Problem geht auf die Unsicherheit im Selbstbild kanadischer Außenpolitik zurück, das zwischen Überschätzung (Kanada als *principal power*), Unterschätzung (Kanada als Satellit der USA) und Selbstzufriedenheit (Kanada als idealistischer Mentorstaat) schwankt. Während der erste Ansatz eher von einer Minderheit der akademischen Beobachter kanadischer Außenpolitik vertreten wird, verfügt der zweite über einen mittels populistischer Floskeln leicht erregbaren Anhang in der Bevölkerung. Dennoch blieb er auf eine wenn auch beachtliche Minderheit beschränkt. Die subtilste Gefahr für eine von der Sache her angemessene Formulierung und Betrachtung der kanadischen Außenpolitik ergibt sich, so will es scheinen, aus dem Hang zur Moralisierung der eigenen außenpolitischen Möglichkeiten und Methoden.

Kanadische Außenpolitik ist in der Tat mit dem Konzept der Mittelmacht sinnvoll zu analysieren. Und von den einer Mittelmacht offenliegenden Handlungsoptionen sind jene, die auf multilateralem Konsens beruhen, zweifellos am angemessensten, wenn auch nicht immer ganz leicht durchzusetzen. Aber zu dieser Erkenntnis gelangt man nicht mittels moralischen Überlegungen, sondern mittels politischem Kalkül. Anders gesagt: wenn Kanada als freundliche Mittelmacht handelt, stehen die Chancen zur Durchsetzung seiner eigenen Interessen am günstigsten.

1. Das 20. Jahrhundert gehört Kanada, aber nicht ganz, oder Entstehung einer Mittelmacht

Auf den ersten Blick ist es eine eigentümliche Frage, die, zunächst von Northrop Frye, später von vielen anderen Beobachtern Kanadas, als Grundfrage seiner politischen Kultur ausgemacht wurde: „Where is Here?" An welchem Ort, so könnte man diese knappe Formulierung für unsere Zwecke umschreiben, befindet sich Kanada, auf welchem Platz in einer Ordnung von räumlichen Gebilden? Dahinter steckt freilich die Frage nach der Beschaffenheit des eigenen räumlichen Gebildes, des eigenen Landes als Gesellschaft und Staat, und dahinter wiederum die nach der kollektiven Identität von Menschen, die aus allen Teilen der Welt nach Kanada gekommen sind, um dort zu leben.

Nur so sind die immer wieder neu eingeholten fragenden Bestätigungen zu verstehen: *Canada makes a difference.* In diesem Sinne auch fragt und bestätigt und fragt erneut die zeitgeschichtliche und politologische Fachliteratur zur kanadischen Außenpolitik in Kanada. „Canadian foreign policy literature in large measure reflects the Canadian preoccupation with Canada's place in the world, a preoccupation with status, position, influence and power" (Molot 1990: 77).

Erst relativ spät konnte ein Platz im internationalen System als eigenständiger Akteur eingenommen werden. Am 1. Juli 1867 entstand das Dominion of Canada aus der Union von Nova Scotia, New Brunswick und den vereinigten Provinzen Ontario und Québec; und zu diesem Zeitpunkt war von dem Status als eigenständiger Akteur noch längst keine Rede. Denn Kanada war zwar innenpolitisch von Großbritannien unabhängig geworden, blieb jedoch Teil des britischen Empire. Die zuweilen von Interessengegensätzen und Konflikten durchzogenen Beziehungen zu den USA blieben immer noch britisch-amerikanische Beziehungen. Die stürmische Aufwärtsentwicklung des Landes und die parallel dazu immer umfangreicher werdenden politischen Entscheidungs- und Verwaltungsvorgänge zwischen London, Ottawa und Washington ließen es bald nach der Jahrhundertwende geraten erscheinen, ein eigenes Regierungsamt für die auswärtigen Angelegenheiten einzurichten. „The new department of External Affairs began life in inferior quarters above a barber shop on Bank Street in central Ottawa...The department was very small and functioned primarily as a document clearance centre" (DFAIT 2000b).

Das 20. Jahrhundert würde zwar nicht Kanada gehören, wie die berühmt gewordene Formulierung eines kanadischen Politikers am Beginn dieses Jahrhunderts (leicht selbstironisch?) postulierte, aber es würde, das ließ sich schon vor dem Ersten Weltkrieg absehen, Kanada in den Strudel der weltgeschichtlichen Ereignisse hineinziehen. Die Geschehnisse des Ersten Weltkrieges, der Zwischenkriegszeit und des Zweiten Weltkriegs brauchen hier nicht rekapituliert zu werden. Für Kanada waren beiden Kriege mit einem hohen Einsatz und vielen Opfern verbunden, auch vertieften sie die internen Trennungslinien zwischen der anglophonen und frankophonen Bevölkerung (Sautter 1992: 171-201). Zugleich aber legten die hierbei gewonnenen Erfahrungen den Grundstein für einen außenpolitischen Perzeptionsrahmen, der die Rolle Kanadas in der internationalen Politik in sanft, aber nachdrücklich betonter Abgrenzung zu den beiden Bezugsmächten, Großbritannien und den USA, als die einer konstruktiven, vermittelnden Mittelmacht bestimmte. 1931 war Kanada mit dem Statut von Westminster souverän geworden.

Zum Ende des Zweiten Weltkriegs hin, als die Alliierten mit den intensiven Vorbereitungen für die Nachkriegsordnung begannen, befand sich Kanada unter Premierminister Mackenzie King in einer vergleichsweise sehr vorteilhaften Lage. Das Land hatte einen durch den Krieg erzwungenen Modernisierungsschub durchgemacht und war stärker und selbstbewusster daraus hervorgegangen. Dies vor allem auch in Bezug auf die frühere Kolonialmacht Großbritannien. So fand Churchills Gedanke von einem Vierer-Gremium an der Spitze der neu zu gründenden Vereinten Nationen, bestehend aus den USA, China, der UdSSR und dem Commonwealth, keine Unterstützung bei King. Kanada würde künftig seine eigene Außenpolitik formulieren, zwar nicht als Großmacht, aber auch nicht als Anhängsel einer Großmacht, vielmehr aus der zweiten Reihe heraus, und mit Energie und Dynamik.

Es war am Ende des Weltkriegs nicht schwer zu erkennen, dass die beiden Bezugsmächte Kanadas die Ambition verfolgten, zur Gruppe der Weltführungsmächte zu gehören. Das brachte sie bei aller Nähe und Übereinstimmung auch in eine gewisse Konkurrenz. Bei der einen, nämlich Großbritannien, überstieg dieser Anspruch die Verhältnisse, wie sich rasch herausstellte. Und im Falle der USA beeinträchtigte das Übergewicht innenpolitischer Faktoren zuweilen die Formulierung einer rationalen und realistischen Außenpolitik. Eine Mittelmacht hat keine Last mit dem weltpolitischen Führungsanspruch, aber sie kann deshalb um so eher durch kluge Kooperation die Führungsentscheidungen der Verbündeten beeinflussen.

Unter dem Vorzeichen einer im Grunde einvernehmlichen Nachkriegsordnung (*One World*) wollte Kanada die ihm während des Krieges zugefallene Rolle einer solchen kooperativen Mittelmacht halten und ausbauen. Als dann 1946/47 der während des Krieges gegen die Achsenmächte durch Anti-Hitler-Koalition überlagerte Ost-West-Konflikt in kurzer Zeit konfrontative Züge annahm und zum Kalten Krieg eskalierte, veränderte sich Kanadas außenpolitische Perspektive dadurch kaum. Schon 1945/46 hatte es im Gefolge der Enthüllungen über sowjetische Spionage- und Infiltrationsbemühungen in Kanada durch einen Überläufer einen Anstieg des Antikommunismus gegeben. Zwar führte der Bruch der Anti-Hitler-Koalition in Kanada nicht wie in den USA zu heftighysterischen Ostrazismen; aber bis auf wenige Einzelne und ein paar verstreute politische Grüppchen war sich die kanadische Öffentlichkeit in ihrem antikommunistischen Grundkonsens einig.

2. Idealismus, Internationalismus, Multilateralismus

Die folgende Betrachtungsweise der Motive, Prioritäten und des Verlaufs der kanadischen Außenpolitik versucht, einen in der Disziplin von den Internationalen Beziehungen häufig anzutreffenden normativen Verdoppelungseffekt zu vermeiden, der die Ziele einer kritischen Analyse unterminiert. Er besteht darin, dass die außenpolitischen Präferenzen (die normativen wie die methodischen) des Beobachters umstandslos zur Richtschnur für die Bewertung der untersuchten Politik gemacht werden. Wer also Idealismus für eine gute politische Grundlage hält, findet die idealistische Politik Kanadas auch gut (Melakopides 1998) und, was schwerer wiegt, interpretiert diese Politik einzig in einem Horizont, der idealismus-konform ist. Wer sich hingegen eher zu einer der realistischen Schulen zählt, untersucht dieselbe Politik in einer anderen Perspektive und beurteilt sie erheblich negativer (Rempel 1996).

Dabei fällt dann zuweilen unter den Tisch, dass jene Länder, welche ostentativ auf Realpolitik im hartleibigen Wortsinne verzichten, gar keine oder nur sehr eingeschränkte Möglichkeit dazu sehen. Das trifft aus noch kurz zu skizzierenden Gründen für Kanada zu, auch übrigens, wenn auch freilich aus völlig anderen Gründen, für die Bundesrepublik Deutschland (von Bredow 1997: 79).

Für Kanada heißt das nichts anderes, als dass die von der Gründer-Generation seiner Außenpolitik in den vierziger Jahren des 20. Jahrhunderts angestellten weltpolitischen Lagebeurteilungen und angestrebten Ziele selbstverständlich die Interessen des eigenen Landes, so wie sie sie sahen, verfolgten. Politik gibt es überhaupt nur, weil Menschen Interessen haben, die sie nur im teils kooperativen, teils konfrontativen Handeln mit anderen Menschen, die andere Interessen haben, durchsetzen können. Ein Staat, der seine Außenpolitik nicht an seinen Interessen ausrichtet, besitzt keine Überlebensfähigkeit.

2.1 Idealismus als Interesse

Ist Kanadas Außenpolitik, so wie sie in den „goldenen Jahren" konzipiert wurde und im kanadischen Selbstverständnis bis heute ihr Grundmuster bildet, in Substanz und Stil tatsächlich, wie manche ihrer hymnischen Bewunderer schreiben, großzügig, prinzipienfest, moralisch und idealistisch? Und damit eine Politik, die bestimmte allgemeine Werte wie die Menschenrechte durchsetzen möchte und nicht staatliche Eigeninteressen verfolgt? Oder verlassen sich solche Urteile allzu kritiklos auf die Selbstbeschreibung der Politiker in Kanada, die mit solchen Kennzeichnungen ihr außenpolitisches Handeln innenpolitisch legitimieren wollen, was seinerseits gewiss völlig legitim, jedoch etwas ganz anderes als kritische Analyse ist?

Ohne ein paar subtilere Unterscheidungen und Reflexionen lässt sich diese Frage nicht zureichend beantworten. *Idealismus* und (als sein Gegen-Begriff) *Realismus* bezogen sich in der Theorie-Debatte über internationale Politik zunächst einmal auf die amerikanische Politik des 20. Jahrhunderts: Präsident Wilsons Idealismus ist am besten in seinem Kriegszielprogramm der „Vierzehn Punkte" für die Weltordnung nach dem Ersten Weltkrieg ausgedrückt, das in der Vorstellung kulminierte, die internationale Politik mittels Moralisierung und Demokratisierung vom Übel der organisierten Gewalt zu befreien. In der Zwischenkriegszeit 1918-1939 funktionierte das bekanntlich überhaupt nicht, sonst hießen diese Jahrzehnte ja auch nicht Zwischenkriegszeit.[2] Unter Realismus verstanden dann Autoren wie Hans J. Morgenthau (amerikanische Version) oder Raymond Aron (französische Version) das Welt- und Menschenbild sowie die

---

[2] Die Präposition bezieht sich im übrigen auch nur auf die Weltkriege. Denn es gab auch während der Zwischenkriegszeit Kriege.

daraus sich ableitenden Konzepte für eine von der Sphäre des Moralischen deutlich getrennten Außenpolitik. Mit totalitären Regimen wie dem nationalsozialistischen Deutschland und der stalinistischen UdSSR könne man, so ihr erfahrungs-gesättigtes Argument, nicht idealistische Außenpolitik machen.

Die große Schwierigkeit im Umgang mit solchen Konzepten besteht darin, dass sie Aussagen über den Untersuchungsgegenstand sein, also das Eigentliche der Politik kennzeichnen und zugleich die Untersuchungsmethode festlegen wollen. Das macht, nebenbei gesagt, auch die wissenschaftliche Kontroverse zwischen den Anhängern dieser beiden „Schulen" (die sich inzwischen allerdings erheblich ausdifferenziert haben) vergleichsweise fade.

Das realistische Konzept von Außenpolitik, beeinflusst von politischen Theoretikern wie Machiavelli oder Hobbes, liegt in gewissem Sinne quer zur politischen Tradition und Kultur der USA, aber es wurde dort, vor allem während der Jahrzehnte des Kalten Krieges, dominierend, unangesehen eines beträchtlichen Restbestandes von außenpolitischem Missionarismus in der amerikanischen Politik, sozusagen einem militanten Idealismus.

Kanadas politischer Kultur und außenpolitischer Tradition scheinen die theoretischen Rahmen des amerikanischen Idealismus und Realismus gleichermaßen fern zu liegen. Das hat innere und äußere Gründe. In Bezug auf den Realismus hat John Kirton (1987: 6) festgestellt, dass Kanada als eines der reichsten, stabilsten und militärisch sichersten Länder des modernen internationalen Systems eigentlich eine archetypische Erfolgsgeschichte in den Begriffen des Realismus darstelle. Sie habe sich aber weit außerhalb der Begriffe und Vorgaben des Realismus ereignet.

Ebenso fehlen in Kanadas Außenpolitik, die von Politikern und akademischen Beobachtern mit Vorliebe als liberaler Internationalismus[3] charakterisiert wird, so gut wie alle militant-missionarischen Anteile des Idealismus. Einer der Hauptgründe dafür besteht schlicht darin, dass Kanada infolge der geographischen Nähe zu den USA und seiner wirtschaftlichen Unterlegenheit oft genug mit den dunkleren Seiten des amerikanischen Idealismus konfrontiert war und ihnen mit einer Ausgleichs- oder Gegengewichtspolitik (*counterweight principle*) Rechnung zu tragen versuchte. Handlungsprinzipien wie Internationalismus und Multilateralismus haben aus diesem Grunde für Kanada immer schon große Bedeutung gehabt.

Die „goldenen Jahre" der kanadischen Außenpolitik fallen in die Zeit, während der die USA sich in den außenpolitischen Realismus einüben. Für Kanada war deshalb schon aus Gründen der Balance eine Außenpolitik mit anderen be-

---

[3] Im nordamerikanischen politischen Sprachgebrauch dominiert, wenn von *liberal* und *Liberalismus* die Rede ist, die Konnotation zu Begriffen wie *progressiv* und *idealistisch*, manchmal erweitert in Richtung auf *sozialdemokratisch*, *links* und (gemäßigt) *sozialistisch*.

grifflichen Akzenten naheliegend. Allerdings hat die idealistische Tugend, die man aus der realistischen Not macht, auch ihre Grenzen. Dass die weitgehende Vernachlässigung von außenpolitischen Instrumenten, die wie z.B. das Militär in realistischer Perspektive entscheidende Bedeutung besitzen, auch problematisch sein kann, ist die These Roy Rempels (1996) in seiner Studie über die Fehlschläge der kanadischen Politik gegenüber Deutschland und Westeuropa zwischen 1955 und 1995.

2.2 Multilateralismus

Überspitzt gesagt: die idealistisch getönte kanadische Außenpolitik ist im Kern realistisch. Dass der politische Idealismus in Kanada an seinen Rändern zuweilen arg schaumig wird und eine Mentoren-Funktion für andere reklamiert, steht auf einem anderen Blatt. Hier wollen sich im übrigen Parallelen zum außenpolitischen Diskurs in der Bundesrepublik Deutschland einstellen – aber auch das steht auf einem anderen Blatt. Die kontinentalen Rahmenbedingungen der kanadischen Außenpolitik haben bewirkt, dass es zu einem Verfechter des Multilateralismus als Methode der Entscheidungs-Findung und Entscheidungs-Organisation wurde. Auch 1945 war offenkundig, dass Kanada als dynamische Mittelmacht seine eigenen Interessen am besten zur Geltung bringen kann, wenn dies in einem Kontext geschieht, in den der mächtige Nachbar im Süden und die anderen Großmächte von vornherein eingebunden waren. Man kann Multilateralismus definieren als eine außenpolitische Methode, mittels derer ein Staat seine eigenen Interessen dadurch durchzusetzen versucht, dass er sie in ein Interessenpaket mehrerer anderer Staaten integriert. Internationale Abstimmungen formeller und informeller Natur, Koalitionen, Verhandlungen, internationale Abkommen und internationale Organisationen – all das sind Elemente multilateraler Politik.

Der Gegensatz zu Multilateralismus ist Unilateralismus, also eine Politik der unbedingten Interessendurchsetzung auch auf Kosten anderer, und diese außenpolitische Methode kann sich eine Mittelmacht gar nicht leisten. Ein anderer Gegenbegriff zu Multilateralismus, nämlich Bilateralismus, ist und bleibt freilich eine wichtige außenpolitische Methode. Jedoch liegt auf der Hand, dass in einer regionalen Konstellation, in welcher das eine Land (die USA) wirtschaftlich und politisch sehr viel mächtiger als das andere Land (Kanada) ist, das weniger mächtige Land mit einem ausgeprägten Bilateralismus seine Probleme hat, weil die Aussicht, dabei den Kürzeren zu ziehen, nachgerade überwältigend ist.
Die Entwicklung des internationalen Systems nach 1945 hat Multilateralismus als außenpolitische Methode sozusagen immer lukrativer und damit auch für andere Staaten sehr viel interessanter gemacht. Der Grundentscheidung aus den vierziger Jahren hat sich also als weitsichtig erwiesen:

„Multilateralism both as objective and as a strategy of Canadian foreign policy has not only survived the revolutionary changes that have taken place in recent years, it has prospered. In virtually every area, with the exeption of trade policy, the government has displayed a strong commitment to the principles an practices of multilateralism" (Keating 1993: 247).

3. Goldene Periode

Die Zeitspanne vom Kriegsende bis zum Wahlsieg der Konservativen im Sommer 1957 erscheint im leicht verklärenden Rückblick als die hohe Zeit der kanadischen Außenpolitik, als ihre goldene Periode. Sie ist vor allem mit zwei Namen verbunden: Louis St. Laurent, Außenminister unter Mackenzie King, folgte diesem im September 1948 auf dem Posten des Premierministers, und Lester B Pearson, bis dahin Staatssekretär für Auswärtige Angelegenheiten, wurde zum Außenminister ernannt.

3.1 Lester B. Pearson und die Gründergeneration

Unter Pearson blühte das Ministerium auf. In der Literatur wird immer wieder auf die Erfolge der kanadischen Diplomatie verwiesen: Einfluss auf die Formulierung der UN-Charta und die Bildung wichtiger Unterorganisationen der UNO; Einfluss auf die Formulierung des NATO-Vertrags; maßgebliche Beteiligung an den GATT-Runden; Teilnahme am Korea-Krieg und, besonders wichtig für das Selbstbild kanadischer Außenpolitik, erfolgreiche Vermittlung in der Suez-Krise 1956.

Die zuletzt aufgeführte Aktion führt alle Elemente der kanadischen Diplomatie jener Jahre zusammen. Pearsons Vermittlungsaktion verfolgte mehrere Ziele zugleich, die Entschärfung der Krise, die bei unbedachter Behandlung zu einem atomaren Schlagabtausch zwischen Ost und West zu eskalieren drohte, das Angebot eines Rückzugs für die französische und britische Regierung ohne Gesichtsverlust, die Wahrung des Zusammenhalts der Commonwealth-Staaten und schließlich der Beweis, dass die UNO auch unter den Bedingungen des Kalten Krieges einen Restbestand von Handlungsfähigkeit behalten hatte (Melakopides 1998: 40). Der Friedensnobelpreis für Pearson (Andrew 1993: 46) im Jahr 1957 zeichnete nicht nur seine Persönlichkeit aus, sondern belohnte sozusagen ein erfolgreiches außenpolitisches Konzept und ein erfolgreiches Team von Diplomaten, das in seinen Grundauffassungen von kanadischer Außenpolitik, ihren Prioritäten und Methoden von großer Homogenität geprägt war.

Das Ministerium war zwar permanent größer geworden: Wenn es 1930 insgesamt 154 Beschäftigte umfasste, so war deren Zahl im Jahr 1950 auf 1.350

gestiegen (Himes 1996: 36; dort auch weitere aufschlussreiche Zahlen). Aber diese Expansion blieb erstens noch gerade überschaubar. Und zweitens gab sie den für die Rekrutierung des Spitzenpersonals Verantwortlichen die Chance an die Hand, eine herausragende politisch-intellektuelle Elite gleichsam als Gründergeneration kanadischer Außenpolitik auszulesen. Es sind also die sozialen Beziehungen zwischen den Angehörigen dieser Diplomaten-Generation und ihre intellektuelle Unerschrockenheit[4], die sie zu einem erfolgreichen Team machten. John Holmes, Escott Reid, Charles Ritchie, Norman Robertson, Dana Wilgress, Hume Wrong, um nur einige Namen zu nennen, repräsentierten Kanada auf eine Weise, und zwar nach außen und nach innen, die ein deutliches Bild von den kanadischen Interessen im politischen Verkehr mit anderen Staaten vermittelte, eben von einer selbstbewussten Mittelmacht, die in ihrer Politik darauf ausgerichtet ist, Konflikte zu deeskalieren und die Gefährdungen des Kalten Krieges diplomatisch zu mildern.

3.2 Der Soldat und die Puppe

Eine kleine, ebenso traurige wie tröstliche Anekdote drückt in aller Kürze die freundlich-zivilistische Intention des Peacekeeping aus, ebenso wie die Bedrohung dieser Intentionen durch regionale und lokale Konflikt-Intensität. Es ist, man kann es nicht anders sagen, eine typisch kanadische Anekdote:

> „Corporal Mark Isfeld was a veteran of three peacekeeping missions when he was killed by a land mine in Kakma, Croatia, on June 21, 1994. At the time, Isfeld was carrying several knitted dolls that his mother, Carol, had sent with him to give out to local children during his missions. Since Isfeld's death, his colleagues in the 1st Canadian Engineering Regiment and other Canadian peacekeepers have continued to distribute these ‚Izzy' dolls – now knitted by volunteers from Shubenacadie, Nova Scotia, to Victoria, B.C. – whereever they are stationed" (Saturday Night, 8. 7. 2000).

In den fünfziger Jahren ist Peacekeeping zu einem Markenzeichen kanadischer Außenpolitik geworden. Bis heute hat es von seiner Attraktion nichts verloren. Zur Abfederung der Folgen der Suez-Krise stellte die UNO im November 1956 auf Initiative Kanadas zur Überwachung des Waffenstillstands ein Kontingent von Truppen verschiedener Nationalitäten auf, die United Nations Emergency Force (UNEF). Dies war die erste von vielen weiteren Peacekeeping Missionen der Vereinten Nationen. Kanada hatte sie nicht nur initiiert, sondern war auch an der inhaltlichen und formalen Auftrags-Festlegung maßgebend beteiligt. Das ist deshalb erwähnenswert, weil hier ein neuartiges Modell von Konflikteindämmung entstand, das sich gerade in dieser Gestalt noch häufig als nützlich erwei-

---

[4] Nur in Ausnahmefällen eine bei Staatsbeamten gezielt geförderte Eigenschaft!

sen sollte. Kanada stellte auch eigene Truppen für UNEF zur Verfügung (Wiseman 1993: 137; Jockel 1994: 12).

Im Selbstverständnis Kanadas wurde Peacekeeping im Laufe der nächsten Jahrzehnte fast zu einer Art von politischem Mythos, vor allem wegen seiner Aura von Uneigennützigkeit. Außerdem gilt der Einsatz von Militär in solchen Missionen als wesensmäßig zivilistisch, was auch die pazifistischen und antimilitärischen Kanadier mit der Verteidigungspolitik der Regierung versöhnte. Umso entsetzter war die kanadische Öffentlichkeit dann, als Mitte der 90er Jahre eine Reihe von kriminellen Vorfällen und grober Ungehorsam im Truppenkontingent der Peacekeeping-Mission in Somalia (UNOSOM) bekannt wurden. Die Schockwellen hatten erhebliche Auswirkungen auf das militärische Establishment Kanadas.

Peacekeeping ist gewiss ein sehr konstruktiver Umgang mit Soldaten und Streitkräften, die ja sehr teure und ambivalente Instrumente der Politik sind. Wenn Kanada seit den fünfziger Jahren zu einem exemplarischen Akteur des Peacekeeping geworden ist, dann liegt das allerdings in erster Linie auch darin begründet, dass es den Prioritäten der kanadischen Sicherheitspolitik sehr weit entgegenkommt. Denn ein nationales Verteidigungsproblem im engen Wortsinne hatte Kanada schon während des Ost-West-Konflikts nicht, und seit dessen Ende kann man sich dergleichen schon überhaupt nicht mehr vorstellen. Kanadische Sicherheitsinteressen richten sich auf ein stabiles und friedliches internationales Umfeld. Gute Dienste zur Stützung internationaler Stabilität zahlen sich immer aus, meist zwar nur mit symbolischen Belohnungen, aber deren Bedeutung ist durch zunehmende Interdependenz im internationalen System immer wichtiger geworden.

4. Flaue Periode

Bis zur Mitte der fünfziger Jahre hatte sich der Ost-West-Konflikt als die entscheidende Struktur des internationalen Systems herausentwickelt. Jedoch gab es bereits mehr als nur Anzeichen dafür, dass der Entkolonialisierungsprozess, der bereits durch den Zweiten Weltkrieg (insbesondere in Asien) mächtig befördert worden war, nun eine neue Dynamik annehmen würde. Die Befreiung der ehemaligen Kolonien von der Herrschaft ihrer ziemlich euphemistisch so genannten Mutterländer ließ wurde zum Signum der globalen Entwicklung der nächsten fünfzehn Jahre. Dabei überschattete und beeinflusste der Ost-West-Konflikt auf nicht immer ganz einfach zu entschlüsselnde Weise die Entstehung der sogenannten Dritten Welt, ein Vorgang, der nicht ohne Krieg und Gewalt verlief und dadurch selbst wiederum auf die Akteure des Ost-West-Konflikts zurückwirkte.

Nirgendwo wurde das deutlicher als in den USA, die sich seit Beginn der sechziger Jahre immer tiefer in den Vietnamkrieg verstrickten.

4.1. Distanz zu den USA

Die goldenen Jahre der kanadischen Außenpolitik endeten ziemlich abrupt mit dem Wahlsieg der Konservativen unter John G. Diefenbaker im Jahr 1957. Mit Diefenbaker war ein altmodischer Populist Regierungschef geworden, dessen Popularität auf einer prä-televisionären Rhetorik beruhte. Seine außenpolitischen Ziele lassen sich so zusammenfassen: „pro-UN, pro-Commonwealth, pro-British, anti-communist, and attached to the country's internationalist image" (Melakopides 1998: 53).

Eine nicht unbeträchtliche Schwierigkeit für das Funktionieren der kanadischen Außenpolitik ergab sich nach der Regierungsübernahme Diefenbakers nicht zuletzt auch dadurch, dass dieser dem Apparat des Außenministeriums gegenüber überaus misstrauisch eingestellt war. Er hegte den nicht ganz unbegründeten Verdacht, dass die Mehrzahl der Diplomaten auf den außenpolitischen Perzeptionsrahmen Pearsons eingeschworen war. Alle neu ins Amt gelangten Regierungen in einem demokratischen System müssen damit fertig werden, dass die Regierungsapparate mit Personen bestückt sind, die sich an die Prioritäten und Perspektiven der ehemaligen Regierung gewöhnt haben. Der Austausch von Spitzenbeamten ist ein wichtiges, aber längst kein Erfolge garantierendes Mittel der neuen Regierung, den eigenen politischen Zielen auch administrative Verbindlichkeit zu verschaffen. Man kann sich leicht vorstellen, dass ein so selbstbewusst gewordenes Department wie das kanadische Außenministerium im Jahre 1957 dem neuen Premierminister mit einigem Missmut entgegensah. Diefenbaker seinerseits nahm diese Distanz als eine Art Verschwörung wahr – Verschwörungstheorien gehören nun einmal zur geistigen Grundausstattung populistischer Politiker.

Gerade weil die kanadische Beteiligung an den Aufräumungsarbeiten nach der Suez-Krise Ende 1956 zu einer Art Schlüssel-Episode für die kanadische Außenpolitik geworden ist (Cooper 1997: 39) und weil die Beteiligten im Department sich damals sogleich über diesen Charakter klar waren, erschien dort die Wahlniederlage der Liberalen als kalte Dusche und wurden die außenpolitischen Kurskorrekturen, die Diefenbaker anstrebte, als ungeschickt und als falsche Akzente empfunden. Seine Anstrengung, die kanadisch-britischen Beziehungen nach der Abkühlung wegen der Suez-Krise neu zu beleben und sie insbesondere auf wirtschaftlichem Gebiet auszubauen, erschienen den Profis im Department ebenso unausgegoren wie die meisten der Bemühungen von Außenminister Howard Green, Kanada in diesen Jahren des sich in Europa wieder leicht verschärfenden Kalten Kriegs als anti-nukleare Friedensmacht zu etablieren.

Eine ebenso prinzipienfeste wie weitsichtige politische Entscheidung war Diefenbakers Weigerung, den (Wieder-)Aufnahmeantrag der Südafrikanischen Republik in das Commonwealth zu unterstützen. Das war 1961, als die konservative Regierung schon in viel stärkerem Maße, als ihr lieb war, in kontinentalistische sicherheitspolitische Bindungen verstrickt war, nämlich durch das North American Air Defence Agreement (NORAD) und durch den Ankauf von landgestützten Bomarc-Raketen (bei gleichzeitigem Verzicht auf den Bau eigener Kampfflugzeuge). Der Haken dieser Entscheidung war, dass Bomarc-Raketen nur nützlich waren als Trägerraketen für nukleare Sprengsätze.

Ähnlich wie im Falle des westdeutschen Bundeskanzlers Konrad Adenauer funktionierte auch bei John G. Diefenbaker die persönliche Chemie mit dem 1960 die Amtsgeschäfte in Washington übernehmenden amerikanischen Präsidenten John F. Kennedy ganz schlecht. Es ist nicht ganz einfach, das Gewicht solcher individuellen Idiosynkrasien der Akteure für die Politik der von ihnen repräsentierten Länder auszumachen. Immerhin kann man ohne weiteres soviel behaupten, dass die fehlende Sympathie und die wechselseitigen Missverständnisse zwischen Diefenbaker und Kennedy das amerikanisch-kanadische Verhältnis nicht positiv beeinflussten. So kam die Kuba-Krise im Herbst 1962 zu einem besonders ungünstigen Zeitpunkt für dieses Verhältnis, denn das in starkem Maße unilateral geprägte Vorgehen der USA, ablesbar etwa an der sehr spät vorgenommenen Unterrichtung der kanadischen Regierung über die „Quarantäne" Kubas, bestärkte Diefenbaker in seinem Misstrauen gegenüber den USA. Und das in einer Situation, wo beide Länder wegen NORAD sicherheitspolitisch und militärisch enger zu kooperieren begonnen hatten.

Die Bomarc-Raketen mit ihrer nach der Kuba-Krise nun in der Öffentlichkeit noch schärfer als vorher kritisierten nuklearen Problematik spalteten Parlament und Öffentlichkeit in Kanada und waren schließlich verantwortlich für den Abgang der konservativen Regierung. 1963, nach einem heftigen und seitens Diefenbaker mit beträchtlichem Aufwand an anti-amerikanischer Rhetorik geführten Wahlkampf, gab es wieder eine liberale Regierung in Ottawa. Zwar nur eine Minderheitsregierung; aber in der Außenpolitik versprach sie, an die goldene Periode anzuknüpfen, denn der neue Premierminister hieß Lester B. Pearson.

4.2 Special Relationship

Die amerikanische Regierung war sehr erleichtert über die Rückkehr der Liberalen an die Regierung; und speziell der neue Premierminister erfreute sich in Washington großer Beliebtheit, Lester B. Pearson. Und viele professionelle und publizistische Experten der kanadischen Außenpolitik erhofften sich eine Neuauflage der politischen Erfolge aus der goldenen Periode.

Das sollte sich jedoch nicht erfüllen. Die Herausforderungen an die kanadische Außenpolitik vermehrten sich gewissermaßen rascher als die Konzepte zu ihrer Beantwortung. Zwar lösten Pearson und der neue Außenminister Paul Martin die Bomarc-Krise rasch und umstandslos im Sinne der amerikanischen Vorstellungen. Zwar wurde die kanadische Bereitschaft zur Beteiligung an den Friedenstruppen in Zypern 1964 insbesondere auch vom amerikanischen Präsidenten Johnson als konstruktiv und kooperativ gewürdigt. Zwar gelang 1965 mit dem Abschluss des *Auto-Pacts* zwischen den USA und Kanada (genauer: Ontario) ein für die kanadische Industrie sehr vorteilhafter und vor allem langfristig haltbarer *Deal*. Aber die besonderen Beziehungen zu den USA entwickelten sich so, dass Kanada nicht nur wirtschaftlich mehr und mehr von den USA abhängig wurde. Mit dem Aufschwung des neuen Massenmediums Fernsehen verbreitete sich auch die kulturelle Präsenz der USA in Kanada dramatisch, ohne dass die Gegenmaßnahmen der Regierung viel daran zu ändern vermochten. Auf beiden Gebieten verstärkte sich ein reaktiver, zuweilen aufmüpfiger, zuweilen auch ganz resignativer Nationalismus.

Genährt wurde er auch von den Auswirkungen des Vietnam-Kriegs auf die amerikanische und indirekt auch auf die kanadische Gesellschaft. In den USA polarisierte dieser Krieg die Menschen; vor allem unter den Intellektuellen und den Heranwachsenden im akademisch-bürgerlichen Milieu war er sehr unpopulär. In den sechziger Jahren kamen mehrere Zehntausende von aktiven Kriegsgegnern aus den USA nach Kanada und trugen dazu bei, nationalistische und anti-amerikanische Einstellungen in Kanada zu vertiefen.

Aber diese Jahren sahen auch die Intensivierung eines inner-kanadische Konflikts mit außenpolitischen Dimensionen. Der heftige Modernisierungsschub, den die Provinz Québec seit dem Wahlsieg der dortigen Liberalen über die konservativ-klerikale Union Nationale im Jahr 1960 durchmachte, schien zur Bedrohung der politischen Einheit des Landes zu werden, weil er einen tiefen politischen Graben zwischen der anglophonen und der frankophonen Bevölkerung ins politische Bewusstsein hob und zum Ausgangspunkt für Autonomiebestrebungen in Québec machte. Die neue Provinzregierung stieß damit nicht zuletzt in Frankreich auf große Sympathie, jedenfalls auf politische Resonanz. Als der französische Staatspräsident Charles de Gaulle 1967 während seines Staatsbesuchs in Kanada eine Rede in Montréal mit den Worten „Vive le Québec libre" beendete und dadurch Frankreichs Unterstützung für die Unabhängigkeit der Provinz auszudrücken schien, gab es einen großen Eklat.

Außenpolitik, auch in Kanada, war erheblich unübersichtlicher geworden, und die Pearson'schen Triumphe der frühen Jahre ließen sich nicht wiederholen.

5. Pirouette

Trudeau, der 1968 auf einer Welle der Begeisterung (Trudeaumania) ins Amt des Premierministers getragen wurde, ist einerseits ein sehr kanadisches Phänomen – ein emotionaler Intellektueller, ein kanadischer Nationalist aus Québec mit Vorbehalten gegenüber dem Nationalismus überhaupt, ein nicht mehr so ganz jugendlicher Held mit ab und zu überraschend auftauchenden Zügen persönlicher Unreife. Aber er war ein brillanter Premierminister, der glaubwürdig den Generationswechsel am Ende der sechziger Jahre verkörperte – und insofern ist er andererseits auch wieder ein über Kanada hinausweisendes Phänomen, nämlich ein Ausdruck der politischen Aspirationen und des kulturellen Habitus der 68er Generation im Westen.

Außerdem verfolgte Trudeau ein weitreichendes politisches Programm. Priorität darin besaß die Einheit Kanadas. Außenpolitisch bedeutete das eine härtere Gangart gegenüber den USA. Dies und überhaupt seine ganze, sich auf betont zivile Elemente von Außen- und Sicherheitspolitik stützende Vision eines international selbstbewussteren Kanada glaubte Trudeau mit dem vorhandenen diplomatischen Personal nicht rasch genug durchsetzen zu können. Nicht der neue (bis 1974 amtierende) Außenminister Mitchell Sharp wurde zum obersten außenpolitischen Berater Trudeaus, vielmehr Ivan Head, der im Prime Minister's Office (POM) arbeitete (Andrew 1993, 86; Head in: Story 1993: 23-35). Ende der sechziger Jahre beginnt die Serie der bis heute nicht zur Ruhe gekommenen Umorganisationen, Zusammenlegungen und Umbenennungen des Außenministeriums. Dahinter verborgen ist eine andere Entwicklung, nämlich die Beschneidung des Handlungsspielraums des Ministeriums und der politisch-organisatorische Aufstieg des Prime Minister's Office.

Trudeaus lange und nur von Juni 1979 bis März 1980 durch ein konservatives Zwischenspiel unterbrochene Regierungszeit brachten Kanada erhebliche Veränderungen. Premierminister in diesen wenigen Monaten war Joe Clark; als Außenministerin fungierte Flora MacDonald. Am wenigsten erreichte Trudeau allerdings in der Außenpolitik. Zwar bedeutete die diplomatische Anerkennung der Volksrepublik China noch vor der entsprechenden amerikanischen Initiative einen symbolischen Gewinn, aber es blieb bei der Symbolik. Der mit dem Begriff einer Dritten Option verbundene Versuch, Kanadas internationale Wirtschaftsbeziehungen dadurch von den USA ein wenig unabhängiger zu machen, dass man sich mehr auf Asien und Westeuropa hinbewegte, hat zwar eine heftige außenpolitische Debatte ausgelöst, ist aber fruchtlos geblieben (Hervouet 1981: 9).

Substanz und Stil der Trudeau'schen Außenpolitik lassen gut sich an seiner letzten außenpolitischen Initiative studieren, der Friedensoffensive von 1983. Das Ost-West-Verhältnis hatte sich in diesen Jahren nach der hohen Zeit multilateraler Entspannung in den frühen siebziger Jahren (KSZE-Schlussakte von Helsinki 1975) wieder erheblich abgekühlt. Der Rüstungswettlauf war in vollem Gange, der Nato-Doppelbeschluss von 1979 bedeutete etwa, da zwischen 1980 und 1983 kein Rüstungskontrollbeschluss über weitreichende Mittelstrecken in Europa gefasst worden war, den Beginn der westlichen Nachrüstung ab 1984. In dieser Situation schlug Trudeau ein ganzes Paket von Verhandlungen und Maßnahmen zur Deeskalation des Rüstungswettlaufs vor und machte sich auf den Weg in die Hauptstädte der wichtigsten Mächte, um für diesen Vorschlag zu werben. Ihm wurde aber mehr oder weniger überall, besonders in Washington, die kalte Schulter gezeigt (Granatstein/ Bothwell 1990: 363-376). Trudeaus Außenpolitik ist von Granatstein und Bothwell ziemlich sardonisch mit einer Pirouette verglichen worden: viel Schwung, kein Raumgewinn. Ein ehemaliger kanadischer Diplomat hat dasselbe Urteil, repräsentativ für die meisten seiner Kollegen, so ausgedrückt: „So Pierre Trudeau did not turn out to be the much-hoped-for leader under whose enlightened government the Department would conduct the diplomacy of perhaps the most strategically important space on the face of the earth" (Andrew 1993: 154). Es ist überraschend, dass der Glanz, den der Name Trudeau völlig zu Recht wegen einiger folgenreicher innenpolitischer Entscheidungen gewonnen hat, in den Augen vieler Experten seine Außenpolitik nicht recht überstrahlt.

6. Neo-Kontinentalismus

Das kurze, zweieinhalb Monate dauernde „Nachspiel" der Trudeau'schen Regierungsjahre erscheint aus heutiger Sicht vor allem deshalb bemerkenswert, weil der Außenminister des einigermaßen hölzern agierenden Premierminister John Turner niemand anders als Jean Chrétien war, dessen politische Karriere im Herbst 1984 keineswegs wie die Turners zu Ende ging. Der Wahlsieg der Konservativen brachte Brian Mulroney in das Amt des Ministerpräsidenten, und seine beiden Amtsperioden von September 1984 bis Oktober 1993 werden aus ganz verschiedenen Gründen in lebhafter Erinnerung bleiben.

Seine anders akzentuierten, aber letztlich auf ein ähnliches Ziel wie bei Trudeau hinauslaufenden Bemühungen um die Festigung der inneren Einheit Kanadas waren spektakuläre Fehlschläge (aber paradoxerweise vielleicht deshalb in langer Perspektive doch erfolgreich). Das Ende des Ost-West-Konflikts machte auch für die kanadische Außenpolitik eine gründliche Bestandsaufnahme nötig. Und die enge sicherheitspolitische und vor allem ökonomische Anlehnung an die USA, auch noch unter einem republikanischen und im Bildungsbürgertum nicht eben beliebten Präsidenten Reagan, entfachte eine heftige Debatte in Kanada, die noch einmal alle wesentlichen Punkte der kollektiven kanadischen Identität und ihre Differenz zu der amerikanischen kollektiven Identität aufgriff.

Der Neo-Kontinentalismus des Freihandelsabkommens (FTA) von 1988 und der NAFTA von 1994 muss nun allerdings vom herkömmlichen Kontinentalismus unterschieden werden, der in Kanada ja zumeist eine anti-nationale Färbung besaß. Die Gegner des Freihandelsabkommens argumentierten allerdings ganz in der Tradition ökonomischer Nationalisten, unterstützt von Intellektuellen und Künstlern, deren kultureller Nationalismus aber entweder ein Salon-Sozialismus oder eben auch ein (legitimer) ökonomischer Nationalismus war. Das Problem Kanadas bestand aber darin, dass die internationalen Wirtschaftsbeziehungen durch eine Reihe von Prozessen, die inzwischen etwas allzu geläufig mit dem Begriff der Globalisierung umschrieben werden, in eine andere Phase eingetreten waren, so dass aus der Perspektive der kanadischen Geschäftswelt in ihrer überwiegenden Mehrheit ohne eine Erleichterung des Marktzugangs im Süden das Wachstum und, wichtiger noch, die Innovationsfähigkeit der kanadischen Wirtschaft abflachen würden. Außenminister Joe Clark drückte das in dem Satz aus: „The modern purpose of Canadian nationalism is to express ourselves, not protect ourselves" (Hart 1994: 64). Melakopides (1998: 162) sieht das Freihandelsabkommen als ein Schutz gegen den amerikanischen Protektionismus. Andere haben Mulroney des Ausverkaufs kanadischer Interessen an die USA geziehen (Martin 1993). Auf jeden Fall sind Ankündigungen der Regierung über eine runderneuerte besonders enge Partnerschaft mit den USA nicht recht verwirklicht worden. Kanada ist und bleibt, um einen kanadischen Buchtitel zu zitieren, weitgehend „invisible and inaudible in Washington" (Mahant/ Mount 1999).

Ein ständig wiederholter Kritikpunkt an Mulroneys Außenpolitik lautet, dass seine Regierung auch in der Außenpolitik einseitig Geschäftsinteressen in den Vordergrund rückte (Andrew 1993: 162). Dabei wird allerdings übersehen, dass Mulroney auf anderen Feldern der auswärtigen Politik die herkömmlichen Präferenzen und Prioritäten Kanadas seit den fünfziger Jahren weiter sorgfältig pflegte, etwa in seiner Politik gegenüber den Vereinten Nationen.

Die Regierungszeit Mulroneys endete mit geradezu abenteuerlich niedrigen Zustimmungsquoten für die Konservativen, die auch trotz des scheinbar geschickt vorgenommenen Einspielens einer neuen Führungsfigur (Kim Campbell) kurz vor den Wahlen 1993 eine vernichtende[5] Wahlniederlage hinnehmen mussten.

---

[5] Dieses Wort wird hier nur als Metapher benutzt. Allerdings ist die rechte Seite des kanadischen Parteiensystems seit der Mitte der neunziger Jahre in Turbulenzen geraten, und es könnte durchaus sein, dass die Partei der *Progressive Conservatives* aufgerieben wird. Was schade wäre, zumindest wegen des wunderlichen Oxymorons ihres Namens.

Auch wenn man als Wähler mit Gelassenheit den Hiatus zwischen Wahlversprechen und tatsächlichem Handeln des Wahlsiegers antizipiert, haben sich viele
Wähler in Kanada über die Außenpolitik der Regierung Chrétien gewundert,
denn sie hat viele neue Akzente angekündigt, aber wenige wirklich gesetzt. Die
neo-kontinentalistische Linie der Außenwirtschaftsbeziehungen hat sich unge-
schmälert fortgesetzt. Die Bedeutung des Feldes Wirtschaft für die Außenpolitik
insgesamt hat eher noch zugenommen, und das Außenministerium, inzwischen
noch ein paar Mal umbenannt und umorganisiert, ist heute eher eine Verwal-
tungsbehörde als eine Denkfabrik für geschliffene neue Konzepte in der Außenpolitik.

7. In Zukunft

In Zukunft wird in der Politik nicht alles, aber mehr, als sich heute übersehen
lässt, anders sein, und zwar in der absehbaren Zukunft von ein, zwei Jahrzehnten. Die Veränderungen in der Politik eines Landes wie Kanada werden einerseits von Veränderungen im internationalen System erzwungen, andererseits aber
möglicherweise noch viel stärker von solchen im räumlichen, institutionellen
und identitären Gefüge von Politik überhaupt. Die Globalisierung bedeutet ja
nicht nur ein Prozess rapide anwachsender (asymmetrischer) Interdependenz, sie
zielt nicht nur auf eine neue Erfahrung der Einheit der Welt. Das tut sie auch,
aber sie weckt damit zugleich auch das Bewusstsein von den Verschiedenheiten
der Kulturen, Lebensstile, kollektiven Identitäten. Das ist eine ambivalente Konstellation, die neue und intensive Konflikte, aber auch eine neue Art des „globalen Multikulturalismus" hervorbringen wird – multiple Identitäten, multiple
Loyalitäten, und eine noch größere Zahl von kollektiven Akteuren jenseits der
herkömmlichen Staatenwelt (Elkins 1997: 5-18).
    Das ist eine Entwicklung, für die viele der politischen Erfahrungen Kanadas,
innenpolitische wie außenpolitische, nutzbar gemacht werden können. In fast
allen westlichen Staaten ist heute deutlich zu erkennen, dass sich Innen- und
Außenpolitik wechselseitig durchdringen, dass der Faktor Kultur für das Selbst-
und Fremdbild einer Gesellschaft wichtiger denn je geworden ist, aber dass es
sich dabei nicht um eine homogene, vielmehr um eine hybride Kultur handelt,
unüberschaubar wie ein See in einem japanischen Park.
    Den von den Experten angebotenen Zukunftsbildern für die kanadische Au-
ßenpolitik (Potter 1996/97: 25-38; Cooper 1997: 281-294; Neufeld/ Whitworth
1997; 197-213; Cameron 1998: 147-165; Rioux/ Hay 1998/99: 57-75) ist bei
aller Unterschiedlichkeit doch gemeinsam, dass sie eine besondere Chance für
Kanada skizzieren, den Herausforderungen der Zukunft gut gerüstet antworten
zu können. Nach einer sehr spitzzüngigen Definition bedeutet Macht das Privi-

leg, nicht lernen zu brauchen. Dieses Privileg hat die Mittelmacht Kanada nur mäßig genießen dürfen, aber gerade das hat sie fit gehalten. Anzumahnen ist allerdings eine größere Immunität gegenüber einem allzu simplen, weil kurzfristigen Kosten-Nutzen-Kalkül in der Ausstattung des außenpolitischen Apparates der Regierung (Nossal 1998/99: 88-105).

Mitte 1991 publizierte „The Economist" (21. 6. 1991) eine Artikelserie über Kanada unter der freundlich gemeinten Überschrift „Nice country – nice mess". Acht Jahre später gab es wieder eine solche Artikelserie, dieses Mal (24. 7. 1999) unter der ebenso freundlich gemeinten Überschrift „Holding its own". Wenn es wieder so weit sein wird, im Jahr 2007 etwa, dann könnte sie vielleicht lauten „Canada Belongs to the 21st Century". Und erst viel später wird man feststellen, dass dieses Aussage eine ganz besondere Auszeichnung ist.

Literatur

Andrew, Arthur (1993): The Rise and Fall of a Middle Power: Canadian Diplomacy from King to Mulroney. Toronto: James Lorimer & Company.

Blanchette, Arthur E. (Hrsg.) (1977): Canadian Foreign Policy, 1955-1965. Selected Speeches and Documents. Toronto: McClelland and Stewart.

Blanchette, Arthur E. (Hrsg.) (1980): Canadian Foreign Policy, 1966-1976. Selected Speeches and Documents. Carleton Library Series, 118, Ottawa: Carleton University Press.

Blanchette, Arthur E. (Hrsg.) (1994): Canadian Foreign Policy, 1977-1992. Selected Speeches and Documents. Carleton Library Series, 183, Ottawa: Carleton University Press.

Boardman, Robert (1994): Human Rights in the Global Village: Reflections on the Canadian Role. In: Zeitschrift für Kanada-Studien. Jg. 14, Nr. 1, S. 105-117.

Borchard, Ralf (1997): Grundlagen einer vierten Option: Kanadische Außenpolitik in der Ära Mulroney. Kanada-Studien im Auftrag des Instituts für Kanada-Studien der Universität Augsburg, 24. Bochum: Universitätsverlag Dr. N. Brockmeyer.

Bothwell, Robert (1998): The Big Chill: Canada and the Cold War. Contemporary Affairs Series, 1, Toronto: Canadian Institute of International Affairs.

Boulden, Jane (1999): Independent Policy Research and the Canadian Foreign Policy Community. In: International Journal. Volume 54, No. 4, S. 625-647.

Cameron, Maxwell A. (1998): Democratization of Foreign Policy: The Ottawa Process as a Model. In: Canadian Foreign Policy. Volume 5, No. 3, S. 147-165.

Canada in the World (1995): Government Statement. Hull: CIDA Information Services.

The Canadian Airborne in Somalia (1997): A Socio-Cultural Inquiry. Ottawa: Ministry of Public Works and Government Services.

Carleton University, Norman Paterson School of International Affairs (Hrsg.) (1984 ff.): Canada Among Nations. Toronto: James Lorimer 1984-1989, Ottawa: Carleton University Press 1990-1997, Toronto: Oxford University Press 1998- .

Clarkson, Stephen (1985): Canada and the Reagan Challenge. Crisis and Adjustment 1981-85. Toronto: James Lorimer & Company.

Clarkson, Stephen (Hrsg.) (1968): An Independent Foreign Policy for Canada? Toronto: McClelland and Stewart.

Cooper, Andrew F. (1997): Canadian Foreign Policy. Old Habits and New Directions. Scarborough: Prentice-Hall.

Cooper, Andrew F./ Hayes, Geoffrey (Hrsg.) (2000): Worthwhile Initiatives? Canadian Mission-Oriented Diplomacy. Toronto: Irwin Publishers.

Cutler, Claire A./ Zacher, Mark W. (Hrsg.) (1992): Canadian Foreign Policy and International Economic Regimes. Vancouver: UBC Press.

David, Charles-Philippe/ Roussel, Stéphane (1996-7): Une espèce en voie de disparition? La politique de puissance moyenne du Canada après la guerre froide. In: International Journal. Volume 52, No. 1, S. 39-68.

Department of Foreign Affairs and International Trade (2000a): Canada and the World. A History. http://www.dfait-maeci.gc.ca/department/history/canada-en.asp (31.01.2003).

DFAIT (2000b): The Department of Foreign Affairs and International Trade. A Brief History. http://www.dfait-maeci.gc.ca/department/history/history-en.asp (31.01.2003).

Dewitt, David B./ Kirton, John J. (1983): Canada as a Principal Power. A Study in Foreign Policy and International Relations. Toronto: John Wiley & Sons.

Dobell, Peter C. (1985): Canada in World Affairs, 1971-73. Toronto: Canadian Institute of International Affairs.

Doern, G. Bruce/ Kirton, John (1996): Foreign Policy. In: Doern, G. Bruce/ Pal, Leslie A./ Tomlin, Brian W (Hrsg.): Border Crossings. The Internationalization of Canadian Public Policy. Toronto: Oxford University Press, S. 239-266.

Doran, Charles (1984): Forgotten Partnership. U.S.-Canada Relations Today. Baltimore: Johns Hopkins University Press.

Doran, Charles F. /Sigler, John H. (Hrsg.) (1985). Canada and the United States. Enduring Friendship, Persistent Stress. Englewood Cliffs, N.J.: Prentice-Hall.

Dunn, Christopher (1995): Canadian Political Debates. Opposing Views on Issues that Divide Canadians. Toronto: McClelland and Stewart.

Elkins, David (1997): Will the 21st Century Belong to Canada? In: Zeitschrift für Kanada-Studien. Jg. 17, Nr. 2, S. 5-18.

English, John/ Hillmer, Norman (Hrsg.) (1992): Making a Difference? Canada's Foreign Policy in a Changing World Order. Toronto: Lester Publ.

English, H. Edward (Hrsg.) (1976): Canada-United States Relations. New York: Praeger.

Fey, Jens (2000): Multilateralismus als Strategie: Die Sicherheitspolitik Kanadas nach dem Ende des Ost-West-Konflikts. Kölner Arbeiten zur Internationalen Politik, 12, Köln: SH-Verlag.

Fox, William T. R. (1985): A Continent Apart. The United States and Canada in World Politics. The Bissell Lectures 1982-83. Toronto: University of Toronto Press.

Gaffen, Fred (1987): In the Eye of the Storm. A History of Canadian Peacekeeping. Toronto: Deneau and Wayne.

Government Response to the Recommendations of the Special Joint Parliamentary Committee Reviewing Canadian Foreign Policy (1995). Ottawa.

Granatstein, J. L./ Bothwell, Robert (1990): Pirouette. Pierre Trudeau and Canadian Foreign Policy. Toronto: University of Toronto Press.

Griffith, Franklyn (1996): Strong and Free. Canada and the New Sovereignty. Toronto: Stoddart.

Griffiths, Rudyard (Hrsg.) (2000): Great Questions of Canada. Toronto: Stoddart.

Haglund, David G./ Sokolsky, Joel J. (Hrsg.) (1989): The U.S.-Canada Security Relationship. The Politics, Strategy, and Technology of Defense. Boulder, CO: Westview Press.

Halstead, John G. H. (1994): Kanadas Rolle in einer sich wandelnden Welt. Augsburg: Universität Augsburg.

Hart, Michael (1994): Decision at Midnight: Inside the Canada-US Free-Trade Negotiations. Vancouver: UBC Press.

Hervouet, Gérard (1981): Le Canada face à l'Asie de l'Est, 1968-1980. Québec: Nouvelle Optique.

Hilliker, John (1990): Canada's Department of External Affairs, vol 1: The Early Years, 1909-1946. Montréal and Kingston: McGill-Queen's University Press.

Hilliker, John/ Barry, Donald (1995): Canada's Department of External Affairs, Vol 2: Coming of Age, 1946-1968. Montréal and Kingston: McGill-Queen's University Press.

Hillmer, Norman/ Granatstein, J. L. (1994): Empire to Umpire. Canada and the World to the 1990s. Toronto: Copp Clark Longman.

Himes, Mel (1996): Canadian Foreign Policy Handbook. Montréal: Jewel Publications.

Holmes, John W. (1970): The Better Part of Valour. Essays on Canadian Diplomacy. Toronto: McClelland and Stewart.

Holmes, John W. (1976): Canada. A Middle-Aged Power. Toronto: McClelland and Stewart.

Holmes, John W. (1981): Life with Uncle. The Canadian-American Relationship. The Bissell Lectures 1980-81. Toronto: University of Toronto Press.

Holmes, John W. (1986): No Other Way. Canada and International Security Institutions. Toronto: Centre for International Studies.

Jockel, Joseph T. (1994): Canada and International Peacekeeping. Toronto: Canadian Institute of Strategic Studies.

Keating, Tom (1993): Canada and World Order. The Multilateralist Tradition in Canadian Foreign Policy. Toronto: McClelland and Stewart.

Kieninger, Michael (2001): Double Containment. Kanada und die Entstehung der NATO. Konstanz: Hartung-Gorre Verlag.

Kirton, John (1987): Realism and Reality in Canadian Foreign Policy. In: International Perspectives. Volume 15, No. 1, S. 3-8.

Lyon, Peyton/ Tomlin, Brian W. (1979): Canada as an International Actor. Toronto: Macmillan.

Mahant, Edelgard/ Mount, Graemes S. (1999): Invisible and Inaudible in Washington. American Policies Toward Canada. Vancouver: UBC Press.

Martin, Lawrence (1993): Pledge of Allegiance: The Americanization of Canada in the Mulroney Years. Toronto: McClelland and Stewart.

Melakopides, Costa (1998): Pragmatic Idealism: Canadian Foreign Policy, 1945-1995. Montréal and Kingston: McGill-Queen's University Press.

Molot, Maureen Appel (1990): Where Do We, Should We, Or Can We Sit? A Review of the Canadian Foreign Policy Literature. In: International Journal of Canadian Studies/ Revue internationale d'études canadiennes. Vol., No. 1-2, S. 77-96.

Munton, Don/ Kirton, John (Hrsg.) (1992): Canadian Foreign Policy: Selected Cases. Scarborough: Prentice-Hall.

Neufeld, Mark/ Whitworth, Sandra (1997): Imag(in)ing Canadian Foreign Policy. In: Clement, Wallace (Hrsg.): Understanding Canada. Building on the New Canadian Political Economy. Montréal and Kingston: McGill-Queen's University Press, S. 197-213.

Nossal, Kim Richard (1997): The Politics of Canadian Foreign Policy. 3. Aufl. Scarborough: Prentice-Hall.

Nossal, Kim Richard (1998-9): Pinchpenny Diplomacy. The Decline of ,Good International Citizenship' in Canadian Foreign Policy. In: International Journal. Volume 54, No. 1, S. 88-105.

Potter, Evan H. (1996-7): Niche Diplomacy and Canadian Foreign Policy. In: International Journal. Volume 52, No. 1, S. 25-38.

Rempel, Roy (1996): Counterweights. The Failure of Canada's German and European Policy, 1955-1995. Montréal and Kingston: McGill-Queen's University Press.

Rioux, Jean-François/ Hay, Robin (1998-9): Canadian Foreign Policy. From Internationalism to Isolationism? In: International Journal. Volume 54, No. 1, S. 57-75.

Sautter, Udo (1992): Geschichte Kanadas. Von der europäischen Entdeckung bis zur Gegenwart. München: C. H. Beck.

Spencer, Robert (Hrsg.) (1984): Canada and the Conference on Security and Co-Operation in Europe. Toronto: Centre for International Studies.

Stairs, Denis (1994-5): Will and Circumstance and the Postwar Study of Canada's Foreign Policy. In: International Journal. Volume 50, No. 1, S. 9-39.

Stairs, Denis (1999): Canada and the Security Problem. In: International Journal. Volume 54, No. 3, S. 386-403.

Story, Donald C. (Hrsg.) (1993): The Canadian Foreign Service in Transition. Toronto: Canadian Scholars' Press.

Thomson, Dale C./ Swanson, Roger F. (1971): Canadian Foreign Policy. Options and Perspectives. Toronto: McGraw-Hill Ryerson.

Tucker, Michael (1980): Canadian Foreign Policy. Contemporary Issues and Themes. Toronto: McGraw-Hill Ryerson.

Wirick, Gregory/ Miller, Robert (Hrsg.) (1998): Canada and Missions for Peace. Ottawa: International Development Research Centre.

von Bredow, Wilfried (1992). Zwischen Empathie und Eigeninteresse: Kanada und der KSZE-Prozeß am Ende des Ost-West-Konflikts. In: Zeitschrift für Kanada-Studien. Jg. 12, Nr. 1, S. 137-152.

von Bredow, Wilfried (1997): Deutschland und die kanadische Außenpolitik. In: Hirscher, Gerhard/ Williams, Timothy A. (Hrsg.): Deutschland und Kanada. Politik, Wirtschaft und die Beziehungen zwischen Kanada, Europa und Deutschland. München: Hanns-Seidel-Stiftung, S. 77-89.

von Bredow, Wilfried (1999): Souveränität und Identitätspolitik. Zum Wandel eines Modells staatlicher Ordnung am Beispiel Kanadas. In: Zeitschrift für Politik. Jg. 46, Nr. 4, S. 389-403.

von Bredow, Wilfried (2000): Macro-Regionalism: The Case of NAFTA. In: Ahornblätter (Marburg). Nr. 13, S. 9-27.

Wiseman, Henry (1993): United Nations Peacekeeping and Canadian Policy. A Reassessment. In: Canadian Foreign Policy. Volume 1, No. 3, S. 137-148.

Wolfe, Robert (Hrsg.) (1998). Diplomatic Missions. The Ambassador in Canadian Foreign Policy. Kingston: Queen's University.

Zipfel, Horst C. (1986): Die Verteidigungspolitik Kanadas zwischen nationalem Eigeninteresse und internationalem Engagement. Materialien zu Entwicklung und Politik, 29. München: Weltforum Verlag.

Souveränität und Identitätspolitik Kanadas

Wilfried von Bredow

Die Souveränität des Staates ist unter Beschuss geraten. [1] Um es mit den Worten eines Historikers der Staatsgewalt auszudrücken: „Der moderne Staat, der sich in vielen hundert Jahren in Europa entwickelt und durch die europäische Expansion über die Welt verbreitet hat, existiert nicht mehr. Vor allem das Kriterium von Modernität schlechthin, die einst dem Ancien Régime mit unsäglicher Mühe abgerungene Einheitlichkeit von Staatsvolk und Staatsgewalt, Staatsgebiet und Staatshoheit (Souveränität) trifft kaum mehr zu. Zuwenig Staat in vielen ehemaligen Kolonien und zuviel Staat in Europa führen zur Auflösung des staatlichen Machtmonopols zu Gunsten intermediärer Instanzen und substaatlicher Verbände der verschiedensten Art" (Reinhard 1999: 535). Souveränität im emphatischen Sinn des Wortes scheint sich in der einen Zone des Planeten erst gar nicht recht auszubilden und in der anderen Zone zu rasch zu verflüchtigen.

Nun müssen solche allgemeinen Aussagen sogleich relativiert werden. Selbstverständlich lassen sich auch heute und in Zukunft umstandslos zahlreiche Beispiele für erfolgreiches staatliches Wirken aufzählen. Und sehr oft liegen bei ausbleibenden oder geringeren Erfolgen staatlichen Wirkens fall-spezifische und keine strukturellen Versagens-Ursachen vor. Dennoch spricht viel für die These, dass der Staat überall auf der Welt, aber gerade auch in den „westlichen Gesellschaften"[2], die für die Prozesse der Globalisierung besondere Bedeutung haben, immer weniger dazu in der Lage ist, politische Ordnung zu begründen und stabil zu halten. Mit anderen Worten: der Staat kann seinen Souveränitäts-Anspruch immer weniger zur Geltung bringen. Damit sind Konsequenzen verbunden, die auch schon dann beträchtlich erscheinen, wenn man diese These nicht noch radikaler formuliert und etwa das Verschwinden des Staats postuliert. Das geht sicherlich viel zu weit. Doch auch vorsichtiger formulierende Beobachter kommen zu der Feststellung, dass sich die Rolle des Staats „vom souveränen Handlungs-

---

[1] Umgearbeiteter Text eines Aufsatzes aus der Zeitschrift für Politik, 46. Jg. 1999. Heft 4.
[2] Als „westliche Gesellschaften" werden hier im Anschluß an Volker Bornschier (1988) die parlamentarischen Demokratien mit marktwirtschaftlich organisiertem Wirtschaftssystem und hohem technologischen Standard bezeichnet, also hauptsächlich (west-)europäische und nordamerikanische Gesellschaften. Aber auch Japan kann man dazuzählen. Da nach dem Untergang des Kommunismus als Alternative zur bürgerlichen Gesellschaft dieses Gesellschaftsmodell Vorbild-Charakter für Gesellschaften in Osteuropa und anderswo erlangt hat (wenn auch keineswegs überall), steigt die Zahl der „fast schon" westlichen Gesellschaften.

zentrum zum Vermittler zwischen lokalen Lebenswelten, supranationalen Einheiten und globalem System wandeln" werde (Münch 1998: 18).
Wie muss man sich das vorstellen? Was sind die Konsequenzen einer solchen Entwicklung für die Bürger der Staaten? Wie werden die als besonders wichtig angesehen Staatsaufgaben künftig erledigt werden und von wem? Über solche Fragen gibt es in den Staats- und Sozialwissenschaften und in der politischen Philosophie eine breite Debatte, die allerdings in viele Teil-Debatten aufgesplittet ist, weil die Prämissen und Perspektiven der daran Beteiligten sich häufig nicht miteinander verknüpfen lassen. Auch die folgenden Beobachtungen und Überlegungen bleiben bezüglich dieser Groß-Debatte(n) bewusst ein wenig à part. Es geht hier auch nicht um die Skizze eines Entwurfs künftiger politischer Welten, sondern in der Hauptsache um ein (allerdings besonders spannendes) Fallbeispiel für das Zerfasern des Souveränitäts-Konzepts.

1. Souveränität und Identitätspolitik

Die Wissenschaft vom öffentlichen Recht kennt kaum eine Frage, die so vielschichtig und umstritten ist wie die nach der Souveränität (Baldus 1997: 381). Und auch in der Politikwissenschaft, in jüngster Zeit vor allem in den Theorie-Debatten der Internationalen Politik[3], gibt es keine einvernehmliche und einfache Vorstellung von Souveränität. Im Groben weiß man zwar, was gemeint ist, nämlich die eigene, selbstbestimmte Herrschaftsgewalt eines Staates nach innen und nach außen. Wobei die äußere Souveränität die Unabhängigkeit eines Staates im internationalen System bedeutet und in dem Anspruch zum Ausdruck kommt, dass sich kein anderer staatlicher Akteur in die inneren Angelegenheiten dieses souveränen Staates einzumischen habe. Die Staaten sind im Prinzip gleich, d.h. gleichberechtigt, unangesehen ihrer politischen, militärischen oder ökonomischen Stärke.
Souveränität nach innen wird ausgedrückt in den hoheitlichen Aufgaben des Staates und in seinem Gewaltmonopol zwecks Aufrechterhaltung der inneren Ordnung und des Schutzes vor Bedrohungen von außen.
Ein solches Billard-Kugel-Modell des Staates und der internationalen Politik war immer schon zu großen Teilen fiktiv; deswegen braucht man sich keine Mühe machen zu wollen, es kritisch aufzulösen. Anders gesagt: die verschiedenen Akteure im politischen Feld einer Gesellschaft und die staatlichen und nichtstaatlichen Akteure im internationalen System sind in ein derart dichtes Netz

---

[3] Um nur ein paar Publikationen aus der (allerdings besonders anregenden) Reihe der „Cambridge Studies in International Relations" der letzten Jahre aufzuzählen: R.B.J. Walker (1993); Cynthia Weber (1995), Jens Bartelson (1995), Thomas J. Biersteker/ Cynthia Weber (1996).

(asymmetrischer) gegenseitiger Abhängigkeit verflochten, dass es sich die Annahme von selbst verbietet, in der politischen Wirklichkeit gäbe es rundum souveräne Akteure. „Vor allem ist es aber die Existenz des Rechts, die eine solche
Konzeption des Souveränitätsbegriffs verbietet. Die Akzeptanz von völkerrecht-
lichem *ius cogens* im internationalen sowie die Herrschaft des Verfassungsrechts
im innerstaatlichen Bereich haben eine Lage geschaffen, in der die Beibehaltung
eines unlimitierten Souveränitätsbegriffs eine unzeitgemäße Verengung darstellte" (Baldus 1997: 389).

Gegen diese korrekte Feststellung über gegenwärtige Verhältnisse lässt sich
allenfalls ins Feld führen, dass ihr ein unzutreffendes Bild der Vergangenheit
unterliegt. Denn selbst in den hohen Zeiten der Sichtbarkeit staatlicher Souveränität, z.B. im Absolutismus, waren der Souverän und sein Herrschaftsapparat
zwar ungebundener in ihren politischen Handlungen, aber keineswegs völlig
autonom. Auch damals bedeutete der Satz „*L'état, c'est moi*" nur die symbolische Kennzeichnung des (in der Tat in seinem unmittelbaren Umkreis ungemein
mächtigen) Hauptdarstellers im Kontext eines Staats-Schauspiels.

Insofern drückt der Schlusssatz der Studie von Cynthia Weber (1995: 129)
in ein wenig mühsamer Lakonie eine keineswegs neue oder nur für die Gegenwart zutreffende Einsicht aus: „Wenn man die Staats-Souveränität untersucht,
untersucht man, wie Staaten simuliert werden." Wobei der durch Baudrillard und
andere in den letzten Jahren modisch gemachte Begriff der Simulation in diesem
Zusammenhang nichts anderes besagen will, als dass soziale Gebilde so beschaffen sind, dass ihr Zusammenhalt und ihre Außengrenzen der inneren und äußeren
Anerkennung bedürfen und dass solche Anerkennung *gemacht* werden muss:
mittels der *Konstruktion* kollektiver Identität.

Dazu müssen Ideologien über hervorstechende Gemeinsamkeiten formuliert
und propagiert werden, ggf. plastisch modelliert durch Feind- und Bedrohungs-
bilder.[4] In der Moderne, in der sich das regionale europäische Staatensystem in
mehreren Schüben globalisiert hat, ist besonders auffällig, dass für den Kon-
struktionsprozess kollektiver Identität, nationaler Mythen, biologisch oder
sonstwie begünstigter (oder systematisch unterprivilegierter) Großgruppen in der
Regel kleine Zirkel von Intellektuellen tätig sind. Für Peter Christian Ludz
(1976: 126) ist deshalb eine Ideologie „...eine aus einer historisch bedingten
Primärerfahrung gespeiste, systemhafte und lehrhafte Kombination von symbol-
geladenen theoretischen Annahmen, durch die spezifischen historisch-sozialen
Gruppen in einem gegebenen sozialen System ein...Bild von Mensch, Gesellschaft und Welt vermittelt, dieses Bild für eine bestimmte politisch-soziale Aktivität bei strenger Freund-Feind-Polarisierung programmatisch-voluntaristisch

---

[4] Nach wie vor von großer Anregungskraft sind hier die Forschungen von Peter Christian Ludz
(1976; dort besonders S. 123-153).

organisiert und den sozialen Gruppen ein Ort in einem Kontinuum von sozialer Integration/ Desintegration zugewiesen wird."

Ausgeblendet habe ich aus dieser Definition von Ludz qualifizierende Bemerkungen über den Wahrheits-Gehalt von Ideologien, weil die Reflexion darüber zwar beliebt ist, aber vom Zusammenhang ablenkt, um den es hier geht. Man kann jedenfalls unterstellen, dass die Konstrukteure an die Wahrheit ihrer Konstrukte glauben. Aber selbst wenn sie es nicht tun, muss das durchaus keinen Einfluss auf die Verbreitung und den politischen Erfolg ihrer simulierten Gewissheiten haben.

Souveränität war und ist in dieser Perspektive in erster Linie der Anspruch (samt mehr oder weniger ausführlichem Begründungsapparat) auf politische Gestaltungsmacht, reklamiert für ein wie immer organisiertes politisches Kollektiv, das sich die Durchsetzung dieses Anspruchs auch gegen Widerstände und widrige Umstände zu erstreiten gewillt ist. Dieser Wille ist eine notwendige, freilich keine hinreichende Bedingung zur erfolgreichen Durchsetzung des Anspruchs auf Souveränität, d.h. einen eigenen Staat.[5]

Gegenwärtig gibt es vor allem deshalb Schwierigkeiten mit dem Souveränitäts-Konzept, weil unter dem Vorzeichen der Globalisierung die Gestaltungskraft der Staaten nach innen durch Wirkkräfte von außen, seien es andere, mächtigere Staaten (herkömmlicher Fall, nur verstärkt), seien es transnationale Akteure, zunehmend in Frage gestellt wird. Dieser Veränderungsprozess besitzt nicht nur eine inner-staatliche Dimension, er setzt sich auch im Strukturgefüge des internationalen Systems insgesamt nachhaltig in Szene. Im Jahr des 350. Jubiläums des Friedens von Münster und Osnabrück wird unter Theorie-Experten der Internationalen Beziehungen das „Ende des Westfälischen Systems" debattiert. Damit ist das moderne Staatensystem gemeint. An seine Stelle, so wird behauptet, tritt ein System unterschiedlicher Akteure mit grenzüberschreitenden Handlungsoptionen, in dem sich die Bedeutung von Grenzen, von Territorialität, damit aber auch des Staates als Akteurtyps ständig verringern wird.[6] Also ein Abschied von der Souveränität der Staaten?

Vielleicht, vielleicht aber auch nicht. Drei Sachverhalte sprechen gegen eine solche Entwicklung:

– Erstens gibt es keine einigermaßen überzeugende Vorstellung von Welt(innen)politik, ihren Institutionen, Mechanismen und Legitimationsgrundlagen.[7]

---

[5] Das haben viele zur Gründung eigener Staaten entschlossene Großgruppen erfahren müssen, z.B. die Kurden.

[6] Diese Perspektive liegt auch dem Sammelband von James N. Rosenau, Ernst-Otto Czempiel (1992) zugrunde.

[7] Über *science fiction*-Lösungen à la Weltregierung lohnt sich das Streiten nicht.

– Zweitens müssen vor dem Hintergrund der Selbstgewissheit, mit der von den genannten Experten der Souveränität beanspruchende Staat als Auslaufmodell bezeichnet wird, die intellektuelle Heftigkeit und die physische Gewaltbereitschaft schon überraschen, die in den unzähligen Autonomie- und Sezessionsbestrebungen auf den verschiedensten Kontinenten zum Ausdruck kommen. Einerseits befördern solche Bestrebungen den Zerfall staatlicher Gebilde. Andererseits handeln ihre Protagonisten keinesfalls im Namen von Globalisierung und einer Politik der prinzipiellen Staats-Zertrümmerung. Sie wollen im Gegenteil ihren eigenen Staat, mit eigenen Gesetzen, eigenen Grenzen und eigener Souveränität.

– Drittens mehren sich in den meisten westlichen Gesellschaften die Stimmen, die für eine Erneuerung der staatlichen Handlungsmacht plädieren, um den als schädlich angesehenen Auswirkungen der Globalisierung der Wirtschaft politisch entgegenzutreten.

Freilich liegt die Vermutung nahe, dass jenseits der unmittelbaren Intentionen der Akteure und oberhalb der zunächst einmal eklatanten Widersprüchlichkeit zwischen Globalisierung und dem Zerfall größerer zugunsten kleinerer staatlicher Einheiten doch ein einziger weltpolitischer Prozess auszumachen ist. Die Widersprüche, mögen sie auch *prima vista* eine bittere Ironie produzieren, gehören zusammen, bilden nur zwei Seiten derselben Medaille.

Bevor man diese Vermutung aber empirisch erhärten kann, muss man sich diese Widersprüche im einzelnen genauer ansehen. Die westlichen Gesellschaften, obwohl in vielen Zügen ihrer Wertestruktur und Sozialordnung einander ähnlich, haben doch unterschiedliche politische Traditionen und Kulturen ausgebildet. Jede einzelne verkörpert ein einmaliges kollektives Schicksal. Jede einzelne reagiert so auch anders auf die Schwierigkeiten, die der rasche und globale soziale Wandel der Gegenwart mit sich bringt. Keineswegs kann man Erfahrungen aus der einen Gesellschaft und politischen Kultur einfach in eine andere transferieren. Da muss erst umgerechnet werden.

Dennoch kann die kanadische Erfahrung für andere Gesellschaften, nicht zuletzt den europäischen, fruchtbar gemacht werden, weil Kanada schon etwas länger mit Herausforderungen konfrontiert ist, die sich hier erst neuerdings nachdrücklicher stellen.

2. Souveränität / Québec

> Souveränität macht nicht automatisch intelligent.
> *Jacques Parizeau* (1997)

Das (vorerst) letzte Referendum in Québec über die Unabhängigkeit der Provinz ging am 30. Oktober 1995 denkbar knapp aus: 49,4 % der abgegebenen Stimmen sprachen sich gegen, 50,6 % für ein Verbleiben Québecs im kanadischen Staatsverband aus. Der Parti Québécois (PQ), die Partei der „Souveränisten" (oder Separatisten) stellte seinerzeit und stellt auch gegenwärtig die Regierung Québecs. Allerdings trat Jacques Parizeau, ein militanter Verfechter von Québecs Unabhängigkeit, nach der aus seiner Sicht knapp verlorenen Volksabstimmung als Premierminister der Provinz zurück. Ihm folgte mit Lucien Bouchard ein taktisch versierterer und vorsichtig agierender Anhänger dieser Option.

Spätestens seit der „stillen Revolution" in den sechziger Jahren, die einen Modernisierungsschub Québecs bewirkte, ist die Frage nach dem Ausscheiden aus oder dem Verbleib Québecs in Kanada ein Dauerthema in diesem Land. Der Konflikt zwischen den Frankophonen und den Anglophonen in Kanada geht bis in die frühe Kolonialzeit zurück (von Bredow/ Pletsch: 1998). Aus der Rivalität französischer und britischer Kolonialpolitik entwickelte sich über die Generationen hin ein geradezu klassischer sozio-kultureller Dualismus. Trotz gelegentlicher politischer Turbulenzen, die dann, etwa in der Frage der kanadischen Kriegsbeteiligung im Ersten und im Zweiten Weltkrieg, auch gleich ziemlich heftig wurden, stellte sich dieser Dualismus nicht so sehr antagonistisch dar, vielmehr als ein Nebeneinander ohne wechselseitige Sympathie. Nirgendwo ist das treffender ausgedrückt als in dem 1945 erschienenen Roman von Hugh MacLennan „Two Solitudes" – dieser Buchtitel ist zur gängigen Kurz-Kennzeichnung des Verhältnisses zwischen frankophonen und anglophonen Kanadiern bis zur „Stillen Revolution" in Québec geworden.[8]

Das politische System wurde auf diesen schweigsamen Dualismus zugeschnitten. In Québec gilt ein teilweise anderes Rechtssystem als in den anderen Provinzen. Und überhaupt ist Kanada ein föderaler Staat, fast so föderal, wie Spötter betonen, wie die inzwischen blutig zerfallene Föderation Jugoslawien.

Seit den sechziger Jahren ist etwas Eigentümliches passiert. Auf der einen Seite wurde die (in idealtypischer Verkürzung: frankophone, katholische, agrarische) Gesellschaft Québecs von einem rapiden Modernisierungsprozess erfasst. Die Dynamik dieser Veränderung speiste sich auch aus einer Ideologie der kulturellen Bedrohung. Der Slogan für die Durchsetzung politischer, wirtschaftlicher und kultureller (z.B. bildungs- und sprachpolitischer) Maßnahmen, welche die frankophone Bevölkerung in Québec begünstigte, lautete: *Maîtres chez nous!* Herr im eigenen Haus sein.[9] Auf der anderen Seite wurde diese Angleichung an

---

[8] Darauf nimmt auch Charles Taylor (1993) Bezug. – Die Sachlage ein wenig komplizierend kommt hinzu, daß frankophone Kanadier auch in anderen Provinzen leben. Und in der Provinz Québec gibt es auch anglophone und sogenannte allophone Kanadier (letztere sind solche, die weder anglo-, noch frankophon sind), insbesondere in der größten Stadt der Provinz, in Montréal.
[9] Die auch in anderen Kontexten („gemeinsames europäisches Haus") übliche Verwendung der Metapher *Haus* für politische Ordnungen ist ein Indiz für die übergroße Bereitschaft der Menschen,

die Standards westlicher Gesellschaften[10] begleitet von einer wachsenden Furcht,
dadurch auch die verbleibenden Eigenarten als sozio-kulturelle Großgruppe zu
verlieren.

Der beträchtliche politische Erfolg einer ursprünglich sehr kleinen Gruppe
von frankophonen und anti-kanadischen Separatisten erklärt sich zu großen Teilen aus dieser Doppel-Entwicklung. Vor allem auch der Erfolg bei den frankophonen Intellektuellen und im Bildungsbereich Tätigen. Erstere, ob frei schwe-
bend oder vom Staat (der Provinz) angestellt oder beides, haben in den letzten
dreißig Jahren eine große Aktivität bei der argumentativen Ausgestaltung des
Souveränitäts-Themas entfaltet. Auf diese Weise gibt es alle Sorten von Begrün-
dungen dafür, warum Québec unabhängig werden muss, romantische wie ökonomische, menschenrechtsbezogene wie kultur-defensive. Ebenso gibt es unge-
zählte Pamphlete, Essays und historische Untersuchungen sowie philosophische
Analysen, in denen die Argumente der Gegner dieser politischen Option zer-
pflückt werden. Und schließlich stößt man auch auf eine ständig steigende Zahl
politischer und/ oder politikwissenschaftlicher Studien über die Modalitäten,
Abstufungen, Konsequenzen (samt Milderungsmaßnahmen bei unerwünschten
Konsequenzen) des Ausstiegs Québecs aus Kanada.

Die Vorstellungen, die im separatistischen Diskurs in Québec mit Begriffen
wie Unabhängigkeit, Autonomie oder Souveränität verbunden, und die Gründe,
die von ihren Verfechtern angeführt werden, um die Unabdingbarkeit ihrer Programmatik zu verdeutlichen, variieren stark. Die Spannbreite reicht von der qua-
si-metaphysischen Rhetorik André Binettes (1996)[11] bis zur unverblümten Herr-
schafts-Rhetorik von Jacques Parizeau (1997: 20): „Im Grunde ging es mir zunächst um die Regierung und dann erst um das Land."

Letztlich geht es den Initiatoren des Strebens nach der Unabhängigkeit Québecs um die Abwehr von zwei Entwicklungen. *Erstens* soll verhindert werden,
dass mit der weiteren internen Modernisierung Québecs seine frankophon geprägte kulturelle Eigenart verloren geht oder politisch irrelevant wird. Der war-
me Mythos nationaler Gemeinschaft und Eintracht soll ein Heilmittel gegen die
Kälte der unvermeidlich fortschreitenden Modernisierungen sein. *Zweitens* sollen die grenz-überschreitenden Eingriffe in Wirtschaft- und Sozialsystem des

---

sich Komplexität nicht nur einige Schritte weit, sondern gleich bis zur Leerformel zu reduzieren
(oder reduzieren zu lassen).

[10] Eine typische Entwicklung in diesem Anpassungsprozeß sind z.B. der Rückgang des Einflusses der
katholischen Kirche auf das Verhalten der Menschen, was sich aus distanziert-soziologischer Sicht
etwa am drastischen Sinken der Geburtenrate in Québec erkennen läßt.

[11] André Binette (1996: 11) verklärt Souveränität im guten alten Stil des 19. Jahrhunderts: „La souve-
raineté annonce une mutation de notre personnalité culturelle. Elle nous retournera définitivement et
nous serons pour le bon l'envers de ce nous avons été." Solche Sprache ist gegen Einwände immun.

Landes, die als Konsequenz der Globalisierung zu gewärtigen sind, so weit wie möglich staatlich überwacht und gelenkt werden.

Das erste Ziel ist sozusagen generations-spezifisch und stößt unter den Jüngeren auf abnehmende Resonanz. Auch das zweite Ziel stammt aus dem Erfahrungsschatz einer Generation, die sich erst in mittleren Jahren oder noch später an den Computer gewöhnen musste. Die Zuspitzung der Souveränitäts-Frage Québecs in Kanada in den achtziger und neunziger Jahren erfolgte nicht zuletzt auch wegen einer sie kaum jemals angemessen aufgreifenden Politik der Zentralregierungen von Trudeau bis Chrétien.

Die Provinzwahlen in Québec Anfang Dezember 1998 gewann der Parti Québécois mit einer klaren Mehrheit bei den Sitzen im Parlament. Jedoch beruht diese Mehrheit nicht zuletzt auf dem Wahlsystem, denn es stimmten insgesamt nur 42,9 % der Wähler für die Regierungspartei und 43,6 % für die oppositionellen Liberalen unter der Führung von Jean Charest. Der Wahlsieg des PQ wurde deshalb von Kommentatoren häufig als „bitterer Sieg" bezeichnet.

3. Souveränität / Urbevölkerung

> Wie die Regierungen dieses Landes seit jeher die Urbevölkerung
> behandelt haben, ist eine nationale Schande.
> *Elijah Harper* (1994)

Die kanadische Öffentlichkeit, die sich bis dahin kaum um die Probleme der *natives* gekümmert hatte, wurde durch die sogenannte Oka-Krise im Jahr 1990 aufgerüttelt. Damals kam es in der Nähe von Montréal zu einer Konfrontation zwischen militanten Mohawks und der Provinzpolizei. Der Konflikt drohte, außer Kontrolle zu geraten, so dass der Premier von Québec Streitkräfte zur Wiederherstellung der inneren Ordnung anforderte. Anlass des Konflikts waren Pläne zur Erweiterung eines Golf-Platzes über traditionelles Mohawk-Land.

Dieses durch die Medien nations-weit gemachte Ereignis lenkte die politische Aufmerksamkeit in Kanada auf einen riesigen dunklen Fleck in der Kolonisierungsgeschichte. Und darauf, dass es sehr wohl nachvollziehbare Gründe für die Nachkommen der Urbevölkerung gibt, ihre Erinnerung daran als an eine Betrugs- und Repressionsgeschichte wachzuhalten. Denn ursprünglich verhandelten die weißen Siedler und ihre politischen und juristischen Repräsentanten mit den Landbewohnern, die sie vorfanden, sozusagen von gleich zu gleich.

Das Wörtchen *sozusagen* hat hier ausnahmsweise einmal eine entscheidende Bedeutung. Man kann das an der Aussage von Joe Sanders kenntlich machen, der in seinem glühenden Plädoyer für die Souveränität und Selbstbestimmung der *First Nations*[12] in Kanada behauptet: „Es ist historisch bewiesen, dass die *First Nations* vor der Ankunft der Europäer das Land des heute so genannten nordamerikanischen Kontinents in ihrem Besitz hatten und absolute Souveränität darüber besaßen" (Sanders 1994: 186). Genau so war es eben *nicht*, weil die dort lebenden Stammes-Gemeinschaften, untereinander durch unterschiedliche Sprachen, Sitten und Gebräuche sowie soziale Organisationsformen getrennt, indes durch die aus der Sicht der Europäer grundlegend andere Lebensweise in und mit der Natur von diesen wiederum als eine einheitliche Großgruppe perzipiert, vor ihrem Zusammenstoß mit der europäischen Welt Begriffe und Konzepte wie *Nation, Staat* oder *Souveränität* gar nicht oder nur in Ansätzen verwendeten. Diese wurden ihnen hingegen von den Siedlern gewissermaßen übergestülpt. Darin besteht ja gerade das Charakteristikum solcher im wahrsten Sinne des Wortes überwältigenden Überlagerungs-Besiedlung, daß die sozialen und kulturellen Konzepte, Werte und Perzeptionsmuster der Kolonisten den Einheimischen erbarmungslos aufgezwungen werden.

Im Verlauf dieses Zwangsprozesses wurde die Lebenswelt der indigenen Bevölkerung immer enger enkadriert (in den „Reservaten") und wurden ihre Grundlagen fast vollständig zerstört. Die Konsequenz war die materielle und soziale Verelendung dieser Bevölkerung und ihrer Nachkommen.

Dass all diese Vorgänge dem modernen Menschenrechtsbewusstsein und Gerechtigkeitsempfinden nur ein Gräuel sein können, braucht nicht hervorgehoben zu werden. Im Zuge einer Generationen danach langsam einsetzenden und in sich bereits nicht unproblematischen Wiedergutmachung verfolgen die Anwälte der indigenen Bevölkerung zwei einander widersprechende Ziele.

– *Erstens* fördern sie das sozio-kulturelle Gruppenbewusstsein der Betroffenen, indem sie die kulturelle Andersartigkeit betonen und beleben. Das geht von (in der Sache ungemein spannenden) Überlegungen zur Wiedereinführung eigener indigener Straf- und Zivilrechtsnormen bis zur Proklamation eines grundsätzlich anderen Lebens- und Naturbewusstseins. Politik ist da mit eingeschlossen: „Es gibt einen fundamentalen Unterschied zwischen den Konzepten des politischen Systems seitens der indigenen und der nicht-indigenen Bevölkerung" (Barnaby 1992: 40). Man darf sich nicht vorstellen, es gäbe unter den Sprechern und Repräsentanten der verschiedenen indigenen Gruppen einen Konsens über die Inhalte dieser Andersartigkeit. Im Gegenteil wird darüber heftig gestritten, auch deswegen, weil es sich bei deren Rekonstruktion ja nicht um eine Musealisierung

---

[12] *First Nations* ist inzwischen der Sammelbegriff für die „indianische" Urbevölkerung Kanadas geworden. Er wurde von ihren gegenwärtigen politischen Führern auch in polemischer Abgrenzung zum weißen Gründungsmythos Kanadas ausgesucht, nach welchem dieser Staat aus zwei nationalen Komponenten, der franko-kanadischen und der anglo-kanadischen, entstanden ist und vorher eine politische *tabula rasa* bestanden hat.

handeln kann. Viele entscheidende Einflüsse aus der Erobererkultur der Europäer lassen sich längst nicht mehr zurückdrängen.

– *Zweitens* fordern sie materielle Entschädigungen und institutionelle Garantien für die Eigenständigkeit der indigenen Gemeinschaften. Beides aber ist nur möglich, wenn man sich auf die Grundbedingungen der westlichen Gesellschaften einstellt, ökonomisch, kulturell, politisch. Hier kommen die Begriffe Souveränität, Selbstbestimmung (als Gemeinschaft) und Unabhängigkeit ins Spiel. Mit ihrer Hilfe kann der historische Betrug an der indigenen Bevölkerung deutlich akzentuiert werden. Für die Gegenwart sollen sie, an die Adresse der nicht-indigenen Kanadier gewendet, den Anspruch auf größere Unabhängigkeit innerhalb des kanadischen politischen Systems signalisieren. Nach innen, an die indigene Bevölkerung gewendet, sollen sie den Anspruch auf kollektive Identität und Rückgewinnung ihrer sozio-kulturellen Eigenart ausdrücken. Es geht also *nicht* um eine Souveränität à la Québec und um den Mythos der Bewahrung, vielmehr um eine Strategie zur Legitimierung einer Wiedergutmachung und um den Mythos der Wiederaufrichtung.

4. Trotzige Souveränität für eine Übergangszeit

> Ähnlich wie Nostalgie ist auch Souveränität
> nicht mehr das, was sie früher war.
> *Franklyn Griffith* (1996)

Der Parti Québécois und seine Anhänger streben nach dem Ausstieg aus Kanada und der Gründung eines eigenen souveränen Staates, um auf diese Weise die Kälte des Modernisierungsschubs in der frankophon geprägten Gesellschaft Québecs zu mildern. Das Ziel der politischen Sprecher der indigenen Bevölkerung Kanadas sind mehr Selbstbestimmung und eine größere Distanz zur herrschenden Kultur, beides zusammengefasst im Begriff Souveränität, weil nur so die Wiederbelebung der Andersartigkeit indigener Lebensformen möglich ist.

Beide Male ist die Vision der Souveränität eine suggestive Metapher in der Auseinandersetzung mit dem bestehenden politischen Gefüge. Es ist eine bittere Ironie, daß dieses Gefüge, der kanadische Bundesstaat, immerhin, ausweislich seiner Verankerung in wichtigen internationalen Organisationen (z.B. der G 7 Staaten), eine der führenden und großen Mittelmächte[13] der Weltpolitik, selbst wachsende Probleme damit hat, die Ansprüche auf Souveränität einzulösen.

---

[13] Oberhalb der Kategorie der Mittelmächte, zu der je nach Betrachtungsweise zehn bis zwanzig Staaten gezählt werden, nämlich in der Liga der Weltmächte, findet sich eigentlich nur ein einziger Staat, die USA.

Bedroht wird die Souveränität Kanadas durch den kaum zu überschätzenden Einfluss des südlichen Nachbarn, der USA, auf das ökonomische und kulturelle Leben des Landes. Es gibt folglich in Kanada eine ähnlich hohe Empfindlichkeit gegenüber dem, was in etwas einfacher Terminologie kulturelles Hegemoniestreben seitens der USA genannt werden könnte, wie es sie in Québec gegenüber dem anglophonen Kanada gibt. Eine nationale politische Strategie, in Kanada übrigens eher von der politischen Linken verfolgt, die sich mit den wenigen übrig gebliebenen konservativen Nationalisten in dieser Frage verbündet haben, eine solche Strategie zur Rettung nationaler Eigenständigkeit betont heute vor allem die Notwendigkeit zur Erhaltung und Pflege nationaler Identität. „In Kanada haben sich die Voraussetzungen der eigenen Souveränität verändert. Öffentliche Ressourcen müssen von der militärischen Verteidigung in den Bereich Kultur und Kommunikation verlagert werden. Der Zustand unseres kulturellen Lebens wird zur Schlüssel-Variablen für unsere Sicherheit, für unser Überleben als ein Volk mit der Möglichkeit, in einer interdependenten Welt über das eigene Schicksal zu entscheiden" (Griffith 1996: 8/9).

Dass die Behauptung einer eigenen nationalen Kultur zum Kernbestand der kanadischen Souveränität gehöre, ist allerdings kein neuer *topos* im politischen Diskurs dieses Landes. Unter Kultur werden dabei sowohl die Produkte der elitären wie der Massenkultur gezählt, dazu kulturelle Institutionen mit historischen Verdiensten um die nationale Einheit wie die staatliche Rundfunk- und Fernsehanstalt CBC oder die Nationale (Eis-)Hockey-Liga. Ebenfalls nicht neu ist das Argument, die kulturelle Souveränität werde von Süden her bedroht. Allerdings hat es durch die Ergebnisse der Verhandlungen um das Freihandelsabkommen zwischen Kanada und den USA Mitte der achtziger Jahre kräftigen Auftrieb bekommen (Hart 1994: 110).

Seither sind die Debatten über die Notwendigkeit und die möglicherweise verderblichen Folgen der Streichung von öffentlichen Subventionen innerhalb dieses umfassend definierten Kulturbereichs beharrlich auf das Argument von der auf dem Spiel stehenden kulturellen Souveränität zurückgekommen. Der kanadische Bundeshaushalt 1995, um ein Beispiel zu nennen, reduzierte die Zuschüsse für den CBC, die nationale Filmbehörde, kanadische Fernsehproduktions-Firmen, Zeitschriften- und Buchverlage ziemlich drastisch. Ähnlich verhielten sich die meisten Provinz-Regierungen. Diese tendenziell neo-liberale Auffassung von Kultur-Produktion, schreibt John Herd Thompson (1995: 410), könnte die kulturelle Souveränität Kanadas auf die Dauer mehr schädigen als alle US-Versuche, sich gegen bestimmte kanadische Protektionsmaßnahmen auf diesem Gebiet zur Wehr zu setzen.

Wie steht es also mit der „unerträglichen Leichtigkeit, kanadisch zu sein"?[14] Franklyn Griffith hat als vorläufig letzter in einer Reihe kanadischer politischer Philosophen versucht, eine Vision für Kanadas Zukunft zu entwerfen, in der das Land stark und frei, souverän und doch zugleich auch weltoffen und kooperativ sein kann. Weil Griffith Politikwissenschaftler ist, sind ihm die Aussagen über die abnehmende Macht der Staaten und ihre schwindende Souveränität, über die Ursachen und Konsequenzen der Globalisierung genauestens bekannt. Er ignoriert sie auch nicht, sondern baut sie in das Fundament seiner Überlegungen mit ein: „Wir leben in einer Übergangsphase. In nicht allzu langer Zeit werden der Staat und mit ihm seine Souveränität so gut wie sicher ersetzt werden durch neue Formen der Gemeinschaftsbildung – durch regionale transnationale Einheiten, durch metropolitane Wirtschaftskerne" (Griffith 1996: 14). Weil man noch nicht wissen kann, wie sich die Welt der Zukunft darstellt, ist es wichtig, Souveränität für diese Übergangsphase neu zu definieren. Griffith zieht diesen Begriff aus der Sphäre der Staatlichkeit hinüber in die Gesellschaft: „Unter Souveränität verstehe ich letztendlich unsere Fähigkeit zur Selbstbestimmung, die Möglichkeit, unsere Zukunft auf unserem Territorium selbst gestalten zu können, sogar dann noch, wenn es eines Tages territoriale Souveränität eines Tages nicht mehr geben sollte." Da muss man an Münchhausens Zopf denken. Zur Illustration dieser Möglichkeiten und Fähigkeiten führt Griffith eine Reihe unbestimmter Werte an: Lebensqualität, Gemeinschaftsgeist, Zivilität (civilty).

So schön das klingt, so wolkig ist es auch. Souveränität im hermeneutischen Zirkel: Kanada kann nur bleiben, was es noch nicht ist, wenn seine Bürger sich über ihre Gemeinsamkeiten verständigt haben. Nur dann kann es, eine Zeitlang wenigstens, gelingen, dem alle nationalen Besonderheiten glattbügelnden Druck der Globalisierung standzuhalten. Und dies erst macht fit, der Globalisierung seinen Stempel als Nation aufzudrücken.

5. Souveränität ohne Mythos?

Die einen erfreuen ihr Gemüt an Visionen einer Welt ohne Staatsgrenzen, in der mit den Grenzen auch die Staaten selbst anachronistisch geworden sein werden. Sie verbinden damit u.a. den optimistischen Glauben an die Ausrottung des Krieges. Die anderen betonen im Gegenteil die als Folge der Globalisierung neu zu definierende Aufgabe des Staates, nämlich die fortlaufende Polarisierung der Gesellschaft und der Gesellschaften in Reiche und Arme durch regulierende Eingriffe und durch die Bereitstellung politisch-kultureller Identitäts-Programme anzuhalten oder sogar rückgängig zu machen.

---

[14] So lautet der Untertitel des Bestsellers von Richard Gwynn (1995).

Eine erste Pointe der Gegenüberstellung dieser zwei auf den entgegengesetzten Enden der Argumentations-Skala liegenden Ansichten besteht darin, dass sie nicht selten von denselben Leuten vertreten werden – im Blick auf das internationale System die erste und im Blick auf inner-gesellschaftliche Entwicklungen die zweite. Der in der kanadischen Publizistik gerne und häufig zitierte Einfall eines Kabarettisten, die Québécois wünschten sich eigentlich *ein unabhängiges Québec in einem starken Kanada*, lässt sich mühelos verallgemeinern:

Der (post-)moderne Staat soll die Eigenarten der politischen Gemeinschaft schützen und bewahren, aber so, dass er dabei möglichst nicht in Erscheinung tritt und jedenfalls keinerlei Forderungen an die Bürger stellt.

Es gibt noch eine weitere Pointe – dass der gegenwärtige und künftige Politikprozess in den meisten anderen westlichen Ländern genau nach diesem Muster verläuft.

Die internationale wirtschaftliche Vernetzung ist so weit gediehen, dass die Freiheit der nationalen Regierungen, politische und wirtschaftspolitische Entscheidungen für ihre Gesellschaften zu treffen und diese sozusagen unabhängig und einzig auf der Basis interner Legitimität zu regieren, auch für die Groß- und Mittelmächte nachhaltig eingeschränkt ist (Johnstone 1997: 16/17). Gegenüber diesem Sachverhalt erscheint die Option der nationalen Abschottung derart unrealistisch, dass sie schon längst nur noch von ganz marginaler Seite in die Debatte gebracht wird.

Globalisierung beschränkt sich aber keineswegs nur auf die ökonomischen Aspekte menschlichen Zusammenlebens; in mittlerer und längerer Perspektive sind es vor allem auch ihre kulturellen und zivilisatorischen Effekte, die das Zusammenleben der Menschen verändern werden. Die Auseinandersetzung über Huntingtons These vom „Krieg der Zivilisationen" bezeichnet ja nur eine (wenn auch besonders spektakuläre) Variante eines strukturellen Konflikts im Globalisierungsprozess.

Dieser strukturelle Konflikt liegt auch den Souveränitätsfragen zugrunde, die hier beispielhaft am kanadischen Beispiel abgehandelt wurden. Er kann, auf einen einfachen Nenner gebracht, so formuliert werden: Wie lassen sich kollektive Identitäten und das nationale Bewusstsein vom besonderen Charakter der jeweils eigenen Gesellschaft (*distinct society*) schützen und entwickeln, ohne daß damit polarisierende Ab- und Ausgrenzungen einhergehen? Das Streben nach Souveränität kommt ohne solche Polarisierungen nicht aus, wenn sie auch häufig virtuell bleiben. In Krisen lassen sie sich dann doch wieder rasch aktivieren und wirken dann konfliktverschärfend.

Angemessene Antworten auf diese Frage können sich nicht mehr auf die Militanz und häufig genug sogar gesellschaftliche Militarisierung befördernden ideologischen Rezepturen des 19. und 20. Jahrhunderts stützen. Daraus folgt, dass sie nicht *einfach* ausfallen können. Denn das kanadische Beispiel lehrt vor

allem, dass es um weitere Differenzierungen, Kompetenz-Aufteilungen, Sektorierungen gehen muss:
- Staatliches Handeln als Kooperation und Koordination anstatt Separation und Grenzverstärkung.
- Dezentralisierung nicht nur im geographischen Sinne, sondern auch in Bezug auf Befugnisse.
- Anerkennung der Unterschiedlichkeit von Interessen und Perzeptionen auf der Basis von auszuhandelnden Spielregeln.
- Kollektive Selbstbestimmung nicht auf der Basis ethnischer, religiöser, sprachlicher oder sonstwie hergestellter sozialer Homogenität, sondern als Klammer über multikulturelle Gemeinschaften.

Von herkömmlichen Visionen und Utopien unterscheidet sich diese hier nur in einer groben Skizze vorgestellte überaus anspruchsvolle Programmatik durch ihre Unübersichtlichkeit und Fragilität. Utopien sind immer übersichtlich, das macht sie ja so unmenschlich.

Souveränität und Staatlichkeit verändern ihre Züge. Programme kollektiver Selbstbestimmung, die auf soziale Homogenität und staatliche Souveränität hinzielen, stehen deshalb in der Gefahr, um so anachronistischer zu werden, je näher sie ihrer Verwirklichung kommen. Dass man, solange Verwirklichung nicht droht, mit anachronistischen Programmen populär werden kann, steht auf einem anderen Blatt.

Es kommt aber vor allem darauf an, Modelle politischer Ordnung und politischen Handelns zu finden, die den angeführten weltweiten Veränderungen gerecht werden. Kein Land ist darauf besonders gut vorbereitet, Kanada aber immerhin am wenigsten schlecht.

Literatur

Baldus, Manfred (1997): Zur Relevanz des Souveränitätsproblems für die Wissenschaft vom öffentlichen Recht. In: Der Staat, 36. Jg.

Barnaby, Joanne (1992): Culture and Sovereignty. In: Engelstadt, D./ Bird, J. (Hrsg.) (1992): Nation to Nation. Aboriginal Sovereignty and the Future of Canada. Concord, Ontario. Toronto: House of Anansi Press.

Bartelson, Jens (1995): A Genealogy of Sovereignty. Cambridge: Cambridge University Press.
Biersteker, Thomas J./ Weber, Cynthia (Hrsg.) (1996): Sovereignty as a Social Construct. Cambridge: Cambridge University Press.

Binette, André (1996): Indépendence et liberté. Une vision du Québec souverain. St.-Rédempteur: Consultants BRAE.

von Bredow, Wilfried/ Pletsch, Alfred (1998): Québec und die Zerbrechlichkeit Kanadas. In: Ahornblätter (Marburg). Nr. 11, S. 18-46.

Bornschier, Volker (1988): Westliche Gesellschaft im Wandel. Frankfurt/M: Campus.

Griffith, Franklyn (1996): Strong and Free. Canada and the New Sovereignty. Toronto: Stoddart.

Gwynn, Richard (1995): Nationalism without Walls. Toronto: McClelland & Stewart.

Hart, Michael (1994): Decision at Midnight: Inside the Canada-US Free-Trade Negotiations. Vancouver: UBC Press.

Johnstone, Robert (1997): Globalization and Distinct Societies: Trade Policy in the 1990s. In: Behind the Headlines. 54. Jg, Nr. 2.

Ludz, Peter Christian (1976): Ideologiebegriff und marxistische Theorie. Ansätze zu einer immanenten Kritik. Opladen: Westdeutscher Verlag.

Münch, Richard (1998): Globale Dynamik, lokale Lebenswelten. Der schwierige Weg in die Weltgesellschaft. Frankfurt/M.: Suhrkamp.

Parizeau, Jacques (1997): Pour un Québec souverain. Montréal: VLB.

Reinhard, Wolfgang (1999): Geschichte der Staatsgewalt. Eine vergleichende Verfassungsgeschichte Europas von den Anfängen bis zur Gegenwart. München: C.H. Beck.

Rosenau, James N./ Czempiel, Ernst-Otto (Hrsg.) (1992): Governance without Government: Order and Change in World Politics. Cambridge: Cambridge University Press.

Sanders, Joe (1994): First Nations Sovereignty and Self-determination. In: F. Cassidy (Hrsg.) (1994): Aboriginal Self-determination. 3. Aufl. Montréal: Oolichan Books.

Taylor, Charles (1993): Reconciling the Solitudes. Essays on Canadian Federalism and Nationalism. Montréal and Kingston: McGill-Queen's University Press.

Thompson, John Herd (1995): Canada's Quest for Cultural Sovereognty: Protection, Promotion, and Popular Culture. In: St. J. Randall, H. W. Konrad (Hrsg.) (1995): NAFTA in Transition. Calgary: University of Calgary Press.

Walker, R. B. J. (1993): Inside/ Outside: International Relations as Political Theory. Cambridge: Cambridge University Press.

Weber, Cynthia (1995): Simulating Sovereignty. Intervention, the State and Symbolic Exchange. Cambridge: Cambridge University Press.

Akteurskonstellationen, Kräfteverhältnisse und Einflussgrößen im außenpolitischen Entscheidungsprozess Kanadas

Martin Thunert

'Those who study foreign policy must, perforce,
concern themselves with politics at every level'[1]

1. Einleitung

Die Außenpolitik eines Staates wird in der Regel vom Zusammenspiel mehrerer Faktoren bestimmt. Zu diesen gehören insbesondere (a) die Lage des Staates im internationalen System, (b) die inneren Strukturen und Entscheidungsprozesse sowie (c) die Regierungspolitik. Dazu kommen außenpolitische Leitideen sowie die kaum berechenbare Abfolge der Ereignisse. Der folgende Beitrag konzentriert sich im wesentlichen auf die inneren Bestimmungsfaktoren im außenpolitischen Entscheidungsprozess Kanadas unter besonderer Berücksichtigung von Kanadas Selbstverständnis und Lage in Nordamerika sowie der Außenpolitik der Regierung Chrétien.[2]

Die wissenschaftliche Diskussion um das Zustandekommen außenpolitischer Entscheidungen in Kanada verläuft auf zwei Untersuchungsebenen: (1) Wie gestaltet sich das Kräfteverhältnis der staatlichen Akteure untereinander? (2) Wie gestaltet sich das Zusammenspiel und das Kräfteverhältnis zwischen staatlichen und nicht-staatlichen Akteuren in der Außenpolitikformulierung? Diesen beiden Fragen widmet sich der folgende Beitrag schwerpunktmäßig am Beispiel der Außenpolitik der Ära Chrétien. Der außenpolitische Entscheidungsprozess vollzieht sich im Rahmen des parlamentarischen Regierungssystems Kanadas. Vieles, was für den politischen Entscheidungsprozess Kanadas generell zutrifft – insbesondere die zunehmende Exekutivdominanz – gilt auch für die Außenpolitik. Daher steht ein kurzer Überblick über die gesellschaftlichen Grundlagen und die Arbeitsweise des kanadischen Regierungssystems am Beginn der Ausfüh-

---

[1] Zitat des amerikanischen Außenpolitikexperten James S. Rosenau (Rosenau 1987: 1).
[2] Als Gesamtdarstellung der kanadischen Außenpolitik empfiehlt sich das Standardwerk von Nossal (1997), zur Außenpolitik während der konservativen Mulroney-Ära der 80er und frühen 90er Jahre siehe (in deutscher Sprache) Borchard 1997 sowie aus Kanada Michaud/Nossal 2001.

rungen.[3] Nach der ‚herrschenden Lehrmeinung' des Kingstoner Politikwissenschaftlers Kim Richard Nossal (vgl. Nossal 1997) besitzen die staatlichen Akteure bei der Außenpolitikgestaltung Kanadas eine relativ große Handlungsautonomie gegenüber den gesellschaftlichen Akteuren. Staatliche Akteure, so die These, *gestalten* die kanadische Außenpolitik, nicht-staatliche Kräfte und Leitbilder *beeinflussen* sie von außen. Daher wenden wir uns zunächst den innerstaatlichen Akteurskonstellation der Gestalter und deren rechtlich-institutionellen Grundlagen zu, bevor wir auf die externen Einflussfaktoren zu sprechen kommen. Der Beitrag schliesst mit Überlegungen zu den außenpolitischen Auswirkungen innerkanadischer Veränderungen während der kommenden Jahre im Zusammenhang mit Entwicklungen im kanadisch-amerikanischen Verhältnis nach den Terroranschlägen vom 11. September 2001 in New York und in Washington D.C.

2. Gesellschaftliche Grundlagen und institutionelle Rahmenbedingungen der kanadischen (Außen)Politik

2.1 Die gesellschaftlichen Voraussetzungen kanadischer Politik

Mit knapp 10 Millionen km^2 ist Kanada nach Russland der zweitgrößte Flächenstaat der Erde. Mit etwas über 30 Millionen Menschen besitzt Kanada ein gutes Zehntel der Einwohnerzahl des südlichen Nachbarn USA, ist aber um einige Millionen Menschen kleiner als der bevölkerungsreichste US-Bundesstaat Kalifornien. Die Bedeutung dieses asymmetrischen Verhältnisses für die kanadische Politik insgesamt und die Außenbeziehungen im besonderen lässt sich kaum überschätzen.

Die Hauptstadt Ottawa (ca. 700.000 Einwohner) liegt in der Provinz Ontario an der Grenze zur überwiegend frankophonen Provinz Québec. Die größten der 10 Provinzen und 3 Territorien nach Bevölkerung, Wirtschaftskraft und Fläche sind Ontario (11 Millionen), Québec (7 Millionen), British Columbia (4 Millionen) und Alberta (2,9 Millionen). Die größte Stadt Kanadas ist Toronto (Ont.) gefolgt von Montréal (Que.) und Vancouver (BC).

Bevölkerung und Wohlstand sind im zweitgrößten Land der Erde regional höchst unterschiedlich verteilt. Deutlich mehr als die Hälfte der Bevölkerung leben in den zentralkanadischen Provinzen Ontario und Québec. Während der bescheidene Wohlstand der Atlantikprovinzen seit langem auf Zuwendungen Ottawas angewiesen ist, verzeichneten die Wirtschaft der westlichen Provinzen Alberta und British Columbia sowie der Kernprovinz Ontario überdurchschnitt-

---

[3] Kanada-Kenner mögen diesen Teil überspringen und direkt mit der Analyse des außenpolitischen Entscheidungsprozesses beginnen.

liche Wachstumsraten. Die gesellschaftliche Heterogenität: zwar ist das moderne Kanada eine bunt durchmischte multiethnische und kulturell pluralistische Gesellschaft, doch lebt die überwiegende Mehrzahl der frankophonen Kanadier in der Provinz Québec, stellt dort 80% der Bevölkerung und besitzt in den Institutionen Québecs ein eigenes politisches Sprachrohr. Der sprachliche Gegensatz zwischen frankophonen und anglophonen Bürgern ist trotz des auf Bundesebene seit 1969 geltenden Zweisprachigkeitsgesetzes ebenso territorial verfestigt wie die wirtschaftlichen Disparitäten. Wenn Kanadier den Gegensatz zwischen arm und reich thematisieren, denken sie ebenso sehr an regionale Unterschiede wie an die soziale Schichtung. Der nicht vorhandene politische Grundkonsens: bis heute existiert in Kanada lediglich eine schwach ausgeprägte, alle Sprachen, Kulturen und Regionen übergreifende pan-kanadische Identität. Daher tut sich das Land mitunter schwer, die ökonomischen und ethno-linguistischen Zentrifugalkräfte dauerhaft in Schach zu halten. Anders als die USA hat Kanada niemals versucht, ein Schmelztiegel der Ethnien, Kulturen und Sprachen zu werden oder gar ein kanadisches Credo zu postulieren. Ob es dennoch einen Kanon spezifisch kanadischer Wertvorstellungen mit politischer Klammerfunktion gibt, ist umstritten. Wie weiter unten deutlich wird, scheint es in der Außenpolitik eine solche Klammer tatsächlich zu geben.

2.2 Verfassung und Regierungssystem

Die *Canadian Confederation* wurde 1867 als britisches Dominion gegründet und erlangte 1931 die de jure Unabhängigkeit von Großbritannien. Erst seit 1967 hat das Land die bekannte Ahornflagge und eine eigene Nationalhymne („Oh Canada") Die kanadische Verfassung, der Constitution Act von 1982, wurde erst 1982 aus der Obhut des Vereinigten Königreichs „heimgeholt" und enthält neben der Britisch-Nordamerika-Akte von 1867 einen umfangreichen Grundrechtskatalog, die *Canadian Charter of Rights and Freedoms*. Mit dem Westminster-Modell übernahm Kanada 1867 ein Regierungssystem, dessen Aufbau und Wirkungsweise sich in Großbritannien vor dem Hintergrund vollkommen unterschiedlicher gesellschaftlicher Realitäten entfaltet hatte. Der Dualismus der anglophonen und frankophonen Gründungsnationen erforderte in Kanada die Kombination eines dem Westminster-Modell analogen Institutionensystems in Kombination mit einem föderalen Staatsaufbau. Kanada ist daher nicht nur eine unabhängige, souveräne parlamentarische Demokratie, sondern auch ein Bundesstaat mit zehn sich weitgehend selbst verwaltenden Provinzen und zwei Territorien, deren Verwaltung der Zentralregierung in Ottawa obliegt sowie dem mehrheitlich von Innuit bewohnten, sich selbst verwaltenden Nunavut-Territorium. Kanada ist somit ein stark dezentralisierter Bundesstaat. Die kanadischen Provinzen verfügen über deutlich mehr Kompetenzen als die deutschen Länder oder die amerikanischen Einzelstaaten.

Bis heute kennzeichnen die Charakteristika des Westminster-Parlamentarismus den politischen Prozess auf den Ebenen von Bund und Provinz, der von Parteienwettbewerb, Ideenstreit, Mehrheitsprinzip (insbesondere einfaches Mehrheitswahlrecht) geprägt wird. Die gesamte Regierungstätigkeit folgt dem Prinzip von „King in Parliament", geschieht somit theoretisch im Namen der Krone, obgleich in der Praxis die Ermächtigung für jede Handlung vom kanadischen Volk ausgeht. Kanadisches Staatsoberhaupt ist die britische Königin, die, wenn außer Landes, durch einen Generalgouverneur, heute immer ein Kanadier, vertreten wird. Die Parlamentsstruktur folgt der Logik des „verantwortlichen Regierens": das vom Premierminister geleitete Kabinett ist dem Parlament, das Parlament dem Volk verantwortlich. Kanadas Parlament besteht aus dem Unterhaus (House of Commons) – mit 301 gewählten Volksvertretern – und dem Senat, dessen 104 Mitglieder vom Premierminister ernannt werden. Die Provinzen kennen lediglich Einkammer-Parlamente. Die Legislaturperiode dauert maximal fünf Jahre. Das relative Mehrheitswahlrecht produziert auf Bundesebene in der Regel stabile parlamentarische Mehrheiten einer Partei, die jedoch selten auf Wählermehrheiten beruhen. In der Regel sind ca. 40% Stimmenanteil für die Bildung einer Mehrheitsregierung ausreichend. Der Spitzenkandidat der stärksten Partei wird von der Generalgouverneurin mit der Regierungsbildung beauftragt und zum Premierminister ernannt. Die zweitstärkste Partei bildet die „offizielle Opposition". Ihr Spitzenkandidat wird als Oppositionsführer – und damit als potenzieller Regierungschef im Wartestand – mit einem Ministergehalt und eigenem Amtssitz ausgestattet. Um Regieren zu können, muss der Premier stets über eine parlamentarische Mehrheit verfügen. Erreicht keine Partei die absolute Mehrheit der Unterhaussitze, was auf Bundesebene zuletzt zwischen 1972 und 1974 der Fall war, in den Provinzen aber häufiger geschieht, bemüht sich der Regierungschef um die Tolerierung durch eine kleinere Partei. Koalitionsregierungen sind der kanadischen politischen Kultur fremd, obwohl die Volksvertretungen in der Regel Mehrparteiensysteme besitzen. Der in Deutschland praktizierte Normalfall eines vom kleinen Koalitionspartner geleiteten Außenministeriums ist im Nachkriegskanada unbekannt. Nach kanadischem Verständnis garantiert die Westminster-Praxis der Einparteienregierung politische Effizienz und Transparenz. Der Verzicht auf Koalitionsbildung führt sowohl zu einer effektiven Umsetzung des Regierungsprogramms des siegreichen Kandidaten und seiner Partei und ermöglicht die klare Zuschreibung politischer Verantwortung auf Zeit für die eingeschlagen Weg. Die parlamentarische Entscheidungsfindung wird weitgehend von Regierung und Premierminister – und damit maßgeblich von den Spitzen der Ministerialbürokratie – bestimmt. Dies gilt, wie im nächsten Abschnitt gezeigt wird, insbesondere für die Außenpolitik. Da die Regierungsmehrheit geschlossene Reihen benötigt, um einen Sturz durch Abstimmungsniederlagen zu vermeiden, lastet ein enormer Fraktionszwang auf ihren Abgeordneten. Wer beabsichtigt, im Interesse seines Wahlkreises gegen eine Regierungsvorlage zu stimmen, muss in nahezu jedem Fall mit drastischen Konsequenzen - z.B. Ausschluss aus der Fraktion – rechnen. Nicht erst unter Jean Chrétien hat sich das Zentrum der Regierungsmacht vom Kabinett als Kollektivorgan weg und hin zum Amt des Premierministers verschoben. Das Machtpotential des Regierungschefs gegenüber seinen Kabinettskollegen hat sich damit deutlich vergrößert (vgl. Savoie 1999). Bei der Zusammenstellung seines Kabinetts ist der Premier zwar an regionale Proporzkonventionen gebunden, er bestimmt jedoch die Richtlinien seiner Politik und setzt sie nötigenfalls gegen eine Mehrheit andersdenkender Minister durch. Mit den vom britischen Erbe geprägten Bestandteilen Monarchie, Parlamentarismus und Rechtsstaatlichkeit ist der politische Aufbau des modernen Kanada jedoch nur unzureichend beschrieben, denn das politische System verfügt heute über eine Reihe wichtiger nicht-majoritärer Grundpfeiler. Der Föderalismusteil der Verfassung überlässt den Provinzen die Regelungskompetenz in wichtigen Politikfeldern der inneren Angelegenheiten, insbesondere in den Bereichen Kultur, Bildung und Ressourcenausbeutung – zunehmend auch in der Sozial-, Umwelt- und Arbeitspolitik. Die geteilte Souveränität zwischen Bund und Provinzen zwingt die kanadische Politik zum Aushandeln und zum Konsens in allen Politikfeldern mit überlappender Zuständigkeit. Eine durch die Verfassungsreform von 1982 politisch gestärkte Judikative, an deren Spitze der aus neun Richtern bestehende Supreme Court of Canada steht, setzt auf der Grundlage einer umfassenden Grundrechtscharta (Canadian Charter of Rights and Freedoms) staatlichen Eingriffen in individuelle Freiheiten enge Grenze und setzt damit landesweit die Parameter bei der gesetzlichen Regelung wichtiger Politikfelder, jedoch kaum in der Außen- und Sicherheitspolitik.

Die klassische Regierungspartei Kanadas ist die Liberale Partei, eine sozialliberale Partei der Mitte mit traditionellen Hochburgen in den urbanen Zentren Ontarios und Québecs sowie in Atlantik-Kanada, aber deutlich schwächerem Rückhalt in Westkanada. Besonders beliebt sind die Liberalen bei der nichtprotestantischen Mittelschicht, bei Eingewanderten und föderalistisch gesonnenen Frankokanadiern. Die Partei regierte Kanada von 1940 bis 1984 mit Ausnahme der Jahre von 1958 bis 1962 und 1979/80; Regierungschef von 1968 bis 1984 war Pierre Elliott Trudeau. Die Jahre 1984 bis 1993 verbrachte sie in der Opposition. Unter der Führung des Frankokanadiers Jean Chrétien gewannen die Liberalen bei den Unterhauswahlen von 1993, 1997 und 2000 drei Mal in Folge eine absolute Mehrheit der Sitze. Seit Oktober 1993 ist Jean Chrétien Kanadas Premierminister. Im August 2002 gab Chrétien bekannt, im Februar 2004 das Amt abgeben zu wollen. Aufgrund ihrer langen Regierungszeit und ihres An-

spruches, das gesamte Land politisch zu vertreten, ist die außenpolitische Praxis
sowie das Selbstverständnis Kanadas stark von führenden Vertretern der Liberalen Partei wie Lester B. Pearson, Mitchell Sharp, Pierre E. Trudeau, Lloyd Axworthy und Jean Chrétien geprägt. Die 1993 eingetretene Zersplitterung der
Opposition in drei regionale Protestparteien und einer schwachen sozialdemo-
kratischen Linkspartei beraubt den kanadischen Parlamentarismus einer schlag-
kräftigen Opposition. Seit 1993 verfügt das Land über keine glaubwürdige Regierung im Wartestand. Da die Kräfte rechts der politischen Mitte überwiegend
mit dem Aufbau einer neuen Oppositionskraft beschäftigt sind, fand parlamentarische Opposition im Feld der Außenpolitik über längere Zeiträume der neunziger Jahre nur sporadisch statt.

3. Zuständigkeiten und Akteurskonstellationen im außenpolitischen Entscheidungsprozesses

3.1 Verfassungsrechtliche Basis und historische Entwicklung

Zum Zeitpunkt seiner Staatsgründung 1867 war Kanada kein außenpolitisch
souveräner Staat, sondern ein britisches Dominion. Folglich findet sich in der
kanadischen Urverfassung, der Britisch-Nordamerika-Akte von 1867, kein Hinweis auf die Zuordnung außenpolitischer Kompetenzen. Vertreter Kanadas im
Ausland besaßen keinen Diplomatenstatus, sondern waren als Handelsbeauf-
tragte und Einwanderungsbeamte tätig. Die Staatsaufgabe Außen- und Sicherheitspolitik entwickelte sich in Kanada im Rahmen der Verfassungslogik einer
dem Parlament verantwortlichen Regierung (responsible government) auf der
Basis von Konventionen, weniger auf der Grundlage verfassungsrechtlicher
Entwicklungen (vgl. Holmes 1982, English 1998).

3.2 Außenpolitische Zuständigkeiten im kanadischen Regierungssystem

An der Zuständigkeit Großbritanniens für die Außenpolitik Kanadas änderte sich
auch nach der Gründung des Außenministeriums in Ottawa (Canadian Department of External Affairs) zunächst wenig. Einen ersten Schritt in die außenpolitische Unabhängigkeit ging Kanada bei der Versailler Friedenskonferenz von
1918 und der Gründung des Völkerbundes. Kanada erhielt in beiden Gremien
einen eigenen Sitz. Erst mit der Verabschiedung des Westminsterstatuts 1931
erhielt das Land seine völkerrechtliche Unabhängigkeit und seine außenpolitische Souveränität. Um die Kontrolle Kanadas über die eigene Außenpolitik zu
stärken, räumte der damalige Premierminister William Lyon Mackenzie King
dem kanadischen Parlament weitreichende außenpolitische Mitbestimmung –

etwa bei der Entsendung von Truppen oder der Unterzeichnung völkerrechtlicher Verträge – ein. King erklärte den Eintritt Kanadas in den Zweiten Weltkrieg erst nach der Verabschiedung einer Parlamentsresolution. Auch nach Kriegsende blieb das Parlament zunächst ein wichtiger außenpolitischer Akteur: sämtliche wichtigen Verpflichtungen Kanadas wie die Beitritte zu den Vereinten Nationen und der NATO wurden im Parlament debattiert und zur Abstimmung gebracht.

Mit dem Kalten Krieg begann jedoch in den 50er Jahren die Entmachtung des Parlaments als ernst zu nehmender außenpolitischer Akteur. Die von King eingeführte Praxis des Parlamentsvorbehalts bei Außenpolitikgestaltung hatte nicht den Status eines ‚ungeschriebenen' Gesetzes erlangt, rechtlich bindend war sie ohnehin nicht. Nachfolgende Premierminister machten die kanadische Beteiligung an internationalen Militäreinsätzen oder die Unterzeichnung internationaler Verträge nicht länger von der Zustimmung des Parlaments abhängig. Kanada ist heute dasjenige westliche Land, bei dem die außen- und sicherheitspolitischen Kompetenzen dem Parlament am weitest gehenden entzogen sind und sich nahezu ausschließlich in der Hand der Exekutive befinden.

3.3 Kräfteverhältnis Regierung und Parlament bei der außenpolitischen Gestaltung

Die Gestaltungshoheit der kanadische Außenpolitik liegt heute eindeutig bei der Bundesexekutive. Innerhalb der Bundesregierung verlagerte sich das Entscheidungszentrum von den Fachressorts und dem Kabinett auf das Amt des Premierministers. Die eingangs skizzierte kanadische Regierungspraxis räumt dem Parlament nur eine sehr untergeordnete gestalterische Rolle bei der Außenpolitikformulierung ein. Die Rolle des während der Regierungszeit Brian Mulroneys (1984-1993) mit größeren Kompetenzen ausgestatteten *Standing Committee on External Affairs and National Defense* (SCEAND) beschränkt sich im wesentlichen auf parlamentarische Kontrollfunktionen und bezieht sich kaum auf aktive Politikgestaltung (vgl. English 1998). Der rigide Fraktionszwangs im kanadischen Unterhaus, der auch in den Ausschüssen wirksam ist, schränkt diese Rolle weiter ein. Sieht man von Untersuchungsausschüssen ab, reduziert sich die Rolle der parlamentarischen Mehrheitsfraktion auf die Absegnung der von der Regierung durchgeführten außen- und sicherheitspolitischen Maßnahmen. Die kanadische Konvention schreibt indes vor, dass sowohl der Premierminister als auch die Fachminister Parlamentsabgeordnete sein müssen. Einmal im Amt, kann die Regierung außenpolitische Ernennungen vornehmen, die vom Parlament zwar geprüft, aber nicht beurteilt werden dürfen. Internationale Verträge können von der Regierung ausgehandelt und unterzeichnet sowie vom Kabinett gebilligt werden, das Parlament muss nur dann zustimmen, wenn kanadische Gesetze geändert werden müssen. Auch in diesem Fall segnet die Parlamentsmehrheit die getroffene Maßnahme in der Regel nur ab.

Die außenpolitische Rolle der Parlamentarier liegt heute primär in der Artikulationsfunktion. Bei der Erarbeitung von Grundsatzpapieren und Weißbüchern zur Neubestimmung der kanadischen Außenpolitik wirkten Abgeordnete auf Einladung der Premierminister Mulroney in den 80er Jahren und Jean Chrétien in den 90er Jahren aktiv mit.

Die Schwäche des Parlaments bei der außenpolitischen Gestaltung hat indes nicht nur institutionelle Ursachen. In den 90er Jahren kam das Desinteresse weiter Bevölkerungsteile an außen- und sicherheitspolitischen Fragen hinzu, das sich auf den Großteil der ausschließlich direkt in Einerwahlkreisen gewählten Abgeordneten übertrug. Nur wenige Abgeordnete erachteten es daher als sinnvoll oder glaubten es sich leisten zu können, sich gegenüber ihren Wählern aus außenpolitische Fachpolitiker zu profilieren. Das Desinteresse der ‚breiten' Bevölkerung stärkte indes nicht nur die Regierungsautonomie, sondern auch den Einfluss der gut organisierten Teile der Öffentlichkeit in diesem Politikfeld, wie wir später sehen werden.

3.4 Die Ära Chrétien: Premierminister-Außenpolitik?

Trotz verstärkter parlamentarischer Aktivitäten – die nicht mit einem Machtzuwachs der Legislative gleichzusetzen sind – hat sich die exekutive Kontrolle der Außenpolitik und die inner-exekutive Verschiebung zugunsten des Premierministers während der Ära Chrétien noch deutlich verstärkt (vgl. Stairs 2001). Die Dominanz des Regierungschefs in der Außenpolitik geht so weit, dass mittlerweile von „Premierminister-Außenpolitik" gesprochen werden muss. Die generelle Entwicklung der exekutiven Machtkonzentration – weg vom Kabinett als Kollektivorgan – hin zum Amt des Premierministers – umfasst zumindest dann die Außenpolitik, wenn der Premierminister in diesem Politikfeld seine Prioritäten setzt.[4] Wann immer der kanadische Premierminister seine außenpolitische Richtlinienkompetenz anwenden möchte, steht es ihm frei, dies zu tun.[5] In solchen Fällen spielt der Regierungschef dann die Rolle des Außen-, Verteidigungs- und Entwicklungshilfeministers in einer Person. Ein weiteres Indiz für den hohen Zentralisierungsgrad außenpolitischer Gestaltung innerhalb des Kabinetts unter Jean Chrétien ist das Fehlen eines Kabinettsausschusses für Äußere Angelegen-

---

[4] Zur Konzentration exekutiver Führungsmacht im Amt des Premierministers siehe ausführlich Savoie 1999.

[5] In Abwandlung einer Einschätzung des deutschen Politikwissenschaftlers Wilhelm Hennis zum Machtpotenzial des deutschen Bundeskanzlers lässt sich für seinen kanadischen Amtskollegen folgendes feststellen: Das außenpolitische Pferd, auf dem der kanadische Premier reiten möchte, ist stets gesattelt.

heiten, den es unter früheren Administration gab und der in anderen Politikfeldern existiert. Erst die außen- und sicherheitspolitischen Folgen der Terroranschlägen vom 11. September 2001 in New York und Washington D.C. veranlassten Chrétien im Herbst 2001 zur Einrichtung eines Kabinettsausschusses für Sicherheitsfragen unter Leitung des damaligen Außenministers und heutigen stellvertretenden Premierministers bzw. Finanzministers John Manley.

Schätzungen zufolge widmet Premierminister Chrétien ca. 30% seiner Zeit außenpolitischen Themen. Er befindet sich an ca. 50 Tagen pro Jahr auf Auslandsreisen und verbringt weitere 30-40 Tage damit, im Inland für außenpolitische Themen zu werben (vgl. Simpson 2001). Der Regierungschef stützt sich bei seinen außenpolitischen Aktivitäten auf einer sehr kleine Zahl von Beratern, die überwiegend im Büro des Premierministers (Prime Minister Office PMO), im Kabinettsbüro (Privy Council Office PCO), das trotz seines Namens primär dem Regierungschef zuarbeitet, sowie zu einem geringeren Teil im Außenministerium angesiedelt sind. Im PCO unterhält er einen de-facto Außen- und Sicherheitsberater. Die Rekrutierung persönlicher außenpolitischer Berater des Premierministers, die nicht aus dem zuständigen Ministerium entsandt wurden, sondern von außen stammten, begann unter Premierminister Trudeau, der Ivan Head als außenpolitischen Berater in seinem persönlichen Büro (PMO) beschäftigte (vgl. Nossal 1994). Die internationale Gipfeldiplomatie, insbesondere die jährlichen Treffen der großen Industrienationen G8, aber auch die Treffen der Commonwealth Staaten, der frankophonen Staaten (La Francophonie) und weitere UN-Gipfel schärfen das durch die Medien vermittelte außenpolitische Profil des Premierministers. Chrétien ist der erste kanadische Premierminister der als Gastgeber zwei G8-Gipfel ausrichten konnte.[6] Für die Vorbereitung der Gipfel und für die Koordination innerhalb der G8-Staaten sind in den Mitgliedsländern die sog. ‚Sherpas' zuständig. Bei der Besetzung des Sherpa-Postens haben kanadische Premierminister sowohl auf externe Kräfte, als auch auf Karrierediplomaten zurückgegriffen. Zwei Beispiele: Mulroney rekrutierte für den Toronto-Gipfel von 1988 die an der Universität von Toronto lehrende Ökonomin Sylvia Ostry, während Jean Chrétien 2001 auf den Karriere-Diplomaten und ehemaligen kanadischen Botschafter in Deutschland (1997-2000), Gaetan Lavertu zurückgriff. Auch die Vorbereitung des im Juli 2002 in dem westkanadischen Ferienort Kananaskis, Alberta durchgeführten G8-Gipfels war ein Musterbeispiel von Premierminister-Außenpolitik. Chrétiens Anliegen für den zweiten von ihm ausgerichteten G8-Gipfel war die Koordination der westlichen Hilfe für Afrika. Zur mediengerechten Vorbereitung des Gipfels unternahm Chrétien Anfang

---

[6] 1995 in Halifax, Nova Scotia und 2002 in Kananaskis, Alberta. Trudeau und Mulroney richteten jeweils einen Gipfel der ehemaligen G7-Gruppe aus: Trudeau 1981 in Montebello bei Ottawa, Mulroney 1988 in Toronto.

April 2002 eine 10-tägige Reise durch sechs afrikanische Staaten. Bei seinen
Presseauftritten mit afrikanischen Regierungschefs z.B. in Nigeria oder im Sene-
gal betonte Chrétien wahlweise in fließendem Französisch oder dem ihm eigenen
Englisch-Idiom die Bereitschaft und den Willen seiner afrikanischen Partner zu
strukturellen Reformen in ihren Ländern als Voraussetzung für westliche Hilfe.
Das Versprechen westlicher Strukturhilfe für Afrika kann man als Versuch deu-
ten, die Globalisierungsgegner vom Sinn der Gipfeltreffen jenseits der
Wohlstandmehrung in den Mitgliedsländern zu überzeugen. Gleichzeitig ist der
Hinweis auf die Konditionierung der Afrika-Hilfe ein Angebot an die zweifeln-
den Regierungschefs der übrigen G8-Staaten, insbesondere die USA. Die Afrika-
reise Chrétiens im April 2002 wurde von den Ereignissen im Nahen Osten sowie
vom Tod der Königinmutter in London überschattet, so dass die Berichterstattung in den kanadischen Abendnachrichten erst an dritter oder vierter Stelle
erfolgte und meist sehr kurz ausfiel.[7] Dennoch: Chrétiens Strategie ging weitgehend auf: trotz der Überlagerung durch das Thema Irak schnürte der Gipfel von
Kananaskis ein Afrika-Paket unter der Führung Kanadas. Damit setzte Kanada
nicht nur einen positiven Kontrast zu dem vom einer Gewaltorgie überschatteten
Vorjahrsgipfel in Genua 2001, sondern errang einen beachtlichen internationalen
diplomatischen Erfolg, dessen Verdienst primär dem Premierminister und seinem Stab, nicht aber dem außenpolitischen Establishment insgesamt angerechnet
werden konnte.

Fazit: Unter dem Regime der Premierminister-Außen- und Gipfelpolitik
bleibt es dem Außenminister vorbehalten, sich um die Gestaltung derjenigen
außenpolitischen Bereiche und Routinearbeiten zu kümmern, die für den Premier
nicht zu den ‚Chefsachen' zählen.[8] Dies ist keine vollkommen neue Entwicklung, aber sie zeigt sich unter Jean Chrétiens Amtsführung besonders eindrück-
lich, wenngleich sie ihre Wurzeln bereits unter Trudeau und Mulroney entfaltete.
So beschreibt John Kirton die außenpolitische Arbeitsteilung zwischen dem
konservativen Premierminister Mulroney und seinem Außenminister Joe Clark[9]
wie folgt:

> „By the summer of 1995, the prime minister had developed a fascination with foreign
> relations and an equally firm fear of foreign policy. He derived genuine personal
> enjoyment and political benefit from the ceremonial aspects of foreign relations – the
> summits, the motorcades, the media attention. Yet he had no wish to immerse himself

---

[7] Quelle: Tägliche Nachrichtensendung *The National* der Canadian Broadcasting Corporation (CBC)
zwischen dem 3. und dem 12.4. 2002 sowie Globe and Mail vom 13.4.2002.
[8] Der Journalist Jeffrey Simpson bezeichnet den Prozess zunehmender Machtkonzentration an der
Regierungsspitze und den Regierungsstil Premierminister Chrétiens in seinem Buchtitel als ‚freundliche Diktatur' (vgl. Simpson 2001).
[9] Zur kanadischen Außenpolitik unter Mulroney zusammenfassend Borchard 1997.

in the complex details of policy areas he only dimly understood...Recognizing his limitations in the foreign policy field, he was prone to leave the detailed substance of policy to others" (Kirton 1986: 33).

Die Rückkehr des Militärischen in die Politik während der zweiten Hälfte der 90er Jahre hat die außenpolitische Autorität des Regierungschefs weiter gestärkt, da er die Richtlinien der Sicherheitspolitik bestimmt. Über die Entsendung von Truppen und Kriegseinsätze befindet der Regierungschef in Konsultation mit dem Kabinett. Dennoch haben mehrere kanadische Premierminister von Wilfried Laurier 1910 über William Mackenzie King während des Zweiten Weltkriegs bis zu Jean Chrétien heute in Krisenzeiten parlamentarische Debatten über außen- und sicherheitspolitische Grundsatzentscheidungen dazu benutzt, ihren Maßnahmen breite Zustimmung zu sichern und sich so im Misserfolgsfalle abzusichern. Unter Jean Chrétien debattierte das Parlament sowohl über die Entsendung von Friedenstruppen in das ehemalige Jugoslawien und die Beteiligung an der NATO-Friedenstruppe für Bosnien als auch über den kanadischen Beitrag zum Kampf gegen den internationalen Terrorismus nach dem 11. September 2001. Die Entscheidung, welche außenpolitische Maßnahmen Kanada treffen würde, war zum Zeitpunkt der Parlamentsdebatten jedoch bereits in ‚Küchenkabinetten' und Beraterzirkeln gefallen. Anders als in der Bundesrepublik Deutschland, wo der Verteidigungsminister in Friedenszeiten den Oberbefehl über die Bundeswehr inne hat, liegt diese Kompetenz in Kanada eindeutig beim Premierminister. Premierminister Chrétien ist der erste kanadische Premierminister seit dem Koreakrieg vor 50 Jahren, der kanadische Landstreitkräfte Anfang März 2002 in einen Kampfeinsatz in Afghanistan sandte.[10] Während der Premierminister die außen- und sicherheitspolitischen Grundsatzentscheidungen trifft, überlässt er den operativen Teil der Politik – z.B. militärische Einsätze – den untergeordneten Stellen wie dem Department of National Defence. Über die Einzelheiten militärischer Operationen z.B. in Afghanistan wird Premierminister Chrétien nach eigenen Angaben nur sporadisch und nicht immer umfassend informiert.[11]

---

[10] Am Kosovokrieg 1999 nahmen die Kanadier innerhalb der NATO mit Luftstreitkräften teil. Vor dem Eingreifen der kanadischen Bodentruppen in der Operation ‚Harpoon' am 11. März 2002, nahmen kanadische Eliteverbände bereits im Januar an Kampfeinsätzen der Amerikaner gegen Taliban und Al-Qaida teil. Die von kanadischen Elitesoldaten gefangen genommenen Taliban und Al-Qaida-Kämpfer wurden in die Obhut der amerikanischen Verbände überstellt.

[11] Quelle: Gespräch zwischen Premierminister Jean Chrétien und dem Moderator der CBC-Nachrichtensendung ‚The National', Peter Mansbridge, am 18.3.2002, um 22.30 Uhr, CBC News.

3.5 Außenministerium und Außenminister

Das kanadische Außenministerium[12], Heimstatt der in den 50er und 60er Jahren weltweit gerühmten kanadischen Diplomatenkunst, einst die Perle der kanadischen Exekutive und der Stolz der Mandarine Ottawas, befindet sich seit den 60er Jahren nach dem übereinstimmenden Urteil der Fachleute in einem Prozess des relativen Abstiegs innerhalb des Ränkespiels der Bundesregierung.[13] Der Name des Gebäudes, Lester B. Pearson Building, markiert indes die ‚goldenen' Zeiten des Ministeriums, dessen Diplomaten in der kanadischen Vermittlung der Suez-Krise 1956 unter Außenminister Pearson ihre feinste Stunde feiern durften.

Ein erster wichtiger Grund für den relativen Bedeutungsrückgang des Außenamtes ist die skizzierte Machtverlagerung innerhalb der Exekutive. Diese Machtverschiebung zum Amt des Premierministers steht im Zusammenhang mit der Ökonomisierung der Außenpolitik, ein Phänomen, das insbesondere in den 90er Jahren nicht nur in Kanada, dort aber besonders ausgeprägt, zu beobachten war. Ökonomische Diplomatie und Außenhandelspolitik wurden spätestens unter Chrétien zur Chefsache. Die politischen Prioritäten Jean Chrétiens lagen in den ersten Jahren seiner Regierung eindeutig auf wirtschaftlichen Fragen, sowohl nach innen, was die Konsolidierung der kanadischen Staatsfinanzen und die Ankurbelung des Wirtschaftswachstums anging als auch außen, was die handelspolitischen Interessen Kanadas betraf. Chrétien widmete sich zunächst der Festigung und Präzisierung der Nordamerikanischen Freihandelszone (NAFTA) sowie Kanadas Wirtschaftsinteressen im asiatisch-pazifischen Raum.

Auf bürokratischer Ebene deutete sich die Wende zu einer dezidiert wirtschaftlichen Ausrichtung der Außenpolitik jedoch schon in den 80er Jahren an. Im Rahmen einer Organisationsreform der letzten Regierung Trudeau fusionierten 1982 das klassische Außenministerium mit dem Ministerium für internationalen Handel. 1989 erfolgte Namenserweiterung „..*für auswärtige Angelegenheiten und internationalen Handel*', seit dem Amtsantritt Chrétiens 1993 lautet die offizielle Bezeichnung *Ministerium für Auswärtige Angelegenheiten und Internationalen Handel* abgekürzt DFAIT.[14]

Gleichzeitig wurde der entwicklungspolitische Teil des alten Handelsministerium abgespalten und in die *Canadian International Development Agency* (CIDA) überführt.[15] Um die Verwirrung komplett zu machen, erhielt der Minister für Internationale Zusammenarbeit die Zuständigkeit für La Francophonie,

---

[12] Department of External Affairs bis 1989.
[13] Stellvertretend Stairs 2001: 23.
[14] Department of Foreign Affairs and International Trade.
[15] CIDA verfügt im Gegensatz zu DFAIT über erhebliche Projektmittel, während das Budget DFAITs im Prinzip lediglich die Eigenkosten abdeckt, aber keinen Spielraum für Projektförderung lässt (vgl. Stairs 2001: 26-27).

während ein Teil der operativen Zuständigkeiten für die Mitarbeit Kanadas im Verbund der frankophonen Nationen (La Francophonie) im Außenministerium verblieb. Der Außenminister muss sich ‚sein' Ministerium heute mit dem Handelsminister teilen und selbst Überschneidungen mit dem Entwicklungshilferessort erdulden. Innerhalb des Ministeriums rivalisieren zwei Kulturen: die der klassischen Diplomaten, deren Mehrheit die Verfolgung idealistischer Politikziele anstrebt und die der Handelsbeauftragten, die Außenpolitik mit Wirtschaftsförderung und Investorenwerbung gleichsetzen. In Analogie zur Stellung Kanadas im internationalen System lässt sich für die innenpolitisch-bürokratischen Voraussetzungen kanadischer Außenpolitik feststellen, dass das klassische Außenressort seinen ministeriellen Großmachtstatus verlor und zu einer bürokratischen Mittelmacht in Ottawa abzurutschen drohte, mit allen Einschränkungen und Chancen, die dieser Mittelmachtsstatus mit sich bringt.

Für die ‚klassische' Außenpolitik in der Chrétien-Ära bedeutete das reduzierte Prestige des Fachressorts während der 90er Jahre zweierlei: in den ersten Jahren der Chrétien-Ära (1993-1996), die weitgehend mit der Amtszeit André Ouellets identisch ist, befand sich die Außenpolitik in einer Phase der programmatischen Neuorientierung und war insgesamt der Außenwirtschaftspolitik untergeordnet. Am Ende dieser nach außen von Arbeitsroutine und nach innen von grundlegender Reflexion geprägten Phase stand 1995 die Erarbeitung außenpolitischer Richtlinien mit dem Titel *Canada in the World* (vgl. Canada 1995 und 1997). Parallel zum Regierungsentwurf entstand der Abschlussbericht einer Gemeinsamen Parlamentskommission zu Leitlinien kanadischer Außenpolitik. Beide Weißbücher betonen den Primat der Ökonomie und umreissen eine Vielzahl von außenpolitischen Einzelmaßnahmen und Themenfeldern, lassen aber keine klare Prioritätensetzung erkennen.

Die zweite Phase ist nahezu deckungsgleich mit der Amtszeit Lloyd Axworthys 1996-2000.

Premierminister Chrétien zog sich weiterhin auf Handelspolitik, die Vertretung Kanadas auf dem Feld der internationalen Gipfeldiplomatie sowie auf Sicherheitspolitik zurück und überließ seinem Außenminister weitgehende Handlungsfreiheit auf dem Gebiet der internationalen Diplomatie. Der außenpolitisch erfahrene, kenntnisreiche und gut vernetzte Axworthy nutzte den Spielraum, den ihm die Prioritätenverlagerung des Regierungschefs auf Handelsmissionen und ökonomische Gipfeldiplomatie einräumte wie kein anderer Minister vor – und wahrscheinlich – nach ihm.[16] Lloyd Axworthy, der die kanadische Selbstwahrnehmung der ‚freundlichen Mittelmacht' wie kein zweiter verkörpert, war fest

---

[16] Axworthy trat in das Kabinett Chrétien 1993 als Minister für Humanressourcen ein. Als entschiedenem Gegner das kanadisch-amerikanischen Freihandelsabkommens war ihm das Außenamt zum Zeitpunkt der NAFTA-Nachverhandlungen 1993/94 verwehrt.

entschlossen, die in dieser Statusbeschreibung liegenden Chancen für Kanada zu nutzen. Axworthy verstand die Außenpolitik einer Mittelmacht und eines mittleren Ministeriums mit geringen Ressourcen als konstruktivistische Aufgabe. Kanada musste neue Ideen liefern und internationale Überzeugungsarbeit leisten. Unter Abwandlung des von Joseph Nye Jr. 1990 entworfenen Konzeptes der ‚weichen Macht' (soft power), gelang es Axworthy, einen nicht-traditionelles Sicherheitsverständnis in Gestalt des Begriffs der ‚menschlichen Sicherheit' (human security) – im Gegensatz zur Sicherheit von Staaten – weitgehend unangefochten zum Leitbild offizieller kanadischer Außenpolitik zu erheben. Einerseits nutzte Axworthy den Mittelmachtsstatus Kanadas zu geschickter Nischendiplomatie in Zusammenarbeit mit gleichgesinnten Partnern (like-mindedness) – ganz gleich ob Staaten oder Nichtregierungs-Organisationen (NGOs). Anderseits war sich Axworthy des komplementären Status' Kanadas als Spielers in der Weltoberliga (big league player) bewusst und nutzte z.B. den Sicherheitsratssitz Kanadas zwischen 1998 und 2000 für die Propagierung seiner Agenda der menschlichen Sicherheit und ihrer normbildenden Folgen auf dem Gebiet der Anti-Personenminen, der Kleinwaffen u.a. Bereiche. Unter Axworthy wurde die kanadische Bundesregierung in Gestalt des DFAIT zwischen 1997 und 2000 zu einem der gefragtesten und geschätztesten Ansprech- und Kooperationspartner für die Internationale der Nichtregierungsorganisationen. Die Unterzeichnung des Anti-Personenminenabkommens unter kanadischer Führung im Jahr 1997 stellt den Höhepunkt dieser Entwicklung dar. Joseph P. Nye, Direktor der Kennedy School of Government in Harvard, mehrmaliger Berater demokratischer Präsidenten wie Carter und Clinton und einer der besten und ‚ältesten' Kanada-Kenner in den USA fand für die internationale Rolle Kanadas unter Minister Axworthy folgende Metapher: Kanada sei ein Boxer, der in einer deutlich höheren Gewichtsklasse kämpfe als in seiner eigenen.[17]

Mit dem Rücktritt Axworthys im Sommer 2000 begann die dritte, zum jetzigen Zeitpunkt der Niederschrift noch anhaltende Phase im Verhältnis zwischen Regierungschef und Außenminister. Schon jetzt zeichnet sich ab, dass die erst kurz zurückliegende Axworthy-Ära die längerfristig wirksamen Prozesse im innerstaatlichen Kräfteverhältnis nicht ausser Kraft gesetzt hat. Deren zusammenfassender Analyse gilt der folgende Abschnitt.

---

[17] Vgl. Nye 1999. Nyes Beschäftigung mit kanadischer Außenpolitik hat Wurzeln in den 60er und 70 Jahren.

3.6 Kräfteverhältnis Regierungschef und Außenminister: Asymmetrische Arbeitsteilung

Das Kräfteverhältnis zwischen Premierminister und Ressortchef gleicht einer asymmetrischen Arbeitsteilung. Überlappungen und Rivalität sind eher die Ausnahme, da die Richtlinienkompetenz und das Ernennungsrecht eindeutig zugunsten des Regierungschefs arbeiten.

Die außenpolitischen Handlungssphären von Premierminister und Außenminister trennten sich bereits 1968 während der ersten Trudeau-Regierung. Das Verhältnis zwischen beiden Regierungsmitgliedern ist weniger von Rivalität als von Arbeitsteilung und einseitiger Abhängigkeit geprägt. Nicht nur kann der Premierminister sein Kabinett nach Belieben umbilden – ein Mittel, auf das kanadische Regierungschefs generell und Premierminister Chrétien im besonderen gerne zurückgriffen. Die lange Regierungsdauer der Premierminister Trudeau (1968-1979, 1980-84), Mulroney (1984-1993) und Chrétien (seit 1993) bei gleichzeitig häufigen Ressortwechseln bringt dem Regierungschef einen weiteren strukturellen Vorteil. So arbeitet Chrétien derzeit mit seinem vierten Außenminister. Als weitere Gründe für den relativen Bedeutungsverlust des Außenressorts in Kanada werden u.a. ein genereller Bedeutungsverlust klassischer Diplomatie im Zeitalter des Internet und der weltweiten Nachrichtensender genannt. Das Portefeuille des Außenministers hat darüber hinaus an innergouvernementalen Prestige verloren: es dient seit mehreren Jahrzehnten nicht mehr als Sprungbrett für das Premierministeramt.[18] Dagegen wurde es mehrfach zur Belohnung oder gar zur Marginalisierung von unterlegenen parteiinternen Rivalen genutzt (vgl. Nossal 1994 und 1997). Die in den 70er Jahren einsetzende internationale Gipfeldiplomatie wertete den Regierungschef als Chefaußen(handels)politiker zusätzlich auf. Ein weiterer Faktor sind Verschiebungen weltpolitischer Zuständigkeiten innerhalb der Exekutive, die ebenfalls zuungunsten des Außenministeriums ausfielen. Die Zuständigkeiten für den amerikanisch-kanadischen Handel und die internationalen Kulturpolitik der frankophonen Staaten wurden dem Geschäftsbereich des Außenministers entzogen. Zusammengefasst hat das Amt des Außenministers an Gewicht innerhalb des Kabinetts und parteipolitischen Ränkespiele deutlich eingebüßt. Die Amtszeit Llyod Axworthys unterstreicht indes, dass die Persönlichkeit, der Ideenreichtum, das Fachwissen und die politische Erfahrungen eines Ministers den strukturellen Machtverlust des Amtes zumindest aufhalten und zeitweise aussetzen kann. Ob Axworthy den längerfristigen Verlusttrend indes stoppen konnte, darf auch dann

---

[18] Eines der wenigen Ministerämter, das Jean Chrétien unter den Regierungen Trudeau nicht innehatte, war das Amt des Außenministers.

bezweifelt werden, wenn man seinen Rücktritt nicht als Eingeständnis einer
Niederlage interpretiert.

3.7 Außenpolitik und föderale Strukturen

Wenngleich sich die klassische Außen- und Sicherheitspolitik in der ausschließ-
lichen Zuständigkeit des Bundes befindet, ist der Einfluss der föderalen Strukturen Kanadas in einigen Außenpolitikfeldern sehr deutlich sichtbar. Während die
diplomatische Stimme Kanadas in klassischen Feldern und Arenen der internationalen Politik wie Friedenserhaltung, Rüstungskontrolle, Menschenrechten,
aber auch bei neueren Themen wie Entschuldung der ärmsten Staaten und ‚global economic governance' phasenweise sehr deutlich vernehmbar ist, hindern
föderale Strukturen und überlappende Zuständigkeiten das Land daran, überall
dort eine kohärente Position zu entwickeln, wo die Interessenlagen innerhalb
Kanadas weit auseinanderliegen und sich diese divergierenden Interessen institutionell verfestigt haben. Dies gilt insbesondere für das gesamte Spektrum der
internationalen Umwelt- und Klimapolitik, wo sich innerhalb Kanadas nicht nur
soziale Interessengegensätze zwischen Umweltschützern und Industriefirmen
zeigen, sondern der Dissens über die den Interessen des Landes angemessene
Politik zwischen den Provinzen sowie zwischen dem Bund und einigen Provinzen ausgetragen wird. Der in unregelmäßigen Abständen geäußerte Wunsch
einiger Provinzen nach mehr eigenem Spielraum in der internationalen Politik
wird immer dann laut, wenn eine Provinz ihre Interessen in der Außenpolitik
Ottawas nicht gebührend vertreten sieht. Meist betrifft dies Themen der regionalen Ökonomie – etwa der Fischereiindustrie in British Columbia – kaum jedoch klassische außenpolitische Themen. Von einer Lähmung der außenpolitischen Handlungskompetenz Ottawas kann somit nur in Teilbereichen gesprochen werden. Dies gilt auch für die Autonomiebestrebungen Québecs. Kulturau-
ßenpolitische Alleingänge einzelner Québecer Regierungen mögen Ottawa zwar
provozieren, doch bleiben sie zumeist auf symbolische Politik beschränkt und
daher ungefährlich. Dennoch sollte die Rolle Québecs in der außenpolitischen
Gesamtausrichtung Kanadas nicht bagatellisiert werden: aufgrund des frankophonen Faktors ist Kanada nicht nur ein aktiver Spieler innerhalb des Commonwealth, sondern engagiert sich ebenso stark innerhalb von La Francophonie. Dies
wirkt sich nicht zuletzt positiv auf die Afrikapolitik Kanadas aus. Eine weitere
wichtige außenhandelspolitische Rolle Québecs liegt schon mehr als ein Jahrzehnt zurück. Ohne die überwältigende Unterstützung in Québec wäre eine
Mehrheit für die Unterzeichnung des kanadisch-amerikanischen Freihandelsabkommens von 1989 – dem Vorläufer von NAFTA – seinerzeit nicht zustande
gekommen, da der Freihandel in der zentralkanadischen Industrieprovinz Ontario
damals mehrheitlich auf Ablehnung stieß.

Insgesamt ist die Wirkung der kanadischen Außenpolitik auf die nationale Einheit Kanadas jedoch eine ausgesprochen positive. In keinem anderen wichtigen Politikfeld lassen sich zwischen den Einstellungen den Bevölkerungen Québecs und Restkanadas weniger Abweichungen feststellen als in der Außenpolitik. Sie erfüllt für Kanada eine wichtige und oft unterschätzte Integrationsfunktion.

4. Beeinflussung des außenpolitischen Entscheidungsprozesses von außen

Während die Frage, wer kanadische Außenpolitik materiell und operativ gestaltet (policy-making), vergleichsweise eindeutig beantwortet werden konnte, ist das Thema, wer äußeren Einfluss auf die kanadische Außenpolitik ausübt, deutlich komplexer. Auf den ersten Blick ist etwa im Vergleich zu den USA, wo der Kongress als eigenständiger Akteur auftritt, in Kanada eine Akteurs- und Interessenpluralität nur sehr eingeschränkt zu erkennen. Die bisherige Analyse spricht in der Tat für die Vermutung der außenpolitischen Interessenbündelung unter staatlicher Führung. Der These Nossals, wonach der staatliche Entscheidungsapparat eine klare Priorität bei der Außenpolitikformulierung gegenüber allen nicht-staatlichen Organisationen besitzt, kann im Grundsatz nicht widersprochen werden (vgl. Nossal 1997). Dennoch ist dies nicht das ganze Bild. Die außenpolitischen Entscheidungsträger sind gegenüber äußeren Einflüssen keineswegs immun, wie die folgende Analyse zeigt.

4.1 Entscheidungsvorbereitende Netzwerke

Gerade weil sich die kanadische Außenpolitik aus der Perspektive des Fachressorts entbürokratisiert und durch die ‚Koalitionen der Wollenden' (coalitions of the willing) unter Axworthy sowie durch den Primat der Ökonomie ein Stück weit entstaatlicht hat, spielen Fraktionsbildungen innerhalb der Exekutive und ihre Unterstützer in den Forschungsgruppen und Think Tanks, in den Wirtschafts- und Regionalinteressen sowie bei den sog. ‚moralischen Unternehmern' eine nicht zu übersehende Rolle. Die Premierminister-Außenpolitik ist auf die zeitweise Rekrutierung externen Sachverstands in PCO und PMO angewiesen, die direkten Berater des Regierungschefs leben wiederum von der Arbeit der universitären Forschungsgruppen und Think Tanks, aus denen sie z.T. stammen. Ähnliches gilt für das Verhältnis von Diplomatie und NGOs oder das Verhältnis von Handelspolitikern und Wirtschaftlobby. Da die kanadische Außenpolitik traditionell –und ganz besonders während der 90er Jahre – von Handelsinteressen geleitet war, übte die traditionelle strategische Allianz von Staatsapparat, international tätigen Großunternehmen und Wirtschaftsbranchen beachtlichen, wenngleich verdeckten Einfluss aus, was insbesondere die Liberale Partei zu ihren freihändlerischen Wurzeln zurückkehren ließ. Wenn die Wirtschaft als außenpolitischer Einflussgeber über weitere Strecken der 90er Jahre dennoch weniger sichtbar erschien als z.B. in den 80er Jahren, so lag dies primär daran, dass die kanadische Exportwirtschaft mit dem Inkrafttreten von NAFTA und der Ratifizierung der Welthandelsorganisation (WTO) ihre strategischen Hauptziele erreicht hatte und sich der stilleren Unterstützung der Premierminister-Außenpolitik und der Handelspolitik verschreiben konnte.

Zu den entscheidungsvorbereitenden Netzwerken und den die Öffentlichkeit über außenpolitische Fragen unterrichtenden Einrichtungen zählen auch einige wenige kanadische Think Tanks, die zum Teil an Universitäten, zum Teil außerhalb angesiedelt sind.

Bereits seit den 20er Jahren – somit vor der Erlangung der völkerrechtlichen Souveränität – verfügt Kanada über ein forschendes Elitennetzwerk in Gestalt des *Canadian Institute for International Affairs (CIIA)*.[19] Das CIIA bleibt auch nach fast 70 Jahren die nahezu einzige nichtstaatliche Einrichtung, die sich wissenschaftlich und anwendungsorientiert mit einem breiten Spektrum internationaler Fragen aus kanadischer Perspektive beschäftigt.

Seit 1946 veröffentlicht CIIA die Hauszeitschrift *International Journal*, die vierteljährlich erscheint und heute gemeinsam mit dem neueren Journal *Canadian Foreign Policy* als kanadische Stimme die internationale Politik analysiert. Zuwendungen der Carnegie Corporation ermöglichten seit den 40er Jahren den Aufbau einer Forschungsbibliothek am Zentralisitz des CIIA in Toronto. Das CIIA nimmt für sich in Anspruch, die Neuorientierung der kanadischen Außenpolitik unter Premierminister Pierre Trudeau maßgeblich in Tagungen und Workshops vorgedacht zu haben. Es war ebenfalls maßgeblich an der Vorbereitung kanadischer Diplomaten für internationale Großkonferenzen beteiligt. Durch den verstärkten Aufbau von Partnerschaften mit der Geschäftswelt, den Medien, Universitäten und anderen zivilgesellschaftlichen Einrichtungen wie NGOs sollte verhindert werden, dass die Organisation sich zu eng an die offizielle Politik bindet. Die Unabhängigkeit und Überparteilichkeit des Instituts ist heute allgemein anerkannt. CIIA besteht heute aus 18 Ortsgruppen und verfügt über 1500 Mitglieder. Seine Hauptaktivitäten bestehen in politischer Bildung sowie in Tagungs- und Publikationsaktivitäten und in der Bereitstellung von Forschungsressourcen. Drei spezialisierte Neugründungen ergänzten die außenpolitische Forschungskapazität Kanadas in den 70er und 80er Jahren. Während sich das in Ottawa beheimatete *North-South Institute* seit 1976 mit Entwick-

---

[19] Bei CIIA handelt es sich um die kanadische Abteilung eines die britischen Dominions und das Mutterland umspannenden Netzes außenpolitischer Kreise, dessen Flaggschiff das Londoner *Royal Institute of International Affairs* bildet. Letzteres ist nach seiner Behausung unter dem Namen Chatham House bekannt.

lungspolitik und internationaler Ökonomie beschäftigt und der NGO-Welt nahesteht, widmet sich das *Canadian Institute of Strategic Studies* (1976) sicherheitspolitischen Fragen. Das 1973 aus der *Private Planning Association* hervorgegangene *C.D. Howe Institute* (1973) mit Sitz in Toronto ist kein außenpolitischer Think Tank, besitzt aber aufgrund seiner Nähe zur international ausgerichteten Finanz- und Exportwirtschaft einen großen Einfluss auf die wirtschaftspolitischen Eliten Zentralkanadas. Das Institut war maßgeblich an der wissenschaftlichen Unterstützung des Nordamerikanischen Freihandelsabkommens in Kanada beteiligt. Zu den in den Medien sichtbarsten wissenschaftlichen Kommentatoren der internationalen Politik aus kanadischer Sicht gehören Angehörige der Forschungsgruppen des *Munk Centres for International Studies* an der University of Toronto wie Janice Gross Stein, Sylvia Ostry oder John Kirton sowie des *Liu Centres for the Study of Global Issues* an der University of British Columbia.[20] Direktor dieser im Jahr 2000 mit privaten Stiftungsmitteln gegründeten und finanzierten Einrichtung ist kein Geringerer als der ehemalige Außenminister Lloyd Axworthy, der seinen Rücktritt vom Ministeramt mit der Übernahme der Geschäfte des neu eingerichteten Think Tanks begründete. Die Tatsache, dass Axworthy aus freien Stücken von der Rolle des Gestalters in die des Einflussgebers wechselte, sollte all denen zu denken geben, die Außenpolitik auch in Zukunft für eine rein intra-gouvernmentale Veranstaltung halten.

4.2 Öffentlichkeit und Außenpolitik

Auf den ersten Blick lässt sich die auf Internationales ausgerichtete Stimmungslage in Kanada während der 90er Jahre als apathisch bezeichnen. Das Interesse der Bevölkerung an klassischer Außen- und Sicherheitspolitik war auf ein Minimum abgesunken. Ein zweiter Blick offenbart indes ein differenzierteres Bild: Opfer der öffentlichen Apathie gegenüber den äußeren Angelegenheiten Kanadas waren primär die klassische Sicherheitspolitik und die traditionelle Entwicklungshilfe, weniger als die Außenpolitik als Gesamtpaket. Die Haushaltssanierung hatte sowohl die kanadischen Militärausgaben auf historische Tiefstände gebracht – mit der Billigung einer deutlichen Bevölkerungsmehrheit – als auch die Entwicklungshilfe gekürzt, was die institutionelle Stärke sowohl der kanadischen ‚defence community' als auch der Entwicklungslobby empfindlich schwächte.[21] Doch dieselbe gesellschaftliche Apathie gegenüber traditioneller Außen- und Sicherheitspolitik ermöglichte den konstruktivistischen Aktivisten

---

[20] Eine sehr brauchbare und aktuelle Überblicksliste kanadischer Think Tanks mit Internetadressen findet sich unter: http://www.hillwatch.com/thinktank/thinktank1.htm (31.01.2003).
[21] Vgl. die Attacken gegen diese als „Pfennigfuchser-Diplomatie" wahrgenommene Politik in Nossal 1998.

der Chrétien-Ära, insbesondere Axworthy, eine vorher nicht gekannte Offenheit für die Nichtregierungswelt und deren nicht-traditionellen Themen wie „human security" zu demonstrieren. Als Folge der gesamt-öffentlichen Apathie stieg der Einfluss der ‚aufmerksamen und interessierten' außenpolitischen Teil-Öffentlichkeit, während der Einfluss der sicherheits- und entwicklungspoliti-schen Gemeinde sank.

Die Öffnung des außenpolitischen Konsultationsprozesses war im übrigen ein Wahlkampfversprechen der Liberalen Partei aus ihrer Oppositionszeit vor 1993. Unmittel nach ihrer Amtseinführung unternahm die kanadische Bundesre-gierung erhebliche Anstrengungen, den außenpolitischen Willensbildungs- und Entscheidungsprozess für die organisierten und interessierten Teile der Zivilge-sellschaft zu öffnen. Aber auch dieser Öffnungsprozess wurde von den staatli-chen Stellen gesteuert und nicht von den gesellschaftlichen Akteure gegen den Willen des Staates durchgesetzt. Bestes Beispiel für die staatlich gesteuerte Öff-nung des Entscheidungsvorbereitungsprozesses ist das in Armeslänge vom Au-ßenministerium entfernt arbeitende *Canadian Centre for Foreign Policy Deve-lopment* (CFP).[22] CFP wurde auf Empfehlung einer parlamentarischen Kommis-sion zur Überprüfung der kanadischen Außenpolitik[23] und mit Restmitteln des 1992 aufgelösten, obwohl erst 1984 in den letzten Tagen der Trudeau-Regierung ins Leben gerufenen *Canadian Institute for International Peace and Security* (CIIPS) 1996 gegründet. Zwar verfügt das CFP lediglich über 35% der Finanz-mittel des von der Mulroney-Regierung abgewickelten Vorgänger-Instituts und nur über ein Achtel dessen Personals, seine Mitwirkung an der öffentlichen Ent-scheidungsfindung in Außenpolitikfragen ist jedoch explizit erwünscht und durch die enge organisatorische Anbindung an den Planungsstab des Außenmini-steriums auch institutionalisiert. Das mit vier wissenschaftlichen Mitarbeitern kleine Institut dient als Dialogeinrichtung zwischen der der ‚aufmerksamen und interessierten' außenpolitischen Öffentlichkeit außenpolitischen Elite Ottawas und ansonsten als außenpolitisches Bildungszentrum fungiert.[24]

4.3 Leitbilder: Prosperitätssteigerung und Internationalismus

Die kanadische Außenpolitik nach dem Zweiten Weltkrieg war über Jahrzehnte vom Leitbild des Internationalismus geprägt.[25] Damit einher gingen das kanadi-

---

[22] Hinweise zu CFP unter: http://www.dfait-maeci.gc.ca/cfp-pec (31.01.2003).
[23] Special Joint Committee of Parliament Review of Canadian Foreign Policy.
[24] Zum Canadian Centre for Foreign Policy Development vgl. Steven Lee 1998.
[25] Es existiert keine eindeutige und allseits anerkannte Definition des Leitbilds Internationalismus. Nach Nossal (1997 und 1998) besteht er jedoch aus vier Bestandteilen: Multilateralismus, ehrliches Engagment in internationalen Organizationen, Befolgung internationaler Regeln, Bereitschaft zu aktiver Teilnahme an internationalen Maßnahmen der Konfliktschlichtung.

sche Selbstverständnis als ‚Mittelmacht' und die außenpolitische Strategie des Multilateralismus. Während der Nestor der kanadischen Außenpolitikforschung nach dem 2. Weltkrieg, John Holmes, den Internationalismus als offiziöse Zivilreligion der außenpolitischen Handlungselite bezeichnete (Holmes 1982: 119), betonen neuere Studien die tiefe Verwurzelung des Leitbilds ‚humanitärer Internationalismus' in den Gesellschaften Kanadas und der anderer Mittelmächte wie Schweden oder den Niederlanden (Pratt 1990). Es war diese Ressource, die Außenminister Axworthy für seine Außenpolitik der ‚menschlichen Sicherheit' den notwendigen Rückhalt in der Bevölkerung verschaffte. Indem Pratt jedoch den humanitären Internationalismus als durch Handels- und Investitionsinteressen gefährdete Handlungsanleitung betrachtet, gesteht er implizit ein, dass ein nicht unbedeutender Teil der kanadischen Öffentlichkeit ein lediglich taktisches Verhältnis zum internationalistischen Leitbild besitzt. Eine primär normgerichtete und primär am Leitbild des Internationalismus ausgerichtete Außenpolitik wäre in den 90er Jahren somit ausgesprochen riskant gewesen und nicht durchgehend auf öffentliche Zustimmung gestoßen. Das in den 90er Jahren festgestellte apathische Desinteresse an Außenpolitik kann somit auch als grundsätzliche Zufriedenheit der Kanadier mit dem liberalen Angebot einer Mischung aus eigeninteressierter Handelspolitik und auf internationale Normbildung ausgerichteter Außenpolitik gedeutet werden. Chrétien und die Handelsmissionen befriedigten das Ziel der Prosperitätsmehrung, während Axworthys Initiativen dem internationalistischen Selbstbild der Kanadier entsprachen.[26]

5. Perspektiven

Welche Ereignisse und Entwicklungen könnten die Kräfteverhältnisse im außenpolitischen Entscheidungsprozess sowie die materielle Ausrichtung der kanadischen Außenpolitik verändernd beeinflussen? Die vorläufige Antwort lautet: Sowohl Veränderungen in der Tektonik der politischen Kräfte im Innern als auch Veränderungen innerhalb der USA bzw. im Verhältnis zu den USA. Beide Faktoren stehen spätestens seit dem 11. September 2001 in einem engen Zusammenhang.

5.1 Innere Entwicklungen der kanadischen Politik

Das gesellschaftliche Wertesystem Kanadas hat das Selbstbild einer multikulturellen Gesellschaft und eines ‚kinder, gentler America' nach innen sowie eines

---

[26] Eine genaue empirische Analyse zum Grad „internationalistischer" Einstellungen innerhalb der kanadischen Bevölkerung findet sich in Munton und Keating 2001.

internationalistisch ausgerichteten Landes nach außen lange geprägt (vgl. Lipset 1990). Nach wie vor dominiert – zumindest in Zentral- und Ostkanada – eine grundsätzlich positiv-zurückhaltende Staatsauffassung, die einerseits kontinentaleuropäische Übertreibungen (Volksheim, Staat kümmert sich um alles, schnürt ein Rundum-Sorglos-Paket) vermeidet, ohne sich amerikanischen Überspitzungen (Staat als Problemfaktor Nr. 1) anzunähern. Der Glaube an eine grundsätzlich positive Rolle staatlicher Politik bei der Gestaltung der öffentlichen Angelegenheiten im Innern sowie auf internationaler Ebene sowie an gewaltlose und regelorientierte Konfliktschlichtung ist in Kanada sehr stark verwurzelt

Allerdings haben die Kräfte innerhalb Kanadas, die den breiten Wohlfahrtskonsensus in Frage stellen und die sich für Steuersenkungen, Deregulierung und ein reduziertes Verständnis zentralstaatlicher Einflussnahme aussprechen, seit Mitte der 90er Jahre deutlich an gesellschaftlichem Einfluss gewonnen. Geographisch ist der neue, anti-konsensuelle Konservatismus im Westen des Landes sowie in den prosperierenden Gebieten Zentralkanadas – insbesondere in den Vorstädten und ländlichen Siedlungen Ontarios beheimatet. Argumentativ besitzt er indes eine breitere Legitimationsbasis: Der Wirtschaftsflügel der regierenden Liberalen Partei dominierte während der ersten Jahre der Regierung Chrétien die Kerngebiete der Wirtschafts- und Finanzpolitik und sorgte für ein Primat der Handelspolitik innerhalb der Außenpolitik. Die Liberale Partei hatte den nordamerikanischen Freihandel Ende der 80er Jahre noch bekämpft, in den 90er Jahren unterstützt sie ihn mehrheitlich. Regionale Gliederungen der Liberalen Partei, etwa die Regierungspartei der Pazifikprovinz British Columbia umarmen Politikinhalte, die bisher lediglich zum Arsenal konservativer Parteien gehörten. Innerhalb des konservativen Lagers Kanadas ging die Meinungsführerschaft von den Kräften eines wenig ideologisierten, wohlfahrtsstaatlich regulierenden Konservatismus (Red Toryism der Progressive Conservative Party of Canada) auf dezidiert sozialkonservative und wirtschaftsliberale Strömungen über, wie sie in den konservativen Regierungen der reichen Provinzen Alberta und Ontario sowie auf Bundesebene in Gestalt der offiziellen Opposition *Canadian Alliance* repräsentiert sind. Der neue kanadische Konservatismus, der seine Regierungstauglichkeit bisher nur auf Provinzebene unter Beweis stellen konnte, kann sich zudem auf eine wachsende Infrastruktur an Tageszeitungen (insbesondere die *National-Post*), Kolumnisten, universitären Intellektuellen und Think Tanks stützen. Über die Frage, wie sich der neue kanadische Konservatismus im Fall einer Regierungsbeteiligung oder einer Regierungsübernahme einer oder beider konservativer Parteien außenpolitisch auswirken würde, lässt sich momentan nur spekulieren. Am Primat der Außenwirtschaftspolitik würde sich vermutlich wenig ändern, wohl aber am Stellenwert der Beziehungen zu den USA, die zur übergeordneten Priorität aller kanadischer Außenpolitik aufgewertet würden. Kontinentalismus würde den Internationalismus als handlungsorientierendes Leitbild wenn nicht verdrängen, so doch relativieren. Da ein offener Pro-Amerikanismus in Kanada mehrheitlich auf Ablehnung trifft, würde ein solcher Kurswechsel mit den nationalen Interessen Kanadas, mit wirtschaftlicher und militärischer Sicherheit und mit Veränderungen in den USA – auch, aber nicht nur in der Folge des 11. September 2001 – begründet werden. Nicht verstummen dürfte bei einem Machtwechsel in Ottawa eine Diskussion, die eine erhöhte Integration Kanadas in gemeinsame nordamerikanische Strukturen – bis zum Fernziel einer Währungsunion – anmahnt. Eine Aufwertung und einen Bedeutungszuwachs dürften zudem die kanadischen Streitkräfte sowie die „strategic community" in der Sicherheitspolitik erfahren.

5.2 Rückkehr des Kontinentalismus? – Entwicklungen in den USA

Nach dem 11. September 2001 ist es – erneut – unmöglich, die innergesellschaftlichen und innenpolitischen Grundlagen der kanadischen Außenpolitik ohne Rekurs auf die Rolle des südlichen Nachbars USA für die kanadische Politik zu betrachten. Die von islamistischen Fundamentalisten ausgelösten terroristischen Angriffe auf New York und Washington dürften sich in und auf Kanada nachhaltiger auswirken als auf jeden anderen Partner der USA. Kanada teilt sich mit den USA eine 6,400 km lange unverteidigte Grenze, deren Durchlässigkeit die Voraussetzung schlechthin für das weltweit voluminöseste bilaterale Handelsverhältnis darstellt. Rund 87% der kanadischen Exporte von mehr als Can$ 423 Mrd. gehen in den amerikanischen Markt. – mit noch immer steigender Tendenz. Tagtäglich überqueren Güter von mehr als US-$ 2 Mrd. die kanadisch-amerikanische Grenze. Besonders hoch ist das Handelvolumen beim Austausch von Maschinen und Ausrüstungsgütern (Can$ 226 Mrd.) sowie mit Automobilen und Autoteilen (Can$ 160 Mrd.).[27]

Der 11. September 2001 hat insbesondere Kanadiern, die einer Reduzierung der einseitigen Abhängigkeit von den USA das Wort reden, die geographischen, ökonomischen und geopolitischen Realitäten in Nordamerika erneut vor Augen geführt. Jegliche Modifikation der amerikanischen Haltung gegenüber seinen Handelspartnern oder aus anderen Umständen herrührende Handelsunterbrechungen schlagen daher mehr auf Kanada durch als auf jeden anderen amerikanischen Handelspartner, da sich z.B. verspätete Zulieferungen sofort in Produktionsengpässen auswirken. Noch problematischer wäre das Aufkommen protektionistischer Haltungen in den USA. Bereits kleinere Handelshemmnisse in für Kanada wichtigen Wirtschaftssektoren wie der Bauholzindustrie sind in Kanada alarmierend, während sie in den USA kaum Interesse auslösen.

---

[27] Quelle: *The Economist* vom 22. September 2001, S.53/54 und *Neue Züricher Zeitung* vom 17.9.2001, S.7.

„9-11" hat für Kanada kurzfristige und längerfristige Folgen. Zu den kurzfristigen gehören insbesondere die verschärften Grenzkontrollen, ablesbar im Lastwagenverkehr insbesondere an den am meisten frequentierten Grenzstationen in Windsor, Ontario, Niagara Falls, Ontario und Blaine, B.C., südlich von Vancouver. Die Tendenz zu sog. ‚Schnellspur'-Grenzabfertigungen im grenzüberschreitenden Straßenverkehr haben Rückschläge erlitten, ähnliches gilt für die Abfertigung des innernordamerikanischen Flugverkehrs. Kanadische Airlines und Hotelketten leiden unter der nachlassenden Reisetätigkeit in Nordamerika. Zu den mittel – und längerfristiger Folgen der Terroranschläge gehören erhöhter Harmonisierungs- und Integrationsdruck:

Ginge es allein nach den USA, würde Kanada Teil eines einheitlichen, abgegrenzten nordamerikanischen Sicherheits-, Zoll-, Einwanderungs- und Asylraums. Sollten die Amerikaner einen solchen Sicherheitszaun (perimeter wall) um ihr Gebiet herum aufziehen, wird es sich Kanada, dessen Exporte zu 87% in die USA gehen, nicht leisten können, sich außerhalb dieses Zaunes zu befinden. Entschließt sich das Land, Teil des umschlossenen Gebiets zu werden, müsste es seine Politik und seine Regelungen in den betreffenden Politikfeldern mit den USA harmonisieren, was in der Praxis auf eine Anpassung an die von den USA vorgegebenen Standards hinaus läuft. Dies hat Auswirkungen auf die kanadische Einwanderungs- und Asylpolitik insbesondere auf Behandlung und die Aufenthaltsrechte illegaler Einwanderer und von Flüchtlingen. Im Resultat bedeutete dies eine gemeinsame Zuwanderungs- und Asylpolitik mit den USA. Um einen reibungslosen Warenverkehr von und vor allem in die USA zu garantieren, müsste der Außengrenzcharakter der kanadisch-amerikanischen Grenze reduziert werden, was in ferner Zukunft eine gemeinsame Zollunion mit den USA (und ev. Mexiko) nahe legen würde. Nach der Freihandelszone wäre dies ein weiterer bedeutender Integrationsschritt, dem selbst eine Währungsunion folgen könnte. Im Inneren bedeutete der ‚perimeter'-Wall eine Verschärfung der kanadischen Anti-Terror-Gesetzgebung. Einem Gesetz, das den Verlust des steuerbefreienden Gemeinnützigkeitsstatus für all jene Gruppen vorsieht, die ‚Terrorismus' verbal und aktiv unterstützen, dürften nun weniger Hürden entgegenstehen als vor dem 11. September 2001.

Gewiss: dies alles ist im Konjunktiv geschrieben und daher Zukunftsmusik. Doch schon jetzt führte der Krieg gegen den Terror zu einer innerkanadischen Debatte über die militärischen und geheimdienstlichen Aspekte von Außen- und Sicherheitspolitik Die inneren und äußeren Kritiker der bisherigen kanadischen Außen- und Sicherheitspolitik erhielten Auftrieb, die Politik der jahrelangen Haushaltskürzungen bei den Streitkräften gerät in Argumentationsschwierigkeiten. Ähnlich wie in der Bundesrepublik Deutschland gelten die kanadischen Streitkräfte seit dem Ende des Ost-West-Konflikts als unterfinanziert. Kanada wendet nur 1,2% seines BSP für Verteidigung auf, was gerade der Hälfte der durchschnittlichen Aufwendungen in NATO-Staaten entspricht. Der grundsätzlichen Bereitschaft Kanadas, die USA beim Kampf gegen den Terrorismus auch militärisch zu unterstützen, stehen in der Praxis sehr unzureichende militärische Kapazitäten gegenüber. Die 59,000 Personen starken Streitkräfte sind nur bedingt einsatzbereit, es fehlt vor allem an logistischen Kapazitäten für einen überseeischen Kampfeinsatz. Zu den verwendbaren Truppenteilen, die derzeit in Afghanistan im Einsatz sind, gehören die Flotte der F-18 Kampfjets und kleinere Spezialeinheiten.

6. Schlussbetrachtung

Die kanadische Außenpolitik befand sich in der zweiten Hälfte der 90er Jahre auf einem Weg, der mit der Selbsteinschätzung vieler Kanadier, ihr Land als multilateral ausgerichtete ‚freundliche Mittelmacht' wahrzunehmen, weitgehend übereinstimmte. Dennoch hatte sich an den objektiven Rahmenbedingungen, denen die kanadische Außenpolitik unterliegt, wenig geändert – insbesondere die wirtschaftliche und handelspolitische Abhängigkeit Kanadas vom amerikanischen Markt war größer denn je. Doch verhalfen mehrere zusammentreffende Umstände für einige günstige Ausgangslage einer klassischen Mittelmacht-Außenpolitik. Innenpolitisch hatte die Sanierung der Staatsfinanzen und das hohe Wirtschaftswachstum Kanada zu einem der wirtschaftlich und haushaltspolitisch gesündesten Staaten der westlichen Welt werden lassen. In den USA regierte mit der Clinton-Administration eine Regierung, die am Erhalt multilateraler Institutionen interessierter war als andere U.S.-Administrationen vor und nach ihr. Der ehemalige amerikanische Vizepräsident und Präsidentschaftsbewerber Al Gore fasste den außenpolitischen Ansatz der Clinton-Regierung bei einer Rede vor dem Council of Foreign Relations in New York im Februar 2002 wie folgt zusammen: ‚Soviel multilaterale Zusammenarbeit wie möglich, soviel amerikanische Alleingänge wie nötig.' Die Administration George W. Bushs verfahre nach Gores Ansicht nach dem umgekehrten Prinzip: ‚Soviel Unilateralismus wie möglich, soviel internationale Kooperation wie nötig."[28] Der Rücktritt Lloyd Axworthys Mitte des Jahres 2000 markiert das vorläufige Ende einer Politik der freundlichen Mittelmacht.[29] Die Umstände haben sich verändert: eine neue amerikanische Administration unter George W. Bush, ein neuer, die nordamerikanische Integration vorantreibender Präsident Mexikos und die Veränderungen des 11. Septembers 2001 stellen alle Akteure vor neue Herausforderun-

---

[28] Vgl. New York Times vom 13.2.2002.
[29] Institutionell lebt Axworthys „Erbe" in Gestalt des *Büros für menschliche Sicherheit* innerhald des DFAIT weiter.

gen und erfordern eine Überprüfung bisheriger Prioritäten. Die Außenpolitik der
Chrétien-Regierung während der 90er Jahre hat die USA zwar nicht ignoriert,
aber sie ist auf das Ausmaß der Veränderungen in den USA schlechter vorbereitet als es eine kanadische Regierung sein dürfte. Struktureller Wandel in den
USA wie die Bevölkerungsverschiebung von den an Kanada grenzenden Bundesstaaten in die an Mexiko grenzenden Staaten, die damit einher gehende Veränderung der politischen Klasse der Supermacht wurden in ihren möglichen
Auswirkungen auf Kanada bisher kaum analysiert. Welcher Teil der Beziehungen zu den USA sollte in bilateralem oder trilateralem Rahmen – unter Ein-
schluss Mexikos – erfolgen, welche Rolle werden multilaterale Arrangements
wie NATO, G8, OAS und die UN in Zukunft bei der Gestaltung der kanadisch-
amerikanischen Beziehungen spielen? Die bisherige Regierung betont einseitig
die wirtschaftlich positive Rolle einer schwachen kanadischen Währung in
Nordamerika und weigert sich, problematische Folgen der Währungsabwertung
z.B. bei der Humanressourcenentwicklung Kanadas, bei der Konkurrenz um
hochqualifizierte Arbeitskräfte, bei der Produktivität kanadischer Unternehmen
und beim Wohlstandsgefälle öffentlich zu thematisieren.

Folgt man Jeffrey Simpson, wurde die ‚freundliche Mittelmacht' während
der neunziger Jahren von der „freundlichen Diktatur" (vgl. Simpson 2001) einer
übersteigerten Exekutivdominanz regiert. Dieser Regierungsstil fördert zwar
einerseits die außenpolitische Führungsfähigkeit der Regierung, sie behindert
jedoch die offene Debatte über neue außenpolitische Herausforderungen und
Lösungsvorschläge in den dafür zuständigen Entscheidungsgremien. Stellen die
jüngsten Ereignisse das Selbstbild der freundlichen Mittelmacht zunehmend in
Frage, so regt sich zwischenzeitlich Unmut über die freundliche Diktatur auch in
den Reihen der liberalen Mehrheitsfraktion. Ob diese Reflexionsprozesse zu
einer Revision von Mittelmachtselbstbild und Exekutivdominanz führen werden,
lässt sich noch nicht abschätzen. Nach dem absehbaren Ende der Ära Chrétien,
das spätestens für den Februar 2004 geplant ist, hängt die weitere Gestaltung der
kanadischen Außenpolitik u.a. davon ab, ob es nur zu einem Wechsel des Premierministers innerhalb der Liberalen Partei oder gar nach einem Regierungswechsel kommen wird. Doch so oder so: die „Kontinentalisten" innerhalb der
Gestalter und der Einflussgeber der kanadischen Außenpolitik sind dabei, an
Bedeutung zu wachsen.[30] Ähnlich wie Anfang der 80er Jahre am Ende der Ära
Trudeau (vgl. Michaud/Nossal 2001) liegt 20 Jahre später ein erneuter außenpolitischer Prioritätenwechsel Kanadas in der Luft.

---

[30] In einem Beitrag der Zeitung Ottawa Citizen wird der ehemalige kanadische Botschafter in den
USA, Derek Burney, mit der Bemerkung zitiert, Kanada habe in den 90er Jahren zu viel Zeit darauf
verwendet, (Friedens)Nobelpreise zu erringen, statt sich um die dringenderen nationalen Interessen
zu kümmern. Vgl. James Baxter, „Advise to PM: Cut the Grandstanding", Ottawa Citizen vom
19.9.2000, A1.

Literatur

Borchard, Ralf (1997): Grundlagen einer vierten Option. Kanadische Außenpolitik in der Ära Mulroney. Bochum: Universitätsverlage Dr. N. Brockmeyer.

Canada (1995): Canada in the World. Government Statement. Ottawa: Government of Canada.

Canada (1997): Canada in the World (updated version). Government Statement. Ottawa: Government of Canada.

Cooper, Andrew F. (1997): Niche Diplomacy. Middle Powers after the Cold War. New York: St. Martin's Press.

English, John (1998): The Member of Parliament and Foreign Policy. In: Hampton, Fen Osler/ Molot, Maureen Appel (Hrsg.) (1998): Canada among Nations 1998. Leadership and Dialogue. Toronto: Oxford University Press.

Hampson, Fen Osler/ Hillmer, Norman/ Molot, Maureen Appel (2001): The Return to Continentalism in Canadian Foreign Policy. In: dies. (Hrsg): Canada Among Nations 2001. The Axworthy Legacy. Toronto: Oxford University Press.

Hampson, Fen Osler/ Molot, Maureen Appel (1998): The New 'Ca-do' Foreign Policy". In: dies. (Hrsg.): Canada Among Nations 1998. Leadership and Dialogue. Toronto: Oxford University Press, S. 1-22.

Hampson, Fen Osler und Maureen Appel Molot (1996): Being Heard and the Role of Leadership. In: dies. (Hrsg.): Canada Among Nations 1996. Big Enough to be Heard. Ottawa: Carleton University Press, S. 3-20.

Holmes, John (1982): The Shaping of the Peace. Vol. 2. Toronto: University of Toronto Press.

Kirton, John (1997): Foreign Policy Under the Liberals: Prime Ministerial Leadership in the Chrétien Government's Foreign Policy-Making Process. In: Hampson, Fen Osler/ Molot, Maureen Appel/ Rudner, Martin (Hrsg.) (1997): Canada Among Nations 1997. Asia-Pacific Face-Off. Ottawa: Carleton University Press, S. 21-50.

Kirton, John (1986): The Foreign Policy Decision Process. In: Molot, Maureen Appel/ Tomlin, Brian W. (Hrsg.) (1986): Canada Among Nations 1985. The Conservative Agenda. Toronto: James Lorimer, S. 25-45.

Lee, Steven (1998): Beyond Consultations: Public Contributions to Making Foreign Policy. In: Hampson, Fen Osler/ Molot, Mauren Appel (Hrsg.) (1998): Canada Among Nations 1998. Leadership and Dialogue. Ottawa: Carleton University Press, S. 55-68.

Lipset, Seymour Martin (1990): Continental Divide. The Values and Institutions of the United States and Canada. New York: Routledge.

Melakopides, Costas (1998): Pragmatic Idealism: Canadian Foreign Policy 1945-1995. Montréal and Kingston: McGill-Queen's University Press.

Michaud, Nelson/ Nossal, Kim Richard (Hrsg.) (2001): Diplomatic Departures. The Conservative Era in Canadian Foreign Policy 1984-1993. Vancouver: UBC Press.

Munton, Don und Tom Keating (2001): Internationalism and the Canadian Public. In: Canadian Journal of Political Science. Volume 34, No. 3, S. 517-550.

Nossal, Kim Richard (1997): The Politics of Canadian Foreign Policy. 3.Aufl. Scarborough: Prentice-Hall.

Nossal, Kim Richard (1998): Pinchpenny Diplomacy. In: International Journal. Vol. 54, No.1, S. 88-99.

Nossal, Kim Richard (1995): The Democratization of Canadian Foreign Policy: The Elusive Ideal. In: Cameron, Maxwell W./ Molot, Maureen Appel (Hrsg.) (1995): Canada Among Nations 1995. Democracy and Canadian Foreign Policy. Ottawa: Carleton University Press, S. 29-43.

Nossal, Kim Richard (1994): Dividing the Territory: Prime Minister and Foreign Minister in Canadian Foreign Policy, 1968-1994. Vortragsmanuskipt. Canadian Political Science Association. Jahrestagung 1994. University of Calgary. 13. Juni 1994. (unveröffentlicht)

Nye, Joseph S. (2002): The Paradox of American Power. Why the World's Only Superpower Can't Go it Alone. New York: Oxford University Press.

Nye, Joseph S. Jr. (1999): The Challenge of Soft Power. In: Time Magazine. Volume 153, No. 7, S. 30.

Pratt, Cranford (1989): An Eroding and Limited Internationalism. In: Ders. (Hrsg.) (1989): Internationalism under Strain. Toronto: University of Toronto Press.

Pratt, Cranford (1990): Middle Power Internationalism. Montréal and Kingston: McGill-Queen's University Press.

Rosenau, James S. (1987): Introduction: New directions and recurrent questions in the comparative study of foreign policy. In: Hermann, Charles F./ Kegley Jr., Charles F./ Rosenau, James (Hrsg.) (1987): New Directions in the Study of Foreign Policy. Boston: Allen and Unwin.

Savoie, Donald J. (1999): Governing from the Centre. The Concentration of Power in Canadian Politics. Toronto: University of Toronto Press.

Simpson, Jeffrey (2001): The Friendly Dictatorship. Toronto: McLelland & Stewart.

Stairs, Denis (2001): The Changing Office and the Changing Environment of the Minister of Foreign Affairs in the Axworthy Era. In: Hampson, Fen Osler/ Hillmer, Norman/ Molot, Maureen Appel (Hrsg.) (2001): Canada Among Nations 2001. The Axworthy Legacy. Toronto: Oxford University Press, S. 19-38.

A Search for Balance: Canada and the United Nations

Geoffrey Hayes

In early 2002, Canada's newest Foreign Affairs Minister, Bill Graham, paid a call to Washington, D.C. to meet with United States' Secretary of State Colin Powell. The next day, he visited the United Nations where he conferred with Secretary-General Kofi Annan.

Canadian foreign ministers know the Ottawa, Washington, New York triangle very well. Indeed, Canadian governments have long supported the United Nations, and this present government is no exception. „The UN is a core part of our foreign policy," Minister Graham reiterated after he met with the Secretary-General. „We have to try to make sure it is constantly effective. I believe strongly in the UN" (National Post, 16 February 2002: A13).

And so he must, for several reasons. For most of Canada's 30 million people, the United States is an ever-present reality: our largest trading partner, a never-ending source of culture, and our military ally. A current Department of Foreign Affairs website openly admits the attraction of the United Nations:

> „Living, as Canada does, in the shadow of the most powerful and influential nation on earth, the UN has been of prime importance in our efforts to counterbalance continental attractions, to establish a clear, independent identity and to have a sustained and long-term impact on the evolution of world affairs."[1]

Canadians have found another door to the world through the United Nations. That has been useful, especially when the door in Washington is closed in our face.

Canadians also like the United Nations because they see themselves (often wrongly) as internationalists, as people who can somehow make a difference. Again to cite the Department of Foreign Affairs's „official" stand:

> „Quite simply, the international political and social issues that matter most to Canadians are those that individual countries, acting on their own, are powerless to address effectively. The promotion of human rights and justice, the prevention and reduction of environmental degradation, the alleviation of poverty and the promotion of development and human security on a global basis -- these can only be achieved

---

[1] Department of Foreign Affairs and International Trade (DFAIT) (2002): Canada and the United Nations. http://www.un.int/canada/canadaandun.html, 10.04.2002.

through multilateral discussion and negotiation. The only global forum available is the UN. It is therefore no surprise that support for the UN is deeply entrenched throughout Canadian society" (Ibid.).

A long Canadian missionary tradition may explain this affinity for the UN. Also important is that Canada's rise as a „middle power" after 1945 mirrored the rise of the United Nations system. As we shall see in the brief survey to follow, Canadian leaders have not always liked the United Nations, but our need to be an international player distinct from the United States has made the United Nations a very useful and important forum for Canadians.

Canada's need for balance may be a product of our long, and not always positive experience within a „North Atlantic Triangle" drawn between London, Washington and Ottawa. A self-governing Dominion in 1867, Canada's foreign policy still remained under British control for another 65 years. That often created some curious incidents that are difficult to explain to Canadian undergraduates. For example, Canada's first prime minister, Sir John A. Macdonald, could only approach American officials in Washington through the British consulate. In 1897, British officials ruled on a delicate border dispute between Canada and the United States in favour of the Americans. A Canadian department of External Affairs finally emerged under prime minister Sir Wilfrid Laurier in 1909, but when war broke out in Europe five years later, Canada was (by law as well as sentiment) at war when Britain went to war.

The Canadian legacy of the First World War is a fascinating paradox. In April 1917, Canadian prime minister Sir Robert Borden gained a place for Canada in the Imperial War Cabinet. With it came the right to be consulted on the war's strategic direction, as well as the right for future independence as an „autonomous member of the Commonwealth." But that promise came at a price; a renewed commitment to the war effort. Borden returned home in May 1917 determined to invoke conscription; his government even allowed women to vote for the first time in federal elections, but only if they were related to a soldier. A wartime election fought on the issue was one of the most divisive in the country's history. Borden's coalition government won the day, but he convinced few French-Canadians that the war was that important that young men should be sent against their will to die in Europe. Against American protests, Borden maintained that her 65,000 war dead (more than the Americans had suffered) had won her the right to sign the Treaties of Paris that brought a fragile peace.[2]

By 1921, Borden and his government were gone, defeated by a Liberal party led by a native of Berlin, (later Kitchener) Ontario. William Lyon Mackenzie

---

[2] The best survey of the early years of Canadian foreign policy remains C.P. Stacey (1977/81): Canada and the Age of Conflict: A History of Canadian External Policies.

King would become Canada's longest serving prime minister (over 22 years) largely because he understood the political virtues of doing little that would divide the country along ethnic lines. His foreign policy reflected that principle. Canada became a member of the League of Nations, but King worried (needlessly as it turned out) that League membership would threaten his country's new-found autonomy. King and his advisors preferred moving out from under the British Empire quietly. Far more significant for King was a Halibut treaty signed in 1923 that contained Canadian, American, but no British signatures (Hillmer/ Granatstein 1994: 85-86).

The Second World War marked Canada's coming of age in the international system. In 1939, prime minister Mackenzie King reluctantly led Canada into a war in Europe. This time Canada went to war independent of Britain, but King wanted a limited effort to avoid the divisions over conscription that had so divided the country a generation before. King did not get his wish. A war of „limited liability" ended when Western Europe fell in 1940 and for the next year, Canada became Britain's ranking ally. King hoped during that time that he might act as a „lynchpin" between Britain and the still-neutral United States. But when the United States entered the war, Winston Churchill and Franklin Roosevelt got along just fine. They met twice in Québec City to discuss the war's progress, and they even invited Mackenzie King into the meetings when the press arrived. But King accepted that the sides of the North Atlantic Triangle were never equal (Ibid: 178). That King was the only western leader to lead his country into the peace may have been some consolation.

The world of 1945 was very different from that of 1939, and so was Canada's position in it. With much of Europe and Asia in ruins, the British Empire in twilight and American influence dawning, Canada found itself in a very strong position – however temporarily. Canada's armed forces contributed far more to the war than anyone could have anticipated, and its wartime economy prospered, more than doubling in six years. That kind of wealth gave Canada leverage: the United Kingdom enjoyed $3 billion in wartime gifts from Canada. Also important was a very competent and well-connected group of Canadian diplomats who smoothly argued their country's case in London and Washington. One of their platforms was the functional principle, the idea that Canada should have a say „in the conduct of the war proportionate to its contribution to the general war effort" (Ibid.).

Canadian officials tried to enshrine the functional principle within the United Nations Charter, and were firmly rebuffed. Still, the new organization was an ideal place for a country of middle rank with a growing internationalist outlook. With Canada's colonial ties loosening and its dependence on Washington tightening, the United Nations began to occupy a new corner of Canada's foreign policy triangle.

The United Nations in its early stages reflected both Canada's idealism and its pragmatism. It was a Canadian, John Humphrey, who drafted what was to become the Universal Declaration of Human Rights which was passed by the General Assembly in 1948. By then, Canadian officials had already watched with growing dismay as the UN began to reflect the tensions of the Cold War. There was never any question of where most Canadians stood on the issue; the threat of godless Communism united Catholic Francophones and Protestant Anglophones like no other external threat. But as Canadians began to look to the US as its primary military and economic ally, Canadian officials also anticipated the need for a military coalition that could guarantee European security, while it constrained the Americans. One of the intellectual fathers of the North Atlantic Treaty Organization (NATO), Escott Reid, listed among the „Canadian" arguments for NATO that „it [would be] politically easier to grant defence facilities to a North Atlantic alliance than to the United States" (Reid 1993: 202). If one multilateral organization could not work to moderate American actions, Canadians eagerly helped create a new one.

Canadians did not have long to wait before Americans actions required moderation. In June 1950, North Korean troops invaded South Korea, and Canada soon contributed troops to the US-led, UN-backed „police action." Some maintain that the episode represented our growing dependence on the Americans; others insist, however, that Korea drove an important lesson home: Canadians could not expect to moderate American policies without making a contribution to collective security.[3]

Canada's contribution to the Korean conflict is too often neglected by our collective fascination with peacekeeping. Certainly no other activity better defines Canada's middle power status within the United Nations system. But it should be remembered that Canada entered into the activity quite reluctantly. Prime Minister Mackenzie King threatened to resign in 1947 when he learned that his External Affairs Minister Louis St. Laurent had committed Canadians to a small UN mission to observe elections in the Koreas. St. Laurent won his point and succeeded King as Prime Minister in 1948 (Hillmer/ Granatstein 1994: 207-209).

Henry Kissinger once noted that Canadian international and domestic constraints have forced Canadian foreign policy makers into „a narrow margin for manoeuvre that they [have] utilized with extraordinary skill." Certainly Canadians have honed such skills in the halls of the UN; they never did it better than in 1956 during the Suez Crisis. In the fall of that year, the British, French and Israelis schemed to take back the Suez Canal zone, which Egyptian President Nas-

---

[3] On Canadian policies during the Korean conflict, see Denis Stairs (1974): The Diplomacy of Constraint. Canada, the Korea War and the United States.

ser had nationalized that summer. Though some still insisted that Canada come to Britain's aid, Canada's political leaders were furious with the operation, for it undermined the central pillars of Canada's foreign policy: Anglo-American co-operation, the Commonwealth, and the United Nations.[4]

On 1 November 1956, External Affairs Minister Lester Pearson flew to New York with the beginnings of a plan. As Canadian diplomats „moved through the corridors" Pearson conceived of what was to become the United Nations Emergency Force (UNEF), a lightly armed multi-national contingent that could separate the combatants while a political solution was worked out. On 4 November 1956, the General Assembly endorsed the Canadian resolution, and put a Canadian soldier, E.L.M. Burns, in charge. The plan worked. The next fall, Lester Pearson was in Oslo to receive the Nobel Peace Prize. As Pearson's able biographer has concluded: „the UNEF initiative strengthened the United Nations, moderated the tensions between Washington and London, and helped to maintain both the Commonwealth and NATO" (Ibid.: 137, 145).

The Suez crisis of 1956 marked the height of Canada's „golden age of diplomacy." The sheen wore off the next decade. With growing questions about NATO, nuclear weapons, the value of peacekeeping and United States' foreign policy, Canadians began to lose confidence in their traditional foreign policy institutions. Even Canada's faith in the UN seemed naïve at times. In October 1962, Prime Minister John Diefenbaker suggested that United Nations observers confirm that the Soviets had installed missiles in Cuba, 120 kilometres from the Florida coast. John F. Kennedy's officials ignored the suggestion, and were greatly relieved when a Liberal government came to power in 1963 under Lester Pearson.[5]

Pearson immediately tried to warm relations between Ottawa and Washington, but he soon found himself feeling the political heat from those growing suspicious of American intentions. In 1964, Lyndon Johnson talked Pearson into sending a Canadian diplomat, Blair Seaborn to Hanoi to present an American ultimatum. Were Canadians colluding with the Americans in South-East Asia, or simply aiding an ally? That debate continues. Also in that year, Canada committed troops to separate Greece and Turkey--two NATO allies--on the island of Cyprus. It was to be our longest peacekeeping operation, lasting until the 1990's, and it also resulted from American pressure. Perhaps the most damaging episode in Canadian-American relations came in 1965 when Pearson gave a speech in the United States asking for a temporary halt to the US bombing of North Vietnam.

---

[4] John R. English, The Worldly Years: The Life of Lester Pearson, 1949-1972. English quotes Kissinger on 126, 135.
[5] Canada's role in the Cuban Missile Crisis, and the subsequent resignation of John Diefenbaker is a well-known and much debated episode. A decidedly anti-Diefenbaker view is taken by J.L. Granatstein, in Canada, 1957-1967: The Years of Uncertainty and Innovation.

Lyndon Johnson was not amused. The limits of Canada's influence were never clearer (English 1992: 357, 368).

The election of Pierre Elliott Trudeau in 1968 appeared to take Canada's foreign policy in very different directions. Certainly Trudeau was no fan of the UN; he declined an invitation to speak at its 25th anniversary in 1970. In that year, Trudeau's new foreign policy statement put much less weight on multilateralism generally and peacekeeping specifically (Bothwell/ Granatstein 1990). Such a tone reflected a growing disillusionment with the United Nations throughout the West, particularly as its membership grew to include many newly independent (and anti-Western) countries.

Despite Trudeau's reservations, Canada could not turn its back entirely on the United Nations. Canadians continued to play important roles in new peacekeeping operations in the 1970s; diplomats also found that the UN still provided an important forum to explore international issues of importance to Canadians, like the Law of the Sea conferences. Trudeau himself finally addressed the United Nations General Assembly in 1977, this time during a special session on disarmament (Pearson 2001). Old multilateral habits were hard to break.

The Trudeau era ended in 1984 when a bilingual Anglophone from Québec came to power. Unlike Trudeau, who was often loathed by official Washington (especially Richard M. Nixon), Brian Mulroney tried hard to cultivate a better relationship with presidents Ronald Reagan and George Bush senior. Many thought Mulroney was too cozy with Washington, especially when Canada entered a free-trade agreement with the United States after a hard-fought election in 1988. To counter that view, Mulroney placed a greater faith in multilateralism institutions. Among these were the General Agreement on Tariffs and Trade (GATT), la Francophonie, the Commonwealth, the Organization of American States, and, of course, the United Nations.

The end of the Cold War found Canadian diplomats no less bound to multilateralism, but as with most countries, we often found it difficult to keep our balance. For many the Gulf War echoed the dilemmas of Korea: should an operation to liberate Kuwait be under a UN blue flag, or the American Stars and Stripes? During the summer of 1990, as the Americans prepared a military response while the UN Security Council considered sanctions, the Mulroney government was accused of supporting a US-led coalition first, without waiting for a UN-mandate. Canada's foreign minister at the time, Joe Clark, argued, that our diplomatic role in Washington and New York was an important, but subtle one. As he noted later, „The Americans were, as normal and usual, reluctant to go into the UN. We were pressing very hard. We encouraged them to be patient and to take the time to draft the resolution broadly enough that they would have support. There's no question that we influenced them to the use of the UN" (Keating 1993: 229).

Quiet diplomacy remains a Canadian strength, but questions remained. Had Canada lost its reputation as a peacekeeping nation by supporting the US-led coalition? The answer was no. In Kuwait, but also in Cambodia, the former Yugoslavia, Haiti and Namibia, Canadian troops were deployed in record numbers throughout the early 1990s. That kind of commitment became a little easier when Canada pulled out of its NATO bases in Germany, but the demands for more roles only increased. In 1992, the UN's ambitious document „An Agenda for Peace" pointed to a new era in which UN-led troops could intervene where traditional peacekeepers dared not go just a few years before. Canada wanted to be a part of that new era.

Unfortunately, the possibilities of the post-Cold War period obscured the potential problems inherent in these „new" operations. These became abundantly clear to lightly-armed Canadian peacekeepers who found no peace to keep in Sarajevo in 1992. A year later, Canadian troops fought and won a pitched battle against Croatian militia forces who were „cleansing" Serbian villages in Croatia. That fight for the Madek Pocket in late 1993 was not traditional peacekeeping, but it worked (Windsor 2000). Unfortunately, that remarkable episode was overshadowed in Canada as a result of our role in Somalia. Sent there under the peace enforcement provisions defined by Chapter VII of the United Nations Charter, the Canadian Airborne Regiment did many things well back in 1993. But when some Airborne members tortured and killed a young Somali who had broken into their camp, Canada's military came under harsh scrutiny from which it has yet to recover (Bercuson 1996).

Canada's best known (and perhaps most controversial) foreign policy triumph in the decade came in December 1997 when over 100 countries converged on Ottawa to sign a treaty eliminating the manufacture, use and distribution of anti-personnel landmines (APLs).[6] Canada's foreign minister, Lloyd Axworthy, was greeted like a rock star at the event. Some thought that he might match Lester Pearson and win a Nobel Peace Prize. Still, 40 years after Suez, Canada had used its multilateral skill to take the lead in the destruction of a weapon that just two years before had been in the arsenal of the Canadian Armed Forces.

The success of the Ottawa process reflects the idealism and pragmatism that has long coloured Canada's foreign policy and its relationship with the United Nations. In the case of landmines, some have argued that the Ottawa process undermined the United Nations Convention on Certain Conventional Weapons (UNCCW) that by 1996 had won concessions from the countries that most use

---

[6] The best summary of the Ottawa process is a collection of essays edited by Maxwell Cameron, Robert Lawson and Brian Tomlin. To Walk Without Fear: The Global Movement to Ban Landmines.

landmines. Had Canadians' faith in the United Nations weakened? Likely not. Canadians have worked outside the UN system before, and they will again. As long as Canadians retain an idealistic sense of themselves in the world, Canadians will hold a special place for the United Nations.

In the days following 11 September 2001, Canada has proclaimed itself a „good neighbour" of the United States. The two countries have strengthened security at its long, shared border, and over 1,000 Canadian ground troops are fighting alongside the Americans in Afghanistan. With these measures come the inevitable criticisms that Canada is helping the American war on terrorism too closely. Foreign minister Graham knows only too well that as long as Canadians wish to retain a separate sense of themselves from the United States, Canadians will also hold a special place for the United Nations.

Literatur

Bothwell, Robert/ Granatstein, J.L. Pirouette (1990): Pierre Trudeau and Canadian Foreign Policy. Toronto: University of Toronto Press.

Cameron, Maxwell A./ Lawson, Robert J./ Tomlin, Brian W. (Hrsg.) (1998). To Walk Without Fear. Oxford University Press.

English, John R. (1992): The Worldly Years. The Life of Lester Pearson, 1949-1972. Toronto: Alfred Knopf of Canada.

Geoffrey Pearson (2001): Trudeau and Foreign Policy. Peace Magazine. January-March 2001. http://www.peacemagazine.org/0101/pearson.htm (31.01.2003).

Granatstein, J.L. (1986): Canada, 1957-1967. The Years of Uncertainty and Innovation. Toronto: McClelland and Stewart.

Hillmer, Norman/ Granatstein, J.L. (1994): Empire to Umpire. Canada and the World to the 1990s. Toronto: Copp Clark Pittman.

Keating, Tom (1993): Canada and World Order. The Multilateral Tradition in Canadian Foreign Policy. Toronto: McClelland and Stewart.

Reid, Escott (1993): Canada and the Creation of the North Atlantic Alliance, 1948-1949. reprinted in J.L. Granatstein (Hrsg.) (1993): Canadian Foreign Policy. Historical Readings. Revised Edition. Toronto: Copp Clark Pittman.

Stacey, C.P. (1977/1981): Canada and the Age of Conflict. A History of Canadian External Policies. 2 Volumes. Toronto: Macmillan of Canada.

Stairs, Denis (1974): The Diplomacy of Constraint. Canada, the Korea War and the United States. Toronto: University of Toronto Press.

Amerikanisch-kanadische Beziehungen

David Bosold

1. Kurzer geschichtlicher Abriss

Meist werden die Beziehungen zwischen Kanada und den Vereinigten Staaten mit der „special relationship" verbunden, die beide Länder seit nun fast zwei Jahrhunderten teilen, nachdem die kanadisch-amerikanische Grenze, bis auf einige Zwischenfälle in der ersten Hälfte des 19. Jahrhunderts[1], seit 1812 als die längste unverteidigte Grenze („the longest undefended border") in die Geschichtsbücher eingegangen ist (Roberts 1998: 1f.).

Die Auseinandersetzungen zwischen britischen Loyalisten, die nach der Eroberung Neufrankreichs 1760 auf dem Gebiet des heutigen Québec siedelten, sowie amerikanischen Siedlern gehören lange der Vergangenheit an. Dennoch wurden die amerikanisch-kanadischen Beziehungen bis in die ersten Jahre des letzten Jahrhunderts von Westminster und der englischen Krone bestimmt und waren damit de facto britisch-amerikanische Beziehungen. Erhielt das 1867 zum Dominion of Canada vereinigte Upper und Lower Canada (zusammen mit den Provinzen New Brunswick und Nova Scotia) erste innenpolitische Handlungsspielräume, so dauerte es bis zum Jahre 1931, als Kanada mit dem Statut von Westminster vollständige außenpolitische Freiheit erlangte (Nossal 1997: 60).

Damit begannen formell die kanadisch-amerikanischen Beziehungen – Beziehungen zwischen zwei ungleichen Partnern: Auf der einen Seite eine (mittlerweile die einzig verbliebene) Supermacht, sowohl militärisch als auch wirtschaftlich, mit fast 300 Millionen Bewohnern; auf der anderen Seite eine zweisprachige Gesellschaft mit einem Zehntel der Einwohnerzahl der USA. Der ehemalige Premierminister Kanadas Pierre Elliot Trudeau verglich die Beziehungen zwischen Kanada und den USA einmal mit dem Schlafen neben einem Elefanten.[2]

---

[1] Mit der Gründung amerikanischer Bundesstaaten und kanadischer Provinzen im Westen des nordamerikanischen Kontinents, kam es zu Grenzstreitigkeiten, die schließlich mit der Einigung des 49. Breitengrades endeten. Außerdem sorgten bewaffnete Aufstände in Upper und Lower Kanada 1837 für Spannungen im kanadisch-amerikanischen Verhältnis. Vgl. Gordon T. Stewart (1992): The American Response to Canada since 1776, S.23ff.

[2] Das Zitat lautet im Original: „Living next to you is in some ways like sleeping next to an elephant; no matter how friendly and even-tempered is the beast, one is affected by every twitch and grunt". Zit. nach: Thompson/ Randall (1997): Ambivalent Allies, S. 250.

Ob dieses Zitat fernab der Realität liegt oder nicht, wird in der Folge noch zu erörtern sein.

2. Von Ogdensburg zu NORAD

Kanada trat – wie bereits im Jahr 1914 – praktisch zeitgleich mit Großbritannien auch in den Zweiten Weltkrieg ein. Die schnellen Eroberungen des Dritten Reiches und die andauernden Angriffe auf Großbritannien beunruhigten den damaligen amerikanischen Präsidenten Roosevelt ebenso wie Premierminister Mackenzie King, jedoch behielten die USA bis zu diesem Zeitpunkt ihre isolationistische Politik bei und traten nicht in den Krieg ein. Als sich die Lage in Europa weiter zu Ungunsten der Briten entwickelte, trafen sich Roosevelt und King im August 1940 in Ogdensburg, im Bundesstaat New York, um die beidseitigen Versprechen eines militärischen Beistandes im Falle eines Angriffes auf eines der beiden Länder offiziell zu machen. Die Gespräche endeten in der Schaffung einer dauerhaften Verteidigungskommission beider Staaten, dem sogenannten „Permanent Joint Board of Defence", kurz PJBD (Hillmer/ Granatstein 1994: 158; Bothwell 1992: 18).

Ein Jahr später, als sich die britische und kanadische Wirtschaftssituation aufgrund des unterbrochenen Wirtschaftsverkehrs und des Krieges rapide verschlechtert hatten, unterzeichneten King und Roosevelt die „Hyde-Park-Deklaration"[3], die eine Produktion jener Rohstoffe und Militärgeräte vorsah, zu der jedes Land am besten im Stande sei. Die durch die beiden Verträge geschlossene militärische Zusammenarbeit vertiefte sich im weiteren Verlauf des Krieges, vor allem, nachdem die USA nach dem Angriff auf Pearl Harbor am 7. Dezember 1941 selbst in den Krieg eingetreten waren.

Nach dem Ende des Zweiten Weltkrieges und den ersten Spannungen zwischen Ost und West erweiterte sich die militärische Kooperation beider Staaten im Rahmen der 1949 gegründeten NATO. Die kanadische Regierung sah sich jedoch in den folgenden zehn Jahren gezwungen, wieder verstärkt bilateral auf sicherheitspolitischem Gebiet zu agieren. Hierzu wurde in Anlehnung an die Hyde-Park-Deklaration 1958 durch das „Defense Production Sharing Agreement" eine „effektive Nutzung gemeinsamer Ressourcen" (Bothwell 1992: 64, 72ff.) beschlossen; ein Beschluss, der kanadischen Firmen die Möglichkeit bot, militärische Aufträge des Pentagon zu erhalten. Bereits zuvor hatte die Aufstellung von Radar-Frühwarnsystemen auf kanadischem Boden für eine verstärkte Kooperation in der Luftverteidigung beider Staaten gesorgt. Die Bedrohung

---

[3] Die Deklaration erhielt den Namen aufgrund der Unterzeichnung in Roosevelts Haus in Hyde Park, New York .

Nordamerikas durch sowjetische Bombenangriffe stellte ein Problem dar, welches nicht im Rahmen des nordatlantischen Bündnisses zu lösen war. US-Präsident Eisenhower und Premier Louis St. Laurent waren sich daher 1957 auf Anraten von Militärexperten einig, dass eine gemeinsame Verteidigung des nordamerikanischen Luftraumes, ergänzend zum Radar-Frühwarnsystem, erfolgen sollte (Mahant/ Mount 1989: 196ff.). Es war schließlich Diefenbaker, der Nachfolger St. Laurents, der ein Jahr später den nordamerikanischen Luftraumverteidigungsvertrag NORAD (North American Air Defence Agreement) unterzeichnete. Der Vorsitz des in Colorado ansässigen Kommandos ist binational. Kommandeur war bisher stets ein Amerikaner, während die Vizekommandantur den Kanadiern zufiel (Ferguson 2000: 10). Diefenbaker war es jedoch auch, der sich aufgrund des Drucks der kanadischen Öffentlichkeit weigerte, die kanadischen Kampfflugzeuge und in Kanada stationierten Abwehrraketen mit Atomsprengköpfen auszustatten. Die Politik Diefenbakers sah es in der Folge vor, im Krisenfall die Sprengköpfe von US-Territorium nach Kanada zu fliegen, um anschließend die Raketen bzw. Flugzeuge zu bestücken (Balthazar 1989: 253). Die Stationierung von Atomraketen erfolgte schließlich im Jahre 1963 mit der Wahl des ehemaligen Außenministers und Friedensnobelpreisträgers Lester B. Pearson zum Premierminister. Die Kubakrise ein Jahr zuvor hatte gezeigt, dass die Politik Diefenbakers in der Atomfrage nicht praktikabel war (Thompson/ Randall 1997: 222ff.).

Hatten sich die Beziehungen beider Staaten in der Folgezeit auch durch die Entsendung kanadischer Peacekeeping-Truppen nach Zypern verbessert, so verschlechterten sich die Beziehungen wieder zunehmend im Laufe des Krieges in Vietnam. Obwohl die kanadische Öffentlichkeit in ihrer Mehrheit den Krieg in Vietnam ablehnte, war die Kritik Pearsons an den Vereinigten Staaten anfangs sehr zurückhaltend. Die öffentliche Zurückhaltung Pearsons hielt bis zu seiner Rede an der Temple University in Philadelphia im April 1965, in der er den amerikanischen Präsidenten Lyndon B. Johnson mit dem Vorschlag konfrontierte, die Bombenangriffe auf Hanoi kurzzeitig auszusetzen, um eine Wiederaufnahme der Verhandlungen zu ermöglichen (Hillmer/ Granatstein 1994: 274-75). Die Rede, nur einen Tag vor dem gemeinsamen Gipfeltreffen, wurde von vielen Amerikanern als Brüskierung und Heuchelei der Kanadier angesehen, da die kanadische Wirtschaft, und dabei hauptsächlich die Rüstungsindustrie, in den 60er Jahren jedes Jahr zwischen 150 bis 350 Millionen US-Dollar am Verkauf von Rohstoffen und Waffen verdiente. Dies änderte sich 1967, als Kanada die USA bat, keine kanadischen Waffen mehr in Vietnam zu verwenden. Zwei Jahre später wurden bereits keine kanadischen Waffen mehr an die Amerikaner geliefert (Mahant/ Mount 1989: 236f.).

Die Anzeichen einer eigenständigeren Sicherheitspolitik Kanadas im Rahmen seiner Möglichkeiten verdichteten sich mit der Wahl des liberalen Premier

Pierre Elliot Trudeau. Das Weißbuch des Verteidigungsministeriums 1971 betonte die Notwendigkeit der Verteidigung des kanadischen Territoriums, stellte aber auch fest, dass die (Sicherheits-)Politik der USA nicht zwangsläufig mit der Zustimmung Kanadas verknüpft sei (Mahant/ Mount 1989: 248). Die nach 1958 bis einschließlich 1975 dreimal in unregelmäßigen Abständen erfolgten Verlängerungen von NORAD enthielten in der Folge eine Klausel, die eine Teilnahme Kanadas an einem Abwehrsystem anti-ballistischer Raketen nicht zwingend vorschrieb. Dies änderte sich mit der Umbenennung von NORAD in „North American Aerospace Defence Command" im Jahre 1981, die mit der Empfehlung einherging, dass Kanada eine aktivere Rolle im Schutz vor der atomaren Bedrohung anstreben solle (Nossal 1997: 27). Dies war jedoch ein Lippenbekenntnis angesichts der Tatsache, dass zu jener Zeit die kanadischen Militärausgaben Pro-Kopf die niedrigsten aller NATO-Mitglieder waren (Thompson/ Randall 1997: 271).

Weiterhin stand der 1980 wiedergewählte Trudeau der Außenpolitik Reagans sehr kritisch gegenüber. Um Entspannung zwischen der von Reagan als „Reich des Bösen" bezeichneten Sowjetunion und den USA bemüht, versuchte er 1984, als eine seiner letzten Amtshandlungen, der „Peace-Initiative" zu Erfolg zu verhelfen, die jedoch aufgrund der Ablehnung der Reagan-Administration scheiterte.

Die Forderungen nach einer Wiederaufnahme der Klausel unter dem konservativen Nachfolger Trudeaus, Brian Mulroney, im Jahre 1985 aufgrund der SDI-Pläne des amerikanischen Präsidenten wurden bald fallengelassen, vielmehr erfolgte eine Erneuerung der Frühwarnsysteme in Form neuer Radaranlagen.

Nach der Verlängerung von NORAD 1991 und dem Zusammenbruch der Sowjetunion und des Warschauer Paktes wurden Teile der neuen Radarlinien nicht mehr fertiggestellt; jedoch ist mit Beginn der amerikanischen Raketenabwehrpläne eine wachsende Bedeutung NORADs festzustellen. Der Schutz vor Raketen sogenannter „Schurkenstaaten", wie Irak und Nordkorea, und die Angst vor Terroranschlägen lassen eine vertiefte Zusammenarbeit im Rahmen von NORAD nach dessen anstehender Verlängerung erwarten (Macleod/ Roussel/ Van Mens 2000: 344ff.).

3. Der lange Weg zur nordamerikanischen Freihandelszone NAFTA

Die kanadisch-amerikanischen Beziehungen sind heutzutage mehr als je zuvor von den Wirtschaftsbeziehungen beider Staaten gekennzeichnet. Es mag auf den ersten Blick verwunderlich wirken, aber die kanadischen Wirtschaftsbeziehungen zu den USA waren bis in die 30er Jahre des vergangenen Jahrhunderts von gegenseitigem Protektionismus gekennzeichnet. Kanadischer Haupthandelspartner war das „Mutterland" Großbritannien mit über 40 Prozent der kanadischen Exporte. Die Auswirkungen der Weltwirtschaftskrise zwang sowohl die Amerikaner als auch die Kanadier, über einen Abbau der Handelshemmnisse zu beraten. Die Beratungen zwischen Roosevelt und King führten schließlich dazu, dass King die „American Road" einschlug und damit, wie später noch zu sehen sein wird, das Ende der intensiven Wirtschaftsbeziehungen mit Großbritannien einläutete.

Im 1935 unterzeichneten Handelsvertrag („Trade Reciprocity Treaty") vereinbarten Kanada und die USA gegenseitige Anerkennung als „most-favoured-nation" und senkten die Zölle auf zahlreiche Produkte, die auf kanadischer Seite vor allem aus Rohstoffen und Agrarprodukten bestanden (Stewart 1992: 128ff.). Der kriegsbedingte Wegfall des britischen Marktes für kanadische Produkte und Rohstoffe führte wie bereits beschrieben zur „Hyde-Park-Deklaration" 1941. Diese beendete dauerhaft die wirtschaftliche Abhängigkeit Kanadas von Großbritannien und beschleunigte die nordamerikanische Wirtschaftsintegration. War Großbritannien bis in die 30er Jahre hinein Kanadas wichtigster Exportmarkt, so schrumpfte der Anteil von 40 Prozent Ende der 30er Jahre auf neun Prozent in den 50er Jahren, wohingegen 60 Prozent in die USA exportiert wurden. Die bilateralen Wirtschaftsbeziehungen entwickelten sich in den 50er Jahren weiter, und um die Zusammenarbeit zu verbessern, wurde 1953 das „Joint Ministerial Committee on Trade and Economics" ins Leben gerufen, dass bis 1969 zweimal jährlich tagte (Bothwell 1992: 63).

Der Versuch Diefenbakers Anfang der 60er Jahre, die Beziehungen zu Großbritannien wiederzubeleben, scheiterte schließlich. Im Gegenteil, die Abhängigkeit vom US-Markt stieg, vor allem durch den sogenannten „Autopact", der zwischen Pearson und Johnson abgeschlossen wurde.[4] Der zentrale Punkt des Abkommens war der zollfreie Handel von Autos und Autoteilen zwischen beiden Staaten (Bothwell 1992: 93). Kanadas Wirtschaft erwuchs hieraus ein klarer Vorteil, da die Rahmenbedingungen für die drei amerikanischen Autokonzerne Investitionen in Kanada begünstigten: Kanadische Arbeiter waren wie ihre amerikanischen Kollegen in der internationalen Gewerkschaft „United Automobile Workers", bzw. der „Les travailleurs unis de l'automobile" in Québec (Thompson/ Randall 1997: 232) und der Abschnitt des Abkommens, der den „Großen Drei", Chrysler, Ford und General Motors, die zollfreie Ausfuhr von 75 Prozent der in Kanada abgesetzten Fahrzeuge gewährte, erhöhte die Rentabilität kanadischer Autofabriken (Ibid.: 232). Ein weiterer Vorteil für die kanadische Seite war, dass mindestens 60 Prozent der Autoteile aus kanadischer Produktion stammen mussten und somit die Autozulieferer schützte. Um die Ausmaße die-

---

[4] laut einigen Autoren war das amerikanische Entgegenkommen auf das kanadische Peacekeepingengagement in Zypern zurückzuführen, s. z.B. Mahant/ Mount, 1999, S. 174.

ses Abkommens zu verdeutlichen, lohnt es sich, einen Blick auf die Zahlen zu werfen. In den drei Jahren nach der Unterzeichnung stieg der bilaterale Handel mit Autoteilen um das Fünffache. Am Anteil des gesamten bilateralen Handels stieg der Prozentsatz von fünf Prozent 1965 auf fast 35 Prozent 1971; ein Anteil, der bis heute gehalten wird (Mahant/ Mount 1999: 173ff.).

Ein weiterer Versuch, die wirtschaftliche Abhängigkeit zu verringern (Kanada exportierte zu Anfang der 70er Jahre annähernd 70 Prozent in die USA), wurde unter der Regierung von Pierre Trudeau unternommen, nachdem die US-Regierung 1971, angeschlagen durch die Dollarkrise, verkündet hatte, dass sie die Zölle auf kanadische Importe um 10 Prozent erhöhe und auch darüber nachdenke, den „Autopact" auszusetzen. Letzteres erfolgte nicht, jedoch wurde die sogenannte Nixon-Doktrin in die Tat umgesetzt (Bothwell 1992: 107-110). Die daraufhin eilig vom Außenministerium fertiggestellte Überprüfung der Beziehungen zu den Vereinigten Staaten kam zu dem Schluss, dass Kanada wirtschaftlich, sicherheitspolitisch und kulturell von den USA abhängig sei, und schlug drei Möglichkeiten vor, wie man dieser Tatsache begegnen könnte.

Die erste Möglichkeit bestand darin, die Beziehungen unverändert beizubehalten, die zweite, die Integration mit den Vereinigten Staaten zu beschleunigen, und die dritte Möglichkeit, den Versuch zu unternehmen, die kanadische „Verwundbarkeit" zu reduzieren. Diese sogenannte „Third Option" wurde schließlich von der Regierung Trudeau angenommen, führte jedoch anfangs zu wenig Beachtung in den USA (Mahant/ Mount 1989: 244ff.). Neben dem Ziel, die wirtschaftlichen Kontakte mit Europa und Asien zu intensivieren, wie dies bereits mit der allgemeinen Überarbeitung der kanadischen Außenpolitik in den sechs Weißbüchern von 1970 angedacht war, verfolgte die Minderheitsregierung Trudeau unter dem Einfluss der New Democratic Party eine nationalistische Wirtschaftspolitik, die zur Schaffung der „Foreign Investment Review Agency" – kurz FIRA – 1974 und bereits zwei Jahre zuvor der „Canadian Development Corporation" (CDC) führte.

Das Ziel der CDC war es, durch kanadisches Kapital Staatsfirmen zu gründen, um den ausländischen Einfluss vor allem im Energiesektor zurückzudrängen (Thompson/ Randall 1997: 252ff). Erstes sichtbares Resultat dieser Politik war die Schaffung von Petro-Canada im Zuge der Ölkrise 1973. Die OPEC-Embargos führten jedoch zu einem verstärkten Import kanadischen Öls durch die USA, auf die die Kanadier mit erhöhten Steuern auf Ölexporte reagierten. Die kanadische Politik der nationalen Sicherheit über die Öl- und Gasreserven wurde weiter verfolgt und endete Ende 1980 in der „National Energy Policy" (NEP), die im Zuge der zweiten Ölkrise zu erheblichen Spannungen mit den USA führte. Die NEP sah vor, bis zum Jahre 1990 die Anzahl der kanadischen Öl- und Gasfirmen auf dem Heimatmarkt auf 50 Prozent zu erhöhen, und setzte zur Erschließung neuer Quellen einen äquivalenten Prozentsatz in den Unternehmen voraus (Bothwell 1992: 129f.). Auf amerikanischen Druck kam es schließlich zu zahlreichen Modifizierungen und Einschränkungen in der Politik von FIRA und NEP.

Die antagonistische Haltung der kanadischen Regierung unter Trudeau gegenüber der Reagan-Administration endete mit ihrer Abwahl 1984 und dem Amtsantritt des Konservativen Brian Mulroney. Er war im Wahlkampf unter anderem sogar mit dem Ziel angetreten, das Verhältnis zwischen beiden Staaten wieder zu verbessern. Ein Vorsatz, den er betonte, indem er gute Beziehungen in den Rang eines Pfeilers kanadischer Politik hob: „Good Relations, super relations with the United States will be the cornerstone of our policy" (zit. nach Bothwell 1992: 140). Aufgrund erheblicher Haushaltsdefizite, des Scheiterns der „Third Option" und protektionistischer Politik der EG und Japans im Zuge der Rezession begann Mulroney über die zukünftige Ausrichtung der kanadischen Wirtschaft nachzudenken. Angesichts der Tatsache, dass 85 Prozent der kanadischen und 60 Prozent der amerikanischen Güter 1985 zollfrei die Grenze passierten, sah Mulroney sich gezwungen, Kanada weiter an die USA anzunähern.

Die Umwandlung von FIRA in „Investment Canada", deren Aufgabe nun darin bestand, ausländische Investoren anzuziehen, und die Abschaffung der „Nationalen Energie Politik" (NEP) kurz nach der Amtsübernahme von Mulroney, stellten die Weichen für die erfolgreiche Umsetzung der amerikanisch-kanadischen Freihandelszone FTA (Hillmer/ Granatstein 1994: 334ff.). Die Verhandlungen mit den Amerikanern über sektoralen Freihandel waren bereits unter der Vorgängerregierung aufgenommen worden, und das Scheitern der GATT-Runde über weitere Handelsliberalisierungen 1982 ließ in der Folge auch in Washington die Zahl der Befürworter einer bilateralen Freihandelszone größer werden.

Die Gespräche über die FTA begannen am 21. Mai 1986 und dauerten bis in den Oktober 1987 an. Hierbei spielten vor allem die vier Hauptinteressen der Amerikaner eine Rolle: erstens die Energieversorgung langfristig zu sichern, um ein zweites NEP zu vermeiden; zweitens, in Kanada Direktinvestitionen zu tätigen, ohne dass diese einer Überprüfung durch eine kanadische Regierungsbehörde unterliegen; und drittens, die Möglichkeit zu gewährleisten, öffentliche Investitionen der kanadischen Regierung zu erhalten. Abschließende Forderung war, Zugang zum kanadischen Markt für Kulturgüter, wie Fernsehen, Büchern, Zeitschriften, etc., zu erhalten. Die Verhandlungen endeten schließlich mit kanadischen Konzessionen bezüglich der beiden ersten Punkte, dem Zugeständnis der Amerikaner, dass die kanadische Kulturgüterindustrie nicht für amerikanische Firmen geöffnet werde, und Zusatzregelungen im Agrarsektor. Unumstritten war lediglich der Abbau sämtlicher Zölle und Einfuhrbeschränkungen auf Industriegüter gewesen (Mahant/ Mount 1999: 176-189).

Während die Verhandlungsergebnisse in den Vereinigten Staaten begrüßt wurden, musste die kanadische Regierung Wahlen ansetzen, um die Zustimmung des Parlaments zu erhalten. Nach dem erneuten Wahlsieg Mulroneys wurde das Abkommen von den Parlamenten beider Länder verabschiedet und trat am 1. Januar 1989 in Kraft (Bothwell 1992: 150f.).

Bevor die Auswirkungen dieser intensivierten Wirtschaftsintegration zu spüren waren, wurde in Ottawa bekannt, dass die USA vor Inkrafttreten der FTA bereits Gespräche über ein weiteres bilaterales Abkommen mit Mexiko unter dem neuen Präsident George Bush sen. aufgenommen hatten (Mahant/ Mount 1999: 182).

Noch Ende 1989 trat der mexikanische Präsident Salinas an Mulroney heran, um mit ihm die kanadischen Erfahrungen im Verhandlungsprozess zu erörtern; das folgende Treffen der beiden in Mexiko-City im März 1990 machte dem kanadischen Premier deutlich, wie weit die Verhandlungen bereits fortgeschritten waren. Und er machte deutlich, dass Kanada im weiteren Prozess seine Interessen vertreten werde. Eine neugeschaffene Task-Force des Außen- und Handelsministeriums in Ottawa legte im August, nach der Ankündigung der Regierung Bush, bis Dezember 1990 die Verhandlungen offiziell zu beginnen, ein Papier mit vier Optionen vor, die von passivem Verhalten über einen Beobachterstatus bei den Beitrittsverhandlungen bis zu einem kanadisch-mexikanischen Abkommen oder trilateralen Verhandlungen reichte.

Die Hauptsorge der Kanadier war nicht, keinen zollfreien Zugang für seine Produkte in Mexiko, wie die Vereinigten Staaten zu erhalten – dafür war der Handel mit Mexiko mit unter einem Prozent viel zu unbedeutend – sondern, dass das zukünftige Abkommen Mexiko mehr Vorteile für den Export seiner Produkte als Kanada bringen würde. Nach anfänglichem Widerwillen der Mexikaner, die ein Scheitern des Projekts aufgrund der Wahlen 1992 in den USA fürchteten, und der Ablehnung mancher Amerikaner erreichte die Regierung Mulroney schließlich mit den beiden Staaten die Aufnahme der Verhandlungen Anfang Februar 1991. Nach dem offiziellen Beginn in Toronto im Juni 1991 endeten die Verhandlungen 14 Monate später im August 1992 in Washington. Nach Zustimmung durch die Parlamente trat die NAFTA am 1. Januar 1994 in Kraft (Robert 2000: 28-44).

Änderungen für Kanada durch NAFTA im Vergleich zu den Inhalten der FTA gab es kaum (Heffer 1999: 81). Ausgeklammert blieben die Fragen der Textil- sowie der Automobilindustrie, wobei letztere im Zuge der FTA-Verhandlungen durch einen zweiten „Autopact" zwischen den USA und Kanada geregelt worden war. Dieser war aufgrund der Politik der japanischen Autohersteller nötig geworden, die ihre in kanadischen Fabriken hergestellten Autos zu denselben Bedingungen wie die amerikanischen Firmen in die Vereinigten Staaten exportierten. Ein Kompromiss erlaubt ausländischen Autoherstellern, bei einem gewissen Prozentsatz an verwendeten amerikanisch-kanadischen Teilen, die Vorteile des „Autopact" zu einem gewissen Grade zu nutzen (Mahant, Mount 1999: 187f.).

Ein weiterer von den NAFTA-Verhandlungen ausgeklammerter Wirtschaftsbereich betraf die Deregulierung des nordamerikanischen Luftverkehrs. Bis zum Jahre 1994 war es meist nur mit mehrmaligem Umsteigen möglich, von Flughäfen in den USA nach Kanada zu reisen. So gab es zum Beispiel nie eine Direktverbindung zwischen den beiden Hauptstädten. Die Möglichkeit, zwischenstaatliche Direktverbindungen zwischen beiden Staaten aufzubauen wurde durch das im Februar 1995 unterzeichnete „Open Skies Agreement" geschaffen (Blanchard 1998: 160-177).

4. Von CBC und Country-Music

Wie bereits in der Wirtschafts- und Sicherheitspolitik mit den Vereinigten Staaten, war auch für die weitere Definition der kanadischen Identität und Kultur das Ende des Zweiten Weltkrieges entscheidend. 1948 wurde unter der Regierung Saint Laurents die „Royal Commission on National Development in the Arts" unter dem Vorsitzenden Vincent Massey einberufen. Diese kam 1951 zu dem Schluss, dass der amerikanische Einfluss die kulturelle Entwicklung Kanadas bedrohen könne.[5] Als Gegenmaßnahme sah die Kommission die Gründung eines Kanadischen Rates vor, der Kunst sowie die Geistes- und Sozialwissenschaften subventionieren sollte. Die Regierung schuf daraufhin 1957 diesen „Canadian Council", der die finanzielle Unterstützung der Universitäten erhöhte, sowie eine zweite Kommission, die sich mit Rundfunk und Fernsehen beschäftigen sollte.

Die Ergebnisse dieser sogenannten Fowler Kommission empfahl der Regierung in Ottawa, amerikanische Senderechte zu beschränken. Dieser Empfehlung kam die Regierung nach und erhob zusätzlich eine Steuer auf die kanadischen Ausgaben amerikanischer Zeitschriften wie „Time" und „Reader's Digest".

Mit der Regierung Diefenbaker wurde diese Steuer schließlich fallengelassen, dafür aber wieder eine Kommission – unter dem Vorsitzenden O'Leary – einberufen. Die Kommission stellte fest, dass 40 Prozent der gesamten Werbeeinnahmen der Zeitschriftenbranche den kanadischen Ausgaben von „Time" und „Reader's Digest" zuflössen. Die Ergebnisse wurden aber in der Folge nicht von der Regierung umgesetzt (Mahant/ Mount 1989). Obwohl unter der Regierung

---

[5] Der Massey Report von 1951 stellte damals fest: „In meeting influences from across the border, as pervasive as they are friendly, we have not even the advantage of what soldiers call defence in depth [...] a vast and disproportionate amount of material coming from a single source may stifle rather than stimulate our own creative effort." zit. nach Mohant, Mount 1989: 209.

von Lester Pearson die Steuer wieder eingeführt wurde, blieb es bei Ausnahmen für die beiden größten Zeitschriften. Auf der anderen Seite hatte es unter Diefenbaker die ersten Versuche gegeben, einen Prozentsatz von zuerst 55 und später 65 Prozent an kanadischem Inhalt der Fernsehgesellschaften, der staatlichen CBC und des Privatsenders CTV, festzusetzen, der jedoch aufgrund der wachsweichen Bestimmungen des Terminus „kanadisch" aufgeweicht wurde.

Mit der Regierung Trudeau verschärfte sich die protektionistische Politik weiter. Nach Protesten gegen amerikanisches Lehrpersonal an kanadischen Universitäten 1969 wurde ein Gesetz eingeführt, dass die Einstellung von Nicht-Kanadiern nur dann erlaubte, wenn nachweislich keine inländische Person für eine Stelle gefunden werden konnte. Darüber hinaus wurden die Empfehlungen der O'Leary-Kommission bezüglich der Zeitschriften durch „Bill C-58" umgesetzt. Es machte die weitere Veröffentlichung von „Time" unmöglich und erlaubte „Reader's Digest" unter der Bedingung, mindestens 75 Prozent kanadischen Inhalt zu publizieren, weiter auf dem kanadischen Markt zu bleiben (Thompson 1992: 277f.).

Auf dem Gebiet des Rundfunks erfolgten durch Bill C-58 Einschränkungen für die Amerikaner im Zuge der Schaffung der kanadischen Radio und Fernsehen Kommission, CRTC – Canadian Radio-Television Commission. Ab 1971 wurde es erforderlich, 30 Prozent kanadische Musik zu senden. Hierunter fielen neben kanadischen Künstlern auch in Kanada produzierte Musik von Nicht-Kanadiern. So erfüllte etwa ein in London aufgenommenes Lied des Kanadiers Neil Young die Voraussetzungen im Gegensatz zu einem in Toronto produzierten Rolling Stones Song nicht (Thompson/ Randall 1997: 261).

Für das Fernsehen forderte die CRTC, dass zwischen 18 und 24 Uhr mindestens sechzig Prozent des Programms kanadischen Inhalt aufweisen müssten, was die Produktion in Kanada oder aber die kanadische Beteiligung an einer Auslandsproduktion voraussetzt. Mit dem Aufkommen des Kabelfernsehens Mitte der 70er Jahre sah sich die kanadische Regierung einem weiteren Problem gegenüber und versuchte mit der Einführung der Income Tax, amerikanische Grenzsender daran zu hindern, ihr Programm ungeändert auszustrahlen. Das Gesetz sah außerdem vor, die Werbung vor dem Ausstrahlen zu entfernen, hauptsächlich, um kanadischen Fernsehsendern ihre Werbeeinnahmen zu sichern (Ibid.: 259ff.).

Diese Politik führte jedoch zum ersten Mal zu starkem und erfolgreichem Druck der amerikanischen Rundfunklobby, die die CRTC dazu nötigte, ihre Politik zu ändern. Eine abgeschwächte Version schreibt seitdem vor, dass in beiden Ländern ausgestrahlte Fernsehsender die amerikanische Werbung durch kanadische ersetzen müssen. Die Regelung, für private und öffentliche kanadische Sender die CanCon-Quoten ('Canadian Content') einzuhalten, besteht ebenfalls trotz der FTA und NAFTA weiter (Thompson 1992: 280, Robert 2000).

Dauerhaft geändert hat sich mit dem Freihandel jedoch die Möglichkeit amerikanischer Firmen, kanadische Unternehmen in der Rundfunk- und Printmedienbranche zu kaufen und zu unterhalten. So erwarb z.b. die amerikanische Paramount Viacom 1994 den größten kanadischen Lehrbuchverlag Ginn and Company. Des weiteren scheiterte die kanadische CRTC 1995 mit dem Versuch, dem amerikanischen Countrysender CMT (Country Music Television) aus kulturellen Gründen die Sendegenehmigung zu entziehen, um damit dem in Calgary ansässigen Sender NCN (New Country Network) den Weg frei zu machen. Unter Androhung von Handelssanktionen wurde schließlich ein Kompromiss gefunden, der CMT eine sofortige 20 Prozent-Beteiligung an NCN zusicherte und den Anteil ausländischer Anteile an einem kanadischen Rundfunkunternehmen auf ein Drittel erhöhte (Roberts 1998: 37f.).

5. Weitere Themen auf der bilateralen Agenda

Neben den bereits beschriebenen Themengebieten gibt und gab es noch weitere wichtige bilaterale Themenkomplexe, die die Verantwortlichen in Ottawa und Washington beschäftigten. Hierzu gehörte insbesondere die Fertigstellung des Sankt Lorenz Seeweges bis zu den Großen Seen Ende der 50er Jahre, als auch umweltrelevante Themen, wie die Fischfangrechte sowohl in Atlantik als Pazifik. Die zunehmende Bedrohung der Großen Seen durch sauren Regen in den 80er Jahren bis zur abschließenden Regelung unter George Bush sen. fallen ebenfalls in diesen Themenbereich.

Von großer Bedeutung für die Amerikaner war auch die Frage nach der territorialen Integrität Kanadas durch die nach Unabhängigkeit strebende Provinz Québec. Die Versicherungen der „Souverainistes" unter René Lévesque bzw. Lucien Bouchard vor den Referenden, die Inhalte der kanadischen Beschlüsse in einem unabhängigen Québec weiterzuführen, sollte die Amerikaner beruhigen. Es gibt dennoch klare Hinweise, dass im Falle des zweiten Referendums 1995 die Clinton-Administration Partei für Ottawa ergriff (Blanchard 1998: 224-261).

Nach dem Ende des Ost-West-Konflikts ist auch die Regelung über die Nordwestpassage in arktischen Gewässern von steigender Bedeutung für die bilateralen Beziehungen. Wurden die kanadischen Ansprüche aufgrund der sowjetischen Gefahr von den USA jahrelang nicht ernsthaft in Frage gestellt, so wird das laut Ottawa unter dem kanadischen „Arctic Waters Pollution Prevention Act" stehende Gebiet von den Vereinigten Staaten als internationaler Wasserweg angesehen. Eine bilaterale als auch eine internationale Regelung wird in den nächsten Jahren zu erwarten sein. Hierfür können nicht nur Sicherheitsinteressen angeführt werden, da Kanada zur Zeit über keine arktistauglichen Schiffe und U-Boote verfügt, sondern ebenso wirtschaftliche Interessen wie die technisch mögliche kommerzielle Schifffahrt in den Sommermonaten oder die Ausbeutung von arktischen Erdölquellen (Elliot-Meisel 1998: 163-169).

6. Ausblick

Neben diesen Themen waren die detaillierter geschilderten Themen für Kanada von größter Wichtigkeit. Die unmittelbare atomare Bedrohung durch die geographische Lage als (amerikanischer) „Pufferstaat" im Ost-West-Konflikt brachte die Kanadier als insgesamt loyalste und engste Partner der Vereinigten Staaten auf militärischem Gebiet hervor. Den Nachteil der stärkeren Abhängigkeit machte es dadurch wett, mit minimalem finanziellem Aufwand (ca. einem Zehntel der Gesamtkosten) unter dem Schutz der Amerikaner zu stehen, was es den Kanadiern erlaubte, einen in Nordamerika einzigartigen Wohlfahrtstaat aufzubauen.

Dieser steht nun jedoch vor massiven Umwälzungen durch die Integrationstendenzen in der NAFTA. Die kanadische Wirtschaft kann zwar in den neunziger Jahren auf einen nie da gewesenen Boom zurückblicken, dieser wurde jedoch mit der vollständigen wirtschaftlichen Abhängigkeit von den USA, mit fast 90 Prozent des gesamten Handels erkauft (Cooper 1997: 273). Es scheint daher nur noch eine Frage der Zeit, bis der seit Jahren schwächelnde kanadische „Loonie" von einer gemeinsamen Währung oder dem amerikanischen Dollar abgelöst wird.

Die Bestimmungen der NAFTA haben auch dafür gesorgt, den Buch-, Musik- und Rundfunkmarkt Kanadas (unfreiwillig) amerikanischen Riesen wie NBC und ABC zu öffnen, die Subventionen für den kanadischen Film, die Can-Con-Quoten für Radio und Fernsehen sowie die Schutzbestimmungen für den kanadischen Zeitschriften- und Zeitungsmarkt werden den Schutz der „kanadischen" Kultur jedoch noch für zumindest einige Jahre von der vollständigen Amerikanisierung abhalten.

Die stark asymmetrischen Beziehungen zwischen den beiden Staaten werden somit wohl in dieser Form anhalten und sich im Verlauf der nächsten Jahre noch verschärfen. Der Handlungsspielraum Kanadas wird dennoch nicht zu einem nur von einem Elefanten bewohnten Nordamerika führen.

Literatur

Balthazar, Louis (1989): Les relations canado-américaines. In: Painchaud, Paul (Hrsg.): De Mackenzie King à Pierre Trudeau. Quarante ans de diplomatie canadienne. Ste-Foy: Les Presses de l'Université Laval, S. 251-275.

Blanchard, James L. (1998): Behind the Embassy Door. Canada, Clinton and Québec. Toronto: McClelland & Stewart.

Bothwell Robert (1992): Canada and the United States. The Politics of Partnership. Toronto: University of Toronto Press.

Cooper, Andrew F. (1997): Canadian Foreign Policy. Old Habits and New Directions. Scarborough: Prentice Hall.

Elliot-Meisel, Elizabeth B. (1998): Arctic Diplomacy. Canada and the United States in the Northwest Passage. New York: Peter Lang.

Ferguson, James (2000): Déjà Vu: Canada, NORAD, and the Ballistic Missile Defence. Winnipeg: University of Manitoba.

Gotlieb, Allan (1991): The United States in Canadian Foreign Policy. O.D. Skelton Memorial Lecture. Hull: Canada – External Affairs and International Trade.

Heffer, Jean (1999): Genèse de l'espace économique nord-américain. In : Revue française d'études américaines. Numéro 79, Janvier 1999, S. 59-87.

Hillmer, Norman/ Granatstein, J.L. (1994): Empire to Umpire – Canada and the World to the 1990s. Toronto: Copp Clarkman.

Mahant, Edelgard E./ Mount, Graeme S. (1989): An Introduction to Canadian American Relations. 2. Aufl. Scarborough: Nelson Canada.

Mahant, Edelgard; Mount, Graeme S. (1999): Invisible and Inaudible in Washington – American Policies toward Canada. Vancouver: UBC Press.

Macleod, Alex/ Roussel, Stéphane/ Van Mens, Andri (2000): Hobson's choice? Does Canada have any options in its defence and security relations with the United States? In: International Journal. Volume 55, No. 3, S. 341-355.

Nossal, Kim Richard (1997): The Politics of Canadian Foreign Policy. Scarborough: Prentice Hall.

Robert, Maryse (2000): Negotiating NAFTA. Toronto: University of Toronto Press.

Roberts, Joseph K. (1998): In the Shadow of Empire – Canada for Americans. New York: Monthly Review Press.

Stewart, Gordon T. (1992): The American Response to Canada since 1776. East Lansing: Michigan State University Press.

Thompson, John Herd/ Randall, Stephen J. (1997): Canada and the United States. Ambivalent Allies. 2. Aufl. Montréal and Kingston: McGill-Queen's University Press.

Thompson, John Herd (1992): Canada's Quest for Cultural Sovereignty. Protection, Promotion and Popular Culture. In: Randall, Stephen J. (Hrsg.): North America without Borders. Calgary: Calgary University Press, S. 269-285.

Kanadische Sicherheitspolitik in Europa

Thomas von der Gönna

1. Die Rolle Kanadas in der NATO

„We are a large country with a small population for a major economy that affords us membership in some of the world's highest councils, notably NATO, OSCE the G 7 and our periodic membership on the UN Security Council" (Report of the Special Joint Committee of the Senate and the House of Commons Reviewing Canadian Foreign Policy, 1994).

Die NATO (North Atlantic Treaty Organisation) wurde am 4. April 1949 in der US-amerikanischen Hauptstadt Washington als internationale Organisation zur politischen Zusammenarbeit und militärischen Verteidigung ihrer Mitglieds-staaten gegründet. Das transatlantische Verteidigungsbündnis wurde als integrative Organisation für eine europäische Sicherheitspolitik nach Ende des Zweiten Weltkrieges gegründet und gleichzeitig als militärisches und politisches Gegengewicht zum sich bildenden Block osteuropäischer Staaten unter Führung der Sowjetunion aufgebaut. Ab 1955/56 sah sich das transatlantische Bündnis einem gleichwertigen Gegner im „Ost-West-Konflikt", dem Warschauer Pakt, gegenüber. Der Nordatlantikvertrag wurde im Sinne des Artikels 51 der Charta der Vereinten Nationen von den Gründungsmitgliedern unterzeichnet. Gegenwärtig gehören dem Verteidigungsbündnis 17 europäische Staaten sowie die Vereinigten Staaten von Amerika und Kanada an.

Kanada ist Gründungsmitglied der NATO, und wirkt bis zum gegenwärtigen Zeitpunkt kontinuierlich an der Bündnispolitik mit. Zudem gehört es zu den finanziell relativ am stärksten engagierten Mitgliedsstaaten in der NATO. Der Etat Kanadas für das transatlantische Verteidigungsbündnis betrug im Haushaltsjahr 1998/1999 über 87,5 Millionen kanadische Dollar. Zusätzlich zu diesen finanziellen Bereitstellungen ordnet die kanadische Administration 127 Personen ab, die auf militärischer und politischer Ebene zentrale Funktionen innerhalb der Kommandostruktur der NATO einnehmen.

Die Mitgliedschaft Kanadas in der NATO erlaubt es der kanadischen Außenpolitik, wichtige Zielsetzungen in den internationalen Beziehungen anzuregen und durchzusetzen. Zu diesen Zielsetzungen der Außen- und Sicherheitspolitik Kanadas gehören neben der Schaffung eines friedlichen und partnerschaftlichen Nebeneinanders in Europa und weltweit, das wesentlich erscheint, die Sicherheit Kanadas in der Welt zu erhöhen, auch die Einbindung der Staaten der ehemaligen Sowjetunion in eine „Partnerschaft für den Frieden" und die Stabilität innerhalb des europäischen Kontinents. Kanada gehört ebenfalls zu den NATO-Mitgliedsstaaten, die versuchen, den politischen Dialog zwischen allen Ländern der euro-atlantischen Region zu fördern und voranzutreiben. Das Ziel der kanadischen Regierung ist es, eine Verbindung zwischen den europäischen Mitgliedstaaten der NATO und den USA zu schaffen. Kanada nimmt hierbei die Rolle eines stillen Vermittlers ein, der auf eine Zusammenarbeit auf „gleicher Augenhöhe" aller Vertragspartner und der kooperierenden Staaten drängt (Birgelen/Waschuk 2000: 70).

Der Nordatlantikvertrag stellt für Kanada in seiner jetzigen Gestalt die wirkungsvollste und leistungsfähigste Institution dar, der die Aufgaben der Sicherung des Friedens auf der Welt, die Sicherheit in Europa und den Schutz der demokratischen Traditionen bewerkstelligen kann. Für die kanadische Außen- und Sicherheitspolitik stellt lediglich die NATO als internationale Institution die Möglichkeit dar, mit einer integrierten Kommandostruktur, stehenden militärischen Kräften und standardisierten Betriebsverfahren, Krisenmanagement, vorbeugende friedenssichernde Diplomatie und Peacekeeping zu organisieren und durchzuführen.

Seit Beginn des Jahres 2000 ist Kanada insbesondere daran interessiert, die Kooperation zwischen der NATO und der entstehenden Europäischen Sicherheits-und Verteidigungspolitik (ESVP) voranzutreiben. Bei dieser Umstrukturierung der europäischen Interessen innerhalb des transatlantischen Bündnisses und der Schaffung einer eigenständigen Sicherheitspolitik Europas verfolgt Kanada verstärkt seine Rolle als Vermittler „zwischen den Stühlen" (Birgelen/ Waschuk 2000: 70). Hierbei geht es der kanadischen Außenpolitik nicht zuletzt um Mitentscheidungsmöglichkeiten, und eine gewisse Einflussnahme auf Entscheidungen der ESVP, die gemeinsame militärische oder politische Einsätze der NATO zur Sicherheit in Europa, vorsehen. Kanada begründet dies aus seinem Selbstverständnis heraus, dass sich aus einer langen Tradition von Friedensmissionen im multilateralen Rahmen auf der ganzen Welt und speziell in Europa ergibt.

Aus europäischer Sicht jedoch verliert Kanada immer mehr den Stellenwert eines aktiven Teilnehmers an der Schaffung einer übergreifenden Sicherheitspolitik für Europa. Die „Pax Americana" scheint für die Staaten der Europäischen Union immer noch die einzig geltende Möglichkeit zu sein, die transatlantischen Beziehungen zu charakterisieren (Kupchan 2000: 31). Somit gelten für die meisten europäischen Staaten auch weiterhin lediglich die Meinung und der Einfluss der Vereinigten Staaten von Amerika zum Thema einer gemeinsamen ESVP, sodass die Aktivitäten und Beiträge der kanadischen Regierung für ein europäisches Sicherheitskonzept durch interne politische und militärische Überlegungen

meist weitgehend überschattet werden (Birgelen/Waschuk 2000: 72). Mit beson-
derem Augenmerk auf diese Entwicklungen erscheint es der kanadischen Außen-
und Sicherheitspolitik notwendig, ihre Positionen zu schärfen und die Vermittlerrolle in der NATO verstärkt und nach außen hin deutlich sichtbar zu machen .
Bei dieser Umgestaltung der kanadischen Interessen für eine gesamteuropäi-
sche Sicherheitspolitik spielen nunmehr nicht nur die guten Beziehungen zu den
Staaten der Europäischen Union eine entscheidende Rolle, vielmehr gilt ein
besonderes Augenmerk der kanadischen Außen- und Sicherheitspolitik auf der
Zusammenarbeit mit den osteuropäischen Staaten und im Besonderen mit Russland. Stabilität in den Beziehungen zu den „alten" Partnern und Ausbau und
Vertiefung der Kontakte zu den „neuen" Partnern kennzeichnen die Veränderung
und Kontinuität der europäischen Sicherheitspolitik und der NATO-Politik der
Regierung in Ottawa.

1.1 „Die freundliche Mittelmacht" – Vermittlerstatus im atlantischen Bündnis

Die Welt hat sich drastisch gewandelt, seitdem Kanada und elf weitere Nationen
1949 den Nordatlantikvertrag in Washington unterschrieben haben. Seit nunmehr
über 50 Jahren arbeitet Kanada mit seinen Vertragspartnern erfolgreich zusammen und nimmt seit der Gründung der NATO einen besonderen Platz im transatlantischen Bündnis ein.

Nach dem Zusammenbruch der Sowjetunion und der Staaten des Warschauer Paktes gehört es zum Ziel der kanadischen Sicherheitspolitik für Europa, die
NATO von einem reinen Verteidigungsbündnis in ein Frieden schaffendes und
Frieden sicherndes Bündnis umzustrukturieren. Erste Anzeichen für eine neue
Konzeptionierung des transatlantischen Verteidigungsbündnisses war die Aufnahme der Tschechischen Republik, Polen und Ungarn im Jahr 1999. Kanada
befürwortete eine solche Einbindung osteuropäischer Staaten nachdrücklich und
drängt weiterhin auf eine baldige NATO-Osterweiterung und die verstärkte Einbindung der Russischen Föderation in das Sicherheitskonzept der NATO.

Kanada war und ist seit 1949 neben den USA das einzige nichteuropäische
Land in der NATO und fühlte sich stets verpflichtet, eine Vermittlerposition
zwischen den mächtigen USA und dem kompakten Block der europäischen
Staaten einzunehmen. Diese Rolle setzt sich bis zum gegenwärtigen Zeitpunkt
unter veränderten Bedingungen für Kanada fort.

Die Schaffung einer gemeinsamen ESVP führt häufig zu der Auffassung,
dass der kanadische Einsatz für ein europäisches Sicherheitskonzept vernachlässigt werden kann und Kanada nicht mehr als „Mitspieler" einer geeinten NATO
erscheint, allenfalls als „Mitläufer" und Anhängsel der USA. Der Hegemonie-
vorwurf an die Vereinigten Staaten von Amerika scheint damit salonfähig geworden zu sein. Sowohl im transatlantischen Bündnis als auch in anderen wich-

tigen internationalen Gremien scheinen die USA eine globale Dominanz in politischer, wirtschaftlicher und militärischer Hinsicht gewonnen zu haben (Rühle 2000: 63).

Gegen eine Rolle im Schatten des mächtigen Nachbarn wehrt sich die kanadische Regierung aber sehr entschieden und bemüht sich seit dem Jahr 2000 um eine bessere Eingliederung in die Organisation und Planung der ESVP. Dabei spielt insbesondere die starke Einbindung Kanadas in das Sicherheitskonzept der Europäischen Union für Europa eine entscheidende Rolle. Die Regierung in Ottawa versucht, sich an der Konzeptionierung einer ESVP zu beteiligen, um den Beitrag der kanadischen Außen- und Sicherheitspolitik in Europa zu stärken.

1.2 Nutzung der natürlichen Ressourcen – „NATO-Truppenübungsplatz Kanada"

Kanada ist mit fast 10 Millionen km² Fläche einer der größten Staaten der Erde. Dennoch gehört Kanada auch zu den am wenigsten besiedelten Staaten. Während der größte Teil der kanadischen Bevölkerung in der Nähe der kanadischen Südgrenze, oder aber in den östlichen Ballungsräumen um Montréal, Toronto und im Westen im Großraum Vancouver lebt, finden sich in der unwirklichen Mitte des Landes kaum größere Städte und Ballungsräume. Diese topographischen und geographischen Gegebenheiten ermöglichen es Kanada, einige Teile des Landes für militärische Zwecke zu nutzen. Sümpfe und waldreiche Gebiete, die die Mitte Kanadas ausmachen und prägen, sind ideale Trainingsgebiete für Luftstreitkräfte und Heeresverbände. So gilt Kanada bei den Bündnispartnern in der NATO und seit neuesten auch bei kooperierenden Truppenverbänden, zum Beispiel aus Russland, nicht selten als „größter Truppenübungsplatz" des Verteidigungsbündnisses. Ein beeindruckendes Beispiel für die enormen Ressourcen, die Kanada sich und seinen NATO-Partnern zur Verfügung stellen kann, ist der NATO-Truppenübungsplatz Shilo.

Shilo liegt im Süden der kanadischen Provinz Manitoba, etwa 23 km südostwärts von Brandon, einer kanadischen Kleinstadt mit etwa 35.000 Einwohnern und ca. 200 km westlich der Provinzhauptstadt Winniepeg mit circa 800.000 Einwohnern. Die CFB (Canadian Forces Base) Shilo ist eine Gemeinde mit ca. 3500 Einwohnern.

Der NATO-Truppenübungsplatz umfasst mehr als 32.000 ha. Ein flaches bis leicht welliges Präriegelände mit viel Sand und wenig Bäumen kennzeichnet dieses Trainingsareal. Große Panzerverbände finden hier ideale Übungsbedingungen, um im großen Verband zu üben und zu schießen. Auf der größten Schießbahn in Shilo können Gefechtsübungen im scharfen Schuss von zwei verstärkten Panzerbataillonen durchgeführt werden. Durch diese Bedingungen gilt der Truppenübungsplatz in Shilo als bevorzugtes Trainingsareal für staatenübergreifende Manöver und großangelegte Übungen der Bündnispartner.

Neben den enormen Ressourcen, die den Landstreitkräften zur Verfügung gestellt werden können, gilt Kanada auch als idealer Trainingsraum für die alliierten Luftstreitkräfte. Tiefflugverbote oder Lärmbelästigungsklagen gibt es in der Weite der kanadischen Mitte so gut wie gar nicht, so dass ein effektives Training der NATO-Luftverbände fast uneingeschränkt möglich ist.

Diese idealen und effektiven Trainingsmöglichkeiten sucht man in den meisten Mitgliedsstaaten der NATO vergeblich. Kanada gehört also nicht nur wegen seines politischen und militärischen Engagements im transatlantischen Bündnis zu den herausragenden Partnern. Auch seine natürlichen Gegebenheiten machen das nordamerikanische Land zu einem geschätzten Bündnispartner für die Staaten der NATO.

2. Die Rolle Kanadas in der OSZE

Die Organisation für Sicherheit und Zusammenarbeit (OSZE) wurde in den frühen siebziger Jahren unter dem Namen „Konferenz über Sicherheit und Zusammenarbeit in Europa" (KSZE) als ein multilaterales Forum für Dialog und Verhandlungen zwischen Ost und West in Europa gegründet.

Auf dem Gipfeltreffen der Mitgliedsstaaten in Budapest im Dezember 1994 wurde die KSZE mit Wirkung vom 1. Januar 1995 in OSZE umbenannt. Heute umfasst die OSZE 54 Teilnehmerstaaten in einem Gebiet, das von Wladiwostok in Russland bis Vancouver in Kanada reicht: die Vereinigten Staaten von Amerika, Kanada, alle Länder Europas und die Republiken der ehemaligen Sowjetunion (Tudyka 1997: 9-11).

Die Schwerpunkte der Aktivitäten der OSZE liegen auch weiterhin unverändert bei der Vereinbarung von Prinzipien und staatlichen Verhaltensnormen, der präventiven Diplomatie, Konfliktverhütung, Krisenbewältigung, zunehmend aber auch in der Konfliktnachsorge sowie der konventionellen Rüstungskontrolle. Hauptaufgabenfelder sind die Eindämmung inner- und zwischenstaatlicher Konflikte, der Aufbau demokratischer Strukturen, Menschenrechtsfragen, wirksamer Minderheitenschutz sowie vertrauens- und sicherheitsbildende politische Maßnahmen.

Kanada spielt in der internationalen Politik insbesondere in den Vereinten Nationen, der NATO und der OSZE eine bedeutende Rolle, und die kanadische Außen- und Sicherheitspolitik betrachtet sich als „Brücke" zwischen den Vereinigten Staaten von Amerika und dem europäischen Kontinent. Kanada gehört neben den USA als einziges nichteuropäisches Land der Organisation für Sicherheit und Zusammenarbeit in Europa an. Für die kanadische Sicherheitspolitik nimmt das Verhältnis im transatlantischen Bereich und speziell zu Europa eine große und bedeutende Rolle ein. Die Ursachen hierfür liegen sowohl in der historischen Komponente – Kanada nahm unter großen Opfern an beiden Weltkriegen teil – aber auch in der kulturellen Bindung zu Europa, die bis heute in Kanada noch immer nachwirkt. Somit versucht die kanadische Außenpolitik, immer auch ein „Mitspieler" in der europäischen Sicherheitspolitik zu sein, und die Mitgliedschaft in der OSZE als einziger nichteuropäischer Staat neben den Vereinigten Staaten von Amerika macht diesen Anspruch sehr deutlich (Birgelen/Waschuk 2000: 68).

Während die Vereinigten Staaten von Amerika, die EU und Russland zum großen Teil die Geschicke und Interessen der OSZE bestimmen und lenken, eine Reihe von kleineren Staaten wie zum Beispiel etliche nichtrussische Länder der ehemaligen Sowjetunion eher zu den Problemfällen der OSZE zählen, gehört Kanada der Staatengruppe an, die im Hintergrund agiert und reagiert und für einen Ausgleich innerhalb der OSZE zu sorgen versucht (Tudyka 1997: 124). Dennoch nehmen diese Staaten keine leitende Funktion ein, bemühen sich aber immer mehr, ihre angestammte Position zwischen den „Großmächten" und den anderen Mitgliedsstaaten zu festigen und auszubauen.

Kanada kommt auch in der OSZE wieder eine Rolle des Vermittlers zu, wie das schon im transatlantischen Bündnis NATO der Fall ist. Dabei geht es der kanadischen Regierung insbesondere um das Verhältnis Kanadas zur Europäischen Union.

Die kanadische Regierung hat es sich zum Ziel gemacht, besonders durch ihre Mitgliedschaft in der OSZE für einen politischen, gesellschaftlichen und auch militärischen Dialog mit den Staaten Westeuropas und den ehemaligen Ostblockstaaten zu sorgen.

Für die kanadische Außen- und Sicherheitspolitik gilt die Prämisse, dass nur mit einem friedlichen und sicheren Europa auf Dauer international zu rechnen ist. Dabei zählen aber nicht mehr nur die Staaten der Europäischen Union. Für Kanada rückt der gesamte europäische Kontinent in den Vordergrund, und die sich entwickelnde enge Zusammenarbeit und der politische und wirtschaftliche Dialog mit den ehemaligen Ostblockstaaten mit Kanada machen dieses sehr deutlich.

Neben der NATO stellt die Organisation für Sicherheit und Zusammenarbeit in Europa die einzige adäquate Institution für Kanada dar, die für ein friedliches Zusammenleben in Europa sorgen und die neuen Ordnungsaufgaben nach dem Zusammenbruch des Ostblockes wahrnehmen kann. Aus diesem Grund beteiligt sich die kanadische Administration sehr energisch und konstruktiv bei der Verstärkung der OSZE und ist daran interessiert, die europäische Sicherheitspolitik des gesamten Kontinents zum Aufgabengebiet der OSZE zu erklären. Politische, wirtschaftliche, aber auch militärische Unterstützung der Aufgaben der OSZE sind somit wichtiger Bestandteil der europäischen Sicherheitspolitik Kanadas. Die Ereignisse in Südosteuropa und die nachhaltige Beteiligung kanadischer Soldaten und zivilen Helfern bei der Beilegung der Konflikte auf dem Balkan illustrieren die Anstrengungen und Bemühungen der kanadischen Politik für Europa noch einmal sehr anschaulich.

3. Kanada als Faktor europäischer Sicherheitspolitik – Die Rolle Kanadas in Ex-Jugoslawien

Die Sicherheit auf dem europäischen Kontinent gehört zu einem der Hauptanliegen der kanadischen Außen- und Sicherheitspolitik und fügt sich somit in die neuen Vorstellungen Kanadas von einer umstrukturierten NATO und einer erstarkten OSZE ein. Die Ereignisse in Ex-Jugoslawien am Beginn und in der Mitte der 90er Jahre führten zu einer erheblichen Beunruhigung in der kanadischen Regierung. Das europäische Sicherheitsverständnis der Regierung Kanadas war durch die kriegerischen Auseinandersetzungen und ethnischen Konflikte um die Unabhängigkeit Bosnien-Herzegowinas und des Kosovo ins Wanken geraten. Der kanadischen Regierung war demzufolge sehr viel an einer Beilegung des Konfliktes und der Sicherung des Friedens in der Balkanregion gelegen. Aus diesem Grunde beteiligten und beteiligen sich auch kanadische Truppen an den verschiedenen Peacekeeping-Missionen in Bosnien-Herzegowina und dem Kosovo.

Ein weiteres großes Anliegen der kanadischen Außen- und Sicherheitspolitik war und ist bis zum heutigen Zeitpunkt, die Demokratisierungsbemühungen in den Staaten des ehemaligen Jugoslawien aktiv voranzutreiben und zu unterstützen.

Für die Frieden schaffenden Einsätze in Ex-Jugoslawien werden die militärischen Verbände der NATO, aus Sicht Kanadas, unbedingt benötigt, da lediglich die Kommandostrukturen als auch die militärische Schlagkraft und Einsatzfähigkeit des transatlantischen Bündnisses für einen solchen umfassenden Einsatz adäquat gerüstet erscheinen. Die enge Zusammenarbeit mit Truppenverbänden aus anderen Staaten, insbesondere aus Russland und den ehemaligen Sowjetrepubliken, spielt bei den Überlegungen über einen aktiven Beitrag der kanadischen Armee eine bedeutende Rolle. Auf diesem Wege versucht die kanadische Politik, die militärischen Fähigkeiten der NATO mit den politischen und gesellschaftlichen Einsatzgebieten der OSZE weiter zu verknüpfen. Eine enge und erfolgreiche Zusammenarbeit zwischen den beiden effektivsten Institutionen auf dem europäischen Kontinent, der NATO und der OSZE, bilden für die kanadische Bereitschaft zu einer aktiven Beteiligung einen wichtigen Grundstein. So werden neben den militärischen Kräften auch zivile Helfer zur Unterstützung des

Aufbaus von Polizeieinheiten und anderen zivilen Einrichtungen und Institutionen zur Verfügung gestellt. Der kanadische Beitrag zu diesen zivilen Hilfsprojekten liegt in den Staaten des ehemaligen Jugoslawien an vierter Stelle und nimmt damit einen hohen Stellenwert in der Frieden schaffenden und besonders in der Frieden sichernden Politik der kanadischen Regierung ein.

3.1 Bosnien-Herzegowina

Kanada hat sich seit der Beilegung der kriegerischen Auseinandersetzungen zwischen Serben und Bosniern sehr aktiv an der Sicherung des Friedens bemüht. Die Regierung in Ottawa stellte schon 1995 Truppenverbände zur Verfügung, die sich nachhaltig an der IFOR (Implementation Force) beteiligten und zu den ersten Verbänden zählten, die versuchten, Frieden und Sicherheit für die bosnische Bevölkerung zu ermöglichen. Die Zusammenarbeit mit den Truppen aus Verbänden der NATO-Mitgliedsstaaten gestaltete sich in den Augen der kanadischen Regierung als sehr erfolgreich.

1996 verabschiedete der UN-Sicherheitsrat die Resolution 1088, die vorsah, die IFOR umzustrukturieren in eine Stabilization Force (SFOR), um eine Stabilisierung der Sicherheit und des Friedens in Bosnien-Herzegowina auf längere Zeit zu ermöglichen. Die kanadische Regierung stellte auch zum Aufbau dieser Schutz- und Sicherungstruppe militärische Verbände zur Verfügung und unterstellte diese dem Oberbefehl der NATO.

Bis zum heutigen Zeitpunkt haben etwa 1400 kanadische Soldaten an der SFOR mitgewirkt. Damit leistet die kanadische Armee den sechshöchsten Beitrag zu der multinationalen Friedenstruppe, in der bis zum gegenwärtigen Zeitpunkt 35 Nationen teilnehmen. Die kanadische Armee stellt hierbei ein Infanteriebataillon, das in der Nähe von Bihac stationiert ist, zum Schutz der Truppenverbände zur Verfügung. Des weiteren besteht das Kontingent der Kanadier aus medizinischem Personal, einer Hubschraubereinheit und Pionierverbänden. Weitere Verbände sind auf dem italienischen Festland, in Rimini, stationiert. Hierbei handelt es sich um eine Staffel CF-18 Jagdflugzeuge. Der Einsatz in Bosnien-Herzegowina gehört zu der derzeitig größten Peacekeeping-Mission der kanadischen Armee und wird auch in Zukunft aktiv und nachhaltig durch die Außen- und Sicherheitspolitik Kanadas vorangetrieben werden.

Ein besonderes Anliegen der Regierung in Ottawa stellt bei dem gefährlichen Einsatz in Bosnien-Herzegowina die Beseitigung von Landminen dar. Für den Einsatz zum Abbau der Landminen hat die kanadische Politik bisher über 5 Millionen kanadische Dollar zur Verfügung gestellt und hat in Zusammenarbeit mit der norwegischen Regierung das Personal zur Vernichtung der Landminen um fast 100 Prozent erhöht. Hierbei spielen aber nicht nur militärische Verbände eine bedeutende Rolle, sondern auch zivile Helfer, die dafür sorgen sollen, die

gefährliche Hinterlassenschaft des Krieges zu beseitigen. Für diese zivilen Hilfs-
projekte hat die kanadische Regierung im Jahr 1999 mehr als 212 Millionen
kanadische Dollar bereitgestellt, mit denen insbesondere der Aufbau demokratischer Verhältnisse, von zivilen Polizeieinheiten und der Bau von Häusern und
Wohnungen vorangetrieben werden soll.

Ein weiteres bedeutsames Anliegen Kanadas ist die Verfolgung und Ver-
haftung mutmaßlicher Kriegsverbrecher. Einen ersten Erfolg gelang der kanadische Initiative 1993, als das internationale Tribunal zur Verfolgung von Kriegs-
verbrechern aus dem ehemaligen Jugoslawien ins Leben gerufen wurde. Kanada
gehört zu den stärksten Befürwortern einer solchen aktiven Strafverfolgung und
war mit der Richterin Louise Arbour aktiv am Aufbau dieses Tribunals beteiligt.

Im September 1999, bei einer Tagung der NATO-Verteidigungsminister,
wurde auf besondere Initiative Kanadas über die Zukunft von SFOR in Bosnien-
Herzegowina diskutiert. Für die kanadische Außen- und Sicherheitspolitik bleibt
es unverzichtbar, den Friedensprozess mit Hilfe der SFOR weiter voranzutreiben
und für eine nachhaltige Stabilisierung in der Region zu sorgen. Hierbei steht die
Rückführung der hunderttausend Flüchtlinge in ihre Heimat besonders im Vordergrund.

Kanada unterstützt mit Nachdruck die Initiative der NATO, die Vollmacht
der SFOR zu verlängern und beteiligt sich weiterhin aktiv an der Schaffung einer
sicheren Balkanregion. Die enge und effektive Zusammenarbeit mit der bosnischen Bevölkerung steht hierbei besonders im Vordergrund, da die kanadische
Regierung erreichen will, dass mittelfristig der zerbrechliche Frieden durch eine
robuste, pluralistische und multiethnische Gesellschaft ersetzt werden kann.

3.2 Kosovo

Ein weiterer Unruheherd in der Balkanregion stellte 1998/1999 das Kosovo dar.
Wie auch schon die Republik Bosnien-Herzegowina, erklärte sich das Kosovo
1998 vom restlichen Jugoslawien für unabhängig. Ein erbitterter Bürgerkrieg mit
Vertreibungen und „ethnischen Säuberungen" war die Folge des Freiheits- und
Unabhängigkeitswillens der kosovarischen Bevölkerung. Eine friedliche und
unblutige Beilegung des Konfliktes zwischen Ex-Jugoslawien und dem Kosovo
unter Vermittlung sowohl der russischen Administration, als auch den Bündnispartnern der NATO scheiterte kläglich an den sehr unterschiedlichen Auffassungen der beiden Konfliktparteien. Das Scheitern der Gespräche in Rambouillet
führten zu einer weiteren Ausdehnung des Kriegsgeschehens und zum Einsatz
von NATO-Luftstreitkräften mit dem Ziel der Beilegung des Krieges im Kosovo.

Die NATO-Mitgliedsstaaten versuchten mit starken Luftschlägen, die serbi-
schen Bodentruppen an der Vertreibung der albanisch-stämmigen Bevölkerung
im Kosovo zu hindern. Die kanadischen Jagdflugzeuge vom Typ CF-18 flogen

über 10 Prozent der gesamten Luftangriffe und stellten das siebtgrößte Kontingent an Kampfflugzeugen für den Einsatz über Ex-Jugoslawien zur Verfügung (Birgelen/Waschuk 2000: 67).

Nach der Beendigung der länger andauernden Luftoperation der NATO, stellte das transatlantische Bündnis mit kooperierenden Verbänden Russlands eine Frieden schaffende und Frieden sichernde Schutztruppe für das Kosovo zusammen, die KFOR. An dieser multinationalen Einheit ist Kanada seit 1999 mit etwa 1400 Soldaten beteiligt und versucht, wie auch schon in Bosnien-Herzegowina, mit den NATO-Partnern, aber auch mit russischen und anderen kooperierenden Truppenverbänden, die Lage im Kosovo zu sichern und einen nachhaltigen Frieden zu erreichen. Besonders eng ist die Kooperation der kanadischen Soldaten mit Einheiten der ukrainischen Armee.

Neben den militärische Verbänden, die im Auftrag der KFOR versuchen, den Frieden zu sichern und eine gewisse Stabilität im konfliktanfälligen Kosovo zu schaffen, leisten – wie auch schon in der Republik Bosnien-Herzegowina – viele zivile Helfer aus Kanada ihren Dienst im Kosovo. Neben über 100 Polizeioffizieren, die zum Aufbau einer geordneten Polizeistruktur im Kosovo abgeordnet wurden, versuchen kanadische Minenexperten, die Gefahr von Landminen im ehemaligen Kriegsgebiet zu beseitigen.

Die kanadische Regierung hat 1999 ein Büro in Pristina eröffnet, um die Durchführung der militärischen und zivilen Operationen zu überwachen und zu koordinieren. Bei diesen Einsätzen stehen besonders die Überwachung der Menschenrechte, die Überwachung der Demokratisierungsversuche und die humanitäre Hilfe im Vordergrund der Bemühungen der kanadischen Administration.

Sowohl das starke und nachhaltige Engagement in Bosnien-Herzegowina, als auch die enormen Anstrengungen im Kosovo zeigen deutlich auf, dass die kanadische Außen- und Sicherheitspolitik an einer Stabilität in Südosteuropa und auf dem gesamten europäischen Kontinent interessiert ist.

4. Ziele und Perspektiven der kanadischen Sicherheitspolitik in Europa

Die „freundliche Mittelmacht" Kanada steht am Beginn des neuen Jahrhunderts am Scheideweg ihrer europäischen Sicherheitspolitik. Die Rolle im transatlantischen Bündnis kann als gesichert und dennoch im Umbruch angesehen werden, und auch der Stellenwert, den die kanadische Außen- und Sicherheitspolitik in der OSZE erreicht hat, gilt als gefestigt. Dennoch wird in der Zukunft viel von der gemeinsamen europäischen Sicherheits- und Verteidigungspolitik abhängen. Die Rolle Kanadas ist hierbei noch nicht genauer definiert. Neben den Vereinigten Staaten bleibt Kanada auch weiterhin der einzige nichteuropäische Staat, der sowohl in der NATO, als auch in der OSZE eine bedeutende Rolle spielen kann.

Die Schaffung einer gemeinsamen ESVP der Europäischen Union, erfordert von der kanadischen Administration einen schnellen Wandel der eigenen Außen- und Sicherheitspolitik in bezug auf Europa. Verständlich erscheint es der Regierung in Ottawa, dass sich das Hauptaugenmerk der Staaten der EU zur Schaffung einer ESVP, insbesondere auf die Nachbarstaaten der Union und auf die mutmaßlichen Beitrittskandidaten richtet. Dennoch kann es nur im Interesse Kanadas liegen, so weit wie möglich auf die Bildung und Organisation der ESVP einzuwirken. Die Rolle Kanadas im transatlantischen Bündnis muss hierbei überdacht werden, denn ein mächtiger europäischer Block innerhalb der NATO und eine traditionell mächtige USA könnten das Land weiter an den Rand der politischen Entscheidungsfindung drängen. Die Position „zwischen den Stühlen" kann der kanadischen Außen- und Sicherheitspolitik nicht erträglich erscheinen und der Nimbus der „freundlichen Mittelmacht" Kanada könnte dahin sein (Birgelen/Waschuk 2000: 72).

Besonders die Erfolge und Leistungen in der Krisenbeseitigung und Friedenssicherung sollte aber die kanadische Politik für viele europäische Partner der NATO interessant machen.

Die enge Verknüpfung der Aufgaben der NATO mit den elementaren Aufgaben der OSZE für einen sicheren und friedlichen europäischen Kontinent, könnte zu einem Programmpunkt der kanadischen Regierung für die Zukunft werden. Mit dieser enormen Aufgabe könnte es der kanadischen Außen- und Sicherheitspolitik gelingen, den Anspruch auf Mitsprache und die Einbeziehung in die Zukunft des europäischen Kontinents zu festigen. Die Rolle als Vermittler und als „freundliche Mittelmacht" sollten es Kanada auch in der Zukunft möglich machen, aktiv und erfolgreich an der Gestaltung eines europäischen Sicherheitskonzeptes mitzuwirken und die eigenen Interessen darin verwirklicht zu sehen.

Literatur

Birgelen, Georg/Roman Waschuk (2000): „Torn between two Lovers". Kanada und die europäische Sicherheitspolitik. In: Volle/ Weidenfeld (Hrsg.) (2000): 67-72.

Fey, Jens (2000): Multilateralismus als Strategie. Die Sicherheitspolitik Kanadas nach dem Ende des Ost-West-Konflikts. Köln: SH-Verlag.

Kupchan, Charles A. (2000): Vom Friedensstifter zum Partner. Amerika, Europa und die atlantische Sicherheit. In: Volle/ Weidenfeld (Hrsg.) (2000): 31-36.

Rühle, Michael (2000): Transatlantische Dissonanzen. Sieben Thesen zu den Sicherheitsbeziehungen. In: Volle/ Weidenfeld (Hrsg.) (2000): 63-66.

Tudyka, Kurt P. (1997): Das OSZE-Handbuch. Die Organisation von Sicherheit und Zusammenarbeit von Vancouver bis Wladiwostok. Opladen: Leske+Budrich.

Volle, Angelika/ Werner Weidenfeld (Hrsg.) (2000): Europäische Sicherheitspolitik in der Bewährung. Bielefeld: W. Bertelsmann Verlag.

Zweiter Teil

Human Security:
Zivil-orientierte Sicherheit als Ziel der Weltpolitik

Human Security – Außenpolitik für ein neues Jahrhundert?

Oliver Claas

Human Security – oder „Menschliche Sicherheit"[1] – stellt eine neue Variante des Sicherheitsbegriffs dar. Sicherheit soll sich demnach nicht mehr, wie in der Zeit des Ost-West-Konflikts, hauptsächlich auf den Staat und die Abwendung militärischer Bedrohungen beziehen, sondern vielmehr neue und „nicht traditionelle" Unsicherheiten mitberücksichtigen, die den Frieden und die Stabilität in einem Staat beeinflussen können. In verschiedenen Ländern, internationalen Organisationen und in der wissenschaftlichen Literatur existieren verschiedene Definitionen Menschlicher Sicherheit.[2] Sie drehen sich jedoch allesamt um das Wohlergehen des Einzelnen. Das zentrale Problem ist, „Menschliche Sicherheit" praktikabel zu machen, also in konkrete Initiativen mit konkreten Zielen zu übersetzen.

Kanada ist einer von wenigen Staaten, der Elemente dieses Konzepts in seine Außenpolitik integriert hat. Seit 1996 wurde es unter dem damaligen Außenminister Lloyd Axworthy sogar zum Leitmotiv kanadischer Außenpolitik erklärt. Darin spiegeln sich die Veränderungen der 90er Jahre in den internationalen Beziehungen und in der Friedenssicherung wider. Außerdem profitierte Axworthy von einer innerkanadischen Diskussion über neue Sicherheitsherausforderungen in der neuen internationalen Umwelt, die schon unter der konservativen Regierung unter Brian Mulroney begonnen hatte und ihren Höhepunkt nach der Regierungsübernahme durch die Liberalen unter Jean Chrétien ab 1993 fand. Diese Debatte stand zum einen im Zeichen finanzieller Spannungen. Immerhin betrug das Haushaltsdefizit damals 42 Mrd. kanadische Dollar bzw. 5,8 Prozent des Bruttoinlandsprodukts (Schneider 2000: 280) und machte einen strikten Konsolidierungskurs notwendig, der unter anderem zu sinkenden Ausgaben in den Bereichen Entwicklungshilfe sowie Außen- und Verteidigungspolitik führte.[3] Andererseits hat sich auch die Bedrohungslage für Kanada mit dem Wegfallen der Blockkonfrontation geändert. Es existierte keine unmittelbare militäri-

---

[1] „Menschliche Sicherheit" ist in diesem Aufsatz gleichbedeutend mit „Human Security". Übersetzung nach UNDP 1994.
[2] Für einen umfassenden Überblick siehe: Paris (2001).
[3] Wie schon die Konservativen machten auch die Liberalen machten seit 1993 die Handels- und Investitionsförderungspolitik zum finanziellen und programmatischen Schwerpunkt ihrer Außenpolitik. (Schneider 2000: 281)

sche Bedrohung mehr, und es wurde klar, dass Kanadas Engagement in der Friedenssicherung nicht mehr das Kernelement der traditionell multilateralen Außenpolitik sein konnte (Borchard 1997: 236). Resultat der oben genannten Diskussion waren das „1994 Defence White Paper" sowie das neue außenpolitische
Weißbuch „Canada in the World" aus dem Jahr 1995. Spätestens seit dieser Zeit
verfolgt die kanadische Regierung einen selektiven Internationalismus (Benner;
Gerke 2001: 307), eine Art Nischen-Diplomatie, mit der jedoch gleichzeitig
versucht wird, den kanadischen Einfluss auf den verschiedenen Ebenen zu wahren. Auch vor diesem Hintergrund ist das neue Leitmotiv – das Konzept
„Menschliche Sicherheit" – zu betrachten.

Im Licht dieses Konzepts stehen unter anderem das kanadische Engagement
bezüglich der Anti-Landminenkonvention[4], die kanadische Initiative zu Kindern
im Krieg[5], Anstrengungen zum Thema kleine und leichte Waffen, die Schaffung
eines „Peacebuilding-Fonds", das kanadische Engagement zur Schaffung eines
Internationalen Strafgerichtshofs, die insgesamt sechste nichtständige Mitgliedschaft Kanadas im Sicherheitsrat der UNO 1999 bis 2000 sowie die aktive Beteiligung an den Militärschlägen der NATO gegen Serbien im Rahmen des Kosovo-Konflikts ab März 1999. Zu erwähnen ist in diesem Zusammenhang auch
die von Kanada finanzierte „Internationale Kommission zu Intervention und
Staatensouveränität", die sogenannte Axworthy-Kommission, die ihren ersten
Bericht im Dezember 2001 vorgelegt hat (Williams 2002: 10). Seit Axworthys
Ausscheiden aus dem Außenministerium Ende 2000 ist das Gewicht Menschlicher Sicherheit in der kanadischen Außenpolitik weniger deutlich zu erkennen.

1. Entwicklung des Begriffs „Menschliche Sicherheit" außerhalb Kanadas

Erste Aufmerksamkeit erlangte Menschliche Sicherheit im Bericht über die
menschliche Entwicklung[6] 1994, des Entwicklungsprogramms der Vereinten
Nationen (UNDP)[7], in dem das Konzept erstmals in den Vordergrund gestellt
und ausgearbeitet wurde. Dort heißt es:

> „Der Begriff der Sicherheit wird viel zu lange schon ganz eng aufgefaßt: als
> Sicherheit eines Territoriums vor Angriffen von außen, als Schutz nationaler
> Interessen in der Außenpolitik oder als weltweite Sicherheit vor der Bedrohung eines
> nuklearen Holocausts. [...] Dabei wurde das legitime Streben der kleinen Leute nach
> Sicherheit in ihrem Alltagsleben vergessen. Für sie bedeutete Sicherheit Schutz vor

---

[4] Vgl. den Artikel von Friederike Kreft in diesem Band.
[5] Vgl. den Artikel von Katharina Iskandar in diesem Band.
[6] Human Development Report. Dieser Bericht wird seit 1990 jährlich vom UNDP herausgegeben.
[7] United Nations Development Program.

Krankheit, Hunger, Arbeitslosigkeit, Verbrechen, sozialem Konflikt, politischer Unterdrückung und Umweltgefährdung. [...] Letztlich ist menschliche Sicherheit ein Kind, das nicht stirbt, eine Krankheit, die sich nicht ausbreitet, ein Arbeitsplatz, der nicht gestrichen wird, eine ethnische Spannung, die sich nicht in Gewalttätigkeiten entlädt, ein Dissident, der nicht zum Schweigen gebracht wird" (UNDP 1994: 27).

Menschliche Sicherheit ist gemäß dem UNDP nicht gleichzusetzen mit menschlicher Entwicklung und gliedert sich weiterhin in wirtschaftliche Sicherheit, Sicherheit der Ernährung, Sicherheit der Gesundheit, Sicherheit der Umwelt, persönliche Sicherheit, Sicherheit der Gemeinschaft und politische Sicherheit (Ebd.: 30 ff.). „Wir müssen ein neues Modell nachhaltiger menschlicher Entwicklung finden, das den erweiterten Grenzen dieser menschlichen Sicherheit Rechnung trägt" (ebd.: 3). Menschliche Sicherheit steht hier also in einer Entwicklungs- und nicht in einer traditionellen Sicherheitsperspektive. Ursprünglich konzipiert für den UNO-Sozialgipfel in Kopenhagen 1995, ist die Definition des UNDP auch heute noch am umfassendsten (Paris 2001: 90). Die Ideen, auf denen der Bericht aufbaut, gehen zurück auf kritische Auseinandersetzungen mit den gängigen Auffassungen über Entwicklung und Sicherheit in den 60er bis 80er Jahren (Hay 1999: 217 ff.; Bajpai 2000: 4 ff.). So veröffentlichte zum Beispiel der Club of Rome von Beginn der 70er Jahre an verschiedene Berichte, in denen er sich mit den sich immer stärker abzeichnenden Menschheitsproblemen beschäftigte und ein komplexes globales System aufzeigte, das den Einzelnen in seinem Leben beeinflusst.[8] Themen waren dabei zum Beispiel die Verbindung zwischen Industrialisierung, Bevölkerungszunahme, Unterernährung, Rohstoffverknappung und Umweltzerstörung. Hinzu kamen unter anderem zwei Darstellungen von unabhängigen Kommissionen in den 80er Jahren. Zum einen der Bericht der „Independent Commission on Disarmament and Security Issues"[9], der Sicherheit in der Dritten Welt nicht nur durch Militär, sondern eben auch durch Armut und ökonomische Ungleichheit bedroht sah (Bajpai 2000: 6 f.). Zum anderen der sogenannte „Brandt Commission Report of 1983 [that] marked a horizontal expansion of the scope of security by including economic security as a necessary condition for the maintenance of political security" (Hay 1999: 218).

Ähnliche Ansätze finden sich auch in der Agenda für den Frieden, die der damalige Generalsekretär der Vereinten Nationen Boutros Boutros-Ghali im Jahr 1992 auf Wunsch des Sicherheitsrats vorgelegt hatte. Darin hatte er unter anderem auf die Komplexität des Begriffs der internationalen Sicherheit hingewiesen. Gefahren seien nicht nur die drohende Weiterverbreitung von Massenvernichtungswaffen oder die Anhäufung konventioneller Waffen sondern auch Umweltschäden, das Auseinanderbrechen der Familien und des Gemeinwesens sowie die

---

[8] Vgl. Meadows; u.a. (1974).
[9] Independent Commission on Disarmament and Security Issues (1982).

stärkere Einmischung in das Leben und die Rechte des Einzelnen. „Diese neue Dimension der Unsicherheit darf uns jedoch nicht den Blick verstellen für die auch weiterhin fortbestehenden verheerenden Probleme des unkontrollierten Bevölkerungswachstums, der erdrückenden Schuldenlast, der Handelshemmnisse, der Drogen und der immer größer werdenden Disparität von Arm und Reich. [...] Diese Probleme, die sowohl Konfliktursachen als auch Konfliktfolgen darstellen, verlangen es, daß die Vereinten Nationen ihnen unermüdliche Aufmerksamkeit widmen und bei ihrer Tätigkeit höchsten Vorrang einräumen" (SEF 1992: 25).[10]

So hat der Begriff „Menschliche Sicherheit" Einzug in den Diskurs der Vereinten Nationen erhalten. Im Falle Somalias wertete zum Beispiel der UNO-Sicherheitsrat eine humanitäre Notlage in einem Staat als Bedrohung des Weltfriedens. Hier und in anderen Beispielen drückt sich ein neues Werteverständnis aus. „Es geht nicht mehr allein um die Sicherheit von Staaten, sondern auch um die Sicherheit der in diesen Staaten lebenden Bevölkerungsgruppen, insbesondere wenn deren physisches Überleben gefährdet und grundlegende Menschenrechte in massiver Weise verletzt werden. *Human security* ist ein neuerdings häufig dafür gebrauchter Begriff" (Kühne 2000: 451).

2. Menschliche Sicherheit in Kanada bis 1996

Die Entwicklung des Konzepts „Menschliche Sicherheit" beginnt in Kanada Ende der 80er Jahre (Ross 2001: 75). 1989 zum Beispiel beteiligte sich das Land an der United Nations Observer Group in Central America (ONUCA), deren Hauptaufgabe die Demobilisierung der Contra Rebellen in Nicaragua war. Probleme mit Kleinwaffen, Landminen und Kindersoldaten standen schon damals im Vordergrund. Kanada engagierte sich nach seinem Beitritt zur Organisation Amerikanischer Staaten (OAS) auf dem Feld „nicht-traditioneller" Sicherheitsbedrohungen, zum Beispiel in der „Inter-American Commission of Women" und der „Inter-American Drug Abuse Control Commission". Außerdem thematisierte der damalige Außenminister Joe Clark 1990 in seiner Rede vor der Generalversammlung der UNO schon eine Neudefinition des Sicherheitsbegriffs. „And although he called it 'cooperative security', not human security, Clark argued for the need to break out of 'a narrow and parochial definition of security as synonymous with defence' " (Ross 2001: 85).

---

[10] Auch der Ausdruck "human security" fällt in der Agenda für den Frieden: „Each [functional element of the UN] has a special and indispensable role to play in an integrated approach to human security." – „Bei dem integrierten Vorgehen zur Gewährleistung der Sicherheit der Menschen hat jedes einzelne [funktionale Organ der UNO] eine besondere und unverzichtbare Rolle zu spielen" (SEF 1992: 27).

1994 begann dann nach dem Regierungswechsel die bereits angesprochene öffentliche Debatte über die Neuorientierung der Außen- und der Sicherheitspolitik. Sie drehte sich um die Arbeit von zwei gemeinsamen Ausschüssen des House of Commons und des Senats, die mit Hilfe von öffentlichen Anhörungen sowie Diskussionen und Treffen mit Expertengruppen arbeiteten (Cameron/ Appel Molot 1995: 10). Sowohl der Bericht des außenpolitischen Ausschusses „Canada's Foreign Policy", als auch der des verteidigungspolitischen Aussschusses „Security in a Changing World" machten bezüglich des kanadischen Sicherheitsumfelds nach dem Ende der Ost-West-Konfrontation ähnliche Aussagen. Der außenpolitische Bericht plädierte für die Ausweitung des Sicherheitsbegriffs, der in Zukunft auch die Umwelt, die wachsende Kluft zwischen Arm und Reich und den Ressourcenverbrauch miteinschließen solle. Auch „Security in a Changing World" bemerkt in seinen grundsätzlichen Feststellungen „that the concept of security is changing to 'reflect political, economic, social, environmental and even cultural factors' „ (Lawson 1995: 108). Das „1994 Defence White Paper", das gerade einmal vier Wochen nach „Security in a changing world" veröffentlicht wurde, beachtet den vorgeschlagenen erweiterten Sicherheitsbegriff allerdings nicht. Anders jedoch das außenpolitische Weißbuch „Canada in the World", das der damalige Außenminister André Ouellet 1995 veröffentlichte. Es identifiziert drei Hauptaufgaben der kanadische Außenpolitik: „the promotion of prosperity and employment; the protection of our security, within a stable global framework; and the projection of Canadian values and culture" (Canada 1995: 10). Außerdem begründet es endgültig die Notwendigkeit eines breiten Sicherheitskonzepts: „shared human security". Kanadische Sicherheit könne nicht mehr alleine durch militärische Bereitschaft geleistet werden, vielmehr seien neue Ansätze, neue institutionelle Rahmen und politische Verantwortlichkeiten zur Wahrung des Weltfriedens notwendig (Canada 1995: 24). Das Weißbuch begründet dies mit langfristigen Herausforderungen an die neue Außenpolitik, die sich aus weltweiten Problemen in den Bereichen Umwelt, Demographie, Gesundheit, und Entwicklung ergeben. „Meeting the challenges that this broader security agenda poses means, as the National Forum on Canada's International Relations concluded, working for the promotion of democracy and good governance, of human rights and the rule of law, and of prosperity through sustainable development" (ebd.: 25). Menschliche Sicherheit war somit 1995 im Grundlagendokument kanadischer Außenpolitik verankert worden.

3. Menschliche Sicherheit in Kanada nach 1996

Lloyd Axworthy baute auf das außenpolitische Weißbuch auf, als er ab 1996 kanadische Außenpolitik stärker um das Thema Menschliche Sicherheit zentrierte. Das, was man im Rückblick nun als seine „human security agenda" bezeichnen mag, entwickelte sich jedoch erst mit der Zeit. Eine der ersten Gelegenheiten, bei der Lloyd Axworthy 1996 Menschliche Sicherheit erwähnte, war das Treffen mit Nichtregierungsorganisationen (NROs) zur Vorbereitung auf die 52. Versammlung der UNO-Menschenrechtskommission in Genf: „My involvement at the World Summit for Social Development in Copenhagen last year brought home to me the need to define 'security' beyond a political or military concept. [...] The international community, through a series of conferences over the last two or three years, is beginning to grapple with this new definition of human security and the link between social and economic development. [...] Canada must become a leading voice in the expression of this need for a broader definition of security" (Axworthy 1996a). Der Bericht über die menschliche Entwicklung 1994 war für den Kopenhagener Gipfel geschrieben worden. Wie es scheint, hatte der Appell seiner Autoren Wirkung gezeigt. Doch wie wollte Axworthy vorgehen? In Genf sprach er sich zunächst für eine Erneuerung der Menschenrechtspolitik im Zentrum der reformierten und erneuerten Vereinten Nationen und im Angesicht einer neuen Agenda rund um die Definition einer „individual security" (Axworthy 1996b) aus. Einen ersten Wandel in seiner Terminologie vollzog Axworthy bis September 1996, bis zu seiner ersten Rede vor der 51. Generalversammlung der Vereinten Nationen. „Changing times have set us a new and broader agenda, which includes focussing on the security needs of the individual – in other words, sustainable human security" (Axworthy 1996c). Die Vereinten Nationen benötigten neue Werkzeuge, um mit einer Reihe unterschiedlicher Herausforderungen vor allem im Bereich Friedenssicherungen umgehen zu können. Als kommende Herausforderungen für die Vereinten Nationen nannte er unter anderem Schädigung der Umwelt, internationale Kriminalität, Terrorismus, fehlende Gerechtigkeit, aber auch Menschenrechte, Rechte von Kindern und Sicherheit der Ernährung.

3.1 Die Peacebuilding-Initiative

Auf die eben genannten neuen Werkzeuge, speziell im Bereich der Friedenssicherung, kam Axworthy zurück, als er am 30. Oktober 1996 den Start der kanadischen Peacebuilding-Initiative verkündete. Damit sollte ein langfristiger Prozess gestartet werden, um die bestehenden kanadischen Aktivitäten von Regierungs- wie Nichtregierungsorganisationen im Bereich Friedenskonsolidierung neu und im Sinne einer übergreifenden Zusammenarbeit zu organisieren. Ein neuer Peacebuilding-Fond in Höhe von jährlich zehn Mio. kanadischen Dollar und verwaltet von der Canadian International Develoment Agency (CIDA), sollte Lücken im Bereich Friedenskonsolidierung schließen und die beteiligten Akteure zu neuen Initiativen ermutigen (Axworthy 1996d). Die Mittel wurden aus dem Etat für Entwicklungshilfe bereitgestellt. Zusätzlich zu dem Fond begründete das Außenministerium 1997 ein Peacebuilding Programm. Ausgestattet mit drei Mio. kanadischen Dollar sollte es sich auf Gebiete konzentrieren, die nicht durch die Arbeit von CIDA abgedeckt werden, also zum Beispiel Friedenskonsolidierung in Gegenden, die keine Entwicklungshilfe erhalten, oder den Aufbau internationaler Mechanismen für die Friedenskonsolidierung (Small 2001a: 78). Schon 1995 hatte die Regierung die wachsende Bedeutung von Nichtregierungsorganisationen (NROs) im Bereich Friedenskonsolidierung bemerkt und drei thematische Konferenzen in Ottawa ausgerichtet (zum Beispiel „NGOs and Peacebuilding: Lessons Learned and Next Steps"). Sie bildeten den Höhepunkt eines dreijährigen Prozesses mit Aktivitäten wie runden Tischen oder Workshops. (Bush 1996: 252) 1996 knüpfte man daran an und etablierte jährliche Gespräche zwischen Regierungs- und Nichtregierungsorganisationen (Lee 2000: 3).

Neben diesen ersten Aktivitäten bekam die „human security agenda" im Oktober 1996 weiteren Aufwind durch erste diplomatische Erfolge beim Thema Landminen.

3.2 Kanadas Engagement in der Kampagne zum Bann von Landminen

Ergebnis der Kampagne zum Bann von Landminen ist die Anti-Landminenkonvention, die 1997 in Ottawa beschlossen wurde. Sie sieht ein absolutes Verbot von Landminen vor und ist im März 1999 in Kraft getreten (Kimminich/ Hobe 2000: 467). Bemerkenswert sind zum einen der knappe Zeitraum, in dem die Konvention ausgehandelt wurde, und zum anderen die Geschwindigkeit, mit der das Thema Landminen zuvor in Kanada innerhalb kurzer Zeit Priorität auf der außenpolitischen Agenda erlangt hatte.

Schon 1979 bis 1980 war in Genf die „Konvention über das Verbot oder die Beschränkung des Einsatzes bestimmter konventioneller Waffen, die übermäßige Leiden verursachen oder unterschiedslos wirken können" (Waffenkonvention)[11] ausgehandelt worden, deren zweites Protokoll unter anderem den Einsatz von Minen behandelt (ebd. 2000: 466). Es galt jedoch nur für zwischenstaatliche Konflikte und regelte zum Beispiel nicht die Produktion, Lagerung und den Export von Landminen (Boutros-Ghali 1994: 12). Die Überprüfungskonferenz im September/ Oktober 1995 in Wien, vertagt nach Genf im Mai 1996, ergab eine Verschärfung der Bestimmungen zum Einsatz von Landminen jedoch kein klares Verbot. Inzwischen war das Thema Landminen auch innerhalb Kanadas in die öffentliche Debatte gelangt, maßgeblich durch das Engagement des damaligen Außenministers André Ouellet. Hatte er sich im Herbst 1995 mit dem kanadi-

---

[11] Englisch: Convention on Certain Conventional Weapons.

schen Verteidigungsministerium nach mehreren Gesprächen lediglich auf ein nationales Exportmoratorium für Landminen einigen können, so forderte er im November 1995 in einem Interview einen kompletten nationalen Bann von Landminen. Dadurch bekam das Thema im Außenministerium und in der Öffentlichkeit Auftrieb, zusätzlich gefördert durch die internationale Entwicklung und durch den Amtswechsel von Ouellet zu Axworthy im Januar 1996 (Tomlin 1998: 191ff.). Kanada lud daher gleichgesinnte Staaten und Nichtregierungsorganisationen auf der Genfer Konferenz zu einem Strategietreffen nach Ottawa im Oktober 1996 ein, um einen Aktionsplan für ein vollständiges Landminen-Verbot zu besprechen. Obwohl ursprünglich als kleines Treffen geplant, beteiligten sich 50 Staaten, zusätzlich 24 Länder mit Beobachterstatus sowie zahlreiche NROs (Lawson 1998: 85). Das Thema sollte durch in die Länge gezogene Verhandlungen nicht gefährdet werden, deshalb verkündete Axworthy am 5. Oktober 1996:

„I am convinced that we cannot wait for a universal treaty. I am convinced that we can start now, even though we may have to proceed with a treaty that does not, in the first instance, include all of the states of the world. [...] Canada is prepared to convene a meeting in December 1997 to sign such a treaty" (Axworthy 1996e).

Was folgte, war der sogenannte Ottawa-Prozess, mit Konferenzen zur Aushandlung der Landminenkonvention in Brüssel, der Bundesrepublik Deutschland, Norwegen, flankiert zum Beispiel durch regionale Konferenzen des Internationalen Komitees vom Roten Kreuz in Afrika und mediale Kampagnen durch NROs. Gemeinsam koordiniert durch Österreich, Belgien, Kanada, Irland, Deutschland, Mexiko, die Niederlande, Norwegen, die Philippinen, Südafrika und die Schweiz (Lawson 1998: 89) führte der Ottawa- Prozess, auch aufgrund der maßgeblichen Initiative von NROs, schließlich zur Annahme der Anti-Landminenkonvention.

3.3 Kritik am Konzept der Menschlichen Sicherheit

Dieser Erfolg ließ auch die „human security agenda" an Kontur gewinnen. In seinem Artikel „Canada and human security: the need for leadership" aus dem Jahr 1997 erklärte Axworthy Kanadas internationalen Führungsanspruch in Sachen Menschlicher Sicherheit und begründete ihn mit Kanadas Potential in Sachen „soft power", also der Möglichkeit, diplomatische Erfolge durch Überzeugung und nicht durch Zwang erreichen zu können.[12] Hier erfolgte wiederum eine neue Definition des Begriffs Menschliche Sicherheit. „At a minimum, human

---

[12] Ursprünglich stammt der Begriff „soft power" von Joseph S. Nye.

security requires that basic needs are met, but it also acknowledges that sustained economic development, human rights and fundamental freedoms, the rule of law, good governance, sustainable development and social equity are as important to global peace as arms control and disarmament. It recognizes the links between environmental degradation, population growth, ethnic conflicts, and migration. Finally, it concludes that lasting stability cannot be achieved until human security is guaranteed" (Axworthy 1997: 184). Zu diesem Zeitpunkt setzte erste Kritik an Axworthy ein. Unter der Überschrift „Foreign Policy for Wimps" kritisierte Kim Richard Nossal im April 1998, der Minister verbreite den Glauben, außenpolitische Erfolge seien durch „soft power" billig zu haben. Dabei sei es noch immer das Militär, also traditionelle „hard power", welches die kanadischen Interessen letztlich schütze. Soft power funktioniere nur, wenn sich die anderen beeinflussen lassen wollen. Axworthy entgegnete darauf, Nossal übersehe die grundlegenden Veränderungen in den internationalen Beziehungen während der 90er Jahre (Hillmer/ Chapnick 2001: 78). Weitere Kritik folgte. Axworthy reduziere Kanadas effektive internationale Beiträge, während er nur das Prestige ausbaue. Das Konzept der Menschlichen Sicherheit sei so vage, dass man jede Initiative darunter fassen könne. Es fehle an Geld, um den Worten Taten folgen zu lassen. „Kanzel-Diplomatie" (Hampson/ Oliver 1998) bzw. „Pfennigfuchser-Diplomatie" (Nossal 1998-9) hießen nun die Schlagworte. Sie bewegten Axworthy aber nicht zum Umdenken (ebd. 79).

3.4 Das Human Security Netzwerk[13]

Nach der Unterzeichnung der Anti-Landminenkonvention im Dezember 1997 wollten sowohl Axworthy als auch der norwegische Außenminister Knut Vollebaek ausloten, ob sich ein solcher diplomatischer Erfolg auch bei anderen Themen wiederholen lasse. Deshalb trafen sich beide Minister vom 10. bis 11. Mai 1998 in Bergen und einigten sich auf eine „kanadisch-norwegische Partnerschaft zum Handeln", sie verabschiedeten die Lysøen-Deklaration (Small 2001b: 231). „Norway and Canada share common values and approaches to foreign policy. With the evolution of international affairs, particularly with regard to emerging human security issues, we have agreed to establish a framework for consultation and concerted action" (Ebd.: 232). Die Agenda der neuen Partnerschaft umfasste die Themen Landminen, den Ständigen Internationalen Strafgerichtshof, Menschenrechte, humanitäres Völkerrecht, die Geschlechterdimension in der Friedenskonsolidierung, Handel mit Kleinwaffen, Kinder in bewaffneten Konflikten und Kindersoldaten, Kinderarbeit sowie eine arktisch-nordische Zusammenarbeit. Doch Axworthy wollte darüber hinausgehen, weshalb sich die Außenmini-

---

[13] Im Internet unter: http://www.humansecuritynetwork.org/ (31.01.2003).

ster von Schweden, Österreich, Irland, Thailand, den Niederlanden, Slowenien, Jordanien, Südafrika[14], Chile sowie natürlich Norwegen und Kanada zunächst informell am Rande der UNO-Generalversammlung im Herbst 1998, später jedoch auf norwegische Einladung im Mai 1999 in Bergen trafen. Die Gedanken aus der gemeinsamen norwegisch-kanadischen Vorbereitungsarbeit flossen in das kanadische Konzeptpapier für das Treffen „Human Security: Safety for people in a changing world" (DFAIT 1999) ein. In Bergen waren dann 1999 erstmals NROs und Regierungen unter dem Dach der Menschlichen Sicherheit versammelt. Zwar verlief die Diskussion unsystematisch, aber die Außenminister begründeten hier das Human Security Netzwerk (HSN), eine Kooperation zwischen gleichgesinnten Staaten um Menschliche Sicherheit international zu fördern (Small 2001b: 234). Auf dem zweiten Treffen des HSN in Luzern im Mai 2000 verpflichteten sich die Minister unter anderem gemeinsam gegen Armut vorzugehen, sich für nachhaltige Entwicklung einzusetzen und die informellen Kontakte zur Förderung der Menschlichen Sicherheit auszubauen. Weitere Treffen folgten in Petra (Jordanien) im Mai 2001 sowie in Santiago (Chile) im Juli 2002. Auf diesen Treffen wurden verschiedene Themen behandelt, zum Beispiel das Verhältnis Menschlicher Sicherheit zu Friedensoperationen.[15]

Das kanadische Papier „Human Security: Safety for people in a changing world" sollte 1999 weitere Klarheit bezüglich der Definition des Konzepts „Menschliche Sicherheit" bringen, seine Notwendigkeit begründen und sie gegen die Begriffe „nationale Sicherheit" und „menschliche Entwicklung" abgrenzen (DFAIT 1999):

> „In essence, human security means safety for people from both violent and nonviolent threats. [...] From a foreign policy perspective, human security is perhaps best understood as a shift in perspective or orientation. It is an alternative way of seeing the world, taking people as its point of reference, rather than focusing exclusively on the security of territory or governments."

Nationale Sicherheit werde durch Menschliche Sicherheit nicht ersetzt, beide Begriffe ergänzten sich vielmehr gegenseitig. Menschliche Sicherheit schaffe außerdem ein Umfeld für menschliche Entwicklung. Die Agenda habe sich jedoch zunehmend auf die Auswirkung von gewaltsamen Konflikten auf Menschen konzentriert. Hier habe die Praxis den Weg vorgegeben. Beispiele seien die Anti-Landminenkonvention und das Statut des Ständigen Internationalen Strafgerichtshofs.

---

[14] Südafrika hat nur Beobachterstatus.
[15] Ausführliche Übersicht im Internet unter: http://www.humansecuritynetwork.org/meeting-e.asp (31.01.2003).

3.5 Der Ständige Internationale Strafgerichtshof

Am 17. Juli 1998 nahmen in Rom 120 Staaten, also rund zwei Drittel der UNO-Mitglieder, nach rund fünfwöchigen Verhandlungen das Statut des Ständigen Internationalen Strafgerichtshofs an. Damit wurden die völkerrechtlichen Straftatbestände Völkermord, Verbrechen gegen die Menschlichkeit, Kriegsverbrechen und Aggression festgeschrieben und außerdem eine zentrale Stelle zur Verfolgung dieser Verbrechen geschaffen (Kimminich/ Hobe 2000: 241). Nachdem inzwischen mehr als 60 Staaten das Statut ratifiziert haben[16], ist es am 1. Juli 2002 in Kraft getreten. Mit seiner Verabschiedung in Rom wurde eine Idee umgesetzt, die schon auf die Zeit nach dem Ersten Weltkrieg zurückgeht und in den nachfolgenden Jahrzehnten immer wieder diskutiert wurde. 1992 dann hatte die Völkerrechtskommission der Vereinten Nationen von der Generalversammlung den Auftrag erhalten, das Statut eines Internationalen Strafgerichtshofs zu entwerfen, welches sie 1994 vorlegte (Kimminich/ Hobe 2000: 244). Der Arbeit eines daraufhin eingesetzten ad-hoc Komitees folgten sechs Sitzungen eines Vorbereitungskomitees („Preparatory-Committee") von März 1996 bis April 1998. Kanada koordinierte in dieser Zeit etwa 50 „like-minded States", die einen starken und politisch unabhängigen Strafgerichtshof befürworteten. An der Konferenz für die Errichtung eines Internationalen Strafgerichtshofs, die am 15. Juni 1998 in Rom begann, beteiligten sich 162 Staaten, 17 zwischenstaatliche Organisationen, 124 NROs und 14 UNO-Organisationen (Ahlbrecht 1999: 351 ff.). Hauptkonflikt war die Frage, inwieweit staatliches Handeln im Interesse der eigenen nationalen Sicherheit in Zukunft völkerrechtlich kontrollierbar sein sollte (Ebd.: 358). Knapp fünf Wochen tagte das Gesamtkomitee („Committee of the Whole") unter Vorsitz des Kanadiers Philippe Kirsch sowie das aus 25 Delegierten bestehende Formulierungskomitee („Drafting Committee") unter dem Vorsitz des Amerikaners Bassiouni. Bei der Schlussabstimmung am 17. Juli 1998 stimmten bei 21 Enthaltungen nur sieben Staaten gegen[17] das Statut von Rom. Auch nach dem Infkrafttreten des Statuts bleibt der Ständige Internationale Strafgerichtshof ein Streitobjekt, wie neueste Diskussionen im UNO-Sicherheitsrat zeigen.[18]

---

[16] Vgl. Frankfurter Rundschau vom 12.04.2002, S. 1. Weg für Welt-Strafgerichtshof frei. 60 Staaten treten Statut bei / Annan: Traum wird Wirklichkeit.

[17] Übereinstimmend werden genannt: die USA, die Volksrepublik China, Israel, Libyen, Jemen und Katar (Kimminich/ Hobe 2000: 247; Ahlbrecht 1999: 359). Als siebten Staat nennt Kimminich/ Hobe Indien, Ahlbrecht hingegen den Irak.

[18] Vgl. Frankfurter Rundschau vom 21.06.2002. Washington droht mit Boykott von UN-Friedensmissionen. USA fordern bei internationalen Einsätzen General-Immunität vor Strafgerichtshof / Widerstand im Sicherheitsrat.

3.6 Der Kosovo- Konflikt

Durch Kanadas Beteiligung an den NATO Luftangriffen auf Serbien im Rahmen des Kosovo-Konflikts ab März 1999 bekam das Konzept der Menschlichen Sicherheit eine neue Dimension. Immerhin diente es aus kanadischer Sicht zur Rechtfertigung einer humanitären Intervention, die nicht auf einer Genehmigung durch den Sicherheitsrat der Vereinten Nationen beruhte, somit also keine kollektive Maßnahme im Sinne der UNO-Charta war. Diese Tatsache hat im Falle Kanadas noch größere Bedeutung, spielen doch die Vereinten Nationen, und somit der Sicherheitsrat als oberstes Organ dieser internationalen Organisation, eine zentrale Rolle in der kanadischen Außenpolitik seit Ende des Zweiten Weltkriegs. Eine angemessene und allgemeine Diskussion des Für und Widers über den NATO-Einsatz im Kosovo, also seiner völkerrechtlichen Problematik und Angemessenheit, ist an dieser Stelle nicht möglich.[19] Allerdings darf man den kanadischen Einfluss im diplomatischen Vorspiel des Einsatzes nicht überschätzen. Hier waren viele Akteure beteiligt und Kanada gehörte nicht zu den Wichtigsten. Gerade weil es kein Mitglied der Kontakt-Gruppe war, hatte Ottawa starkes Interesse daran, den UNO-Sicherheitsrat bezüglich Zwangsmaßnahmen gegen Serbien mit einzubinden (Dashwood 2000: 291). Diese Bemühungen waren jedoch 1998 und 1999 nicht erfolgreich, auch nicht während der kanadischen Mitgliedschaft im UNO-Sicherheitsrat. Es stellte sich in verschiedensten Gesprächen mit der russischen Delegation und anderen heraus, dass eine Resolution, die Gewaltanwendung befürwortet hätte, mit einem Veto blockiert worden wäre. Auch eine Uniting-for Peace Resolution der Generalversammlung hätte nicht die notwendige, klare Zustimmung gebracht (Heinbecker 1999: 21). So beteiligte sich Ottawa schließlich auch ohne UNO-Mandat am NATO-Einsatz gegen Serbien. Aus der kanadischen Sicht zeigte er, „dass die Verteidigung der ‚persönlichen Sicherheit‘[20] zu einem globalen Anliegen geworden ist: Der humanitäre Imperativ hat die NATO zum Eingreifen veranlasst" (Axworthy 1999a: 8). Der Kosovo-Konflikt habe gezeigt, dass keine internationalen Mechanismen existierten, um Zivilisten in einem anderen Staat zu schützen. Die Frage nach der Sicherheit Einzelner sei nicht neu, allerdings werde durch die persönliche Sicherheit ein „neuer Maßstab zur Beurteilung des Erfolgs oder Mißerfolgs nationaler und internationaler Sicherheitsstrategien geschaffen" (Ebd.: 9). Aus der Sicht Lloyd Axworthys ist das Kosovo ein Beispiel dafür, „wie sich mit militärischer Gewalt Ziele bezüglich der persönlichen Sicherheit unterstützen lassen" (Ebd.: 11).

---

[19] Vgl. zur Einführung: Karádi (2002).
[20] Eine weitere Übersetzungmöglichkeit für den Begriff „human security".

3.7 UNO- Sicherheitsrat und Menschliche Sicherheit

1999 und 2000 absolvierte Kanada seine sechste nichtständige Mitgliedschaft im UNO-Sicherheitsrat. Axworthy wollte diese Zeit unter anderem nutzen, um Menschliche Sicherheit in diesem Gremium zu thematisieren. Insgesamt drei Hauptanliegen hatte das Außenministerium für die Arbeit im Sicherheitsrat formuliert: größere Transparenz bei der Arbeit des Sicherheitsrats, Werben für die Berücksichtigung Menschlicher Sicherheit in dessen Beratungen und Entscheidungen sowie die Steigerung seiner Glaubwürdigkeit und Effektivität (Pearson 2001: 135). So eröffnete Axworthy persönlich am 12. Februar 1999 während der ersten kanadischen Ratspräsidentschaft eine Diskussion über den Schutz von Zivilpersonen in bewaffneten Konflikten. „The plight of civilians in armed conflict is urgent, growing and global in the threat it poses to human security. It goes to the core of the Council's mandate, and deserves continued attention. The Council has a responsibility to act vigorously and resolutely" (Axworthy 1999b). In einer Erklärung des Präsidenten (UN-Dok. S/PRST/1999/6) wurde der Generalsekretär der UNO gebeten, bis September 1999 einen Bericht mit konkreten Empfehlungen vorzulegen, wie der Sicherheitsrat den persönlichen und rechtlichen Schutz von Zivilpersonen in bewaffneten Konflikten verbessern könne. Dieser von Kofi Annan am 8. September 1999 präsentierte Bericht (UN-Dok. S/1999/957), enthielt neben einer Bestandsaufnahme 40 Vorschläge an den Rat. Sie reichen von Aufforderung an Mitgliedstaaten, die Verträge des humanitären Völkerrechts zu unterzeichnen sowie Aufforderungen an nichtstaatliche Akteure, diese zu achten, über das Vorgehen gegen Hetzmedien und den stärkeren Einsatz gezielter Sanktionen, die Stärkung der schnellen Reaktionsfähigkeit der Vereinten Nationen bis hin zur Erwägung geeigneter Zwangsmaßnahmen, wenn massenhaft und fortdauernd gegen humanitäres Völkerrecht verstoßen wird. Basierend auf diesem Bericht nahm der Sicherheitsrat am 17. September 1999 die Resolution 1265 (UN-Dok. S/RES/1265) und nach der Einsetzung einer informellen Arbeitsgruppe während der zweiten kanadischen Ratspräsidentschaft am 19. April 2000, die Resolution 1296 (UN-Dok. S/RES/1296) an. In Resolution 1265 bekundet der Rat seine Bereitschaft, „auf Situationen bewaffneten Konflikts zu reagieren, in denen gezielte Angriffe auf Zivilpersonen verübt werden oder die humanitären Hilfsmaßnahmen zugunsten von Zivilpersonen vorsätzlich behindert werden". Zusammengenommen bieten die beiden Resolutionen dem Sicherheitsrat wichtige Möglichkeiten und Strategien, den Schutz von Zivilpersonen zu verbessern (Golberg/ Hubert 2001: 227). Er muß nun in seinen Resolutionen zu zukünftigen Konflikten beweisen, wie er diese Strategien umsetzt und wie ernst er seine Bereitschaft zum Handeln nimmt.

Kurz vor Axworthys Ausscheiden aus dem Amt, gab das Außenministerium noch eine letzte Definition des Konzepts „Menschliche Sicherheit" heraus. „For

Canada, human security means freedom from pervasive threats to people's rights, safety or lives" (DFAIT 2000: 3). Damit hatte sich Kanada endgültig entschieden, den Schwerpunkt der „human security agenda" auf den Schutz von Personen vor gewaltsamen Bedrohungen zu legen. Die Agenda dreht sich dabei um fast klassische Themen kanadischer Außenpolitik: „Protection of Civilians, Governance and Accountability, Peace Support Operations, Public Safety and Conflict Prevention." Diese Schwerpunkte gelten noch heute.[21]

4. Zusammenfassung und Ausblick

Human Security, oder Menschliche Sicherheit, ist eine Neudefinition des Sicherheitsbegriffs, bei dem das Wohlergehen des Einzelnen eine zentrale Rolle spielt. In Kanada, genau wie in einigen anderen Staaten, hat dieses Sicherheitsdenken seit Ende des Ost-West-Konflikts Eingang in die Außenpolitik gefunden. War schon im außenpolitischen Weißbuch von 1995 „Canada in the World" von „shared human security" die Rede, machte Lloyd Axworthy Menschliche Sicherheit ab 1996 zum außenpolitischen Leitmotiv. Gerade der diplomatische Erfolg bei der Anti-Landminenkonvention von 1997 hat dabei maßgeblich zur Beförderung des Konzepts beigetragen, ebenso die Annahme des Statuts des Ständigen Internationalen Strafgerichtshofs 1998. Kanada hatte hier jeweils die Gunst der Stunde nutzen und eine Führungsrolle übernehmen können. Eine Reihe weiterer Initiativen folgten, um dem sehr unbestimmten Begriff „Menschliche Sicherheit" Leben zu verleihen. Im Gegensatz zu den sehr ambitionierten Zielsetzungen beschränkten sich diese Initiativen aber nur auf wirklich Erreichbares. „[...], we have pursued human security where we have seen an urgent need and where we have thought we could make a difference" (Axworthy 2001: 10). Bis Anfang der 90er Jahre war Kanadas Beteiligung an Friedensoperationen der Vereinten Nationen Grundlage für sein internationales Engagement. Doch der „Peacekeeper par excellence" wurde unter anderem durch haushaltspolitische Sparzwänge zum Umdenken und zur Reduzierung seiner Unterstützung gezwungen. Das Konzept der Menschlichen Sicherheit sollte dann eine neue Grundlage für Kanadas internationalen Einfluss bilden. Die angesprochenen Initiativen zielten dabei auf „eine Wiederbelebung Pearsonscher Diplomatie" (Schneider 2000: 285). Gerade durch seine Unbestimmtheit war das Konzept „Menschliche Sicherheit" dabei offen für eine Vielzahl an Maßnahmen, sei es die „Peacebuilding-Initiative" einerseits oder eine humanitäre Intervention wie im Kosovo andererseits. Gerade diese Unbestimmtheit macht es aber auch unmöglich, bei der Menschlichen Sicherheit von einem Paradigmenwechsel in der kanadischen Außenpolitik zu

---

[21] Vgl.: http://www.humansecurity.gc.ca/ (20.07.2002).

sprechen. Die Zukunft und die weitere Bedeutung Menschlicher Sicherheit steht und fällt mit weiteren Initiativen im Rahmen dieses Konzepts.

Lloyd Axworthys direkter Nachfolger John Manley sagte in einem Interview im Juni 2001, dass er die „human security agenda" nicht aufgegeben habe, dass er Außenpolitik jedoch hauptsächlich aus der wirtschaftlichen Perspektive betrachte. Schon im Oktober 2000 hatte er die Prioritäten kanadischer Außenpolitik auf dem dritten „Annual Diplomatic Forum" aufgelistet. Die Umsetzung Menschlicher Sicherheit kam erst auf Platz drei, nach der Sicherung der kanadisch-amerikanischen Beziehungen und der Reform des multilateralen Systems (Manley 2000). Der 11. September brachte dann wieder andere Sicherheitsaspekte auf die Tagesordnung. Die NATO erklärte erstmals in ihrer Geschichte einen Fall der kollektiven Selbstverteidigung nach Art. 5 des Nordatlantikvertrags, und Kanada beteiligte sich mit 750 Soldaten an einem Kampfeinsatz in Afghanistan unter US-Führung im Rahmen der Koalition gegen den Terrorismus. Außerdem gab es schon im Januar 2002 einen weiteren Wechsel, neuer Außenminister wurde William Graham. Aus seiner Sicht bleibt Kanadas Beitrag zur Menschlichen Sicherheit nach Axworthy nicht nur bestehen, er wird vielmehr stärker. Gerade der 11. September habe gezeigt, dass die Sicherheit der Menschen auch über nationale Grenzen vernetzt sei, dass sich menschliche und nationale Sicherheit gegenseitig verstärken und, dass die Agenda zur Menschlichen Sicherheit Teil der Antwort auf den Terrorismus sei (Graham 2002). Der vorläufige Schwerpunkt seiner Arbeit lag auf der Vorbereitung des G8 Gipfels in Kananaskis – Ende Juni 2002. Die Bekanntgabe langfristiger außenpolitischer Ziele wird noch folgen. Vor Botschaftern des Human Security Netzwerks wertete er jedoch das G8 Engagement zur Konfliktprevention und die G8 Unterstützung der Initiative „New Partnership for African Development" (NEPAD) als Erfolge im Rahmen der Agenda zur Menschlichen Sicherheit. Das Potential des Netzwerks müsse jedoch besser ausgenutzt werden, ministerielle Erklärungen dürften nicht dessen einzige Erfolge bleiben. Sein Vorschlag für kommende Arbeitsschwerpunkte: „articulating a clear people-centred approach to small arms proliferation; making good on the 'responsibility to protect'; and mainstreaming the role of women on issues of peace and security." (Graham 2002) Ob sich jedoch bei diesen Themen ähnliche diplomatische Erfolge wie 1997/1998 wiederholen lassen, wird sich erst noch zeigen müssen.

Literatur

Ahlbrecht, Heiko (1999): Geschichte der völkerrechtlichen Strafgerichtsbarkeit im 20. Jahrhundert. Unter besonderer Berücksichtigung der völkerrechtlichen Straftatbestände und der Bemühungen um einen Ständigen Internationalen Strafgerichtshof. Baden-Baden: Nomos.

Axworthy, Lloyd (1996a): Notes for An Address by the Honourable Lloyd Axworthy, Minister of Foreign Affairs, at the Consultations with Non-Governmental Organizations in Preparation for the 52nd Session of the United Nations Commission on Human Rights. 96/3: 13 Februar 1996.
http://webapps.dfait-maeci.gc.ca/minpub/Publication.asp?FileSpec=/Min_Pub_Docs/102347.htm&bPrint=False&Year=&ID=&Language=E (31.01.2003).

Axworthy, Lloyd (1996b): Notes for an Address by the Honourable Lloyd Axworthy, Minister of Foreign Affairs, to the 52nd Session of the United Nations Commission on Human Rights. 96/10: 3. April 1996.
http://webapps.dfait-maeci.gc.ca/minpub/Publication.asp?FileSpec=/Min_Pub_Docs/102361.htm&bPrint=False&Year=&ID=&Language=E (31.01.2003).

Axworthy, Lloyd (1996c): Notes for an Address by the Honourable Lloyd Axworthy, Minister of Foreign Affairs, to the 51st General Assembly of the United Nations. 96/37: 24. September 1996.
http://webapps.dfait-maeci.gc.ca/minpub/Publication.asp?FileSpec=/Min_Pub_Docs/102415.htm&bPrint=False&Year=&ID=&Language=E (31.01.2003).

Axworthy, Lloyd (1996d): Notes for an Address by the Honourable Lloyd Axworthy, Minister of Foreign Affairs, at York University. „Building Peace to Last: Establishing a Canadian Peacebuilding Initiative". 96/46: 30. Oktober 1996.
http://webapps.dfait-maeci.gc.ca/minpub/Publication.asp?FileSpec=/Min_Pub_Docs/102433.htm&bPrint=False&Year=&ID=&Language=E (31.01.2003).

Axworthy, Lloyd (1996e): Notes for an Address by the Honourable Lloyd Axworthy, Minister of Foreign Affairs, at the Closing Session of the International Strategy Conference Towards a Global Ban On Anti-Personnel Mines. 96/41: 5. Oktober 1996.
http://webapps.dfait-maeci.gc.ca/minpub/Publication.asp?FileSpec=/Min_Pub_Docs/102423.htm&bPrint=False&Year=&ID=&Language=E (31.01.2003).

Axworthy, Lloyd (1997): Canada and Human Security. The Need for Leadership. In: International Journal. Volume 52, No. 2, S. 183-196.

Axworthy, Lloyd (1999a): Der neue Sicherheitsauftrag der NATO. In: NATO-Brief. Nr. 4, S. 8-11.

Axworthy, Lloyd (1999b). Notes for an Address by the Honourable Lloyd Axworthy, Minister of Foreign Affairs, to the United Nations Security Council. „The Protection of Civilians in Armed Conflict". 99/8: 12. Februar 1999. http://webapps.dfait-maeci.gc.ca/minpub/Publication.asp?FileSpec=/Min_Pub_Docs/ 100211.htm&bPrint=False&Year=&ID=&Language=E (31.01.2003).

Axworthy, Lloyd (2001): Introduction. In: McRae/ Hubert (Hrsg.) (2001): 3-13.

Bajpai, Kanti (2000): Human Security: Concept and Measurement. Kroc Institute Occasional Paper No.19. Indiana: University of Notre Dame.

Bellers, Jürgen/ Benner, Thorsten/ Gerke, Ines M. (Hrsg.) (2001): Handbuch der Außenpolitik. Von Afghanistan bis Zypern. München: Oldenbourg.

Benner, Thorsten/ Gerke, Ines M. (2001): Kanada. In: Bellers et. al. (Hrsg.) (2001): 301-313.

Borchard, Ralf (1997): Grundlagen einer vierten Option. Kanadische Außenpolitik in der Ära Mulroney. Bochum: Brockmeyer.

Boutros-Ghali, Boutros (1994): The Land Mine Crisis. A Humanitarian Disaster. Foreign Affairs. Volume 73, No. 5, S. 8-13.

Bush, Kenneth D. (1996): NGOs and the International System. Building Peace in a World at War. In: Hampson/ Molot (Hrsg.) (1996): 251-271.

Cameron, Maxwell A./ Molot, Maureen Appel (Hrsg.) (1995): Canada among Nations 1995. Democracy and Foreign Policy. Ottawa: Carleton University Press.

Cameron, Maxwell A./ Molot, Maureen Appel (1995): Introduction – Does Democracy Make a Difference? In: Cameron/ Molot (Hrsg.) (1995): 1-25.

Cameron, Maxwell A./ Lawson, Robert J./ Tomlin, Brian W. (Hrsg.) (1998): To Walk without Fear. The Global Movement to Ban Landmines. Oxford: Oxford University Press.

Canada (1995): Canada in the World. Government Statement. Ottawa: Public Works and Government Services Canada.

Dashwood, Hevina S. (2000): Canada's Participation in the NATO-led Intervention in Kosovo. In: Molot/ Hampson (Hrsg.) (2000): 275-302.

Department of Foreign Affairs and International Trade (DFAIT) (1999): Human Security: Safety for People in a changing world. http://www.summit-americas.org/Canada/HumanSecurity-english.htm (zit. als DFAIT 1999, 31.01.2003).

DFAIT (2000): Freedom from Fear. Canada's Foreign Policy for Human Security. http://pubx.dfait-maeci.gc.ca/00_Global/Pubs_Cat2.nsf/56153893FF8DFDA285256 BC700653B9F/$file/Freedom_from_Fear-e.pdf (zit. als DFAIT 2000, 31.01.2003).

Golberg, Elissa/ Don Hubert (2001): The Security Council and the Protection of Civilians. In: McRae/ Hubert (Hrsg.) (2001): 223-230.

Graham, Willliam (2002): Notes for an Address by the Honourable Bill Garaham, Minister of Foreign Affairs, to the Ambassadors of the Human Security Network on Canadian Perspectives on the Human Security Network and its Activities. 07. Juni 2002. http://webapps.dfait-maeci.gc.ca/minpub/Publication.asp?FileSpec=/Min_Pub_Docs/ 105315.htm&bPrint=False&Year=2002&ID=2&Language=E (31.01.2003).

Hampson, Fen Osler/ Molot, Maureen Appel (Hrsg.) (1996): Canada among Nations. Big Enough to be Heard. Ottawa: Carleton University Press.

Hampson, Fen Osler/ Molot, Maureen Appel (Hrsg.) (1998): Canada among Nations. Leadership and Dialogue. Oxford: Oxford University Press.

Hampson, Fen Osler/ Dean F. Oliver (1998). Pulpit diplomacy. A critical assessment of the Axworthy doctrine. In: International Journal, Volume 53, No. 3, S. 379-406.

Hampson, Fen Osler/ Rudner, Martin/ Hart, Michael (Hrsg.) (1999): Canada among Nations. A Big League Player? Oxford: Oxford University Press.

Hampson, Fen Osler/ Hillmer, Norman/ Molot, Maureen Appel (Hrsg.) (2001): Canada among Nations. The Axworthy Legacy. Oxford: Oxford University Press.

Hay, Robin Jeffrey (1999): Present at the Creation? Human Security and Canadian Foreign Policy in the Twenty-first Century. In: Hampson/ Rudner/ Hart (Hrsg.) (1999): 215-232.

Heinbecker, Paul (1999): Human Security. In: Canadian Foreign Policy. Vol. 7, No. 1, S. 19-25.

Hillmer, Norman/ Chapnick, Adam (2001): The Axworthy Revolution. In: Hampson; Hillmer; Molot (Hrsg.) (2001): 67-88.

Independent Commission on Disarmament and Security Issues (1982): Common Security. A Blueprint for Survival. New York: Simon and Schuster.

Kaiser, Karl/ Schwarz, Hans-Peter (Hrsg.) (2000): Weltpolitik im neuen Jahrhundert. Baden-Baden: Nomos .

Karádi, Matthias Z. (2002): Der Kosovo-Krieg der NATO: Vermeidbar oder notwendig? Bruch oder Fortentwicklung des Völkerrechts? In: Müller/ Schneider/ Thony (Hrsg.) (2002): 265-288.

Kimminich, Otto/ Stephan Hobe (2000): Einführung in das Völkerrecht. 7. Auflage Tübingen, Basel: A. Francke Verlag.

Kühne, Winrich (2000): Die Vereinten Nationen an der Schwelle zum nächsten Jahrtausend. In: Kaiser/ Schwarz (Hrsg.) (2000): 442-457.

Lawson, Robert J. (1995): Construction of Consensus. The 1994 Canadian Defence Review. In: Cameron/ Molot (Hrsg.) (1995): 99-117.

Lawson, Robert (1998): The Ottawa Process. Fast-Track Diplomacy and the International Movement to Ban Anti-Personnel Mines. In: Hampson/ Molot (Hrsg.) (1998): 81-98.

Lee, Steve (2000): The Axworthy Years: Humanist Activism and Public Diplomacy. In: Canadian Foreign Policy, Volume 8, No. 1, S. 1-10.

Manley, John (2000): Notes for an Address by the Honourable John Manley, Minister of Foreign Affairs to the Third Annual Diplomatic Forum on „Canada's Foreign Policy Agenda and Priorities". 20. Oktober 2000. http://webapps.dfait-maeci.gc.ca/minpub/Publication.asp?FileSpec=/Min_Pub_Docs/ 103808.htm&bPrint=False&Year=&ID=&Language=E (31.01.2003).

McRae, Rob/ Hubert, Don (Hrsg.) (2001): Human Security and the New Diplomacy. Protecting People, Promoting Peace. Montréal and Kingston: McGill-Queen's University Press.

Meadows, Dennis; u.a. (1974): Die Grenzen des Wachstums. Bericht des Club of Rome zur Lage der Menschheit. Reinbek: Rowohlt.

Molot, Maureen Appel/ Fen Osler Hampson (Hrsg.) (2000). Canada among Nations 2000. Vanishing Borders. Oxford: Oxford University Press.

Müller, Erwin/ Schneider, Patricia/ Thony, Kristina (Hrsg.) (2002): Menschenrechtsschutz. Politische Maßnahmen, zivilgesellschaftliche Strategien, humanitäre Interventionen. Baden-Baden: Nomos.

Nossal, Kim Richard (1998-9). Pinchpenny diplomacy. The decline of 'good international citizenship' in Canadian Foreign Policy. In: International Journal. Volume 54, No. 1, S. 88-105.

Nye, Joseph S. (1990): Bound to Lead. The Changing Nature of American Power. New York: Basic Books.

Paris, Roland (2001): Human Security. Paradigm Shift or Hot Air? In: International Security. Vol. 26, No. 2, 87-102.

Pearson, Michael (2001): Humanizing the UN Security Council. In: Hampson/ Hillmer/ Molot (Hrsg.) (2001): 127-151.

Ross, Jennifer (2001): Is Canada's Human Security Policy really the 'Axworthy' Doctrine? In: Canadian Foreign Policy, Volume 8, No. 2, S. 75-93.

Schneider, Steffen (2000): Kanada: Außenpolitische Neuorientierung oder Kontinuität? In: Wagner et.al. (Hrsg.) (2000): 279-286.

Small, Michael (2001a): Peacebuilding in Postconflict Societies. In: McRae/ Hubert (Hrsg.) (2001): 75-87.

Small, Michael (2001b): The Human Security Network.. In: McRae/ Hubert (Hrsg.) (2001): 231-235.

Stiftung Entwicklung und Frieden (Hrsg.) (1992): Die Agenda für den Frieden. Analysen des UN-Generalsekretärs. Forderungen an die deutsche Politik. Bonn-Bad Godesberg: Stiftung Entwicklung und Frieden. (zit. als SEF 1992)

Tomlin, Brian W. (1998): On a Fast Track to a Ban. The Canadian Policy Process. In: Cameron/ Lawson/ Tomlin (Hrsg.) (1998): 185- 211.

United Nations Development Program (1994). Bericht über die menschliche Entwicklung. Deutsche Ausgabe: Deutsche Gesellschaft für die Vereinten Nationen (Hg.). Bonn: UNO-Verlag. (zit. als UNDP 1994)

Wagner, Wolfgang/ Dönhoff, Marion Gräfin von/ Kaiser, Karl, u.a. (Hrsg.) (2000): Jahrbuch Internationale Politik 1997-1998. München: Oldenbourg.

Williams, Ian (2002): Nur das letzte Mittel. Der Bericht der Axworthy-Kommission zur humanitären Intervention. In: Vereinte Nationen. 50. Jg, Nr. 1, S. 10-16.

Das Abkommen über das Verbot von Antipersonenminen[1]

Friederike Kreft

Das Abkommen über das Verbot von Antipersonenminen (APM) kann als ein Novum in der internationalen Politik bezeichnet werden. Abseits der Institutionen und Konventionen traditioneller Diplomatie entschlossen sich Mitte der 90er Jahre über 120 Staaten, Organisationen und ca. 1200 Nicht-Regierungsorganisationen (NRO) dazu, innerhalb kürzester Zeit ein Abkommen auf den Weg zu bringen, das diese Waffen endgültig vom Schlachtfeld verbannen soll.

Ziel meiner Arbeit ist es, einen Überblick über das Problem APM und den „Ottawaprozess" unter besonderer Berücksichtigung der Rolle Kanadas in dieser außergewöhnlichen Initiative zu geben. Der Begriff Ottawaprozess umfasst die Ereignisse der Jahre 1996 und 1997 um die Entstehung des Abkommens über das Verbot von Antipersonenminen.

Kanada übernahm in der Kampagne zum Verbot von APM eine leitende Funktion insbesondere durch Außenminister Lloyd Axworthy. Er personifizierte für viele Beobachter das Ideal der freundlichen Mittelsmacht, die mit „soft power" Einfluss auf die Weltpolitik nimmt. Der Außenminister selbst definierte ‚soft power' als die Art, Informationen auf eine Weise zu verbreiten, die eher durch Überzeugungskraft als durch Zwang zu einem erwünschten Ergebnis führen kann (Axworthy 1998a: 1). Die Initiative Axworthys führte vielfach dazu, dass man sich in Kanada an die Tage Lester B. Pearsons erinnert fühlte, der in der Suez-Krise von 1956 entscheidend an einer friedlichen Lösung mitwirkte, dabei zum „Erfinder" der UN-peacekeeping Truppen wurde und dafür den Friedensnobelpreis erhielt (DeMont 1997: 29).

Die Initiative Kanadas stieß auf breite Unterstützung und erhielt viel Lob und von sogenannten, middle power states und vor allem Nicht-Regierungsorganisationen, die schon zu Beginn der 90er Jahre verstärkt auf eine Lösung des weltweiten Minenproblems drängten. Auf der anderen Seite gab und gibt es auch kritische Stimmen. So haben z.B. die USA und Russland das Bündnis nicht unterzeichnet, und Militärexperten warnen, dass das Verbot von Antipersonenminen ein Eigentor für die Sicherheit von Streitkräften sein könnte.

---

[1] Antipersonenminen sind neben Antipanzerminen eine spezielle Form von Landminen.

Daher stellt sich die Frage ob das Ottawaabkommen wirklich ein so großer Erfolg ist, wie die Initiatoren hoffen.

1. Das globale Minenproblem

Am Anfang des Themas Antipersonenminen stehen statistische Daten. Das Internationale Komitee vom Roten Kreuz und die Vereinten Nationen (UNO) liefern umfassende Zahlen über das Ausmaß des Problems. Laut der UNO liegen z.Zt. ca. 70 Millionen dieser Minen in der Erde von 68 Ländern. Pro Monat sterben rund 800 Menschen und 1.000 werden verwundet (Parker/ Byfield 2001: 40). In einer Studie des US State Departements 1994 wurden Afghanistan, Angola und Kambodscha als die Länder identifiziert, die mit 85 Prozent der Gesamtheit aller Unfälle mit APM am stärksten betroffen sind (Lenarcic 1998: 3). Jeder 236. Kambodschaner ist das Opfer einer Mine. Neunzig Prozent aller Toten und Verletzten durch Antipersonenminen sind Zivilisten (Farlinger 1995: 22, 23). Die am stärksten betroffene Region der Welt ist das südliche Afrika mit ca. 20 Millionen gelegten APM und 250.000 Opfern seit 1961 (Vines 1998: 125). Warum, möchte man angesichts dieser Zahlen fragen, werden diese Minen nicht nach Kriegsende schnellstmöglich entfernt? Der damalige Generalsekretär der Vereinten Nationen Boutros Boutros-Ghali nannte 1994 mehrere Gründe dafür. Zum einen ist es sehr schwierig Landminen aufzuspüren, insbesondere wenn sie aus Kunststoff und nur mit einem Minimum an Metall hergestellt wurden. Diese Minen können mit Metalldetektoren nicht gefunden werden und technisch effektivere Ausrüstung steht Räumkommandos oft nicht zur Verfügung. Das hat zur Folge, dass oft nur 60-90 Prozent eines Minenfeldes als geräumt gelten können. Dieser Prozentsatz ist aber zu gering, um den Menschen der Region die Sicherheit zu geben dort z.B. wieder Ackerbau zu betreiben. Ein weiteres Problem in Bezug auf die Räumung stellt das Fehlen von geschultem Personal in vielen Regionen dar. Die Vereinten Nationen bemühen sich darum, vor Ort Minensucher auszubilden, um eine Basis für national und regional organisierte Räumung zu erhalten. Zudem stellen sie finanzielle Hilfe für diese regionalen Initiativen zur Verfügung. Boutros-Ghali weißt jedoch auf einen gravierenden Mangel hin: die Finanzierung. Seine Idee war es damals schon, einen Fonds bei den Vereinten Nationen einzurichten, der dafür sorgt, dass Räumungsprojekte aufgebaut und gesichert werden können. Bei Kosten von $300 bis $1000 für die Räumung einer Mine wird deutlich, wie kostenintensiv die Aufgabe ist (Boutros-Ghali 1994: 8ff). Doch wie Informationen aus dem darauffolgenden Jahr beweisen, bot auch der Fonds keine wirklich Hilfe. Die Gesamtkosten für die Räumung aller APM der Welt betragen ca. $53 Milliarden. Der Fonds enthielt 1995 nur $60 Millionen (Farlinger 1995: 22).

Doch dies sind nur Zahlen, die zwar angeben können, wie viele Menschen und Länder betroffen sind. Sie können jedoch keine Aussage über das wirklich Ausmaß machen. Dies kann man erst ermessen, wenn man sich über Entstehung des Problems, den Einsatz von Antipersonenminen und die weltweite Produktion informiert und mit den Effekten von APM auf den einzelnen Menschen und auf ganze Regionen und Länder beschäftigt.

1.1 Antipersonenminen: Geschichte, Einsatz, Produktion, Legitimation

Die ersten Landminen wurden während des Ersten Weltkrieges genutzt, als der Einsatz von Panzern neue Formen der Verteidigung erforderte. Aus diesem Grunde wurden Antipanzerminen entwickelt, die das Vorrücken feindlicher Truppen stoppen sollten. Sie waren einfach und schnell herzustellen und dabei effektiv. Diese Minen bestanden lediglich aus einem Behälter gefüllt mit hochexplosivem Material, der explodierte sobald ein Druckschalter durch das Gewicht eines darüber fahrenden Fahrzeugs betätigt wurde. Das Problem an diesen Minen war jedoch, dass sie einfach zu finden und zu bergen waren und auf diese Weise vom Feind entdeckt und für seine eigenen Zwecke genutzt werden konnten. Daher entstanden bald nach den Antipanzerminen die ersten Antipersonenminen, deren Aufgabe es war, feindliche Truppen von der Minenräumung abzuhalten (McGrath 2000: 1). Beide Formen der Landminen erwiesen sich als effektive Waffen und wurden nach dem Ersten Weltkrieg weiterentwickelt und in die Kampfstrategien der großen Militärmächte aufgenommen (McGrath 2000: 2). Während des Zweiten Weltkrieges, in dem beide Minentypen in großen Zahlen eingesetzt wurden, bekamen Antipersonenminen eine neue Bedeutung in der Kriegsführung. Sie dienten nicht mehr nur zum Schutz von Antipanzerminen, sondern wurden auch verstärkt eingesetzt um Truppen zurückzuhalten oder zu demoralisieren und um die Bevölkerung zu verunsichern (Vines 1998: 118). Besonders bemerkenswert ist in diesem Zusammenhang die Schlacht bei El Alamein 1942 in der große Minenfelder sowohl von der britischen als auch von der deutschen Armee gelegt wurden um das Vorrücken des Gegners zu verhindern. Hier entstand auch das Konzept von Landminen als „force multiplier" (McGrath 2000: 6). Damit ist, grob gesagt, die Vermehrung von Kampfkapazitäten durch die Verlegung von Minen gemeint, die dafür sorgen, dass auch ohne eine Vergrößerung der Truppenstärke der Feind wirksam bekämpft werden kann. Mit dem verstärkten Einsatz von Landminen, erweiterte sich auch die Entwicklung dieser Waffen im Bezug auf ihre Effektivität, Tarnung und Räumbarkeit.

Einer Studie des Internationalen Komitees vom Roten Kreuz zufolge wurden insbesondere Antipersonenminen seit dem Zweiten Weltkrieg in praktisch jedem Krieg verwendet. Beginnend beim UNO Einsatz in Korea über den Vietnamkrieg, die Indien-Pakistan Konflikte, Kriege vor allem im südlichen Afrika und dem Mittleren Osten (Iran, Irak, Israel) bis hin zum Bürgerkrieg in Kroatien und Bosnien-Herzegowina sind in all diesen Konflikten APM Teil der Kriegsführung gewesen (ICRC 1996: IV). Besonders problematisch beim Einsatz dieser Waffe ist ihre wahllose Verlegung. Während im Zweiten Weltkrieg noch Minenfelder zur strategischen Verteidigung angelegt und in Karten festgehalten wurden, setzten die USA im Vietnamkrieg APM ein, die vom Flugzeug oder Helikopter aus abgeworfen werden konnten. Dies geschah in großer Zahl (ca. 114 Millionen in drei Jahren) ohne, dass genau festgehalten werden konnte, wo genau die Antipersonenminen lagen (Vines 1998: 120). Auf diese Weise war es möglich, ganze Gegenden für feindliche Truppen aber auch für die Zivilbevölkerung unbegehbar zu machen. Diese Strategie des „area-denial" wurde auch nach dem Vietnamkrieg in vielen Konflikten betrieben (McGrath 2000: 8). Ein weiteres Problem ist, dass viele der Kriege seit 1940 nicht nur von staatlichen Armeen geführt wurden, die bestimmte Regelungen bezüglich der verantwortlichen Nutzung von APM einhalten, sondern auch von Guerillagruppen, die keine solchen Regeln haben und sich humanitärem Völkerrecht nicht verpflichtet fühlen. Ferner werden Antipersonenminen heute auch explizit eingesetzt, um die Zivilbevölkerung unter Kontrolle zu halten. Ein Beispiel hierfür ist der Einsatz von APM durch die irakische Armee in Kurdistan, die durch Verminung die kurdische Bevölkerung „paralysieren" und an Tätigkeiten des alltäglichen Lebens hindern wollte (ICRC 1996: V). Die Tatsache, dass heute zum größten Teil Zivilisten von diesen Minen verletzt oder getötet werden, zeigt, dass es sich hier keineswegs um einen Einzelfall handelt.

In den letzten Jahren wurde der militärische Nutzen von Antipersonenminen in verschiedenen Studien untersucht. Bei der Bewertung von Konflikten im südlichen Afrika stellt sich heraus, dass es nur wenige Beispiele gibt, in denen der Einsatz APM erkennbare Vorteile gebracht hat. Vielmehr handelte es sich eher um „short-term military advantages in some cases, but often at tremendous cost to civilians and often in contravention of humanitarian law" (Vines 1998: 127). Studien zu diesem Thema aus den Jahren 1994 bis 1996 kamen zu ähnlichen Ergebnissen. So ergab zwar beispielsweise eine Untersuchung des Institute of Denfense Analyses für das Pentagon, dass Landminen insgesamt einen wichtigen Beitrag bei der taktischen Verteidigung haben können, dass jedoch Antipanzerminen weitaus effektiver sind als Antipersonenminen. Das Internationale Rote Kreuz stellte fest, dass APM meist entgegen humanitären Völkerrechts eingesetzt werden und darüber hinaus keinen nennenswerten Effekt auf das Ergebnis eines bewaffneten Konflikts haben. Das Centre for Defence Studies at the University of London unterstützt die These des Roten Kreuzes im Bezug auf das Völkerrecht. Seine Studie fand heraus, dass Antipersonenminen bei verantwortungsvollem Einsatz kaum Nutzen bringen. Ein wirkungsvoller Einsatz ist nur möglich, wenn die Minen verantwortungslos eingesetzt werden (Lenarcic 1998:

47-50). Rae McGrath zieht den passenden Schluss aus diesen Ergebnissen wenn er sagt: „... most landmines [...] are far more effective in action against peacetime communities than in their wartime role against military targets" (McGrath 2000: 29).

Seit den 80er Jahren nahm der Einsatz von Antipersonenminen immer weiter zu. Dies hat zwei Gründe. Zum einen erlaubt die einfache und billige Herstellung – laut dem Internationalen Komitee vom Roten Kreuz sind Minen bereits ab $3 zu erhalten – nicht nur staatlichem Militär sondern auch Guerillatruppen diese Waffen herzustellen und einzusetzen. Zum anderen machen es neue technische Entwicklungen möglich, große Zahlen von APM effektiv über eine große Fläche zu verbreiten und damit Gegner, aber vor allem die Zivilbevölkerung in ihrer Bewegungsfreiheit und Gesundheit einzuschränken (Lenarcic 1998: 4). Der Bedeutungszuwachs von Antipersonenminen lässt sich auch an den Produktions-zahlen der letzten 25 Jahre ablesen. So produzierten laut Human Rights Watch mehr als 100 Firmen in mehr als 52 Ländern 344 verschiedene Minentypen. Die jährliche Produktion von Antipersonenminen lag in dieser Zeit zwischen 5-10 Millionen Stück pro Jahr, (Vines 1998: 120-121) der Einsatz bei 2-5 Millionen (ICRC 1996: I).

1.2 Die Effekte von Antipersonenminen

Antipersonenminen stellen in vielerlei Hinsicht ein Problem dar. Zunächst sind sie in ihrer Wirkung ungenau. Eine APM unterscheidet nicht zwischen Zivilisten und Soldaten. Sie deaktiviert sich nicht automatisch mit dem Ende des Krieges. Vielfach bleiben Minenfelder über Jahre und Jahrzehnte unmarkiert und unge-räumt und sind damit ein Risiko für die Zivilbevölkerung in zweierlei Hinsicht. Zum einen gefährden sie direkt die körperliche Gesundheit, zum anderen haben sie indirekt negativen Einfluss auf den Wiederaufbau und die Entwicklung einer Region oder sogar eines ganzen Landes.

1.2.1 Direkte Auswirkungen

Der direkteste Effekt von Antipersonenminen ist logischerweise die Gefahr für Leib und Leben der Menschen, die mit ihnen in Berührung kommen:

„When a mine is stepped on, a chain reaction is set in motion. It begins with the mechanical pressure that triggers a detonator, igniting a booster charge of high–quality explosive material. The booster charge then sets off a more powerful explosion of trinitrotoluene, better known as TNT. Shock waves explode outward faster than high-velocity bullets, often at speeds of around 6,800 metres per second, driving metallic fragments, broken bones, bacteria, earth, and burning plastic into the fragments, broken bones, bacteria, earth, and burning plastic into the victim's body" (Cameron/ Lawson/ Tomlin 1998: 2).

Das Rote Kreuz registriert drei Arten von Wunden, die aus einem solchen Unfall folgen, sofern er nicht tödlich ist. Die erste Kategorie ist der Verlust eines Fußes oder Unterschenkels. Diese Verletzung entsteht, wenn das Opfer direkt auf die Mine tritt. APM, die Fragmente in die Umgebung schießen, verursachen mehrfache Verletzungen des Körpers und gehören damit zur zweiten Gruppe, welche die größten Opferzahlen hat. Wunden im Gesicht und an den Händen entstehen durch die Handhabung einer Antipersonenmine und bilden die dritte Kategorie (Coupland/ Korver 1991: 1509). 1994 veröffentlichte das Rote Kreuz weitere Daten über derartige Verletzungen. Diese Studie ergab, dass 3,7% der Verletzten im Krankenhaus sterben, 28% ein oder beide Beine verlieren und 48% der Opfer nachhaltige Fragmentierungsverletzungen erleiden. Viele der Patienten müssen aufgrund von Infektionen mehrfach behandelt werden, wobei auch zweite und manchmal dritte Amputationen erforderlich sind. Besonders problematisch ist, dass die meisten Opfer von Antipersonenminen in Ländern zu finden sind, in denen die medizinische Versorgung nicht in dem Maße gewährleistet ist, wie dies bei einem Minenunfall nötig wäre. Es fehlt in vielen Fällen an Medikamenten und ausgebildetem Personal sowie Krankenhäusern. Patienten müssen oft über lange Strecken bis zum nächsten Krankenhaus transportiert werden, was die Überlebens- und Heilungschancen nachhaltig verschlechtert (McGrath 2000: 31-33).

Neben den physischen haben Minenverletzungen auch weitreichende emotionale Folgen. Menschen, denen ein Arm oder ein Bein amputiert wurde, leiden vielfach unter Phantomschmerzen. Diese äußern sich darin, dass Patienten das fehlende Körperteil immer noch wahrnehmen und oft starke Schmerzen darin fühlen (Brownlee 1995: 76). Weitere Folgen von Minenunfällen sind posttraumatische Stresssyndrome, die oft mit den Phantomschmerzen gekoppelt sind. Die Opfer sind über lange Zeit nicht mehr in der Lage ein normales Leben zu führen. Hinzu kommen noch Probleme wie Angst, geringe Selbstachtung, Depression, Sorgen bezüglich des Aussehens, soziale Isolation und verminderte sexuelle Aktivität. Darüber hinaus finden Minenopfer aufgrund ihrer eingeschränkten Mobilität oft nur schwer einen Arbeitsplatz und sind vielfach von ihren Angehörigen abhängig. In bestimmten Kulturen kann es für die Betroffenen zu weiteren sozialen Problemen kommen, da z.B. der Buddhismus aus einer Minenverletzung schließen könnte, dass das Opfer diese aufgrund eines Vergehens in einem früheren Leben erleiden musste und dem Verletzten somit ein soziales Stigma anhaftet (Cameron/ Lawson/ Tomlin 1998: 4).

1.2.2 Effekte auf die Gesellschaft und die Entwicklung eines Landes

Neben den körperlichen und psychischen Folgen für das Opfer haben Antipersonenminen auch Auswirkungen auf die Gesellschaft. Zunächst lassen sich psychologische Effekte feststellen. Bereits die bloße Behauptung, dass ein Gebiet minenverseucht sei, kann dafür sorgen, dass die Bevölkerung dieser Gegend die Flucht ergreift, oder zumindest, aus Furcht auf eine APM zu treten, in ihrer Beweglichkeit eingeschränkt wird (Vines 1998: 129). Antipersonenminen demoralisieren den Gegner, verängstigen und kontrollieren die Zivilbevölkerung und beeinträchtigen Infrastruktur, Sozialsystem, Ökonomie und Umwelt. APM sorgen dafür, dass der Wiederaufbau und die Rückkehr ins normale Leben nach einem Krieg erheblich erschwert werden. Sie versperren den Weg für humanitäre Hilfe und die Rückkehr von Flüchtlingen. Der Zugang zu Ackerland, Wasserstellen und Feuerholz, also ganz essentiellen Bereichen des Überlebens, birgt oft ein sehr hohes Risiko in sich und sorgt für Hunger und Armut (Cameron/ Lawson/ Tomlin 1998: 4-5 und Lenarcic 1998: 4). Eine Studie von 206 Gemeinden in Afghanistan, Bosnien, Kambodscha und Mozambique macht deutlich, wie sehr Antipersonenminen die Ökonomie und Ernährungssituation beeinträchtigen können. So könnte z.B. die landwirtschaftliche Produktion in diesen Ländern um 88-200% gesteigert werden, wenn alle Minen geräumt wären. In den vier Ländern wurden fast 55.000 Tiere von APM getötet und haben damit vielen Haushalten eine Einnahmequelle und Absicherung für schlechte Ernten oder Notfälle genommen. Familien, in denen ein Mitglied Opfer einer Mine geworden ist, haben 40% größere Schwierigkeiten Nahrung zu beschaffen als nichtbetroffene Haushalte. Gründe dafür sind auf der einen Seite die fehlende Arbeitskraft, aber auch die Kosten für Behandlung und Medikamente (Anderson/ da Sousa/ Paredes 1995: 718). Es zeigt sich, dass die indirekten Folgen von Antipersonenminen den direkten nicht nachstehen. Nicht nur die Tatsache, dass der unkontrollierte Gebrauch von APM viele unschuldige Opfer fordert und deren Leben für immer beeinträchtigt, macht diese Waffe zu einem fragwürdigen Mittel der Kriegsführung. Gerade die Tatsache, dass sie indirekte Effekte auf die Entwicklung eines ganzen Landes hat und für Armut und Hunger sorgt, lässt die Frage aufkommen, ob der Einsatz von Antipersonenminen gerechtfertigt werden kann.

2. Die Internationale Bewegung zum Verbot von Antipersonenminen

Die Suche nach den Anfängen der Bewegung zum Kampf gegen APM stellt sich als schwierig heraus, da sich bereits über lange Zeit hinweg viele Gruppen, gerade Nicht-Regierungsorganisationen, mit diesem Thema beschäftigt und versucht haben, die Öffentlichkeit über die Probleme beim Einsatz dieser Waffen aufzuklären. Einen ersten Ansatzpunkt bieten die Regelungen der Nutzung von Antipersonenminen im humanitären Völkerrecht, die von vielen Minengegnern als unzureichend bezeichnet wurde. Dies legte neben den Fakten über die verheerenden Auswirkungen von APM den Nährboden für den weltweiten Ruf nach einer neuen Strategie für den Umgang mit dem Problem.

2.1 Antipersonenminen und humanitäres Völkerrecht

Das humanitäre Völkerrecht enthält zwei Prinzipien, die auf Antipersonenminen angewandt werden können. Die erste Regel besagt, dass Zivilisten nicht direkt angegriffen werden dürfen und dass Angriffe, die ohne Unterschied kämpfende Truppen und die Zivilbevölkerung treffen, verboten sind. Dieses Prinzip findet sich z.B. in Artikel 51, Protokoll 1 der Genfer Konvention. Die zweite Regel besagt, dass keine Waffen eingesetzt werden dürfen, die unnötiges Leiden hervorrufen. Artikel 35, Protokoll 1 der St. Petersburger Deklaration enthält diese Regelung (ICRC 1996). Antipersonenminen können als Waffen bezeichnet werden, die unterschiedslos Zivilisten und Truppen treffen, da sie weder für die Zivilbevölkerung sichtbar, noch Minenfelder kartographiert, geschweige denn nach dem Ende des Krieges geräumt werden. Darüber hinaus bleiben sie über Jahre und Jahrzehnte nach Kriegsende aktiv (Delong 1995: 21). Ferner rufen APM nach Meinung des Internationalen Komitees vom Roten Kreuz unnötiges Leiden hervor, da sie Ursache für schwere Verletzungen mit lebenslangen und starken Behinderungen sind (Maslen 1998: 82). Doch all diese Feststellungen reichten nicht aus um dem Problem Herr zu werden.

Zu Beginn der 80er Jahre beschloss die Generalversammlung der Vereinten Nationen eine Konferenz bezüglich konventioneller Waffen zu halten. Ergebnis dieses Treffens war die UN Convention on Certain Conventional Weapons (CCW). Sie wurde von 57 Staaten unterzeichnet und 1995-1996 einer Revision unterzogen (Lenarcic 1998: 7). Protokoll II der Konvention regelt u.a. die Nutzung von Antipersonenminen. Die ursprüngliche Version bestimmte, dass APM nicht direkt gegen Zivilisten gerichtet werden dürfen. Problematisch an Protokoll II war allerdings, dass es nur für internationale Konflikte galt und keine Mechanismen enthielt, die seine Einhaltung überwachten bzw. Strafen für die Nichteinhaltung vorsahen. Protokoll II in seiner ursprünglichen Form wird daher als ein unzureichendes Instrument zum Schutz von Zivilisten vor Antipersonenminen angesehen (Maslen 1998: 83-84). Die Unzufriedenheit mit Protokoll II gekoppelt mit einer immer weiter steigenden Zahl von Mineneinsätzen und Opfern führte daher zu Forderungen nach einer Revision des Protokolls oder einer effektiven Regelung auf anderer Ebene.

2.2 Eine Bewegung formiert sich

Der Anstieg der Nutzung von Antipersonenminen in den 80er und 90er Jahren und die damit verbundenen steigenden Zahlen von Opfern ließen im besonderen Maße Nicht-Regierungsorganisationen nach einer Lösung des Problems fragen. Das Internationale Komitee vom Roten Kreuz, das bereits seit den 50er Jahren immer wieder auf die verheerende Wirkung von APM hinwies und darauf drängte, dass internationale Regelungen für deren Nutzung gefunden würden, sah sich mit einer immer weiter steigenden Zahl von Opfern konfrontiert, die erste Hilfe, aufwendige Operationen und langwierige Unterstützung bei der Rehabilitation benötigten. Wenn man bedenkt, dass allein die Prothesen für amputierte Gliedmaßen pro Stück ca. $125 kosten und ein Kind, dass im Alter von 10 Jahren verwundet wurde, bis zu 25 dieser Hilfen benötigt, kann man ermessen, wie viele Mittel für eine sinnvolle Opferhilfe bereitgestellt werden müssen (Boutros-Ghali 1994: 8). Auch viele andere Organisationen, die in betroffenen Ländern Unterstützung leisteten, standen immer größeren Problemen gegenüber. Ein Beispiel ist Handicap International. Diese NRO hatte über Jahre hinweg Prothesen für Minenopfer bereitgestellt. Doch mit dem immer weiter steigenden „Bedarf" wurde klar, dass es keinen Sinn ergab weiterhin nur an den Symptomen anzusetzen. Es wuchs vielmehr, zunächst unabhängig voneinander das Bewusstsein, dass man bei den Ursachen ansetzen müsste, um endlich eine befriedigende Regelung des Problems zu finden (Williams/ Goose 1998: 20-21). Das Internationale Komitee vom Roten Kreuz begann in den 90er Jahren mit der Veröffentlichung von Berichten über das Ausmaß des Minenproblems und hielt 1993 ein erstes Symposium mit humanitären, juristischen, medizinischen und militärischen Experten ab. In der Diskussion stellten viele Teilnehmer klar, dass ein totales Verbot von Antipersonenminen das beste Mittel gegen das rapide wachsende Problem darstellen würde. Grund hierfür war, dass eine komplette Abschaffung dieser Waffe es leichter machen würde, die Einhaltung eines solchen Abkommens zu überwachen als nur eine Einschränkung in der Benutzung. Auch wenn der überwiegende Teil der Anwesenden dieses Ziel als unrealistisch ansah, so gab es doch eine teilnehmende Gruppe, die sich dem Ziel der kompletten Abschaffung von APM verschrieben hatte (Maslen 1998: 85). Hierbei handelte es sich um die Internationale Kampagne zum Verbot von Landminen (IKVL). Offiziell gegründet im Oktober 1992, vereinigte sie zunächst sechs NRO, die unabhängig voneinander für ein Verbot von Antipersonenminen warben. Die Kampagne verfolgte zwei Ziele. Zum einen ein internationales Verbot des Einsatzes, der Lagerung, der Herstellung und der Weitergabe von APM und zum anderen die Schaffung verbesserter Ressourcen für Minenräumung und Opferhilfe. Abgesehen von diesen gemeinsamen Zielen organisierte jedes Mitglied der Kampagne den Weg dorthin auf individuelle Weise. So sollte ein globales Netzwerk von Nicht-Regierungsorganisationen entstehen, sich gegenseitig in ihren Kampagnen unterstützten und ergänzten. Koordinatorin der IKVL wurde Jody Williams von der Vietnam Veterans of America Foundation. Die Kampagne begann NRO Konferenzen zu organisieren und auf das Problem aufmerksam zu machen. Dies geschah durch nachdrückliche Informationspolitik untereinander und gegenüber Medien, Regierungen und der allgemeinen Öffentlichkeit. Die IKVL wuchs innerhalb der nächsten Jahre zu einem weltweiten Bündnis von ca. 1200 NRO in über 60 Ländern (Williams/ Goose 1998: 22-25).

Doch nicht nur das Internationale Komitee vom Roten Kreuz und das Netz weltweiter NRO begannen in den 90er Jahren mit dringlich eine Lösung des Problems zu fordern. Die Vereinten Nationen, die weltweit in Minenräumungs-projekten und in der Opferhilfe aktiv sind, sahen sich zunehmend mit einer Situation konfrontiert, die an einen Kampf gegen Windmühlen erinnerte. Der damalige Generalsekretär Boutros Boutros-Ghali bezeichnete die Minenkrise in einem Aufsatz in der Zeitschrift Foreign Affairs als „humanitarian disaster" (Boutros-Ghali 1994: 8). Er zeigte sich bestürzt von den hohen Opferzahlen in Ländern wie z.B. Kambodscha und warnte vor den negativen Auswirkungen, die Antipersonenminen auf die Entwicklung und den Wiederaufbau einer Gesellschaft nach Kriegsende haben. Boutros-Ghali äußerte Kritik an der Convention on Certain Conventional Weapons und betonte, dass eine Verbesserung der Gesetzeslage notwendig sei. Auch seiner Meinung nach würde nur ein Verbot von APM das Problem lösen können. Er forderte daher eine umfassende Kampagne, die der Öffentlichkeit das Problem bewusst machen und die nötige politische Unterstützung fördern sollte. Erste Schritte in diese Richtung hatten die Vereinten Nationen bereits 1993 getan, als die Generalversammlung eine Resolution verabschiedete, die Mitgliedstaaten dazu aufforderte, den Export von Antipersonenminen einzufrieren (Boutros-Ghali 1994: 8ff). Dieser Ansatz wurde von den USA, die bereits 1992 ein Moratorium für den Export von APM verabschiedet hatten, bis 1997 immer wieder verlängert und schließlich permanent gemacht hatten, aufgegriffen (Williams/ Goose 1998: 26). Sie brachten eine Resolution in das First Committee der UNO Generalversammlung ein, die ein solches Moratorium auf die Mitgliedstaaten ausweiten sollte. Auch andere Staaten hatten 1993 den Export gestoppt. Diese Länder waren Belgien, Frankreich, Schweden und Deutschland (Jaksic 1996: 10). Belgien und Norwegen verhängten 1995 sogar ein vollständiges Verbot für Einsatz, Lagerung, Herstellung und Export von Antipersonenminen. Als Grund für diese weitreichende Entscheidung nannten beide Länder den Einsatz und Druck von Nicht-Regierungsorganisationen, die in diesen Ländern massiv für ein Verbot kämpften (Williams/ Goose 1998: 27).

Dem gegenüber stand die eher zurückhaltende Einstellung Kanadas zum Thema APM. Im Sommer 1995, war noch nicht abzusehen, dass dieses Land nur ein Jahr später eine Schlüsselrolle beim Verbot von Antipersonenminen einnehmen würde. André Ouellet, der damalige kanadische Außenminister, verhandelte, zunächst erfolglos, mit dem Verteidigungsminister David Collenette um eine Richtungsänderung in der kanadischen Minenpolitik. Eine kritische Betrachtung des Einsatzes von Antipersonenminen war nicht in der politischen Agenda der Regierung zu finden. Sowohl das Verteidigungsministerium (Department for National Defence – DND) als auch die zuständige Stelle im Außenministerium (Department for Foreign Affairs and International Trade – DFAIT), die Nonproliferation, Arms Control, and Disarmament Division (IDA), legte den Schwerpunkt seiner Arbeit auf Fragen innerhalb der Atomwaffenpolitik, insbesondere auf der Weitergabe dieser Waffen oder von atomwaffenfähigem Material (Tomlin 1998: 185). Ouellet, der schon für kanadische Entwicklungshilfeprogramme zuständig gewesen war und damit die Frustration vieler humanitärer Helfer teilte, an den Symptomen des Minenproblems zu kämpfen, aber keine Chance auf eine Lösung zu haben, versuchte all seinen Einfluss geltend zu machen, um Collenette von den Vorteilen eines Exportstopps zu überzeugen. Die USA hatten Kanada gebeten ihre Resolution im First Committee zu unterstützen und Ouellet war mehr als bereit dies zu tun, doch dazu war ein Exportmoratorium Kanadas nötig. Aber nur langsam konnte er Fortschritte erzielen. Das DND war nur unter Zusicherung, dass keine weitergehenden Veränderungen in der Minenpolitik geplant waren, dazu bereit, einem Moratorium zuzustimmen. Doch André Ouellet war weiterhin davon überzeugt, dass ein Verbot viel weiter gehen müsse und machte dies gegenüber dem DFAIT, dem DND und der Öffentlichkeit deutlich. Diese Bereitschaft Ouellets führte dazu, dass die IDA und kanadische NRO nun die Chance sahen, das Thema erfolgreich vorwärts zu treiben. Das Ergebnis der Bemühungen Ouellets war ein Moratorium bezüglich Einsatz, Produktion und Export von Antipersonenminen, das am 17. Januar 1996 von Ouellet und Collonette bekannt gegeben wurde. Dieser Schub wurde noch zusätzlich verstärkt als im Januar 1996 Lloyd Axworthy das Amt des Außenministers übernahm. Er bat zu Beginn seiner Amtszeit das Ministerium um Vorschläge für außenpolitische Themen, die auf der Prioritätenliste des Außenministeriums stehen sollten. IDA, durch den Vorstoß Ouellets ermutigt, schlug das Thema APM vor. Axworthy sah große Möglichkeiten für dieses Thema und war bereit weitere Schritte zu tun und dabei auch stärker auf das Verteidigungsministerium einzuwirken, um eine Zerstörung des kanadischen Minenarsenals zu erreichen. Doch nicht nur die kanadische Politik war Ziel der Maßnahmen. Auch auf internationaler Ebene wollte sich Axworthy für das Thema einsetzen. Weiterhin zeigte er sich interessiert an einer Zusammenarbeit mit den Nicht-Regierungsorganisationen, die sich mit diesem Thema beschäftigten (Tomlin 1998: 192, 194). Die Gründe für dieses Interesse lassen sich in Axworthys Engagement in der Bürgerrechtsbewegung der 60er Jahre und der daraus entstandenen Unterstützung partizipatorischer Demokratie finden. Der Außenminister war der

Überzeugung, dass NRO die Möglichkeit haben, verkrustete bürokratische Strukturen aufzubrechen und zu innovativen Lösungen beizutragen (English 2001: 104). Mit Axworthys starkem Interesse am Thema und seinem Willen zu umfassenden Maßnahmen als Rückhalt erarbeitete IDA bis März 1996 den „Canadian Action Plan to Reduce the Global Use of Landmines" (Tomlin 1998: 195). Dabei verfolgte man zwei verschiedene Richtungen. Zum einen wollte man weiterhin in der Überprüfungskonferenz der CCW mitarbeiten. Da es jedoch erhebliche Zweifel gab, dass diese zu einem für Kanada zufriedenstellenden Ergebnis führen würde, hielt man sich noch einen zweiten Weg offen. Dieser sah vor, ein Expertenmeeting in Ottawa abzuhalten. Hier sollten internationale Strategien diskutiert werden, um Problemlösungen näher zu kommen.

Wie bereits erwähnt, wurde die Convention on Certain Conventional Weapons 1995 und 1996 einer Revision unterzogen. Gründe für diese Konferenz waren die wachsenden Bereitschaft vieler Länder sich mit dem Thema auseinander zusetzen und der wachsende Druck von Nicht-Regierungsorganisationen. Die Konferenz begann in Wien im September 1995. Bei diesem ersten Treffen ergab sich vor allem für die IKVL und andere Organisationen wie das Internationale Komitee vom Roten Kreuz die Möglichkeit massive Lobbyarbeit bei Regierungen zu betreiben und das öffentliche Interesse stärker auf das Thema Antipersonenminen zu lenken. Das Rote Kreuz, das bei der Konferenz Beobachterstatus hatte, betonte noch einmal, dass vom humanitären Standpunkt nur ein gänzliches Verbot von APM die Lösung der Krise sein könne. Des weiteren drängte es auf eine genaue Definition dieser Waffe, um ein Verbot effektiv zu machen (Maslen 1998: 85). Die IKVL hatte im Gegensatz zum Roten Kreuz keinen Beobachterstatus und war daher von den offiziellen Treffen ausgeschlossen. Ihre Aktivitäten waren auf die Information der Öffentlichkeit über das Problem und informelle Diplomatie mit Regierungsdelegierten ausgerichtet. Hier wurden erste Beziehungen zu Staaten geknüpft, die während des Ottawaprozesses gemeinsam mit der IKVL für ein Verbot von Antipersonenminen arbeiten würden (Williams/ Goose 1998: 31).

Das Treffen in Wien brachte keine Einigung und wurde im Januar 1996 in Genf fortgesetzt. Das erste Treffen hatte gezeigt, dass es schwierig werden würde in einem Gremium, das Beschlüsse nur im Konsens fassen konnte, einen wirklichen Fortschritt zu Gunsten ziviler Opfer zu machen. Dennoch betrieben die NRO weiterhin Lobbyarbeit. Das Ziel war es, Staaten, die sich für ein Verbot von Antipersonenminen ausgesprochen hatten, zu einem Block zu vereinigen, der innerhalb der CCW und darüber hinaus das Thema auf der internationalen Agenda halten sollte. Aus diesem Grunde lud die IKVL während der Genfer Verhandlungen diese Staaten zu Diskussionstreffen über eine gemeinsame Strategie ein. An diesen Treffen nahmen, zum Erstaunen der Kampagne bis zu 14 Staaten teil. Hier gab Kanada zum ersten Mal die Idee bekannt, ein internationales Strategietreffen in Ottawa abzuhalten (Williams/ Goose 1998: 32, 33). Es war zu diesem Zeitpunkt dringend notwendig, zukünftige Diskussions- und Arbeitsmöglichkeiten im Bezug auf APM zu schaffen, da sich die USA, Frankreich und Großbritannien, nachdem absehbar war, dass kein Konsens in Genf erreicht werden würde, für eine weitere Behandlung in der UN Conference on Disarmament (CD) aussprachen. Die Befürworter eines generellen Verbotes sahen in der Conference on Disarmament jedoch die selbe Gefahr, wie in der CCW. Auch hier war Konsens nötig und das konnte langwierige Verhandlungen mit nur geringen Veränderungen der bisherigen Lage bedeuten. Daher begann Kanada massiv für sein Expertentreffen im Oktober zu werben. Zum Ende der Verhandlungen in Genf im Mai 1996, als das geänderte Protokoll II verabschiedet werden sollte, hatten die Bemühungen der IKVL und staatlicher Befürworter eines Verbots dazu geführt, dass 41 Staaten sich für ein Verbot von Antipersonenminen aussprachen. Die wachsende Partnerschaft zwischen NRO und Regierungen zeigte sich deutlich bei einer gemeinsamen Pressekonferenz von UNICEF, der IKVL und der kanadischen Regierung. Der Druck von Staaten und NRO, die geschlossen hinter der Idee eines generellen Verbotes standen, führte dazu, dass immer mehr Staaten Interesse daran zeigten, an der Konferenz in Ottawa teilzunehmen und Teil der Bewegung zu werden.

Das geänderte Protokoll II, dass am 3. Mai 1996 verabschiedet wurde, zeigte mehr als deutlich, dass Institutionen wie die CCW oder die CD nicht den von den Verbotsbefürwortern gewünschten Erfolg bringen würde. Zwar wurden einige Lücken des alten Protokolls gefüllt, aber es stellte keinen wirklichen Fortschritt auf dem Weg zu einem Verbot von Antipersonenminen dar. Die Verbesserungen waren die Gültigkeit der Bestimmungen für interne Konflikte, die Verantwortung für die Minenräumung bei den Kriegsparteien, die sie legen, die Verpflichtung, Minenfelder zu markieren und zu kartographieren, und das Verbot des Transfers von nicht-aufspürbaren Minen (Lenarcic 1998: 7,8). Dem gegenüber standen jedoch weiterhin Unzulänglichkeiten. Das Protokoll besagt, dass die Produktion, Weitergabe und der Einsatz von APM, die sich nach einer gewissen Zeit deaktivieren oder selbst zerstören, nicht verboten ist, solange sie auffindbar sind und eine Garantie von 90 Prozent besteht, dass sie sich in dreißig Tagen zerstören oder deaktivieren. Ferner können Antipersonenminen, die sich nicht deaktivieren, weiterhin eingesetzt werden, sofern die Minenfelder markiert und überwacht werden (Lenarcic 1998: 8). Kritiker weisen darauf hin, dass diese Regelungen nicht ausreichend sind, da die Markierung und Sicherung von Minenfeldern nicht gewährleistet ist und die Erlaubnis der Nutzung von selbstdeaktivierenden APM sogar noch zu verstärkter Produktion anregen kann. Weiterhin wird kritisiert, dass die Unterzeichner neun Jahre Zeit haben, um das Protokoll in Kraft zu setzen, was unter den damaligen Umständen bedeutete, dass über 200.000 Menschen in dieser Zeit Opfer einer Mine würden. Darüber hinaus fehlen Durchsetzungsmechanismen, die garantieren, dass das Protokoll auch wirklich eingehalten wird (Jaksic 1996: 9, 10). Dieses Ergebnis stellte einmal mehr das Problem vieler internationaler, konsensorientierter Mechanismen dar. Die Verhandlungen bleiben auf dem Niveau des kleinsten gemeinsamen Nenners, bei dem auf die Staaten am meisten Rücksicht genommen wird – werden muss –, die am wenigsten an einer weitreichenden Lösung interessiert sind. Doch mit der Aussicht auf eine Konferenz, die außerhalb traditioneller Wege der Diplomatie lag, ergab sich die Chance diesem Dilemma zu entgehen.

3. Der Ottawaprozess

Die Idee der Ottawakonferenz im Oktober 1996 war, die Staaten, die sich für ein Verbot von Antipersonenminen aussprachen, sowie involvierte NRO an einen Tisch zu bringen um einen Plan für globale und regionale Strategien zu entwikkeln mit dem Ziel der Abschaffung von APM. Da die Konferenz jedoch keine von vornherein geschlossene Veranstaltung sein sollte und man zudem hoffte, dass auch Staaten, die dem Ziel eher kritisch gegenüber standen, teilnehmen würden, ergab sich ein Problem. Auf der einen Seite wollten die kanadischen Organisatoren verhindern, dass Verbotsgegner die Chance hatten, die Konferenzziele durch ihre Teilnahme zu sabotieren. Auf der anderen Seite war es jedoch wichtig, auch diese Staaten an den Verhandlungstisch zu bringen um im Dialog auf sie einwirken zu können. Zumal es sich bei diesen Ländern auch um Frankreich, Großbritannien und die USA handelte, deren Beteiligung an einem Abkommen aufgrund ihrer militärischen Macht und ihres internationalen Einflusses wichtig für den Erfolg im Kampf gegen Antipersonenminen sein würde. Die Lösung des Problems war so einfach wie wirkungsvoll. IDA, verantwortlich für die Organisation der Konferenz, erarbeitete eine politische Deklaration, die als Vorlage für die spätere Abschlusserklärung des Treffens dienen sollte. Die Staaten hatten vor der Konferenz die Möglichkeit, sich mit dem Thema auseinanderzusetzen und zu entscheiden, ob sie bereit waren, die Deklaration zu akzeptieren. An der Konferenz würden dann die Befürworter teilnehmen. Staaten, die die Erklärung nicht unterschreiben konnten, hatten die Möglichkeit, Beobachter zu entsenden. Der Vorteil dieser Lösung war, dass keinem Staat von vornherein die Teilnahme verwehrt blieb und dabei doch ein gewisser Druck ausgeübt wurde, konstruktiv mitzuarbeiten. Die Staaten würden sich an ihren Worten messen lassen und sich mit einer Gruppe von Verbotsbefürwortern auseinandersetzen müssen, die schon während der CCW gemeinsam mit NRO Strategien für ein Verbot entwickelt hatte. Neben der Frage der Teilnahme beschäftigte man sich in Kanada mit der Frage wie Nicht-Regierungsorganisationen und insbesondere die IKVL wirkungsvoll an der Konferenz teilhaben konnten, da ihre Stimme von Seiten Kanadas als wichtig angesehen wurde. Die IKVL bekam einen eigenen Sitz in der Konferenz. Darüber hinaus würde ein Mitarbeiter der NRO Mine Action Canada Teil der kanadischen Delegation sein. Um die anderen Teilnehmer davon zu überzeugen, diesem Schritt zu folgen, erhöhte man die Zahl der möglichen Delegationsteilnehmer, sofern Mitglieder einer NRO beteiligt wurden (Tomlin 1998: 196, 197).

An der Ottawakonferenz vom 3. bis 5. Oktober 1996 mit dem Titel „Towards a Global Ban on Anti-Personnel Mines" nahmen schließlich 74 Staaten und eine Vielzahl von Internationalen Organisationen und NRO teil (Lawson et al. 1998: 161). Die Vorsichtsmaßnahmen gegen eine Sabotage der Verhandlungen und die Teilnahme von NRO sorgten schließlich dafür, dass die Konferenz zu einem Erfolg führte. Nicht-Regierungsorganisationen scheuten sich nicht, die Staaten herauszufordern, die sich zwar immer wieder für ein Verbot von Antipersonenminen aussprachen, ihre Zustimmung jedoch nicht mit Taten belegten. Schlussendlich unterstützten 50 Staaten die Ottawa Deklaration, die zur Zusammenarbeit für ein rechtlich bindendes Abkommen aufforderte. Darüber hinaus wurden die Staaten eingeladen an der „Agenda for Action" teilzunehmen, die durch verschiedene Aktivitäten helfen sollte, politische Unterstützung für ein Abkommen zu schaffen (Lawson et al. 1998: 162). Doch die politische Deklaration der Teilnehmer war nicht der einzige Grund für die schnelle Entwicklung, die dem Ottawatreffen folgen sollte. Während der Konferenz stellten die kanadischen Organisatoren fest, dass es angesichts der positiven Einstellung vieler Länder zu einem Verbot von APM wichtig sein würde, den Zug, der hier ins Rollen gekommen war, auf das richtige Gleis zu bringen. Darüber hinaus stellte solch ein Einsatz eine Chance für Kanada dar, in der Tradition der freundlichen Mittelmacht eine Führungsrolle beim Verbot von Antipersonenminen zu übernehmen. Zwei Probleme standen dieser Idee jedoch im Weg. Zum einen forderten immer noch einige Staaten die Diskussion um APM in die Conference on Disarmament zu verlegen. Zum anderen waren auch andere Länder, insbesondere Belgien, an einer Führungsrolle bei diesem Thema interessiert. Für Kanada war es daher geboten schnell und effektiv zu handeln, wenn das Minenproblem nicht im Konsenszwang der CD versinken, oder ein anderes Land die Führung übernehmen sollte. Aus diesem Grunde wurde die Idee ein eigenes Forum außerhalb aller traditionellen Instrumente internationaler Abrüstungsverhandlungen zu schaffen an die zuständigen Stellen des Außenministeriums herangetragen. Innerhalb kurzer Zeit war man sich beim DFAIT einig, dass dies die beste Lösung für Kanada und das Minenproblem war. In Lloyd Axworthy stand zudem noch ein Mann an der Spitze des Ministeriums, der bereit war, diesen durchaus gewagten Schritt außerhalb der Konventionen zu tun. Bei der Abschlussveranstaltung der Ottawakonferenz lud Axworthy die teilnehmenden Staaten zur Unterzeichnung eines Verbotsabkommens und zur Mitarbeit daran ein. War diese

Ankündigung schon außergewöhnlich genug, so überraschte auch der Zeitplan, den der Außenminister für dieses Vorhaben vorgelegt hatte. Nicht später als im Dezember 1997 wollte er die Verhandlungen beendet und den Vertrag unterzeichnet sehen. Die Ankündigung, die bei Befürwortern eines Verbots Begeisterung auslöste, stieß auch auf heftige Kritik von Staaten, die zu einem so raschen und umfassenden Vorgehen nicht bereit waren (Tomlin 1998: 204-206). Ob Axworthys Aufforderung also zu einem Erfolg führen würde, war in den ersten Tagen und Wochen nach der Konferenz fraglich. Doch schon bald begannen die Verhandlungen auf staatlicher Ebene, die durch die massive Lobbyarbeit der NRO unterstützt wurden und weltweite Aufmerksamkeit und Anerkennung erregten. Der Ottawaprozess hatte begonnen.

Am 10. Dezember 1996 verabschiedete die Generalversammlung mit 156 Ja-Stimmen, 10 Enthaltungen und ohne Gegenstimmen die Resolution 51/45S. Sie forderte die Staaten dazu auf, an einem effektiven und rechtlich bindenden Vertrag zum generellen Verbot von Antipersonenminen zu arbeiten und diese Verhandlungen so schnell wie möglich zum Ziel zu bringen. Die Resolution wies nicht explizit auf den Ottawaprozess hin, sprach sich aber auch für kein anderes Forum, wie z.B. die CD aus. Durch diese Offenheit erhielt der Prozess eine starke Legitimation, weil sie den Anstrengungen, die im Sinne der Resolution verliefen, quasi ein Mandat gab (Lawson et al 1998: 169, 170).

Der Ottawaprozess bestand von seiner Organisation her aus zwei Teilen. Auf der einen Seite sollten Konferenzen zur Ausarbeitung eines Vertrages stattfinden. Auf der anderen Seite wollte man mit multilateralen Initiativen und regionalen Konferenzen den politischen Willen für den Vertrag bilden. Die Organisation der Vorbereitungstreffen und Ausarbeitung erster Vertragsvorlagen als Diskussionsgrundlage war im wesentlichen Aufgabe der Planungsgruppe, bestehend aus Kanada, Norwegen, Belgien, Österreich, Schweiz, Irland, Mexiko, Südafrika, Philippinen, Deutschland und den Niederlanden. Diese Gruppe aus Befürwortern eines Verbotes begann nun intensiv zusammenzuarbeiten und betrieb gleichzeitig in ihren jeweiligen Regionen Lobbyarbeit für den Ottawaprozess. Im Mai 1997 wurde die Gruppe um Brasilien, Slowenien, Frankreich, Großbritannien, Zimbabwe und Malaysia erweitert. In Frankreich und Großbritannien war aufgrund eines Regierungswechsels die Einstellung zu einem Verbot von Antipersonenminen umgeschlagen und diese Länder wurden von Kritikern zu Verbündeten des Prozesses. Die Planungsgruppe begann mit der Entwicklung eines Textes. Österreich kam hierbei eine Schlüsselrolle zu, da es bereits einen ersten Entwurf erarbeitet hatte, der Grundlage für die weiteren Besprechungen der Gruppe und der Konferenzen wurde. Die Arbeit der Planungsgruppe wurde zu einem entscheidenden Faktor in den Bemühungen um zügige Verhandlungen und ein umfassendes Verbotsabkommen. Zwischen ihren Treffen und den Folgekonferenzen der ersten Versammlung in Ottawa standen diese Staaten sowohl untereinander als auch mit anderen Regierungen und NRO in Kontakt um Informationen, Ideen und Meinungen zum Vertragsprozess auszutauschen. Weiterhin betrieben diese Staaten als Gruppe innerhalb der Vereinten Nationen und der Conference on Disarmament Lobbyarbeit, um möglichst viele Länder von ihren Ideen zu überzeugen (Lawson et al. 1998: 166-168).

Die erste Konferenz zur Vertragserarbeitung wurde im Februar 1997 in Wien gehalten. Zur großen Überraschung der Veranstalter nahmen 111 Nationen teil, ein gutes Zeichen für das wachsende internationale Interesse an dem Thema. In Wien wurde die Diskussion des österreichischen Vertragsentwurfs und möglicher Inhalte des Abkommens eröffnet (Lawson et al. 1998: 170). Das zweite Treffen dieser Art fand in Bonn im April 1997 statt. Im Juni folgte dann die erste offizielle Folgekonferenz des Ottawatreffens in Brüssel. Ergebnis dieses Treffens war eine Deklaration, die zu einem gänzlichen Verbot von Antipersonenminen, ihrer Zerstörung und zu internationaler Kooperation und Mithilfe bei der Minenräumung aufrief. 97 Staaten unterzeichneten diese politische Erklärung (Lenarcic 1998: 12).

Neben den Aktivitäten im ersten Bereich des Ottawaprozesses machten auch die multilateralen Initiativen und regionalen Konferenzen Fortschritte. Hier waren insbesondere NRO aktiv. Die IKVL hielt Konferenzen in Maputo, Tokio, Stockholm, Sydney, Neu Delhi, Senegal und Sanaa. Eingeladen waren hierzu neben NRO auch Regierungen (Williams/ Goose 1998: 37). Der positive Effekt dieser Treffen zeigte sich schon im Februar in Maputo, Mozambique. Noch während der Konferenz sprach Mozambique seine Unterstützung für den Ottawaprozess aus. Die Organization for African Unity (OAU) hielt im Mai gemeinsam mit Kanada, Südafrika, der IKVL und dem Internationalen Komitee vom Roten Kreuz ein Treffen in Südafrika. Die Abschlusserklärung unterstützte den Ottawaprozess und hielt die Mitglieder dazu an, aktiv daran teilzunehmen. Neben Konferenzen starteten die NRO eine umfassende Medienkampagne, die Journalisten aller Sparten mit Informationen versorgen sollte. Internetnutzer wurden mit regelmäßigen Informationen und Links zu den einzelnen NRO Kampagnen versorgt. Unterstützung in diesem Bereich gaben Prominente wie z.B. Prinzessin Diana, Erzbischof Desmond Tutu, Jimmy Carter und Kofi Annan, der neue Generalsekretär der Vereinten Nationen. Ihr Eintreten für ein Verbot von Antipersonenminen brachte das Thema auch in die Bereiche des öffentlichen Lebens, die außerhalb der politisch interessierten Öffentlichkeit lagen und gaben der Kampagne mehr Prestige. Aber auch traditionelle Diplomatie wurde eingesetzt, vor allem in den Regionen, wo NRO keinen oder nur geringen Einfluss auf Regierungen hatten. Der Kanadische Premierminister Jean Chrétien und Kollegen aus den Ländern der Planungsgruppe warben auf ihren Reisen für den Minenbann und luden Delegationen anderer Regierungen zu Gesprächen ein (Lawson et al. 1998 : 172-174).

Doch trotz aller diplomatischen Bemühungen waren China und Russland, zwei der größten Nutzer und Produzenten, nicht bereit, ein Verbot zu akzeptieren. Russland begründete dies mit der wichtigen Funktion, die Minen bei der Grenzüberwachung und im Kampf gegen Terroristen (d.h. bei der Sicherung von möglichen Zielen terroristischer Gruppen in Russland) spielen. Chinas Argument gegen das Verbot von Antipersonenminen war der hohe militärische Nutzen den dieses Land Minen zumisst (Lenarcic 1998: 28, 29). Ein weiterer wichtiger, aber beinahe ebenso schwieriger Verhandlungspartner, waren die USA. Sie plädierten schon bei der CCW Konferenz für eine Weiterführung der Verhandlungen in der Conference on Disarmament und blieben auch bei dieser Meinung. Im Juni 1997 war jedoch abzusehen, dass die CD zu keinem befriedigenden Ergebnis kommen würde. Daraufhin fanden die ersten Gespräche zwischen der kanadischen und amerikanischen Regierung über eine mögliche Beteiligung der USA im Ottawaprozess statt. Dabei war es Anliegen der Kanadier die USA einzubeziehen, denn ihre Unterstützung für ein Minenverbot würde dem Prozess weiteren Schub verleihen. Dennoch machte Lloyd Axworthy von Anfang an klar, dass man nicht dazu bereit war, das Abkommen zu einem rhetorischen Statement zu degradieren. Er zeigte sich dennoch bereit mit den USA über ihre speziellen Vorbehalte und Probleme zu diskutieren (Wallace 1997: 34-36). Damit war das Ziel, die Vereinigten Staaten in den Ottawaprozess einzubinden, erreicht. Nun hoffte man, sie auch zur Unterzeichnung bewegen zu können.

Der entscheidende Moment des Ottawaprozesses waren die formellen Vertragsverhandlungen, die im September 1997 in Oslo stattfanden. 87 Staaten erschienen als Teilnehmer, weitere 33 Staaten traten als Beobachter auf. Die Verfahrensregeln, die von den Norwegischen Gastgebern ausgearbeitet worden waren, erlaubten eine Entscheidung mit Zweidrittelmehrheit falls kein Konsens erreichbar war. Diese Regelung war in Erinnerung an die Kompromisse innerhalb der CCW Konferenz erdacht worden, um eine Entscheidung weit oberhalb des kleinsten gemeinsamen Nenners zu ermöglichen. Dank des Vorsitzenden der Verhandlungen, Jacob Selebi, dem Botschafter Südafrikas bei der UNO in Genf, begannen die substantiellen Verhandlungen ohne vorherige einleitende Reden der Staaten. Das hatte zur Folge, dass bereits in den ersten zwei Tagen die entscheidenden Artikel des Abkommens diskutiert und die Punkte festgehalten wurden, die Probleme bereiteten. Die Kontroverse innerhalb der Verhandlungen lösten die USA aus. Bereits vor der Konferenz hatte US-Außenministerin Albright angekündigt, dass die Amerikanische Delegation bis zu fünf Änderungen im Vertrag forderte. Diese Punkte waren erstens die Ausnahme der Nutzung von Antipersonenminen durch die USA in Korea; zweitens eine umfassende Änderung in der Definition von APM; drittens eine Verzögerung des Inkrafttretens; viertens ein verstärktes Kontrollsystem; und fünftens eine Klausel, die es den Staaten ermöglichte schnell aus dem Abkommen auszusteigen, wenn das nationale Interesse dies gebot (Lawson et al. 1998 : 177). Die IKVL, die als erste NRO in der Geschichte internationaler Verhandlungen über Abrüstung einen offiziellen Beobachterstatus hatte (damit gleichberechtigt mit beobachtenden Staaten war), zeigte sich sehr besorgt über die Vorschläge der USA und versuchte allen Einfluss einzubringen um den Vertrag nicht zu schwächen. Wiederum wurden die Medien eingesetzt, wurde Lobbyarbeit innerhalb und außerhalb der Verhandlungen betrieben und scheute sich die IKVL nicht ganz offen ihre Opposition gegenüber den amerikanischen Vorschlägen zu zeigen. Während der Verhandlungen bestand die amerikanische Delegation auf der Aufnahme ihrer ersten drei Forderungen. Diese Punkte waren laut den USA kein Ausgangspunkt für Verhandlungen, sondern ein „Alles-oder-Nichts-Paket", ohne dessen Einbeziehung in den Vertrag keine Zustimmung möglich sei. Diese kompromisslose Haltung machte eine Einigung mit den USA sehr problematisch. Ziel der Verhandlungen war es nach Überzeugung der Befürworter ein umfassendes Verbot von Antipersonenminen auszusprechen. Ausnahmen für bestimmte Länder, oder bestimmte Situationen würden dieses Ziel unterminieren (Lawson et al. 1998: 177, 178). Entgegen aller Befürchtungen der IKVL, dass den Forderungen der USA nachgegeben werden könnte, blieb der Vertrag intakt und am 17. September stiegen die amerikanischen Delegierten aus den Verhandlungen aus. Dieser „Sieg" der Mittelmächte über die Großmacht USA wurde von den NRO als historische Stunde gefeiert. Trotz des Drucks, den die Amerikanische Haltung ausgeübt hatte, endeten die Verhandlungen in Oslo mit einem Vertrag, der APM ohne Einschränkungen verbot. (Williams/ Goose 1998: 45). Bei aller Kritik an der Amerikanischen Position sollten jedoch auch die Gründe für dieses Handeln nicht vergessen werden. Die Antipersonenminen, die in der demilitarisierten Zone zwischen Nord- und Südkorea eingesetzt werden, spielen eine wichtige taktische Rolle für die dort unter UNO-Mandat stationierten US-Truppen. US-Präsident Bill Clinton formulierte seine Besorgnis in diesem Punkt wie folgt: „There is a line that I simply cannot cross, and that line is the safety and security of our men and women in uniform" (Lenarcic 1998: 26). Abgesehen davon kündigten die USA jedoch zur gleichen Zeit neue unilaterale Initiativen in diesem Bereich an. So sollen bis zum Jahr 2003 Alternativen zu Antipersonenminen entwickelt werden, die dann ab 2006 in Korea eingesetzt werden können. Zudem wurde die Unterstützung für Minenräumungsprogramme ab 1998 um 25% erhöht (Lenarcic 1998: 27). Weiterhin kündigte Clinton an, dass die USA aufgrund dieser initiativen 2007 für die Unterzeichnung Ottawaabkommens bereit sei (Wilson-Smith 1997: 26). Das Nein der USA ist daher hoffentlich nur ein „noch nicht."

Nach dem Erfolg der Verbotsbefürworter in Oslo blieb den Organisatoren nur noch bis zum Dezember 1997, wenn das abschließende Treffen zur Unterzeichnung des Abkommens in Ottawa stattfinden sollte, möglichst viele Staaten davon zu überzeugen, dem Vertrag beizutreten. Foren für diese Arbeit waren die Medien und die Vereinten Nationen. Zusätzliche Aufmerksamkeit erhielt der Prozess durch die Verleihung des Friedensnobelpreis an die IKVL und ihre Organisatorin Jody Williams. Das Nobelkomitee begründete seine Entscheidung wie folgt: „The International Committee to Ban Landmines and Jody Williams started a process which in the space of a few years changed a ban on antipersonnel mines from a vision to a feasible reality" (Koerner 1997: 18). Ein weiteres Ereignis war die Zerstörung das Kanadischen Minenarsenals am 3. November 1997 in Anwesenheit von Jean Chrétien, Lloyd Axworthy, Verteidigungsminister Art Eggleton sowie Vertretern der IKVL und Mines Action Canada (Lawson et al. 1998 : 180).

Den Abschluss des Ottawaprozesses bildete schließlich das Treffen in Ottawa im Dezember 1997. Axworthy und mit ihm die internationale Gemeinschaft von Befürwortern eines Minenverbotes hatten ihr Ziel erreicht, innerhalb von 14 Monaten einen Vertrag zu auszuarbeiten der nun von 122 Ländern unterzeichnet wurde.

Die Konferenz diente jedoch nicht nur zur Unterzeichnung und Feier des Vertrages, sie war vielmehr der Startpunkt für den Ottawaprozess II. Parallel zur Konferenz der Staaten trafen sich in verschiedenen Diskussionsforen Experten zum Thema Antipersonenminen, um über die Zukunft globaler Aktivitäten in diesem Bereich zu sprechen. Die Ergebnisse dieser Diskussionen wurden in der „Agenda for Action" festgehalten, die Empfehlungen für eine schnelle Ratifikation und Implementierung des Abkommens gab und dabei die Wichtigkeit von Minenräumung und Opferhilfe, sowie die dafür notwendige Finanzierung einbezog (Lawson et al. 1998: 181).

Das Abkommen trat im März 1999 in Kraft nachdem Burkina Faso sechs Monate vorher die Ratifikation bekannt gab und damit die Zahl dieser Länder auf 40 erhöhte, die laut Artikel 17 Voraussetzung für das Inkrafttreten sind (Squtieri 1998: 21A). Mittlerweile sind 141 Staaten Mitglieder des Abkommens zum Verbot von Antipersonenminen. 118 Länder haben es ratifiziert (ICBL 2001: 3).

4. Das Abkommen über das Verbot von Antipersonenminen

Der volle Name des Abkommens, das am 3. und 4. Dezember 1997 in Ottawa unterzeichnet wurde, lautet: „Übereinkommen über das Verbot des Einsatzes, der Lagerung, der Herstellung und der Weitergabe von APM und über deren Vernichtung." Trotz seiner Umständlichkeit birgt dieser Titel in sich bereits die grundlegenden Verpflichtungen des Vertrages, die sich in Artikel 1 finden. Weiter enthält das Abkommen konkrete Regelungen dieser Verpflichtungen. So müssen laut Artikel 4 Minenarsenale spätestens vier Jahre nach Ratifikation des Vertrages zerstört werden. Artikel 5 sieht vor, dass die Vertragsstaaten alle Antipersonenminen, die sich in Gebieten auf ihrem Territorium befinden, innerhalb von zehn Jahren nach Ratifikation räumen. Sollte dies nicht möglich sein, so kann das betreffende Land um eine Fristverlängerung bei den Überprüfungskonferenzen des Abkommens bitten. Bis zur Räumung der Minen sollen darüber hinaus verminte Gebiete markiert und umzäunt werden, um die Zivilbevölkerung zu schützen. Hilfe bietet Artikel 6, der u.a. die Vertragspartner zur Zusammenarbeit und Unterstützung aufruft und die Möglichkeit offen hält, die Vereinten Nationen oder regionale Organisationen um Assistenz zu bitten. Ein wichtiger Mechanismus zur Überprüfung der Staaten, stellt Artikel 7 dar, der dazu verpflichtet dem Generalsekretär der Vereinten Nationen jährlich Bericht über nationale Maßnahmen zu erstatten. Artikel 8 enthält Mechanismen, um die Einhaltung des Abkommens sicherzustellen bei dem zunächst Informationen angefordert werden, aber auch Missionen zur Tatsachenermittlung in das Land entsandt werden können, dessen Verhalten in Frage steht. Aufgrund der daraus resultierenden Erkenntnisse kann dann die Versammlung der Vertragsstaaten entscheiden, welche Maßnahmen getroffen werden können.

Artikel 11 und 12 beschäftigen sich mit den Treffen der Vertragsstaaten und Überprüfungskonferenzen. Die Treffen und Konferenzen werden vom Generalsekretär der Vereinten Nationen einberufen, wobei die Treffen jährlich bis zur ersten Überprüfungskonferenz, die fünf Jahre nach Inkrafttreten angesetzt ist, stattfinden.

Artikel 20 regelt unter anderem den Rücktritt vom Übereinkommen. Dies ist gerade im bezug auf die Amerikanische Idee, des schnellen Rücktritts wegen nationaler Interessen interessant. Ein Rücktritt wird sechs Monate nach seiner Bekanntgabe wirksam, jedoch nur, wenn der Vertragsstaat nicht in einen bewaffneten Konflikt involviert ist. Sollte dies der Fall sein, so wird der Rücktritt erst nach Beendigung dieses Konflikts wirksam.

Bei der Bewertung des Vertrages wird klar, dass auch er die Minenkrise nicht endgültig lösen kann. Dies hängt davon ab, ob die Staaten ihre Teilnahme ernst nehmen und ob weitere Länder Partner des Abkommens werden. Das Übereinkommen über das Verbot von Antipersonenminen bietet jedoch einen umfassenden Rahmen für Aktion und schafft ein Forum, in dem sich Länder und NRO regelmäßig mit dem Problem auseinandersetzen und gegenseitig helfen können. In jedem Fall hat der Vertrag dafür gesorgt, dass der Preis des Einsatzes von APM höher geworden ist (Hajnoczi et al. 1998 : 307). Die Öffentlichkeit ist sich des Problems bewusst geworden. Die Verbotsbefürworter werden dafür sorgen, dass sie auch weiterhin darüber informiert wird.

5. Bewertung und Zukunft

Der Ottawaprozess kann in zweierlei Hinsicht bewertet werden. Der erste Bereich ist der Prozess selbst, der zweite der Vertrag und seine Wirksamkeit. Interessant ist in Zusammenhang mit der Evaluation des Prozesses eine Umfrage unter den Delegierten der Ottawakonferenz im Dezember 1997 (Umfrageergebnisse aus Cameron/ Lawson/ Tomlin 1998: 10-15). Gefragt nach den Eigenschaften des Prozesses nannten die Befragten eine Vielzahl von Aspekten. Zunächst handele es sich beim Ottawaprozess um unorthodoxe Diplomatie außerhalb aller regulären Foren, bei der kleine und Mittelmächte nicht nur die Führung übernehmen, sondern auch die Spielregeln neu festlegen konnten. Darüber hinaus sei die Verwirklichung des Verbotsvertrages ungewöhnlich schnell vorangeschritten. Ein weiterer wichtiger Aspekt war auch die Beteiligung von Nicht-Regierungsorganisation, die in der Umfrage als ein Hauptfaktor für die Zustimmung einzelner Länder zum Abkommen genannt wurden. Grund hierfür war ihre Präsenz am Verhandlungstisch, durch die direkte Einflussnahme auf die Staaten möglich war. Weitere Faktoren in der Entscheidung für die Unterzeichnung waren regionale Blöcke, die durch ihre geschlossene Haltung Rückhalt für den Entschließungsprozess der einzelnen Staaten gaben.

Doch war der Ottawaprozess nicht nur eine Frage von Verhandlungsgeschick und Durchsetzungskraft. Es war auch viel Glück dabei. Akteure und Ideen schienen immer wieder zur richtigen Zeit am richtigen Ort zusammenzukommen. Das beste Beispiel hierfür ist wohl die Entwicklung der kanadischen Politik. Noch Anfang 1995, als bereits andere Staaten Moratorien oder gänzliche Verbote für die Nutzung, Weitergabe oder Produktion von Antipersonenminen verhängt hatten, war in Kanada nichts von dieser Bewegung zu spüren. Erst mit dem Einsatz des Außenministers André Ouellet begann man, Notiz von dem Thema zu nehmen und gab es erste Versuche der IDA, auf diesen Bemühungen eine neue Minenpolitik aufzubauen. Mit der Einsetzung Axworthys als neuer Außenminister kam dann der Schub der nötig war, um Kanada schließlich zum Zugpferd der Bewegung zu machen. Abseits der staatlichen Ebene formierten sich NRO und andere Organisationen wie das Internationale Komitee vom Roten Kreuz. Sie nahmen jeden Schritt der Staaten im Hinblick auf ihre Politik wahr, setzten hier ihre Lobbyarbeit an und versuchten die Staaten zur Abschaffung dieser Waffen zu bewegen. Es lassen sich also Bewegungen auf verschiedenen Ebenen verfolgen. International formierten sich NRO und versuchten, positiv eingestellte Regierungen zu einem Block zu vereinigen, der in den internationalen Gremien Druck ausüben konnte. Auf der staatlichen Ebene begannen Verbotsbefürworter in der Regierung und Zivilgesellschaft, für unilaterale Verbote zu werben. An den entscheidenden Schnittstellen saßen zu diesem Zeitpunkt Menschen, die bereit waren Risiken einzugehen, Engagement von denen zu fordern, die nur Lippenbekenntnisse machten und die mit großem Durchhaltevermögen, innovativen Ideen und Verhandlungsgeschick den Ottawaprozess voran trieben. Lloyd Axworthy dürfte eines der prominentesten Beispiele in diesem Zusammenhang sein. Er war derjenige, der 1996 die Staaten aufforderte, innerhalb von 13 Monaten einen umfassenden Vertrag zum Verbot von Antipersonenminen zu erarbeiten. Natürlich stand hinter Axworthy ein ganzes Ministerium, das diese Idee erarbeitet hatte. Aber ohne Axworthys Risikobereitschaft diesen Vorschlag seiner Mitarbeiter, der ein weiter Vorstoß im Bereich der Abrüstungsverhandlungen und komplett außerhalb regulärer Diplomatie lag, zu präsentieren und zu einem umfassenden Konzept zu machen, wäre der Ottawaprozess wohl an der Startlinie stehen geblieben. Er war bereit zu testen, wo die Grenzen liegen und irritierte damit z.B. die USA, aber auch andere Großmächte.

Die neue Methode entsprang nicht einfach Kanadas traditioneller Rolle als Vermittler. Vielmehr setzte man gemeinsam mit anderen „Mittelmächten" die Tagesordnung (Hillmer/ Chapnick 2001: 77). Doch dies war u.a. nur aufgrund des günstigen Zeitpunktes möglich. Nach dem Ende des Ost-West Konflikts und damit auch der Beendigung der Fokussierung auf Sicherheits- und Machtpolitik bestand nun auch die Möglichkeit Themen auf die Agenda zu setzen, die sich mit Bereichen wie Umweltschutz oder humanitären Problemen beschäftigten (Hillmer/ Chapnick 2001: 77). Axworthy machte in diesem Zusammenhang drei wesentliche Punkte aus, die diese veränderte Sichtweise kennzeichnen. Erstens hatte „die öffentliche Meinung entschieden, dass dem menschlichen Verhalten Grenzen gesetzt werden müssen, und dies auch auf dem Schlachtfeld"; zweitens gab es „neue Wege des Handelns, innerhalb und außerhalb bestehender internationaler Organismen, und damit können bisher nie erreichte Fortschritte erzielt werden" und drittens konnten „Staaten und Nichtregierungsorganisationen, indem sie als echte Partner zusammenarbeiten, zu Ergebnissen kommen, die sie allein nicht erreichen könnten" (Axworthy 1997: 72).

Befragt nach den potentiellen Langzeiteffekten dieser Entwicklungen und Innovationen, zeigten die Delegierten der Ottawakonferenz optimistisch. Sie hatten die Hoffnung, dass der Ottawaprozess positiven Einfluss auf die Beziehungen zwischen Regierungen und der Zivilgesellschaft nehmen und multilaterale Diplomatie in Zukunft einen höheren Stellenwert erhalten würde. Man war sogar bereit die Entwicklungen von 1996 und 1997 als Zeitenwende in der internationalen Politik zu bezeichnen, in der eine Nord-Südkooperation in Abrüstungsfragen und sogar eine Zusammenarbeit von NATO-Staaten mit ehemals blockfreien Ländern möglich war. Diese neuen Formen würden nicht leicht rückgängig zu machen sein. Doch bei allem Enthusiasmus war man auch bereit zuzugeben, dass die Wiederholung eines solchen Ansatzes von einem entscheidenden Faktor abhängig sein würde. Die Führung des Ottawaprozesses lag bei der Planungsgruppe mit Kanada und den Koordinatoren der IKVL (Cameron/

Lawson/ Tomlin 1998: 12). Ohne eine derartige Dachorganisation wird es schwierig sein, wieder eine so große Bewegung zu formieren. Um eine solche Gruppe zu bilden, sind jedoch ein gemeinsames Ziel und der Wille zur Kooperation nötig. Das Problem Antipersonenminen bot sich für einen solchen Ansatz an. Zum Zeitpunkt der Formierung des Ottawaprozesses hatten bereits viele Ländern Export-, Nutzungs- und Produktionsverbote ausgesprochen. Es war also gerade für Länder wie Norwegen, Belgien oder Kanada ein kleinerer Schritt hin zur kompletten Abschaffung dieser Waffe als beispielsweise für Russland oder China.

Auch über den möglichen Erfolg des Verbotsabkommens wurden die Teilnehmer der zweiten Ottawakonferenz befragt. Sie hofften, dass der Vertrag vor allem in Bereichen, die direkt mit APM befasst sind, Hilfestellung leisten würde. Hierbei bezog man sich insbesondere auf erweiterte Ressourcen für Minenräumung, Opferhilfe sowie Forschung und Entwicklung von Minenräumgeräten (Cameron/ Lawson/ Tomlin 1998: 10). Diese Hoffnungen finden sich im Landmine Monitor Report des Jahres 2001 bestätigt. Diese Studie, die seit 1999 jährlich von der Internationalen Kampagne zum Verbot von Landminen erarbeitet wird, bietet umfassende Informationen über die Situation rund um das Thema Antipersonenminen (ICBL 2001). Für die Minenräumung, Opferhilfe und für Aufklärungsprogramme wurden laut diesen Informationen im Jahr 2000 ca. $224 Millionen ausgegeben. Bei einer Aufschlüsselung der Zahlen ist ersichtlich, dass der Betrag, den viele Länder pro Jahr bereit sind zu geben, stetig gestiegen ist. Vergleicht man die Jahre 1993 und 2000, so stellt man fest, dass z.B. der Beitrag der USA von $10,2 Millionen auf $79.6 Mio. gestiegen ist. Norwegen gibt heute ca. $20 Mio. aus während es zu Beginn der 90er Jahre nur $4 Mio. für Minenprojekte bereitstellte. Auch Kanada, das 1993 noch $2,2 Mio. gab, liegt 2000 bei einem Betrag von $11,9 Mio. (ICBL 2001: 43). Im Bereich des verstärkten finanziellen Einsatzes haben sich die Hoffnungen der Vertragsunterzeichner also bestätigt. Doch neben der höheren Bereitschaft zur Finanzierung hoffte man weiterhin auf einen verminderten Einsatz, Export und auf eine sinkende Produktion. Hier zeigt der Report der IKVL ein eher ambivalentes Bild. Seit 1998 wurden ca. 27 Millionen Antipersonenminen im Rahmen des Vertrages von 50 Staaten zerstört (ICBL 2001: 14). Dem gegenüber stehen jedoch 230 Millionen APM, die in ca. 100 Ländern immer noch Teil des Waffenarsenals sind (ICBL 2001: 13). Positive Meldungen gibt es aus den Bereichen Export und Produktion. Nur noch 14 von ehemals 55 Ländern produzieren Antipersonenminen. Ihr Export wurde quasi eingestellt (ICBL 2001: 11-13). Grund zur Sorge geben jedoch Berichte, dass Minen weiterhin in 23 Konflikten eingesetzt werden, viele davon schon seit Jahren, aber einige auch erst seit neustem. Staaten, die am häufigsten Minen benutzen sind Russland, Sri Lanka und Burma (ICBL 2001: 7).

Besonders interessant ist die Gegenüberstellung der Antworten der Delegierten in Ottawa von 1997 bezüglich der Hoffnung auf Einhaltung des Vertrages mit dem Monitor Report. Ein Drittel der Befragten hatte großes Vertrauen, dass die anderen Vertragsstaaten ihren Verpflichtungen nachkommen würden. Zwei Drittel vertraten diese Einstellung bezüglich ihres eigenen Landes. Als Gründe wurde u.a. der starke moralische und politische Druck genannt, den die internationale Gemeinschaft von Verbotsbefürwortern ausüben würde und, dass das Abkommen relativ einfach zu überwachen sei, da es weniger kompliziert sei als traditionelle Waffenkontrollabkommen (Cameron/ Lawson/ Tomlin 1998: 11). Angesichts von 141 Unterzeichnerstaaten, von denen 118 das Abkommen ratifiziert haben, werden die Erwartungen der Delegierten bei weitem übertroffen. „Lediglich" sechs Vertragsstaaten stehen im Verdacht Antipersonenminen einzusetzen. Dies sind Uganda, Äthiopien, Sudan, Ruanda, Burundi und Angola. Abgesehen von Angola bestreiten alle Staaten diese Beschuldigung (ICBL 2001: 7-11). Diese Information beweist zwar auch, dass sich die größte Zahl der Staaten an das Abkommen hält, sie wirft aber auch die Frage nach dessen Wirksamkeit auf. An dieser Stelle muss sich nun zeigen, ob der moralische und politische Druck ausreichend ist um den Einsatz von APM in diesen Ländern zu stoppen. Abgesehen davon kann dies zum ersten Test der Mechanismen zur Einhaltung des Abkommens in Artikel 8 werden.

Neben der Frage nach einzelnen Bereichen des Vertrages gibt es jedoch auch zweifelnde Stimmen, die der Meinung sind, dass ein generelles Verbot von Antipersonenminen nicht wirken kann. Ein Beispiel ist der kanadische Experte für Außen- und Verteidigungspolitik David A. Lenarcic. Er ist der Auffassung, dass ein solches Verbot die Zahl der Toten und Verletzten nicht wirklich senken würde, da es immer noch sehr viele Staaten gibt, die das Abkommen nicht unterzeichnet haben, und er verweist darüber hinaus auch auf die versteckte Produktion von Antipersonenminen, die einem wirksamen Produktionsverbot entgegenwirke. Grund dafür sei, dass sich APM relativ leicht aus Materialien herstellen lassen würden, die ursprünglich nicht für diesen Zweck gedacht seien und über die daher kein Exportverbot verhängt werden könne. Selbst wenn es um den Export von Antipersonenminen geht, gibt es laut Lenarcic sowohl staatliche als auch private Kanäle für den Schmuggel der Waffen. Eine weitere Möglichkeit, ein Exportverbot zu umgehen, sieht er in der Produktionsverlagerung in Staaten, die das Abkommen nicht unterzeichnet haben. Noch größere Zweifel an der Einhaltung des Vertrages hat Lenarcic bei Einsatz und Lagerung der Waffen, da Unterzeichner selbst Bericht erstatten und keineswegs sicher sei, dass sie dies korrekt tun. Sollte es aber dennoch dazu kommen, dass ein Vertragsbruch bekannt wird, dann sind seiner Meinung nach die Mechanismen des Artikel 8 zu schwach, da die Vertragspartner zwar Sanktionen gegen das betreffende Land verhängen könnten, die Chancen dazu aber laut Lenarcic gering sind. Abgesehen

davon hätten viele Staaten gar keinen Einfluss auf den Einsatz von Antipersonenminen durch Guerillas oder Rebellen in ihrem Gebiet (Lenarcic 1998: 36-38).

All diese Argumente sind sicherlich, zumindest zum Teil richtig, aber die Informationen der IKVL in ihrem aktuellen Report zeigen, dass im Bezug auf
staatliche Exporte, Produktion und Lagerung dennoch Fortschritte erzielt wurden. Darüber hinaus lässt sich belegen, dass Lenarcics These der kaum sinkenden Opferzahlen nicht richtig ist. Für das Jahr 2000 gibt Landmine Monitor eine
Opferzahl von 15.000 bis 20.000 an, die im Vergleich zu 26.000 zu Beginn der
90er Jahre eine wirkliche Verbesserung ist (ICBL 2001: 31).

Die Ausgangsfrage nach dem Erfolg des Abkommens über das Verbot von
Antipersonenminen lässt sich unter Berücksichtigung all dieser Fakten nicht
leicht beantworten. Im Bezug auf seine Konzeption kann der Ottawaprozess als
Erfolg gelten. Er hat bewiesen, dass viel erreicht werden kann, wenn eine Gemeinschaft von Gleichgesinnten dazu bereit ist. Er hat aber auf der anderen Seite
auch die Frage aufgeworfen, ob so etwas unter anderen Umständen wiederholbar
ist. Wie bereits erwähnt, sind viele Faktoren wichtig um eine solche Bewegung
außerhalb aller regulären Kanäle auf den Weg zu bringen und den Schub beizubehalten, den sie ausgelöst hat. Insgesamt gesehen, kann der Ottawaprozess nicht
unbedingt als Modell für künftige Diplomatie dienen. Er war ein Zusammentref-
fen von politischem Willen, einer großen öffentlichen NRO-Kampagne und
einem gewissen Trotz von kleinen und Mittelmächten gegenüber den ihrer Meinung nach zu zögerlichen Aktivitäten der Großmächte bei diesem Thema.

Es bleibt zu hoffen, dass die Vertragspartner ihre Mitgliedschaft ernst mei-
nen, nichtstaatliche Akteure wie die IKVL oder das Internationale Komitee vom
Roten Kreuz weiterhin Lobbyarbeit betreiben, weitere Staaten Teil des Abkommens werden und schließlich das Ziel erreicht wird

„[...] das Leiden und Sterben zu beenden, das durch Antipersonenminen verursacht
wird, die jede Woche Hunderte von Menschen, überwiegend unschuldige, wehrlose
Zivilpersonen und insbesondere Kinder, töten oder verstümmeln, die wirtschaftliche
Entwicklung und den Wiederaufbau behindern, die Rückführung von Flüchtlingen
und die Rückkehr von Binnenvertriebenen erschweren und noch Jahre nach ihrer
Verlegung weiter schwerwiegende Folgen nach sich ziehen" (Aus der Präambel des
Übereinkommens zum Verbot von Antipersonenminen 1998: 79).

Literatur

Anderson, Neil/ Palha da Sousa, Cesar/ Paredes, Sergio (1995): Social costs of land mines
    in four countries. Afghanistan, Bosnia, Cambodia, and Mozambique. In: British
    Medical Journal. 311: 7007, 718(4).

Axworthy, Lloyd (1998a): Rede des kanadischen Aussenministers, Lloyd Axworthy, bei der Eröffnung des Aktionsforums gegen Minen am 2. Dezember 1997 in Ottawa (Auszüge). Internationale Politik. Jg. 53, Nr. 1, S. 72-75.

Axworthy, Lloyd (1998b): The Global Movement to Ban Landmines. In: Canadian Foreign Policy. Volume 5, No. 3, S. 1-2.

Boutros-Ghali, Boutros (1994): The land mine crisis. A humanitarian disaster. In: Foreign Affairs. Volume 73, No. 5, S. 8-13.

Brownlee, Shanon (1995): Route of phantom pain. In: U.S. News & World Report. Volume 119, No. 13, S. 76-78.

Cameron, Maxwell A./ Lawson, Robert J./ Tomlin, Brian W. (Hrsg.) (1998): To Walk Without Fear. Toronto: Oxford University Press.

Cameron, Maxwell A / Lawson, Robert J./ Tomlin, Brian W. (1998): To Walk Without Fear. In: Cameron/ Lawson/ Tomlin (Hrsg.) (1998): 1-17.

Coupland, Robin M./ Korver, Adriaan (1991). Injuries from antipersonnel mines: the experience of the International Committee of the Red Cross. In: British Medical Journal. 303: 6816, 1509 (4).

Delong, Bev (1995): Ban landmines now! Landmines and legislation. In: Ploughshares Monitor. Volume 16, No.1, S. 21-23.

DeMont, John (1997): Axworthy's grand moment: as 121 nations sign a treaty banning land mines, the real work begins. In: Maclean's. Volume 110, No. 50, S. 29.

English, John (2001): In the Liberal Tradition.Lloyd Axworthy and Canadian Foreign Policy. In: Osler Hampson/ Hillmer/ Molot 2001: 89-107.

Farlinger, Shirley (1995): Reaping what the military sows. In: Peace Magazine. Volume 11, No. 1, S. 22-23.

Hajnoczi, Thomas/ Desch, Thomas/ Chatsis, Debora (1998): The Ban Treaty. In: Cameron/ Lawson/ Tomlin (Hrsg.) (1998): 292-313.

Hillmer, Norman/ Chapnick, Adam (2001): The Axworthy Revolution. In: Osler Hampson/ Hillmer/ Molot (Hrsg.) (2001): 65-88.

International Campaign To Ban Landmines. Landmine Monitor (2001): Toward a Mine-Free World (Executive Summary). http://icbl.org/lm/2001/exec (31.01.2003).

International Committee of the Red Cross (ICRC) (1996): Anti-personnel Landmines – Friend or Foe? A study of the military use and effectiveness of anti-personnel mines. http://www.icrc.org/Web/eng/siteeng0.nsf/iwpList74/C2951729922B4364C1256B66 00599BF2 (31.01.2003).

Jaksic, Silvija (1996): Anti-landmines campaign: not much success so far. In: Peace Magazine. Volume 12, No. 4, S. 8-10.

Koerner, Brendan I. (1997): This year's Nobel laureates. In: U.S. News & World Report. Volume 123, No. 15, S. 18.

Lawson, Robert J./ Gwozdecky, Mark/ Sinclair, Jill /Lysyshyn, Ralph (1998): The Ottawa Process and the International Movement to Ban Anti-Personnel Mines. In: Cameron/ Lawson/ Tomlin (Hrsg.) (1998): 160-184.

Lenarcic, David A. (1998): Knight-Errant? Canada and the Crusade to Ban Anti-Personnel Land Mines. Canadian Institute of International Affairs (CIIA). Toronto: Irwin Publishing.

Maslen, Stuart (1998): The Role of the International Committee of the Red Cross. In: Cameron/ Lawson/ Tomlin (Hrsg.) (1998): 80-98.

McGrath, Rae (2000): Landmines and Unexploded Ordnance. A Resource Book. London: Pluto Press.

Osler Hampson, Fen/ Hillmer, Norman/ Molot, Maureen Appel (Hrsg.) (2001): Canada among Nations 2001. The Axworthy Legacy. Toronto: Oxford University Press.

Parker, Josh / Byfield, Mike (2001): Cleansing the killing fields. In: Report Newsmagazine (Alberta Edition). Volume 28, No. 8, S. 40.

Squitieri, Tom (1998): After treaty's fanfare, mines go on killing 122 nations signed; fewer have ratified. USA Today. 2.12.1998, 21A.

Tomlin, Brian W. (1998): On a fast Track to a Ban. The Canadian Policy Process. In: Cameron/ Lawson /Tomlin (Hrsg.) (1998): 185-211.

Vines, Alex (1998): The Crisis of Anti-Personnel Mines. In: Cameron/ Lawson/ Tomlin (Hrsg.) (1998): 118-135.

Wallace, Bruce (1997). Battle to ban land mines: support grows for Canada's crusade. In: Maclean's. Volume 110, No. 26, S. 34-36.

Williams, Jody/ Stephen, Goose (1998): The International Campaign to Ban Landmines. In: Cameron/ Lawson /Tomlin (Hrsg.) (1998): 20-47.

Wilson-Smith, Anthony (1997): Under friendly fire: land mines and fish test Canada-U.S. relations. In: Maclean's. Volume 110, No. 39, S. 24-26.

Kanada und Abrüstung –
Humanitärer Schutz und Friedenssicherung unter neuem Druck?

Jan Bernhardt

Am 20. Oktober 1999 wandte sich der kanadische Botschafter Chistopher Westdal an das Erste Komitee der Generalversammlung der Vereinten Nationen mit folgendem Satz: „Die Sicherheit von Menschen steht im Mittelpunkt kanadischer Außenpolitik – Sicherheit für Kanadier, aber untrennbar damit verknüpft der Schutz aller Menschen auf globaler Ebene durch die Förderung von Entwicklung und Menschenrechten und die Sicherung unschuldiger Individuen in bewaffneten Konflikten" (Westdal 1999: 1).

Dieser Satz drückt nur zu gut Kanadas traditionelle Rolle als globaler Friedensstifter aus, die es in den 90er Jahren nach dem Ende des Kalten Krieges innehatte: Friedensschaffung und –sicherung sowie Schutz von Menschen vor den Greueln von Krieg und Unterentwicklung, sei es durch diplomatische Konfliktprävention, gezielte Förderung demokratischer Institutionen, Bereitstellung von Experten und, wenn nötig, durch bewaffnete Friedensmissionen in den jeweiligen Krisengebieten (Department of Foreign Affairs 2000: 3). Auch die Reduzierung und Kontrolle von Waffen, seien es Nuklearsprengköpfe, Handfeuerwaffen oder Landminen, gehörte in das kanadische Konzept „Human Security" mit seinen Schwerpunkten `Zivilschutz´, `Demokratische Politikentwicklung´, `Friedensmissionen´, `Öffentliche Sicherheit´ und `Konfliktprävention´.

Die „Freundliche Mittelmacht", wie Kanada oft teils bewundernd, teils ein wenig ironisch, genannt wurde, schien am Ende des 20. Jahrhunderts in den Funktionen als Friedenstaube und internationaler Vermittler gestärkt. Als reger Teilnehmer an Friedensmissionen und wichtiger Bereitsteller von Truppen für UNO-Missionen und als eine der treibenden Kräfte bei der Entwicklung internationaler Vertragswerke gegen die Verbreitung und den Test von Massenvernichtungswaffen und zur Kontrolle von Kleinfeuerwaffen hatte sich Kanada einen Namen gemacht. Globaler Frieden als kanadisches Ziel und damit globale Abrüstung schienen nach 1989 wieder im Bereich des Möglichen.

Dann kamen die Angriffe des 11. September 2001 auf das World Trade Center in New York und seitdem scheint nichts mehr zu sein wie zuvor. Neben der Einschränkung von zivilen Freiheitsrechten für die Bekämpfung von internationalem Terrorismus wird auch vor neuem Wettrüsten gewarnt. Neue Fronten und Feindbilder scheinen ausgemacht.

Angesichts weltpolitischer Veränderungen zu Beginn des neuen Jahrhunderts stellt sich auch die Frage nach Kanadas Position im Bereich von Rüstung und Abrüstung. Welche Rolle wird Kanada im Kampf gegen ABC- und Kleinwaffen spielen? Wie vertragen sich enge wirtschaftliche und politische Verbindungen oder sogar Abhängigkeiten zu beziehungsweise von den USA mit globaler Friedensarbeit zu Zeiten geplanter Aufrüstung?[1]

Um dieser Frage nachzugehen und einige Ansatzpunkte für die mögliche Zukunft kanadischer Abrüstungspolitik zu finden, beschäftigt sich dieser Text zunächst mit der Rolle Kanadas in Rüstung und Abrüstungsbemühungen seit dem Ende des Zweiten Weltkrieges. Aus der historischen Betrachtung kanadischer Abrüstungspolitik heraus soll dann in einem zweiten Schritt versucht werden, eine Prognose für die Zukunft des kanadischen Engagements in punkto weltweiter Kontrolle und Vernichtung von Waffenarsenalen aufzustellen.

1. Kanadas Abrüstungspolitik seit 1945

Aufgrund seiner geografischen Lage und der Bedrohung durch die plötzliche bipolare Konfrontation atomarer Supermächte in den frühen 50er Jahren gehört Kanada zu den Ländern, die sich, trotz ihrer vehementen Forderungen nach einer internationalen Lösung des Konflikts, unter den Schutz der USA stellten. Kanada war zudem Gründungsmitglied der NATO (North Atlantic Treaty Organization) – und einer ihrer aktivsten Förderer. Die junge kanadische Außenpolitik der Nachkriegsjahre war darauf bedacht, den Ausbruch eines generellen Krieges zu verhindern, angelehnt an die schützende Macht USA und deren Verbündete. Von konkreten Abrüstungsschritten ist zu diesem Zeitpunkt nicht die Rede (vgl. Legault/Fortmann 1989: 43).

Allerdings war Kanada von Beginn der Nachkriegszeit an Teilnehmer an allen Diskussionsforen über Abrüstung, Mitglied der UN-Kommission für Fragen der Atomenergie und der Kommission für konventionelle Waffen. Die Aufnahme in das Unterkomitee der Abrüstungskommission im Jahre 1954 konnte indes nur als Achtungserfolg gewertet werden. Kanada wurde neben den vier großen Mächten USA, UdSSR, Frankreich und Großbritannien, und anstelle von Staaten wie der Tschechoslowakei oder China, aufgenommen. Die kanadischen Vertreter hatten dort vorerst nur wenig Einfluss, traten kaum in Erscheinung, wenn es um

---

[1] Vgl. beispielsweise Frankfurter Rundschau vom 20.12.01, S.1: USA prüfen Entwicklung einer kleinen Atombombe.

die Ausarbeitung von Vorschlagspapieren ging und scheuten den Konflikt mit dem übermächtigen Nachbarn USA (Legault/ Fortmann 1989: 109).

Dies sollte sich mit dem Beginn der 60er Jahre und dem Antritt der Regierung Pearson ändern.

1.1 Die 60er Jahre

Schon Ende der 50er Jahre waren sich die Supermächte einig, dass das Thema Abrüstung „das wichtigste Thema" (Legault/ Fortmann 1989: 170) sei, das die Weltpolitik zu diesem Zeitpunkt beschäftige. Verhandlungen endeten aber zumeist mit dem Auszug einer Gesprächspartei (wie 1960 der russischen Seite aus dem 10-Nationen Komitee) oder der Blockade der Gespräche (wie 1961 während der 15. Sitzung der UNO-Generalversammlung). Der Abrüstungsprozess schien sich in einer Sackgasse zu befinden.

Trotzdem fällt in diese Zeit die genauere Positionierung der kanadischer Abrüstungsstrategie, wenngleich sie sich zum Teil als widersprüchlich entpuppte. Kanadas Ziele zu Beginn der 60er Jahre waren die Stärkung der UNO, beispielsweise durch die Schaffung von internationalen Kontrollorganen; die Beendigung der nuklearen Gefahr und die Schaffung einer breiten Koalition aus verhandlungsbereiten Staaten, deren Ziel eine weltweite Abrüstung sein sollte (Legault/ Fortmann 1989: 178-194). Vor allem das zweite Ziel erschien widersprüchlich, denn die Kanadier hatten sich als Mitglied der NATO und des kontinentalen Luftverteidigungssystems NORAD (North American Aerospace Defence) bereit erklärt, auf ihrem Gebiet Atomwaffen zu stationieren, während sie gleichzeitig sowohl Unterzeichner des Nichtverbreitungsvertrages (Non Proliferation Treaty, NPT) und Unterstützer eines irischen Resolutionsvorschlags waren, der seine Unterzeichner dazu verpflichtete, keine Atomwaffen auf ihrem Territorium zu stationieren. Dieser Widerspruch wurde elegant durch die Formulierung „not try to acquire control of" gelöst, die die vorherige Formulierung „not try to acquire" ablöste (Legault/ Fortmann 1989: 187).

Waren die Kanadier in den 50er und früher 60er Jahren eher zurückhaltend, was eine offensive Einmischung in Abrüstungsfragen anging, so änderte sich dies spätestens mit den Geschehnissen während der Kuba-Krise 1962 und dem U.S.-amerikanischen Einsatz in Vietnam. Premierminister Lester B. Pearson, der 1963 die Regierung Diefenbaker abgelöst hatte, kritisierte die Amerikaner offen für deren Vietnam-Politik – trotz der unverhüllten Drohung des amerikanischen Präsidenten Johnson an die Adresse Pearsons, „to stop pissing on his carpet" (Legault/ Fortmann 1989: 203). Pearsons Außenminister Paul Martin, eigentlich bekannt als loyaler Alliierter, bekräftigte die Politik der Abrüstung und der damit verbundenen partiellen Konfrontation mit den Vereinigten Staaten, indem er 1964 im 18-Nationen-Komitee einen weitreichenden Vorschlag vorlegte, der

Grundbaustein des 1968 unterzeichneten NPT-Vertrages werden sollte und folgende Punkte beinhaltete: Einfrieren der amerikanischen Pläne über strategische Nuklearwaffentransporter; die Zerstörung einer Reihe von Langstreckenatombombern der Sowjets und Amerikaner; die Nicht-Verbreitung von Atomwaffen; den Produktionsstop spaltbaren Materials; die Schaffung von Beobachtungsposten gegen Überraschungsangriffe; sowie die Stärkung der Vereinten Nationen zur Friedenssicherung und einen umfassenden Atomteststop (Comprehensive Test Ban, CTB), der – entgegen einem teilweisen Atomteststop (Partial Test Ban, PTB) sowohl überirdische als auch unterirdische Tests verbieten sollte (Department of External Affairs 1977: 71; Melakopides 1998: 73-74).

Damit war aber das kanadische Engagement noch nicht erschöpft. Kanada trug zur Entstehung zahlreicher weiterer internationaler Verträge bei, die im Verlauf der 60er Jahre zur Unterzeichnung fertiggestellt wurden. Dazu gehörten ein Vertrag über die Nichtbewaffnung des Weltraums (Outer Space Treaty), dessen Entwurf Kanada 1962 im 18-Nationen-Komitee vorstellte und der 1967 in Kraft trat, sowie der 1967 beschlossene Vertrag von Tlatelolco, der die Schaffung einer Nuklearwaffenfreien Zone in Lateinamerika vorsah. Überdies betonte Martin die Notwendigkeit einer Annäherung Kanadas an die kommunistischen Staaten, wie beispielsweise die Sowjetunion und China. Die Wiederaufnahme von Handelsbeziehungen und der Austausch nicht-militärischer Güter sowie wissenschaftliche, kulturelle und persönliche Kontakte zwischen den Blöcken seien im Interesse der Alliierten und der internationalen Sicherheit überaus wichtig.

In die Ära Pearsons fällt auch Kanadas Engagement zur Schaffung eines Vertrages, der die Stationierung von Raketenabwehrsystemen (Anti Ballistic Missiles, ABM) verhindern sollte. Diese Maßnahme wurde unter Basil H. Robinson – einem Mitarbeiter des Außenministeriums – 1967 vorangetrieben. Dem sogenannten ABM-Vertrag wurde sogar höhere Priorität zugedacht als dem bereits oben erwähnten Atomwaffentestvertrag (Comprehensive Test Ban Treaty), da man in Kanada glaubte, dass die Supermächte weiterhin ihre Atomsprengköpfe unterirdisch testen würden, um diese gerade für ihre Mission als ABM-Waffen zu perfektionieren (Legault/ Fortmann 1989: 207).

1.2 1968 – 1983: Trudeaus Abrüstungswille und politischer Realismus

Kanadas Abrüstungspolitik der 70er Jahre beginnt bereits in den ausgehenden 60er Jahren mit dem Wechsel von Pearson zu Pierre Trudeau an der Spitze des Landes. Der selbstbewusste, durch den klaren Wahlausgang in seinen Plänen bestärkte „Antimilitarist" Trudeau (Legault/ Fortmann 1989: 202) machte nach seinem Amtsantritt sogleich klar, wie er die zukünftige Rolle kanadischer Außenpolitik verstanden wissen wollte: Kanada werde nicht mehr der „Pfadfinder internationaler Politik" (World View 2001: 6) sein, sondern seine Außenpolitik als eine Erweiterung nationaler Ziele und politischer Praktiken ausüben, was soviel heiße, wie für mehr kanadische Unabhängigkeit, für Abrüstung, für einen Nord-Süd Dialog, für die Stärkung der Vereinte Nationen und gegen jede Verschärfung des Kalten Krieges zu sein (World View 2001: 6 und Legault/ Fortmann 1989: 203).

Was schon unter Diefenbaker und Pearson begonnen worden war, setzte die Regierung Trudeau – angesichts von rund 500 Billionen Dollar jährlicher Rüstungsausgaben weltweit – mit verstärktem Einsatz fort. Trotz aller bis zu diesem Zeitpunkt vergeblichen Bemühungen der Kanadier, nicht nur einen teilweisen sondern einen über- und unterirdischen Atomteststop durchzusetzen, gaben sich Trudeau und seine Mannschaft nicht geschlagen. Sie suchten weiter nach Verbündeten und entwarfen 1973 zusammen mit den Australiern und Neuseeländern einen Vertragsentwurf zum sofortigen Stop aller Tests. Da dies zunächst keinen Erfolg versprach, kooperierte Kanada auch mit Staaten wie Schweden und Japan bei der Entwicklung und Verbreitung von seismologischen Geräten, um unterirdische Tests zumindest aufspüren und deren Durchführung publik machen zu können (Department of External Affairs 1977: 71-72).

Neben der Bekämpfung aller Atomtests engagierte sich Kanada auch auf anderen Gebieten der nuklearen Abrüstung. So trat 1970 endlich der Vertrag über die Nichtverbreitung von Nuklearwaffen (Non-Proliferation-Treaty, NPT) in Kraft, an dem Kanada entscheidend mitgewirkt hatte. Dieser Vertrag, den Kanada bereits 1965 im 18-Nationen-Komitee als Entwurf vorgestellt hatte, enthielt neben kollektiven Sicherheitsgarantien für den Angriffsfall auch einen Artikel, der die Ausweitung der Zuständigkeiten der Internationalen Atomenergie-Behörde (International Atomic Energy Agency, IAEA) auf alle Bereiche nichtmilitärischer Atomprogramme vorsah. Kanada unterzeichnete den NPT-Vertrag nicht nur, sondern es erklärte sich auch im Dezember 1976 dazu bereit, Nuklearmaterial nur an Staaten zu liefern, die Unterzeichner des NPT waren oder zumindest alle Sicherheitsbestimmungen der IAEA akzeptiert hatten (Legault/ Fortmann 1989: 267). Dies geschah auch als Reaktion auf die erste nukleare Explosion in Indien im Jahre 1974. Die Kanadier, die vor allem unter Pearson Förderer indischer Atomprogramme gewesen waren und sowohl 1956 als auch 1962 Verträge für die Lieferung von Atomreaktoren mit den Indern unterzeichnet hatten, um, so Pearson, das Entwicklungsland Indien auf seinem Weg in die Demokratie zu unterstützen, waren brüskiert (Melakopides 1998: 104; Legault/ Fortmann 1989: 173). Nach vergeblichen Versuchen, die indische Seite von der Beendigung der sogenannten 'friedlichen Atomtests' zu überzeugen, stoppte Trudeau 1976 die atomare Kooperation mit dem asiatischen Staat.

In den Regierungszeitraum Trudeaus fällt außerdem die Unterstützung und Ratifizierung des Vertrages über die Nicht-Bewaffnung des Meeresbodens (sog.

Seabed Treaty), der 1970 von der UNO-Generalversammlung verabschiedet wurde und 1972 in Kraft trat.

Was mit dem Vertrag von Thlatelolco in den 60er Jahren begonnen hatte, unterstützte Kanada auch in den 70er Jahren: Die Ausweitung weltweiter atomwaffenfreier Zonen. 1975 stimmten die kanadischen Repräsentanten in der UNO-Generalversammlung für die atomare Entwaffnung Afrikas und Vorschläge, atomwaffenfreie Zonen in Südostasien, dem Nahen Osten und im südlichen Pazifik einzurichten (Department of External Affairs 1977: 72-77).

Das kanadische Engagement in den weltweiten Abrüstungsbemühungen während der 70er Jahre ist beachtlich. Dabei darf allerdings nicht unberücksichtigt bleiben, dass sich Kanada – trotz aller entspannungs- und rüstungskontrollpolitischen Aktivitäten – auch in der Ära Trudeau nicht vom obersten Grundsatz seiner Militär-Politik trennen wollte: der verteidigungspolitischen Kontinuität innerhalb von NATO und NORAD, dem militärischen Schutzschirm über dem nordamerikanischen Luftraum. Diese Einstellung führte immer wieder zu Widersprüchen zwischen Idealismus und Realismus in der Außenpolitik Ottawas, wie anhand eines Beispiels von Zipfel (1986: 68 ff.) verdeutlicht werden kann. Hatten sich die Kanadier bei der Erarbeitung des ABM-Vertrages schon in den 60er Jahren hervorgetan, so verfolgten sie doch nicht die Einbeziehung der strategischen Raketenabwehrprogramme (ABM) der U.S.-Amerikaner in den Kompetenzrahmen von NORAD, um sich so ein Mitspracherecht an den ABM-Planungen der U.S.A. zu sichern. Dies ist besonders verwunderlich, weil die geplanten Abwehrstellungen im Norden der U.S.A die Kanadier im Ernstfall in einen nuklearen Schlagabtausch zu ziehen drohten. Letzteres Beispiel verdeutlicht die Widersprüche, mit denen Kanada seit dem Ende des Zweiten Weltkrieges stets zu kämpfen hatte: Als möglicher Frontstaat an der Seite der militärisch übermächtigen und wirtschaftlich einflussreichen Amerikaner, war es immer wieder zu Zugeständnissen in seinen Abrüstungsbemühungen genötigt. Trotzdem muss die Ära Trudeau als eine Zeit intensiver kanadischer Abrüstungsdiplomatie verstanden werden. Auch das eigene Land war davon betroffen: Die Gesamtgröße der kanadischen Truppen wurde um 17.000 reduziert und der Verteidigungshaushalt fiel von 20 Prozent des Gesamthaushalts 1962-63 auf 9 Prozent in den Jahren 1972-73. Erst zu Beginn der 80er Jahre erhöhte er sich wieder auf 20 Prozent, lag damit immer noch niedriger als der durchschnittliche Verteidigungshaushalt der anderen NATO-Partner mit 25 Prozent (Hampson 1988: 69).

In die Zeit der 70er Jahre fallen auch erste Bemühungen um den weltweiten Kampf gegen chemische und biologische Waffen. Angesichts des Einsatzes dieser Waffen in Konflikten wie dem Bürgerkrieg in Jemen 1963-67 und dem Vietnamkrieg stieg der internationale Druck, die Entwicklung und den Handel mit solchen Waffen zu verhindern (Legault/ Fortmann 1989: 281). Die Kanadier,

die ihre eigenen Einsatztruppen durch den Einsatz chemischer Waffen gefährdet
sahen, legten bereits 1963 in einem Grundsatzpapier fest, dass man sich lediglich
gegen chemische Angriffe schützen wolle, offensive chemische Kriegsführung
durch kanadische Truppen sei demgegenüber ausgeschlossen. Der kanadische
Delegierte für die Konferenz des Komitees für Abrüstung (Conference of the
Committee on Disarmament, CCD), George Ignatieff, sagte am 24. März 1970:
„Canada has never had, and does not possess, biological weapons (or toxins) and
has no intention to develop, produce or stockpile such weapons in the future."
(zitiert in: Legault/ Fortmann 1989: 298). Neben dem völligen Verzicht auf chemische und biologische Kriegsführung beschäftigten sich die Kanadier zudem
zwischen 1970 und 1987 in zahlreichen Resolutionen und Arbeitspapieren mit
der Definition chemischer und biologischer Kampfstoffe, deren Fehlen oder
Schwammigkeit die Wirksamkeit der ratifizierten internationalen Verträge bis zu
diesem Zeitpunkt in Frage gestellt hatte.

1.3 1983 – 2002: Aufrüstung, Wind of Change und neue Gefahren

Die 80er Jahre sind gekennzeichnet durch große Widersprüche in Kanadas Abrüstungspolitik.
       Da ist zunächst einmal das sich zum Ende der 80er Jahre dramatisch verän-
dernde Verhältnis zwischen den Supermächten USA und Sowjetunion. Gespräche zwischen dem sowjetischen Staatschef Michail Gorbatschow und dem amerikanischen Präsident Ronald Reagan 1985, 1986 und 1987 hatten zu der prinzipiellen Einigung geführt, die nuklearen Sprengköpfe beider Seiten bis zu einer
Höchstgrenze von 6.000 Sprengköpfen zu reduzieren. Auch wenn die Absprache
über eine fünfzigprozentige Reduzierung des Atomwaffenarsenals in den
START-Verhandlungen (Strategic Arms Reduction Talks) in Wahrheit eine sehr
viel niedrigere Abrüstungsquote zur Folge hatte, so war doch ein deutlicher
Wille zur Annäherung beider Seiten erkennbar (Rauf 1990: 79-87). Die Kanadier, die selbst keine Teilnehmer an den START-Verhandlungen waren, trugen
zu den Fortschritten in den amerikanisch-sowjetischen Gesprächen bei, indem
sie beispielsweise U.S.-Präsident Bush von der Notwendigkeit gegenseitiger
satellitengestützter Kontrolle bei der Abrüstung überzeugten (Rauf 1990: 81;
Legault/ Fortmann, 1988: 87).[2]
       Im Licht dieser Betrachtungen verwundert es nicht, dass die seit 1983 amtie-
rende konservative Regierung des Premiers Brian Mulroney die Ziele des Vor-
gängers weiter verfolgte und sich somit für die völlige Durchsetzung des NPT-

---

[2] Schon 1955 war unter der amerikanischen Regierung Eisenhower ein sogenannter 'Open Skies'
Plan entworfen worden, der es der jeweils gegnerischen Seiten ermöglichen sollte, das Rüstungsarse-
nal des Feindes zu überwachen.

Vertrages, die Erarbeitung eines Vertrages zum Verbot chemischer Waffen; den umfassenden Stopp aller Atomwaffentests; die Verhinderung der Bewaffnung des Weltraums; sowie die Reduzierung der konventionellen Streitkräfte in Europa einsetzte (Melakopides 1998: 141; vergleiche auch Hill 1990: 93 ff.).

Andererseits erhöhten die Kanadier aber bereits zu Beginn der 80er Jahre ihren eigenen Rüstungsetat (vgl. oben), und sie versuchten, entgegen dem öffentlichen kanadischen Willen und dem Tauwetter in den Beziehungen zwischen den Supermächten, eine neue nationale Rüstungspolitik durchzusetzen. Das 'White Paper' für den Wehretat sah 1987 u. a. den Kauf von sechs Fregatten und zehn bis zwölf Atom-U-Booten vor. Diese Entscheidung im Stile konservativer amerikanischer Politik der frühen 80er Jahre wird von Hampson (1988: 69) als Versuch gewertet, Kanada in die Spitze der großen Seemächte zu befördern. Die Wende in Kanadas nationaler Rüstungspolitik mag aber vor allem darin begründet sein, dass mit Mulroney ein Premier an der Spitze des Landes stand, der sich im engen persönlichen Austausch mit anderen konservativen Politikern – wie Reagan, Bush, Thatcher und Kohl – und deren Konzepten befand. Dies lässt sich beispielsweise daran erkennen, dass Kanada den Amerikanern beim Somalia-Einsatz mit Truppen zu Hilfe kam, obwohl die United Task Force Operation (UNITAF) eher unter U.S.-amerikanischer Führung als der der UNO stand und Kanada keinerlei politische, strategische oder ökonomische Interessen am Horn von Afrika geltend machen kann (Riekhoff und Molot 1994: 19 ff.).

Zu Beginn der 90er Jahre, nur rund zehn Jahre nach dem Regierungsantritt Mulroneys, änderte sich die kanadische Außenpolitik erneut. Das mag zum einen an der seit 1989 dramatisch veränderten Weltlage, zum anderen am Regierungswechsel in Ottawa liegen.

Der 1993 ins Amt des Premiers gewählte Franco-Kanadier Jean Chrétien kappte 1994 kurzerhand das Rüstungsbudget um 7 Milliarden Dollar für die folgenden fünf Jahre und reduzierte die Stärke der kanadischen Truppen von 74.800 auf 66.700 Mann (Molot und Riekhoff 1994: 25). Im Gegensatz zum stärker an konservative Vorbilder in den USA und europäischen Staaten angelehnten Politikstil Mulroneys lauteten die primären außenpolitischen Ziele Chrétiens nun: kanadische Souveränität und internationales Peacekeeping-Engagement (Molot und Riekhoff 1994: 25). Zum ersten Mal seit der Gründung der NATO wurde auch laut über einen Verbleib in dem nordatlantischen Bündnis nachgedacht. Die NATO sei ein Bündnis ohne Feind und habe so seine Nützlichkeit eingebüßt, hieß es. Und während die kanadische Regierung ihre NATO-Truppen aus Deutschland abzog, entsandte sie jeweils 1.200 Blauhelm-Soldaten nach Jugoslawien und Kroatien. Damit wurde aus kanadischer Sicht eine neue Ära des Internationalismus eingeläutet, nach alter kanadischer Devise durch eine Stärkung der Strukturen der Vereinten Nationen (vgl. Cohen 1993: 251 ff.). Anstelle der alten Blockkonfrontation zwischen zwei Supermächten hatten die kanadischen Sicherheitspolitiker einen neuen Typus von Konflikt ausgemacht, auf den es sich vorzubereiten galt. Nicht die Aufrechterhaltung großer Verteidigungstruppen war nunmehr von Bedeutung, sondern die Bereitstellung von kleineren Spezialeinheiten für inner- und zwischenstaatliche Einsätze in Konfliktregionen (wie Somalia oder Zentralafrika), wie das Weißbuch der liberalen Regierung von 1994 deutlich macht (Bland 1997: 281-286).

Mit der Veränderung der Konfliktarten änderte sich auch die Art kanadischen Engagements in der Abrüstung. Weil der Kampf um die Eindämmung der nuklearen Gefahr der 60er und 70er Jahre zunächst weitgehend beendet schien, konzentrierte sich Ottawas Politik auf andere Ziele. Die neue Strategie der „International Human Security", der Sicherung menschlichen Lebens weltweit, hatte nicht „pragmatische und rationale militärische Gründe, sondern ethische und humanitäre Beweggründe" (Dolan/ Hunt 1998: 398, zitiert in: Regehr 1999: 257 f.). Kanada war nicht nur Vorreiter und Zugpferd bei der Erarbeitung der Ottawa-Konvention zum Bann aller Landminen, die 1999 in Kraft trat. Es machte sich vor allem für die Eindämmung des Handels mit Kleinwaffen stark, die – nach Angaben des kanadischen Botschafters Westdal – für jährlich eine Million meist ziviler Opfer verantwortlich seien (Westdal 1999: 7). In ihrem Strategiepapier 1998 verfolgten die Kanadier daher im wesentlichen drei Ziele: Peacebuilding, um die Zivilgesellschaften in den jeweiligen Konfliktregionen zu stärken und vorbeugend gegen bewaffnete Konflikte zu wirken; Kontrolle legaler Waffentransfers; und die Beendigung des illegalen Handels mit Kleinwaffen (Regehr 1999: 258 ff.).

Die Eindämmung des internationalen Handels mit Kleinwaffen und Landminen war in den 90er Jahren das Gebiet, auf dem sich Kanada nach dem Ende des Ost-West-Konflikts als Vorreiter etablieren und weltweit Gehör verschaffen konnte. Hatten doch Ende der 90er Jahre die Russen das START II-Abkommen unterzeichnet, das die Atomwaffenbestände der Amerikaner und Russen über die in den START I-Verhandlungen verabredeten Mengen hinaus auf 3.500 Sprengköpfe verkleinern soll (Neuneck/ Scheffran 2000: 717).

Allerdings musste Kanada auch erkennen, dass die Fortschritte in der internationalen Abrüstung trügerisch waren und das Land im Norden der USA weiterhin von der Politik des großen Nachbarn abhängig sein würde. Die Clinton-Regierung präsentierte nämlich Ende der 90er Jahre ihre Pläne für ein nationales Raketenabwehrsystem (National Missile Defense), welches die Vereinigten Staaten vor einem Angriff durch Interkontinentalraketen schützen soll. Das NMD-System, das die Stationierung von rund 250 Abfangraketen vorsieht, die – gestützt auf frühzeitige Informationen über Angriffe durch ein weitverbreitetes Radar- und Satellitensystem – angreifende Raketen bereits in der Atmosphäre außerhalb des amerikanischen Luftraums zerstören sollen, hat aber einen beträchtlichen Haken: Die Kollision mit den Statuten des 1972 auch durch Kanada initiierten ABM-Vertrages (Vgl. Neuneck/ Scheffran 2000; Jockel 2000; Palmore 2001). Die USA und die Sowjetunion hatten mit der Unterzeichnung des ABM-Vertrages 1972 nämlich bewusst auf die Stationierung von landesweiten Raketenabwehrsystemen verzichtet, um einem „offensiv-defensiven Wettrüsten" (Neuneck/Scheffran 2000: 722 f.) vorzubeugen. Dieser historische Vertrag wurde nun Ende des Jahres 2001 durch die Amerikaner gekündigt (Frankfurter Rundschau v. 20.12.2001), offensichtlich mit Blick auf die aktuellen NMD-Pläne Washingtons. Daraus folgt aber nicht nur die Gefahr eines neuen defensiven Wettrüstens. Für die weltweite Abrüstungspolitik stehen damit ganz grundlegende und bisher wenig umstrittene Ziele des Abrüstungsprozesses auf dem Spiel, hatte doch die russische Duma sowohl das Inkrafttreten des START-II-Abkommens als auch des Atomwaffenteststoppvertrages von der beiderseitigen Einhaltung des ABM-Vertrages abhängig gemacht (Neuneck/ Scheffran 2000: 717).

Die kanadische Regierung hat sich indes noch nicht offiziell geäußert, ob sie sich an den NMD-Plänen der Amerikaner beteiligen wollen und sich damit gegen den ABM-Vertrag stellen wird. In einer Erklärung des Außenministeriums wurde lediglich darauf hingewiesen, dass Kanada die Vorschläge Washingtons prüfen werde und sich bis dahin weder für noch gegen NMD aussprechen werde. Allerdings bedürfe die Flugkörper-Abwehr, da bisher nicht in den NORAD-Vereinbarungen enthalten, einer kanadischen Zustimmung (DFAIT 2002). Ungeachtet der Unentschiedenheit Ottawas mehren sich die Stimmen gegen eine Beteiligung der Kanadier an NMD. Douglas Roche (2002) warnt davor, dass Kanada damit die Glaubwürdigkeit internationalen Rechts untergraben würde und plädiert, wie der ehemalige kanadische Außenminister Axworthy (zitiert in: Saverimuthu 2001) für einen Verzicht auf die nordamerikanische Raketenabwehr. Zudem wird – neben der Gefahr eines neuen Wettrüstens – auf die enormen Kosten des Rüstungsvorhabens hingewiesen. Demnach müssten die Kanadier, würden sie den Wünschen der Amerikaner nach einer Übernahme von 100 Milliarden Dollar Kosten bei der Entwicklung von NMD nachkommen, ungeachtet der bereits angespannten Haushaltslage Ottawas ihr Verteidigungsbudget deutlich anheben (Richardson 2002).

Damit wären nicht nur der außenpolitische Schaden, sondern auch die möglichen innenpolitischen Konsequenzen in Form von Kürzungen im kanadischen Sozialsystem durch eine gemeinsame NMD-Politik mit den Amerikanern gravierend.

2. Künftige Optionen kanadischer Abrüstungspolitik

Gibt es eine Zukunft für kanadisches Abrüstungsengagement oder wird die globale Friedensarbeit Kanadas zwischen den eigenen nationalen Interessen sowie den Interessen der kanadischen Partner und deren Feinde zerrieben? Um auf diese Frage eine Antwort zu finden, seien nochmals die oben genannten Merkmale kanadischer Rüstungspolitik genannt. Kanadische Regierungen waren seit Ende des Zweiten Weltkrieges immer Befürworter einer globalen Abrüstung, allerdings mit folgenden Einschränkungen: Erstens war Ottawa bei allen Fragen immer auf seine eigene Sicherheit bedacht. Nicht von ungefähr ist Kanada Mitglied der NATO, Teil von NORAD – somit auch Bewahrer militärischer Bündnisse. Zweitens wurde die außenpolitische Linie der Mittelmacht, von wenigen Ausnahmen abgesehen, geprägt und beeinflusst durch weltpolitische Ereignisse wie zum Beispiel den Bau der Berliner Mauer, die Kuba-Krise, den Vietnamkrieg und indische Atomtests. Alle diese Ereignisse stärkten bis zum Ende der 90er Jahre Politiker, die sich für eine Entmilitarisierung zweier klar lokalisierbarer Blöcke aussprachen. Drittens war Kanada immer abhängig von dem übermächtigen Nachbarn USA. Zwar wurden die Amerikaner in der Zeit des Kalten Krieges in ihrer weltpolitischen Dominanz begrenzt durch die hochgerüstete und nuklearstrategisch zeitweise ebenbürtige UdSSR. Staaten wie Kanada, Schweden oder Australien spielten als Vermittler während des Kalten Krieges eine durchaus einflussreiche Rolle. Trotzdem sollte die Abhängigkeit Kanadas von den USA sowohl auf militärischem, politischem als auch wirtschaftlichem Gebiet nicht unterschätzt werden. Viertens war Kanadas Rolle zwischen Friedensbemühungen und Bündnisverpflichtungen stets ambivalent und oft genug von wenn auch nicht selten zähneknirschenden Konzessionen an die weltpolitischen Realitäten geprägt. Dies zeigt das Beispiel der Stationierung von Atomwaffen auf kanadischem Gebiet trotz aller Atomwaffensperrverträge deutlich genug.

Vor dem Hintergrund dieser Betrachtungen erscheinen kanadische Abrüstungsperspektiven in einem anderen Licht. Entgegen früherer Konfliktperioden fehlt den Anschlägen der jüngsten Zeit die Handschrift eines bestimmten Staates oder politischen Blockes. Aber wo kein bestimmter Staat der Gegner ist, da sind auch keine Vermittlerstaaten nötig. Wenn gegen Terroristen gekämpft wird, wird die bisherige kanadische Paradedisziplin, nämlich die Entmilitarisierungspolitik für genau abgrenzbare politische Einheiten, obsolet. Diffuse Gefahr ist nicht durch Verhandlungen auflösbar, weil der Verhandlungspartner der Gegenseite fehlt. Gleichzeitig wird aufgerüstet, sowohl argumentativ als auch militärisch. Die Amerikaner erhöhen ihren Verteidigungshaushalt auf ein Vielfaches der Europäischen Union, erwägen den Bau neuer Massenvernichtungswaffen und kündigen den ABM-Vertrag, um ihr nationales Raketenabwehrsystem zu realisieren.

Die Kanadier sind zudem als Verbündete der USA im Kampf gegen Al-Qaida-Stellungen in Afghanistan und in weltweiten Anti-Terror-Aktionen ins Visier möglicher zukünftiger Angriffe gegen das eigene Land gerückt. Diese Lage verschärft die Verwundbarkeit Ottawas und wird das Sicherheitsbedürfnis der Kanadier erhöhen. Das idealistische Eintreten für eine weltweite Abrüstung, bisher ein Aushängeschild kanadischer Politik, wird somit auf die härteste Probe seit dem Ende des Zweiten Weltkrieges gestellt werden. Es steht zu befürchten, dass zwischen gestiegenem Sicherheitsbedürfnis und der Loyalität zu den USA in Zukunft so gut wie kein Platz mehr sein wird für Kanadas Entspannungspolitik durch Abrüstung. Dann heißt es wahrscheinlich auch für Ottawa: NMD statt ABM.

Literatur

Cohen, Andrew (1993): Security and NATO. In: Maule, Christopher J./ Hampson, Fen Osler (Hrsg.): Canada among Nations. Global Jeopardy. Ottawa, S. 251 – 265.

Department of External Affairs (1977): Canada and the United Nations. 1945-1975. Ottawa: Minister of Supply and Services.

Department of Foreign Affairs and International Trade (DFAIT) (2000): Freedom from Fear. Canada's Foreign Policy for Human Security. Ottawa: Department of Foreign Affairs and International Trade.

DFAIT (2002): US Strategic and Missile Defence Initiatives. Ottawa: Canadian Department of Foreign Affairs and International Trade. http://www.dfait-maeci.gc.ca/foreign_policy/usstrat-en.asp (31.01.2003).

Frankfurter Rundschau (2001): Raketenabwehr. Bush kündigt den ABM-Vertrag. FR vom 14.12.2001, S.1.

Frankfurter Rundschau (2001a): Rüstung. USA prüfen Entwicklung einer kleinen Atombombe. In: FR vom 20.12.01, S.1.

Hampson, Fen Osler (1988): Call to Arms. Canadian National Security Policy. In: Molot, Maureen A./ Tomlin, Brian W. (Hrsg.): Canada among Nations 1987. A World of Conflict. Toronto: James Lorimer, S. 68-91.

Hill, Roger (1990): Conventional Arms Control. In: Molot, Maureen A./ Hampson, Fen Osler (Hrsg.): Canada among Nations 1989. The Challenge of Change. Toronto: James Lorimer, S. 93 – 104.

Jockel, Joseph T. (2000): US National Missile Defense, Canada, and the Future of NORAD. In: Molot, Maureen A./ Hampson Fen Osler (Hrsg.): Canada among Nations 2000. Vanishing Borders. Ontario: Don Mills, S. 73-92.

Larochelle, Jacques (2001): Canada World View. Canada at the United Nations: Making a difference. Issue 10. Winter 2001.

Legault, Albert/ Fortmann, Michel (1989): A Diplomacy of Hope. Canada and Disarmament 1945-1988. Montréal and Kingston: McGill-Queen's University Press.

Levitt, Joseph (1993): Pearson and Canada's Role in Nuclear Disarmament and Arms Control Negotiations 1945-1957. Montréal and Kingston: McGill-Queen's University Press.

Melakopides, Costas (1998): Pragmatic Idealism. Canadian Foreign Policy 1945-1995. Montréal and Kingston: McGill-Queen's University Press.

Neuneck, Götz/ Scheffran, Jürgen (2000): Abrüstung am Ende? Zur Kontroverse um die neuen Raketenabwehrpläne der USA. In: Blätter für Deutsche und Internationale Politik, S. 717-727.

Palmore, Julian (2001): Ballistic Missile Defense – The ABM Treaty, MAD and NMD. In: Defense Analysis. Volume 17, Nr. 3, S. 321-326.

Rauf, Tariq (1990): Strategic Arms Control. In: Molot, Maureen A./ Hampson, Fen Osler (Hrsg.): Canada among Nations 1989. The Challenge of Change, S. 79-92.

Richardson, Gregory (2002): National Missile Defence makes no sense. In: Straight Goods Online vom 05.03.2002. www.straightgoods.ca/ViewFeature.cfm?REF=38 (31.01.2003).

Riekhoff, Harald von/ Molot, Maureen A. (1994): Introduction: A Part of the Peace. In: Molot, Maureen A./ Riekhoff, Harald von (Hrsg.): Canada among Nations 1994. A Part of the Peace. Ottawa: Carleton University Press, S. 3 – 26.

Roche, Douglas (2002): Canada is Not Impotent in the Missile Defense Crisis. Nuclear Age Foundation www.wagingpeace.org/articles/bmd/roche_canadanotimpotentinmissilefense.html (31.01.2003).

Saverimuthu, Danistan (2002): Fortress North America? In: Ehgloo, 04.01.2002. www.ehgloo.com/archive/northamerica/ds020104.htm (31.01.2003).

Westdal, Christopher (1999): Statement of Ambassador Christopher Westdal to the first Committee of the 54th Session of the United Nations General Assembly. http://www.un.int/canada/html/s-20oct99westdal.htm (31.01.2003).

Zipfel, Horst C. (1986): Die Verteidigungspolitik Kanadas zwischen nationalem Eigeninteresse und internationalem Engagement. Weltforum-Verlag: München.

Kanadas Rolle in den internationalen Finanzinstitutionen

Susan Hasse

1. Einleitung

Seit dem Ende des Zweiten Weltkriegs wuchs die Rolle Kanadas in der internationalen Finanzpolitik. Kanada ging aus dem Zweiten Weltkrieg als wirtschaftlich potenter und starker Akteur hervor. In den Kriegsjahren boomte die kanadische Wirtschaft, das BIP stieg zwischen 1938 und 1944 um 80 Prozent (Swift 1991: 83f). Ähnlich wie die USA nahm auch Kanada Abschied vom Konzept des Isolationismus und verfolgte fortan eine multilaterale Außenpolitik. Die Kanadier waren bei der Konferenz in Bretton Woods, auf der 1944 eine neue internationale Finanzstruktur geschaffen werden sollte, unter anderem durch die Ökonomen Louis Rasminsky und Wynn Plumptre vertreten. Als neuer starker Akteur auf der Weltbühne schlüpfte Kanada bereits zu diesem Zeitpunkt in die Rolle des Mediators, indem es versuchte, die britische Position (John Maynard Keynes) und die amerikanische Position (Harry Dexter White) zusammen zu bringen. Es sollte ein internationales Finanzsystem geschaffen werden, das die Risiken ökonomischer Krisen vermindert. Keynes wollte die Schaffung einer Rechnungseinheit „bancor" und hatte die Vorstellung, dass die Regulierungskosten bei Kreditvergaben dem Schuldner und dem Gläubiger aufzuerlegen sind. Diese Auffassungen fanden keine Zustimmung bei den USA. Insbesondere die Idee, dass die Gelder allen Nationen ohne Auflage von Konditionen frei zur Verfügung stehen sollten, war konträr zur amerikanischen Position (Swift 1991: 83f.). Die USA wollten ein System, das die Interessen der dominierenden Staaten ausreichend zur Geltung bringt, z.B. durch strenge Konditionen bei der Kreditvergabe. Zudem sollten die Geldmittel der BWI an den starken Dollar gekoppelt werden.

Bei näherem Hinsehen zeigt sich, dass die Kanadier zwar die Vermittlerrolle übernahmen, aber eigentlich den amerikanischen Vorstellungen mehr zugeneigt waren und versuchten, diese wiederum der britischen Seite näher zu bringen:

> „It is true...that the (post-war) international institutions, largely fashioned in Washington, were designed to serve the international interests of the United States. The charge that they could in many respects be considered as the creatures of American 'capitalist imperialism' can in a sense be accepted. It does not follow,

however, that their establishment and operation were contrary to Canadian interests as perceived at the time or subsequently by Canadian governments" (Plumptre 1977: 31).

Schließlich wurde in Bretton Woods der Internationale Währungsfonds sowie die Weltbank fast ausschließlich nach amerikanischen Vorstellungen gegründet. Sir Roy Harrod notierte bei den Verhandlungen in Bretton Woods dazu: „The IMF and the International Bank were the products of English and American brains, with valuable assistance from the Canadians" (Harrod 1951: 579). Das Bretton Woods System funktionierte, solange die USA ihre Finanzpolitik beibehielten.

Als 1971 die Bindung des US-Dollars an das Gold und die feste Wechselkursordnung abgeschafft wurde, ist das internationale Finanzsystem tief erschüttert worden. Der sogenannte „Nixon-Schock" traf Kanadas Wirtschaft und Politik hart und bewirkte schließlich auch ein Überdenken der kanadischen Außenpolitik (Keating 1993: 184). Anstelle des Festkurssystems wurde nunmehr ein System von flexiblen Wechselkursen (freies Floaten) geschaffen, das für hohe Volatilität an den Finanzmärkten sorgte. Die Währungen der Industrienationen, darunter auch der kanadische Dollar, wurden zu Spekulationsobjekten. In den folgenden Jahren verstärkte sich der Trend, die freiwerdenden Finanzmittel an Dritte Welt Länder zu verleihen. So hatten die fünf größten kanadischen Banken im Jahre 1983 mehr als 18 Milliarden Dollar ausstehende Schulden in Lateinamerika (Swift 1991: 86). Gleichzeitig fand in der kanadischen Außenpolitik eine Neuorientierung statt. Kanada hat die Botschaft der USA verstanden, dass es nicht mehr beanspruchen kann, einen besonderen Status in der amerikanischen Politik zu haben (Keating 1993: 185).

Die kanadische Außenpolitik orientierte sich in den folgenden Jahren wieder mehr auf ihre multilateralen Facetten. Die kanadische internationale Finanzpolitik legte in den folgenden Jahren ihr Hauptaugenmerk auf eine Liberalisierung und Intensivierung des Welthandels.

Das Verhältnis Kanadas zu den Entwicklungsländern war von jeher ambivalent. Kanada versuchte, in seiner Außen- bzw. Entwicklungspolitik eine Balance zwischen den eigenen realpolitischen Interessen und der offensichtlich dringend benötigten Hilfe der Entwicklungsländer zu finden. Von den Entwicklungsländern wurde Kanada als Mittelmacht ohne territoriale und militärische Ambitionen angesehen (Whalley 1985: 118). Zudem gewann Kanada den Ruf, sich besonders für die Interessen des Südens einzusetzen. Die Kanadier waren zumindest bis zum Beginn der 90er Jahre vorbildlicher Zahler in Sachen Entwicklungshilfe. Die Quote belief sich in den 70er und 80er auf durchschnittlich 0,46 Prozent des Bruttoinlandprodukts (BIP). Die offizielle kanadische Entwicklungshilfe (ODA), gemessen als Anteil am BIP, hat sich jedoch seit 1992 fast halbiert. Im Jahre 2000 betrug sie nur 0,25 Prozent des BIP. Diese Tendenz kann allerdings bei fast allen Industriestaaten nachgewiesen werden und wird mit der politischen Großwetterlage nach Ende des Kalten Krieges erklärt.

Die kanadische Entwicklungshilfepolitik wird von verschiedenen Interessen geleitet, wobei das Hauptinteresse darin besteht, den politischen Einfluss zu sichern und auszubauen (Swift 1991:227). In den 80er Jahren arbeitete Kanada eng mit anderen Mittelmächten, wie Schweden, den Niederlanden und Norwegen zusammen. Diese Länder leisten traditionell große Anteile an Entwicklungshilfe und setzen sich stärker für deren Belange ein als beispielsweise größere Staaten. Doch Kanadas Unterstützung für die Entwicklungsländer erreichte nie den Stand dieser anderen Mittelmächte. Die von den skandinavischen Staaten getragene Politik wurde von Kanada nur bedingt mitgetragen (Keating 1993: 200). Insgesamt gesehen und trotz eines anderslautenden skandinavischen Selbstverständnisses, legt Kanada in seiner Außenpolitik keinen besonderen Nachdruck auf Entwicklungshilfe und Handelspolitik mit Entwicklungsländern.

Kanada ist makroökonomisch gesehen ein Exportland. Über 40 Prozent des BIP werden über Exporte erreicht.[1] Dieses Faktum erklärt das starke Interesse Kanadas an einem funktionierenden und stabilen Handelssystem und einer intakten und effizienten internationalen Finanzstruktur. Die finanziellen Krisen der letzten Jahre haben zum wiederholten Male gezeigt, wie wichtig die internationalen Finanzinstitutionen für die Stabilität der Weltwirtschaft sind.

2. Die Internationalen Finanzinstitute (IFIs) und Kanadas Engagement

2.1 GATT/WTO

Als nach dem Zweiten Weltkrieg ein internationales Finanzsystem gegründet werden sollte, war Kanada als wichtiger Initiator mit von der Partie. Geplant wurde die Gründung einer internationalen Handelsorganisation (International Trade Organisation, ITO). Die Satzung, die Havanna Charta, sollte 1947 ratifiziert werden. Die Gründung der ITO wurde jedoch schließlich durch das Veto des US-Senats verhindert. Von der Charta blieb lediglich Teil IV über die Außenwirtschaftspolitik übrig. Die darin enthaltenen Vereinbarungen wurden von insgesamt 23 Staaten, darunter natürlich auch Kanada, angenommen. Das General Agreement of Tariffs and Trade, kurz GATT Abkommen, wie es nunmehr genannt wurde, beinhaltete die Abschaffung von Quoten im Bereich des internationalen Handels und die Reduzierung von Zöllen.

---

[1] 1999 waren es 43,1 Prozent, in 2000 wuchs die Quote auf 45,6 Prozent des BIP, weitere statistische Angaben: Statistic Canada, National Income and Expenditure Accounts, Catalogue no. 13-001-PPB, 4th Quarter 2000, Statistics Canada.

In den folgenden Jahren fanden insgesamt acht Verhandlungsrunden statt; alle mit dem Ziel, den internationalen Handel zu liberalisieren. Die achte Runde – die im Jahre 1986 eröffnete Uruguay Runde – gipfelte in der Unterzeichnung der Schlussakte der GATT. Die 111 Vertragsparteien einigten sich am 15.April 1994 in Marrakesch und unterzeichneten das 26.000 Seiten starke Vertragswerk und beschlossen damit die Errichtung der Welthandelsorganisation (WTO).[2]

Kanada hat von Anbeginn an aktiv am Funktionieren des GATT mitgewirkt (Cutler 1992: 14). Die Kanadier haben dabei versucht, ein Handelssystem zu schaffen, das wenig Ausnahmen vorsieht und weitgehende Liberalisierung anstrebt (Stone 1984: 14). Die Rolle Kanadas im GATT-System reflektiert seine weite und vielschichtige Interessenlage als Handelsnation und die Überzeugung, dass ein funktionierendes internationales Handelssystem Vorteile gegenüber bilateralen Handelsbeziehungen hat. Dazu John Walley 1985: „As a smaller country, Canada clearly has a strong interest in a liberal trading order based on clear rules and backed up by the discipline of multilateral agreements (Keating: 1993: 184).

Die kanadische Position legt traditionell insbesondere Wert auf die Erleichterung der Handelsbeziehungen, also den Abbau von Zöllen und anderen Restriktionen im Agrarsektor. Der Agrarsektor macht einen großen Teil des kanadischen Gesamtexports aus, und zudem ist die Agrarlobby sehr stark in Kanada. Das Interesse an weltweiter Stabilität und Sicherheit ist ein weiterer Motor des kanadischen Engagements in der WTO. Kanada hat – ökonomisch gesprochen – eine offene Volkswirtschaft, die für Veränderungen in der Weltwirtschaft höchst anfällig ist (Oldendorff 1996: 227). Das GATT hat für größere Offenheit innerhalb des Welthandelssystems gesorgt, wovon Kanada in hohem Maße profitiert hat. Die Reduktion von Zöllen hatte insbesondere für die Exportnation Kanada eine Vermehrung des Wohlstandes zur Folge.

Kanada ist in einem multilateralen Rahmen, wie es die WTO bietet, in der Lage, alle kleinen Schritte, die in langwierigen WTO-Verhandlungsprozessen gemacht werden, aktiv mitzubestimmen und kann somit größeren Einfluss ausüben als beispielsweise in bilateralen Verhandlungen. Kanada hängt traditionell sehr stark vom US-Markt ab. Über 80 Prozent der Exporte gehen in die Vereinigten Staaten. Beide Staaten haben ein komplexes System von Handelspräferenzen aufgebaut, die in einigen Fällen verzerrend sind (Williams 1998: 4). Keine anderen Nationen haben mehr Handel mit Waren und Dienstleistungen wie die USA und Kanada (Cavanagh 1994: 203). Trotzdem oder vielleicht gerade deswegen haben die Kanadier großes Interesse an einem funktionierenden internationalen Handelssystem. Ein multilaterales System sorgt im Regelfall dafür, dass der Handlungsspielraum eines Staates vergrößert wird. Die Mittelmacht

---

[2] Dazu Geschichte der WTO in: Beise 2001 sowie Hummer/ Weiss 1997.

Kanada wäre in vielen Fällen in bilateralen Verhandlungen lediglich ein Junior-
partner mit geringeren Kapazitäten, um die eigenen Interessen durchzusetzen. An
dieser Stelle kommt das Grundprinzip der kanadischen Außenpolitik erneut zum
Vorschein. Die Mittelmacht Kanada kann Zielsetzungen am ehesten im multilateralem Rahmen durchsetzen (Keating 1993: 4ff.).

Das GATT / WTO System diszipliniert und schränkt die Handelspolitik der
Vereinigten Staaten und anderer Handelspartner ein und schafft mehr Stabilität,
die für die Mittelmacht Kanada von wesentlicher Bedeutung ist. Das starke Engagement in der WTO ist von großem Nutzen für die kanadische Volkswirtschaft.

Und so ist es nur logisch, dass Kanada bei jeder internationalen Konferenz
mit am Tisch saß und auch weiterhin sitzen wird. Das WTO System als Ganzes
ermöglicht es den kleineren und mittleren Staaten, also auch Kanada, ihren Einfluss ausreichend zur Geltung zu bringen, da die Verhandlungen auf vertraglicher Basis stattfinden, auf der alle Mitglieder den gleichen Regeln unterworfen
sind (Stone 1984: 210).

Eine Frage, die sich an dieser Stelle stellt, ist, wie sich das Engagement in
der WTO, also das Voranbringen des multilateralen Handelssystems, mit der
gleichzeitigen wirtschaftlichen Integration im Rahmen der NAFTA in Einklang
bringen lässt. Man könnte argumentieren, dass die verstärkte regionale Integration die gleichzeitige Integration in ein internationales System gefährden könnte.
Das Engagement in der NAFTA könnte dazu geeignet sein, die Rolle der WTO
und des multilateralen Systems zu beeinträchtigen (Weiler 2000: 198). Allerdings zeigt sich gerade im Falle Kanadas, dass die scheinbar widersprüchliche
Handelspolitik von großem Vorteil ist. Zwar hängt die kanadische Wirtschaft
stark von der US-amerikanischen ab, aber im Umkehrschluss bedeutet dies auch,
dass 20 Prozent des Exports in die restliche Welt gehen. Zudem hat Kanada
durch die multilaterale Politik jederzeit die Möglichkeit, seine Handelspolitik
leicht zu verändern.

Das Konzept der Dritten Option (Third Option) wurde im Jahr 1972 erstmals
formuliert und wurde recht populär. Es beschreibt eine realistische Alternative,
wie eine Abhängigkeit von den USA abgeschwächt bzw. beendet werden kann
(Conklin 1985: 22f.).

Solange die im Rahmen der NAFTA oder anderer Freihandelsabkommen
getroffenen Vereinbarungen nicht gegen das WTO Reglement verstoßen, kann
nichts Negatives an regionaler Integration gefunden werden. Die Gleichzeitigkeit
der bilateralen und multilateralen Bestrebungen Kanadas können sodann als
ergänzend, nicht widersprüchlich angesehen werden (Keating 1993: 240). Es
besteht also kein eklatanter Widerspruch in dieser außenpolitischen Strategie
Kanadas.

Auch die Politik in der WTO wird durch den bestehenden Nord-Süd Konflikt gekennzeichnet. Kanada betont, dass die Integration der Entwicklungsländer in das internationale Wirtschaftssystem hohe Priorität haben soll. Die Überzeugung, dass eine Öffnung der Länder deren Entwicklung fördert, ist dabei der Motor.[3] Eine protektionistische Handelspolitik wird als falsche Strategie angesehen.

Die derzeit laufende Verhandlungsrunde, die im Jahre 2005 abgeschlossen werden soll, hat zum Ziel, weitere Handelsliberalisierungen durchzusetzen. Kanada engagiert sich insbesondere für Handelserleichterungen im Agrarbereich, Verbesserungen der Strafen bei unerlaubten Subventionen und Dumping sowie die Reduzierung bzw. Abschaffung von nicht-agrarischen Zolltarifen.[4]

Eine Reform der WTO ist für Kanada, wie auch für fast alle anderen Mitgliedsstaaten, sehr wichtig. Dabei wird insbesondere betont, dass deren Transparenz erhöht werden muss.[5] Das kanadische Engagement in der WTO wird jedenfalls – das kann konstatiert werden – in der Zukunft weiterhin stark bleiben. Die Globalisierung erfordert nach Ansicht der kanadischen Entscheidungsträger ein stabiles, funktionierendes Institutionengefüge. Insbesondere das 1994 eingerichtete Appellationsgericht zur Streitbeilegung im internationalen Handel wird von den Kanadiern stark genutzt. Derzeit sind zwölf Fälle anhängig, in denen Kanada involviert ist.[6]

Insgesamt unterstützt Kanada die Weiterentwicklung der WTO und sieht sie als Forum, um eigene Handelsinteressen durchzusetzen.

2.2 Der Internationale Währungsfonds

Der Internationale Währungsfonds (IWF) gilt als Herzstück der Internationalen Finanzarchitektur, die 1944 in Bretton Woods geschaffen wurde und kann als Organisation bezeichnet werden, die von den Interessen der Industrieländer geprägt ist.

Hauptaufgabe des IWF besteht darin, in Zahlungsschwierigkeiten geratenen Mitgliedsstaaten kurzfristige Kredite zu gewähren. Anders als in der WTO, wo jedes Land eine Stimme besitzt, wird das Gewicht der Stimmen der Mitglieds-

---

[3] So Pierre Pettigrew, Minister für Internationalen Handel, in seiner Rede in Ottawa anlässlich der internationalen Kooperationstage 1999: www.wto.org/english/thewto_e/minist_e/min01_e/statements _e/stl3.pdf (31.01.2003).

[4] Mehr dazu unter www.dfait-maeci.gc.ca/tna-nac/WTO-Obj-e.asp (31.01.2003).

[5] So in vielen Reden von Regierungsmitgliedern sowie anderen Politikern in öffentlichen Statements formuliert, z.B. Sergio Marchi, Pettigrew am 16.2.2000 vor der Ottawa Diplomatic Association: http://webapps.dfait-maeci.gc.ca/minpub/Publication.asp?FileSpec=/Min_Pub_Docs/103030.htm&b Print=False&Year=&ID=&Language=E (31.01.2003).

[6] http://www.dfait-maeci.gc.ca/tna-nac/dispute-en.asp ((31.01.2003).

staaten hier quotiert. Diese Quote wiederum wird auf Grundlage der relativen Wirtschaftsstärke eines Landes festgelegt. Im Jahre 1969 wurde vom IWF eine neue Form von internationalem Geld geschaffen. Die sogenannten ‚special drawing rights' (Sonderziehungsrechte, SZR) gelten als fiktive Recheneinheit und geben den Anteil der einzelnen Länder am Kapital des Fonds an. Jedes Land verfügt über 250 Basisstimmen und bekommt je eine weitere Stimme für je 100.000 SZR. Kanada hat am Welt-Bruttoinlandprodukt einen Anteil von ca. 2 Prozent, im Abstimmungsmodus des IWF ein Stimmenanteil von 2,95 Prozent und gehört damit zu den 15 einflussreichsten Ländern.[7] Anhand der beschriebenen Berechnungsgrundlage werden Kanada 6.369.200.000 SZR zugeteilt.

Die Forderung nach einer Neugewichtung der Quoten haben auch einige kanadischen Ökonomen aufgegriffen, da die veränderten ökonomischen Bedingungen zu Diskrepanzen führen. Eine substantielle Diskussion wird sicherlich erst bei der nächsten regulär geplanten Neugewichtung im Jahre 2003 zustande kommen.

Es besteht kein Zweifel, dass die G 7 Staaten mit Kanada an vorderster Front großen Einfluss auf die Politik des IWF haben. Die Entscheidungsfindungsprozesse werden im erheblichen Maße durch informelle Treffen der einflussreichen Industriestaaten bestimmt. Dies soll nach Ansicht Kanadas auch nach einer Reform so bleiben.

Bedingung für die Gewährung eines Kredites durch den IWF ist die Unterzeichnung einer Absichtserklärung (letter of intent), worin sich das Schuldnerland zu bestimmten Auflagen verpflichtet. Diese mit der Gewährung des Kredites verbundenen Konditionen werden mit den Schuldnerländern ausgehandelt, wobei nach Artikel IV der IWF-Richtlinien „in angemessener Weise die internen sozialen und politischen Zielsetzungen des Landes" berücksichtigt werden sollen (Nuscheler 1996: 320).

Der IWF überwacht anhand dieser Konditionen die Politik der jeweiligen Schuldnerländer und fordert unter anderem in den meisten Fällen massive Haushaltseinsparungen sowie eine Öffnung der Märkte. Im Rahmen der surveillance werden von jedem Mitgliedsland makroökonomische Studien erstellt. Surveillance bedeutet demnach „Überwachung" der Wirtschaftspolitik.[8]

Die Liberalisierung der internationalen Märkte gehört, wie bereits herausgearbeitet, zu den Prioritäten der kanadischen Handelspolitik. Als Ursache für Finanz- und Wirtschaftskrisen der Schuldnerländer wird von den kanadischen Entscheidungsträgern ein Mangel an offenen Märkten gesehen.[9] Weitreichende

---

[7] die genauen Quoten sind unter: http://www.imf.org/external/np/tre/tad/exfin2.cfm?MemberKey 1=130&date1Key=2002-12-31 (31.01.2003).zu finden.
[8] dazu http://www.imf.org/external/np/exr/facts/surv.htm (31.01.2003).
[9] so zum Ausdruck gebracht in verschiedenen Reden z.B. von Paul Martin.

Liberalisierungen, wie vom IWF gefordert, sind von den Kanadiern ebenfalls politisch gewollt, weil sie als Lösung des Entwicklungsproblems angesehen werden. So fand und findet die Politik des IWF bei der kanadischen Regierung Zustimmung. Die kanadischen Auslandsinvestitionen konzentrierten sich in der Vergangenheit insbesondere auf Staaten, die die vom IWF geforderten Umstrukturierungsmaßnahmen konsequent durchsetzten.[10]

Debatten über die Reform des IWF werden bereits seit der Mexiko-Krise 1994 geführt und verstärkten sich vor allem seit Beginn des Jahres 2002 erneut. Insbesondere zwei Schwächen traten in der Mexiko-Krise in Erscheinung. Einmal sollte die Flexibilität, schnell und im ausreichenden Umfang agieren zu können sowie die Verbesserung der ‚surveillance', vorangebracht werden (Williamson 1995: 15).

Der Internationale Währungsfonds sollte zudem nach Ansicht Kanadas mehr Befugnisse erhalten, um seine gewachsenen Aufgaben angemessen erfüllen zu können.

2.3 Weltbank

Die Weltbankgruppe ist ein komplexes Institutionengefüge, bestehend aus der Internationalen Bank für Wiederaufbau und Entwicklung (IBRD), der International Finance Corporation (IFC), der International Development Association (IDA), sowie der Multilateralen Investition-Garantie-Agentur (MIGA). Ziel dieser Organisationen ist es, finanziellen und technischen Beistand durch Gewährung langfristiger Kredite zum Zwecke der wirtschaftlichen Entwicklung zu leisten.

Die Internationale Bank für Wiederaufbau und Entwicklung, kurz Weltbank genannt, ist das zweite große Kernelement der BWI und begann im Jahre 1946 in Washington mit ihrer Geschäftstätigkeit. Das Abkommen der Weltbank (IBRD) trat im Dezember 1945 in Kraft, nachdem 28 der 44 Gründungsmitglieder, darunter auch Kanada, es ratifiziert hatten. Eine Mitgliedschaft in der Weltbank setzt die IWF-Mitgliedschaft voraus, wobei die IWF „surveillance" als Voraussetzung gilt, sich für die Vorzüge der Institution Weltbank zu qualifizieren. Der kanadische Vertreter im Gouverneursrat ist gegenwärtig Leonard Good.

Der Abstimmungsmodus richtet sich – ähnlich dem IWF – nach dem Stimmgewicht der einzelnen Länder, also nach der Höhe seines Kapitalanteils bzw. seiner Quote. Jedes Mitgliedsland hat satzungsmäßig 250 Stimmen, dazu kommt jeweils 1 Stimme für jeden gezeichneten Anteil (entspricht jeweils 100.000 US-Dollar) am Grundkapital der Bank. Kanada nimmt auch hier eine führende Rolle unter den Mitgliedsstaaten ein.

---

[10] zum Beispiel die Investition in Venezuela im Jahre 1982, siehe Swift 1981: 80.

Die Weltbank hat (Schutz)klauseln für die Verwendung der zu vergebenden Kredite aufgestellt, die regeln, dass Kredite lediglich für „produktive" Projekte vergeben werden. Die Interpretation dieser Klausel obliegt der Weltbank und hat sich in den letzten Jahren maßgeblich verändert. Insbesondere die Strukturanpassungsprogramme (SAPs) wurden zu wichtigen Instrumenten des Krisenmanagements der Weltbank. Diese Entwicklung setzte ab 1983 (Mexikos Überschuldungsdilemma) ein und ist eine Reaktion auf in den Jahren zuvor gemachte „Fehler". Als neueste Entwicklung bei der Kreditvergabe der Weltbank ist die „good governance"-Konzeption anzusehen (Culpeter 1996: 10). Es wird davon ausgegangen, dass nur ein Staat, der bestimmte Strukturen hat, seine Ökonomie entsprechend entwickeln kann.

Die Rolle der Weltbank hat sich in den letzten Jahren maßgeblich verändert, ihr Mandat hat sich kontinuierlich ausgeweitet und wurde komplexer. Die auf Initiative von Robert McNamara, dem damaligen Präsidenten der Weltbank, gegründete 'Brandt- Kommission' erklärte die 80er Jahre als neues Entwicklungsjahrzehnt (Swift 1991: 16). Der Vorsitzende der Brand-Kommission forderte in seinem Bericht einen verstärkten Ressourcentransfer in die Dritte Welt. Was in den folgenden Jahren zu sehen war, entsprach nicht den gesetzten Zielen. Die Entwicklungshilfe, auf Basis des BIP berechnet, schrumpfte erheblich, anstatt wie gefordert anzusteigen. Das Ende des Ost-West-Konflikts und der Zusammenbruch des Sowjetimperiums verringerte zusätzlich die Zuflüsse an die Entwicklungsländer, so dass die Kluft zwischen den Industrienationen und den Entwicklungsländern weiter zunahm und noch immer zunimmt.

Die Politik der Strukturanpassung (SAP) wurde bereits in den 80er Jahren formuliert. Es bedeutet die Angleichung bestehender wirtschaftlicher, sozialer oder politischer Systeme an sich ändernde Rahmenbedingungen.[11] Makroökonomisch bedeutet dies, dass der Schuldnerstaat seine Ausgaben soweit senken soll, dass zukünftige Haushaltsdefizite und Zahlungsbilanzdefizite vermieden werden. Zwischen 1981 und 2000 haben über 70 Staaten Strukturanpassungsprogramme von IWF und Weltbank implementiert, wobei die Erfolgsbilanz einerseits beachtlich, aber auch kritisch zu beurteilen ist (Stevenson 2000: 23f.). Die Kritiker fordern indes eine Umwandlung der SAP Programme, da sie nicht sozial verträglich sind.

Die kanadische Politik unterstützte die Politik der Weltbank und insbesondere die Weiterentwicklung der SAP. Speziell die „good governance"-Konzeption wird von den Kanadiern vorangetrieben. Prämisse der Vorstellung ist es, dass nur ein effizienter Staat in der Lage ist, Reformen durchzuführen und somit langfristig eine Entwicklungsperspektive aufweist.

---

[11] dazu: Stevenson 2000: 15f. und Tetzlaff 1996: 124f.

3. Möglichkeiten der Krisenprävention

Inwieweit können die besprochenen Institutionen dazu beitragen, Wirtschaftskrisen in der Welt zu verhindern? In den letzten Jahren wurden auf diesem Gebiet entscheidende Fortschritte gemacht. Kanada setzt große Hoffnungen in diese neuen Wege der Krisenprävention. Die bisher erreichten Teilerfolge geben den Befürwortern dieser Strategie Recht.

3.1 Politische Konditionalität

Die beiden Bretton Woods-Institutionen haben zweifelsohne eine hohe Definitionsmacht, d.h. sie können über ihre Entscheidungen Regime und Wirtschaftsprogramme fördern oder boykottieren. Das Hauptargument gegen diese Organisationen ist, dass sie eine Einmischung in innere Angelegenheiten bedeute. Die Konditionalität der IWF- und auch der Weltbankkredite wird traditionell als ein Instrument betrachtet, mit dem sichergestellt wird, dass die kreditnehmenden Staaten die aufgenommenen Mittel auch zurückzahlen können. In der Vergangenheit zielten die Konditionen, die vom IWF aufgestellt wurden, in der Regel auf eine Verringerung der Staatsausgaben, meistens verbunden mit Einsparungen im Gesundheits- und Bildungsbereich sowie einer Öffnung der Grenzen, um die Importquote zu erhöhen. Oft wurde dies durch eine Abwertung der Währung erreicht. Diese Forderungen stoßen bei den Entwicklungsländern, insbesondere bei der betroffenen Bevölkerung, häufig auf Widerstand.

Die rechtliche Basis der IWF Konditionalität ergibt sich aus Artikel V Absatz 3 (a) (i) des IWF Vertragswerkes (Denters 1996: 38). Grundsätzlich ist es den IFIs nicht erlaubt, politisch aktiv zu sein – allein die ökonomischen Bedingungen sollen ausschlaggebend für die Vergabe von Krediten sein. In den letzten Jahren haben sich die Institutionen allerdings dahingehend entwickelt, dass sie eng mit anderen Akteuren kooperieren und sich an politischen Anstrengungen beteiligen, etwa die Sicherung von innerem Frieden. Es gehört traditionell nicht zu den Funktionen der IFIs, eine aktive Rolle in sicherheitspolitischen und militärischen Fragen eines Landes zu spielen (Stevenson 2000: 9). In dem IWF Vertragswerk ist in Artikel IV Absatz 3(b) festgehalten, dass bei den Entscheidungen des IWF die Innenpolitik des Landes respektiert werden soll und die Bedingungen, und Zustände im jeweiligen Land sollen genügend berücksichtigt werden. In Artikel IV Absatz 10 wird sogar explizit gesagt, dass eine Einmischung in politische Belange nicht erlaubt ist und die Politik des Schuldnerlandes auch keinen Einfluss auf die Kreditentscheidung haben soll. Allein wirtschaftliche Daten sollen von Relevanz sein.[12]

---

[12] IWF Vereinbarung unter http://www.imf.org/external/pubs/ft/aa/index.htm (31.01.2003).

Die Erfahrungen zeigen, dass militärische Konflikte und Militärausgaben die ökonomische Entwicklung eines Landes rapide gefährden. Das Konzept läuft darauf hinaus, dass ein Staat, der Militärausgaben vermindert, damit in die Lage kommt, die wirtschaftlichen Entwicklung voranzutreiben. Die IFIs sind in ihrer Politik jedoch noch sehr zurückhaltend, wenn es um die Implementierung solcher Konditionen bei der Kreditvergabe geht. Kanada gehört zu den Staaten, die diese Entwicklung forciert, da sie wesentlicher Teil der „good governance"-Konzeption ist.

Der Internationale Währungsfonds und die Weltbank haben seit jeher in den krisengeschüttelten Regionen und Staaten eine wichtige Rolle gespielt. Als in den späten 80er Jahren die Schuldenberge der Entwicklungsländer enorm anstiegen, wurde nach Auswegen gesucht, diese abzubauen. So rief beispielsweise die kanadische Royal Bank auf, Kredite von Regierungen und den Finanzinstitutionen stärker zu konditionieren, insbesondere um den Exportsektor der Schuldnerländer zu stärken (Swift 1991: 94). Die Exporteinnahmen eignen sich zur Schuldentilgung.

Auch wenn ihre Arbeit oft für Kritik sorgt, gelten die IFIs heute als wichtige politische Akteure auf der Weltbühne. Die kanadische Politik unterstützt die Bestrebungen der Weltbank und des IWF, weitreichende Konditionen aufzustellen, um sicherzugehen, dass die gezahlten Mittel sinnvoll eingesetzt werden. Nach Ansicht einiger kanadischer Wissenschaftler hat der IWF aber auch signifikante Fehler in der Vergabe von Krediten an die Entwicklungsländer gemacht (Williamson 1998: 18).

Im Durchschnitt hat CIDA, die kanadische Entwicklungsbehörde, in den letzten Jahren 0,3 Prozent des BIP an Entwicklungshilfe gezahlt.[13] Das liegt weit unter dem von der UN vorgeschlagenen Wert von 0,7 Prozent des BIP. Im Vergleich zu anderen Industriestaaten ordnet sich Kanada damit aber immer noch im oberen Mittelfeld ein.[14]

Das Konzept der politischen Konditionalität findet großen Zuspruch bei den kanadischen Entscheidungsträgern. Es stellt einen Weg dar, nachhaltige Entwicklung zu fördern und den Entwicklungsländern die Möglichkeit zu geben, sich entsprechend wirtschaftlich zu entwickeln.

---

[13] statistische Angaben www.oecd.org, wonach in den letzten Jahren 0,3 Prozent des BIP ODA gezahlt wurden, in den Jahren davor waren es deutlich mehr.
[14] http://www.oecd.org/EN/statistics/0,,EN-statistics-252-nodirectorate-no-no-no-15,FF.html   gibt statistische Angaben, wie viel Entwicklungshilfe von einzelnen Ländern gezahlt wird.

3.2 Standards und Kodizes

Mit der Implementierung sogenannter Standards und Kodizes (S&K) wurde von den Akteuren der internationalen Finanzinstitutionen ein scheinbar unspektakuläres, aber effektives und erfolgsversprechendes Instrument der Krisenprävention geschaffen. Die Standards sind in den letzten Jahren in einer Vielzahl von internationalen Organisationen und Gremien entwickelt worden so z.b. IWF, Weltbank, BIZ, OECD aber auch internationale Dachorganisationen der Aufsichtsbehörden des Börsenwesens und der Wertpapieraufsicht. Bemerkenswert ist hierbei, dass diese Standards und Kodizes nicht allein vom öffentlichen Sektor, sondern auch von der Privatwirtschaft formuliert wurden. Einige sehen diese Zusammenarbeit gar „als Musterbeispiel für die Zusammenarbeit von öffentlichem und privaten Sektor bei der Schaffung von „global governance" Strukturen" (Speyer 2000: 21).

Es gibt eine Reihe unterschiedlicher Standards und Kodizes, die sowohl in ihrer Reichweite, als auch in ihrer Tiefenwirkung sehr differieren. Darin geht es um die Definition von Prinzipien guter Ordnungs-, Struktur- und Ablaufpolitik. Die Standards stellen einen Versuch dar, „gute Wirtschaftspolitik" zu definieren, und damit wirtschaftspolitische Fehler zu vermeiden. Die Finanz- und Währungskrisen haben dazu geführt, dass verstärkt über deren Ursachen und entsprechende Konsequenzen bezüglich der Vergabekriterien von Krediten nachgedacht wurde. Es wurden dabei Anstrengungen unternommen, global einheitliche „best practice" Minimalstandards zu definieren. Es hat sich mittlerweile die Meinung durchgesetzt, dass die Ursachen nicht primär in der Währungs- und Fiskalpolitik, sondern im strukturellen Bereich liegen.

In den letzten Jahren wurden mehr als 40 Standards und Kodizes, die fast alle Bereiche der Wirtschaftspolitik abdecken, entwickelt.[15] Die Überwachung der Geld- und Fiskalpolitik der Mitgliedsstaaten der IFIs findet auf Basis der in Artikel IV der IWF-Vereinbarung festgelegten Prinzipien statt und hat zum Ziel, ökonomische Fehlentwicklungen zu vermeiden. In der Praxis zeigt sich, dass diese Konsultationen nur spärlich Erfolge zeigen.

Das Aufstellen der einzelnen S&K stellt sich als recht komplex dar. So muss dabei auf die besonderen nationale Eigenarten, wie beispielsweise gewachsene Strukturen geachtet werden. An diesem Punkt wird deutlich, wie schwierig es ist, Konditionalität sinnvoll zu formulieren. In der Realität sind die S&K lediglich festgelegte Mindeststandards; entsprechend materiell ausgefüllt werden sie erst durch die Schuldnerstaaten. Im Jahre 1999 wurde auf Initiative der G 7 ein informelles Gremium, das Financial Stability Forum (FSF), gegründet mit dem Ziel, das internationale Finanzsystem zu stärken, die Funktionsfähigkeit der

---

[15] eine gesamte Auflistung lässt sich auf der Website des FSF http://www.fsforum.org finden.

Märkte zu verbessern und Systemrisiken zu vermindern. Das FSF listet derzeit 64 Standards auf, die u.a. die Bereiche Öffentlicher Sektor, Bankensystem und den Unternehmenssektor abdecken. Schwierig erscheint immer noch die erfolgreiche Implementierung der S&K. Völkerrechtlich gesehen gehören sie lediglich zum „soft law", also lediglich als rechtlich unverbindliche Empfehlungen. Um die Einhaltung garantieren zu können, wären Sanktionen der Staatengemeinschaft ein geeignetes Mittel. Nicht zu verachten, sind jedoch die positiven Anreize. So können Staaten, die sich den S&K beugen, erwarten, dass beispielsweise die ausländischen Direktinvestitionen steigen und zusätzlich die wirtschaftliche Entwicklung fördern. Allerdings verfügen die Entwicklungsländer meist nicht über entsprechende Strukturen und Ressourcen, um die S&K materiell umsetzen zu können. Die Einhaltung der S&K stellt somit eine schwer zu meisternde Herausforderung dar. Das daraus entstehende Dilemma für die einzelnen Staaten könnte durch größere Flexibilisierung der S&K gelöst werden. Durch länderspezifische Schwerpunktsetzung, unter Berücksichtigung der Strukturen und Zustandslage der Staaten, könnte gewährleistet werden, dass auch die ärmsten Staaten dringend benötigte Finanzhilfen erhalten.

Die kanadische Regierung hat bei der Formulierung der S&K aktiv mitgewirkt und hält ihre Implementierung als essentiell wichtig. Die Formulierung dieser „harten Konditionen" scheint sicherzustellen, dass der von den Entwicklungsländern eingeschlage Weg zur wirtschaftlichen Prosperität langfristig gesehen Erfolge zeigen kann.

4. Bilanz

Kanada hat in den Internationalen Finanzinstitutionen von jeher eine aktiv gestaltende Rolle gespielt. Es kann gesagt werden, dass die Politik der IFIs von Kanada jederzeit mitgetragen wurde. Dabei weicht die kanadische Politik in den internationalen Finanzinstitutionen kaum von denen der anderen Kreditnationen ab. Swift bezeichnet Kanadas Position als „Junior-Polizist", der ähnlich wie die USA enormen Einfluss auf die Entwicklungsländer nimmt (Swift 1991:100). Gemäß den Prämissen des Multilateralismus hat Kanada seine Verantwortung wahrgenommen. Wobei betont werden muss, dass das kanadische Engagement zu jeder Zeit Ausdruck der realpolitischen Politikstrategie war. Wenn es notwendig war, hat Kanada auch wissentliche Vereinbarungen verletzt oder Gegenpositionen bezogen. Insgesamt betrachtet ist das kanadische Engagement in der WTO mit dem Ziel, die Weltwirtschaft weiter zu liberalisieren, ein wichtiges Element seiner Außenpolitik. Auch wenn die WTO auf massive Kritik stößt, bietet sie dennoch ein Forum, wo eine realistische Perspektive für die Entwicklung der Dritten Welt gegeben scheint. Das Interesse Kanadas, die regionale

Integration auf dem Kontinent zu fördern, ist als positiv anzusehen. Wie gezeigt wurde, ist diese bi- bzw. trilaterale Strategie nur in Verbindung mit einer gleichzeitigen multilateralen Strategie vollkommen. Der Schritt zur Erweiterung der Märkte für die Exportwirtschaft ist zu begrüßen, denn dies scheint eine Tendenz zur Verminderung der Abhängigkeit vom US-amerikanischen Markt zu sein.

Die kanadische Entwicklungspolitikagentur (CIDA) in Zusammenarbeit mit dem Ministerium für internationalen Handel (DFAIT) unterstützt die Bestrebungen der Weltbank und des IWF. Insbesondere die Implementierung von Standards und Kodizes wird als wichtig angesehen. Das Konzept der „good governance" wird von Kanada vertreten und findet durchaus seine realpolitische Anwendung. So hat Kanada als erstes Land Tanzania, das zu den höchst verschuldeten Staaten gehört, alle Auslandsschulden in Höhe von 83,6 Millionen Dollar erlassen. Dies geschah 2002 durch ein Moratorium zum Schuldenerlass im Zuge der 'Canadian Debt Initiative'. Nach Einschätzung der kanadischen Regierung hat Tanzania erfolgreich wirtschaftliche Reformen durchgesetzt und zur Armutsbekämpfung erheblich beigetragen.

Kanadas Handel mit den Entwicklungsländern hat sich in den letzten Jahren verstärkt und wird weiter zunehmen. Dabei wird einerseits von den kanadischen Politikern immer wieder betont, dass die humanitäre Seite beim Auf- und Ausbau von Handelsbeziehungen beachtet werden muss. Die Realität sieht dann allerdings etwas anders aus. Gerade bei strategisch wichtigen Handelspartnern wie die NICs (newly industrialized countries) wird schon mal ein Auge zugedrückt und humanitäre Bedenken zerstreut. Dies kann besonders am Paradebeispiel China sehr gut illustriert werden. Als 1989 Demonstrationen von Studenten in Peking gewaltsam niedergeschlagen wurden, hat Kanada seinen Botschafter zurückgezogen, und das Verhängen von Sanktionen wurde in Erwägung gezogen. Der kanadische Botschafter in China Earl Drake argumentierte jedoch, dass dies keinen Sinn haben würde, da die chinesische Wirtschaft groß genug sei, um davon unbeeindruckt zu bleiben. So blieb dieses humanitär bedenkliche Massaker letztlich ohne Auswirkungen auf die kanadisch-chinesischen Beziehungen. Abgesehen davon wurde die kanadische Entwicklungshilfe, wie in fast allen Industrieländern, in den letzten Jahren maßgeblich eingeschränkt. Dadurch entsteht, zwischen nach außen hin publizierten Zielsetzungen der Politik und ihrer konkreten Umsetzung, eine eklatante Lücke. Nach vorherrschender Meinung in Kanada will das Land an dem heute bestehenden System der IFIs festhalten. Allein vereinzelte Wissenschaftler wollen das Organisationsgefüge dahingehend verändern, dass die Institutionen einerseits transparenter aber auch schlagkräftiger werden. Die Bretton Woods-Institutionen und die WTO spielen schon jetzt eine immer größere Rolle in der internationalen Wirtschaftspolitik. Durch ihre Struktur sind sie äußerst starke Akteure unter den Internationalen Organisationen. Sie haben das Potential, im guten wie im schlechten Sinne Entwicklungspolitik aktiv zu gestalten. Der kanadische Einfluss in den IFIs eröffnet die Möglichkeit, die Implementierung von Konditionalität soweit voranzubringen, dass sie ein schlagkräftiges Instrumentarium zur Krisenprävention werden. Gerade jüngst wieder wurde festgestellt, dass die IFIs entscheidend an der Lösung von Konflikten auf der Welt mitwirken können und sollten. Diese konfliktausgleichende Funktion zu fördern, liegt im Interesse von Kanada. Für Kanada besteht weiterhin die Priorität, die Erhaltung und Weiterentwicklung des multilateralen Handelssystems voranzutreiben sowie an einem effizienten internationalen Finanzsystem aktiv mitzugestalten, da nur ein funktionierendes System langfristig Wohlstand sichern kann.

Für die kanadischen Entscheidungsträger besteht kein Zweifel, dass die BWI in näherer Zukunft reformiert werden müssen. Die kanadische Regierung hat diesbezüglich bereits konkrete Vorschläge formuliert. So kann beispielsweise eine Reform des IWF und der Weltbank nur im engen Kontext mit anderen Internationalen Organisationen gesehen werden.[16] Ein effizientes Institutionengefüge kann nur gewährleistet werden, wenn verschiedene Internationale Organisationen kooperieren und somit Synergien erzeugt werden können. Die kanadische Position betont, dass Reformbestrebungen nicht allein auf IWF und Weltbank im einzelnen abzielen sollen. Vielmehr soll dabei die gesamte Architektur der internationalen Finanzinstitutionen berücksichtigt werden.[17]

Natürlich ist das Konzept der Konditionalität ein zweischneidiges Schwert. Es kann – zumindest kurzfristig gesehen – zu großen Animositäten führen. Der Kanadier David Hopper, in seiner Position als Weltbank-Vizepräsident der Abteilung „charge in policy and planning", bemerkte dazu jedoch: „Let's face it: You can't have development without people getting hurt" (Swift 1991: 225).

Literatur

Beise, Marc (2001): Die Welthandelsorganisation (WTO). Funktion, Status, Organisation. Baden-Baden: Nomos.

Cavanagh, John (Hrsg.) (1994): Beyond Bretton Woods. Alternatives to the Global Economic Order. Pluto Press: London.

---

[16] So z.B. Pierre S. Pettigrew to the Manion Conference am 4.5.2000 in Ontario u.a. Reden http://webapps.dfait-maeci.gc.ca/minpub/Publication.asp?FileSpec=/Min_Pub_Docs/103289.htm &bPrint=False&Year=&ID=&Language=E (31.01.2003)
[17] Pierre S. Pettigrew, damaliger Minister für International Trade, in seiner Rede auf der Manion Konferenz am 4.Mai 2000 in Ottawa, Seite 4.

Conklin, W. David/ Courchene, Thomas J. (1985): Canadian Trade at a Crossroads: Options for New International Agreements. Ontario Economic Council Special Research Report. Ontario.

Crane, David (1980): A Dictionary of Canadian economics. Edmonton: Hurtig Publishers.

Croome, John (1999): WTO – Reshaping the World Trading System. A History of the Uruguay Round. Den Haag: Kluwer International Law International.

Cooper, Andrew F. (1997): Canadian Foreign Policy. Old Habits and New Directions. Scarborough: Prentice Hall.

Culpeter, Roy/ Pestieau, Caroline (1996): Development and Global Governance. International Development Research Centre. Ottawa: The North-South Institute.

Cutler, A. Claire/ Zacher, Mark W. (1992): Canadian Foreign Policy and International Economic regimes. Vancouver: UBC Press.

Dalibor, Eva (1997): Handelspolitischer Multilateralismus zwischen Globalisierung und Regionalisierung. Freie Universität Berlin: Dissertation.

Denters, Erik (1996): Law and Policy of IMF Conditionality. Den Haag: Kluwer Law International.

GATT (1994): General Agreement on Tariffs and Trade. Guide to GATT Law and Practice. 6. Ausgabe. Geneva: GATT.

Gilbert L. Christopher/ Vines David (2000): The World Bank. Structure and Politics. Cambridge: Cambridge University Press.

Griesgraber, Jo Marie/ Gunter, Bernhard G. (1996): The Other Side of International Development Policy. The World Bank, Lending on a Global Scale. London: Pluto Press.

Helleiner, Gerald K. (1990): The Non-Aid Economic Relations with Developing Countries of Canada, Denmark, The Netherlands, Norway and Sweden. Toronto: University of Toronto Press.

Hummer, Waldemar/ Weiss, Friedl (1997): Vom GATT '47 zur WTO. Dokumente zur alten und zur neuen Welthandelsordnung. Baden-Baden: Nomos.

Kapur, Devesh/ Lewis, John P./ Webb, Richard (1997): The World Bank. Its 1st half century. 2 Volumes. Washington: Brookings Institutions Press.

Lal Das, Bhagirath (1998): Introduction to the WTO Agreements. London: Zed Books.

Moncayo von Hase, Guillermo Martin (1999): Umweltschutz im internationalen und regionalen Freihandel. Frankfurt/M.: Lang.

Nuscheler, Franz (1996): Lern- und Arbeitsbuch Entwicklungspolitik. 4. Aufl. Berlin: Dietz.

Oldendorff, Gitta (1996): Kanada und der Freihandel. Der Staat zwischen Wiedergeburt und Kapitulation. Wiesbaden: Deutscher Universitätsverlag.

Petersmann, Ernst-Ulrich (1997): The GATT/WTO Dispute Settlement System. Den Haag: Kluwer Law International.

Sampson, Gary P. (2000): Trade, Environment and the WTO. Washington: Johns Hopkins University Press.

Senti, Richard/ Conlan, Patricia (1998): WTO. Regulation of world trade after the Uruguay Round. Zürich: Schulthess Polygr.

Stone, Michael (1984): Canada, the GATT and the international Trade System. Montréal: The Institute for Research on Public Policy.

Stevenson, Jonathan (2000): Preventing Conflict. The Role of the Bretton Woods Institutions. Oxford: Oxford University Press.

Sir Roy Harrod (1951): The Life of Keynes, London: Macmillan Press.

Speyer, Bernhard (2000): Standards und Kodizes. Tragende Pfeiler der Krisenprävention. Frankfurt/M.: Deutsche Bank Research Bulletin, S. 21-29.

Swift, Jamie/ Tomlinson, Brian (1991): Conflicts of Interest. Canada and the Third World. Toronto: Between the Lines.

Statistics Canada (2000): National Income and Expenditure Accounts, Catalogue number 13-001-PPB, Fourth Quarter.

Tetzlaff, Rainer (1996): Weltbank und Währungsfonds. Gestalter der Bretton Woods Ära. Opladen: Leske + Budrich.

Whalley, John (Hrsg.) (1985): Canadian Trade Policies and the World Economy. Toronto: University of Toronto Press.

Weiler, J.H.H. (2000). The EU, The WTO, and the NAFTA: towards a Common Law of International Trade. New York: Oxford University Press.

WTO (2001): Literature Market Access. Genf: WTO Publication.

Williams, Franes (1998): World Trade. Praise and Blame for Canada. Financial Times 18.12.1998.

Williamson, John (1995): Reform of the International Financial Institutions. In: Canadian Foreign Policy , Volume 3, No. 1, S. 15-22.

Dritter Teil

Künftige Konflikte und ihre Bearbeitung

Informationstechnologie und Information Warfare

Katharina Iskandar

1. Einleitung

Informationstechnologie ist in Kanada zu einem Bereich geworden, der wie kaum ein anderer innerhalb kürzester Zeit nicht nur wirtschaftliche, sondern vor allem auch politische Interessen weckte. So rasant, wie der Aufstieg der technisch neuartigen Kommunikationsmöglichkeiten verlief, festigte sich auch die Absicht der kanadischen Regierung, den IT-Bereich für die Kommunikation des eigenen Landes, aber auch für die internationalen politischen Beziehungen zu nutzen – beispielsweise in der Bildung, bei der Entwicklungshilfe oder auch als eine neuartige Form von Diplomatie und Außenpolitik.

Dieses Kapitel soll einen Überblick darüber geben, wie Kanada die Informationstechnologie begreift. Auf der einen Seite kann man von einer ideellen Nutzung sprechen, die sich damit beschäftigt, Strategien zu entwerfen, um beispielsweise das Internet für politische Ziele zu nutzen, wie die Stabilität der Demokratie zu erhöhen, mehr soziale Gerechtigkeit zu erreichen und neue kulturelle Entwicklungen im eigenen Land zu fördern. Auf der anderen Seite gibt es speziell seit dem 11. September im Bereich der Informationstechnologie große Anstrengungen der kanadischen Regierung, Gefahren wie den Cyber-Terrorismus zu bekämpfen und die Internetsicherheit für die kanadische Bevölkerung zu gewährleisten.

Informationstechnologie ist somit in Kanada zu einem Thema geworden, das sich überaus rasch auf die politischen und wirtschaftlichen Belange des Landes ausgeweitet hat und sich von rein wirtschaftlicher Nutzung wie e-commerce auch in die kanadische Außenpolitik verlagert hat. „The information superhighway can transport the best but it can also transport the worst" (Lloyd Axworthy to the NGO Forum on the Internet and Human Rights, Montréal Québec, 11.September 1998).

2. Informationstechnologie in Kanada: Garant für sozialen Frieden, Demokratie und eine neue Wirtschaftskraft?

Es ist geradezu typisch für die kanadische Regierung, dass sie im Aufstieg der Informationstechnologie gleichzeitig einen Fortschritt in der Stabilisierung von Demokratie und neue Chancen in der Entwicklungshilfe gesehen hat. Doch abwegig ist diese Idee ganz und gar nicht. „Cultural Development" war das übergeordnete Ziel. Im eigenen Land wollte man neue Kommunikationsmöglichkeiten wie das Internet dazu verwenden, um das Problem mit der geographischen Größe des Landes zu überwinden, indem man die Bevölkerung sprichwörtlich „vernetzt". Ein „Information highway", der für Kanada eine ganz eigene Dimension erreicht hat und Bereiche der Wirtschaft, Gesellschaft, Politik und Kultur revolutionieren sollte. Gaylen Duncan, President der Information Technology Association of Canada (ITAC) drückte es folgendermaßen aus: „Canada is a showcase for the positive economic and cultural impact of connectivity. [...] In Canada, we've experienced the benefits of life in the wired world and we aren't turning back" (Duncan 2000).

Überhaupt hatte die Informationstechnologie in Kanada seit Beginn an einen besonderen Stellenwert im Hinblick auf politische und wirtschaftliche Entwicklungen. „The new information infrastructure offers enormous potential", erklärte Pierre S. Pettigrew, Minister for International Cooperation, bereits 1996 in einer Rede vor dem Congress of the Internet Society INET:

> „It opens the door to economic growth, job creation, and poverty reduction. It is a means of international solidarity. It allows citizens of all countries to be better informed. It offers the opportunity to bridge the gap between rich and poor. The new technology could offer least-developed regions the chance to bypass traditional stages of development" (Pettigrew 1996).

Somit hat die kanadische Regierung schon damals die Informationstechnologie als Chance begriffen, ihre außenpolitischen Inhalte, wie beispielsweise die wirtschaftliche Unterstützung von Entwicklungsländern, gezielt umzusetzen. Das Internet als Quelle der neuen Kommunikationsmöglichkeiten wurde zum Gegenstand der Entwicklungshilfe, um neue Möglichkeiten von Bildung und Information zu schaffen sowie die Länder in der Dritten Welt in den globalen Handel einzubeziehen und sie wirtschaftlich zu stärken. Sie sollten ein Teil der Informationsrevolution werden.

Gleichzeitig lenkte die kanadische Regierung das Interesse am IT-Bereich jedoch auch stark auf die Wirtschaft im eigenen Land. „One thing that is clear is that the information technology revolution has fundamentally changed the way we do business", machte Gaylen Duncan deutlich. „We no longer define our markets in local or even national terms. E-Commerce means that your business has the capacity to reach everyone on the Internet (Duncan 2000). In der Tat kam dem e-commerce besonders für Kanada als *middle power* auch im wirtschaftlichen Bereich eine ganz besondere Rolle zu. Kleinunternehmen, die sich bisher nur auf einzelne kanadische Provinzen beschränkt hatten, konnten sich nun auch national und international marktfähig machen. Hierin sah die kanadische Regierung eine neue Chance für ihre zwar stabile, jedoch im Vergleich zum Nachbarland USA bescheidene Wirtschaftskraft.

3. Informationstechnologie als neues Instrument der kanadischen Außenpolitik

Angelehnt an die neue Idee von Entwicklungsarbeit mit Hilfe von IT-Möglichkeiten kam in der Axworthy-Ära der Gedanke auf, die Informationstechnologie auch als Instrument der kanadischen Außenpolitik zu nutzen. Immerhin funktionierte die Vermittlung von Kultur und politischen Werten im eigenen Land, zumal Kanada ein Beispiel dafür ist, wie kulturelle Verknüpfung beispielsweise via Internet funktionieren kann. Lloyd Axworthy zielte nun auf die globale Ebene – mit einer neuen Form von *soft power*.

„The idea that knowledge and information confer international influence; and, in a wired world, that influence is power", erklärte Axworthy in einer Rede. „The strategic use of information, and the ability to influence others by presenting attractive models and ideas, have become central components of a nation's ability to exert political, economic or cultural influence. Of course, economic and military power are still highly significant, but they are no longer the only basis of a country's international clout. The mouse, if not mightier, is at least as mighty as the missile" (Axworthy 1996).

Es war deutlich, dass sich Axworthy von den Möglichkeiten der Informationstechnologie ein neues Verständnis von *soft power* erwartete und sich neue Chancen und Themenfelder für die kanadische Außenpolitik versprach. „For over 30 years, we have played a role as a credible, effective middle power, an international mediator and a catalyst for change. But now, Canada's voice risks being drowned out in a crescendo of competing national voices" (Axworthy 1996).

Zwei Hauptfragen standen im Vordergrund: Wie sollte sich Kanada im Informationszeitalter nach innen und wie der Außenwelt präsentieren? Wie kann die kanadische Regierung neue Informationstechnologien als Instrument nutzen, um außenpolitische Ziele zu erreichen?

Schnell war die Rede von electronic diplomacy – ein leeres Wort, das zunächst nichts an Inhalten versprach. Axworthy drängte weiterhin auf neue Möglichkeiten in der Außenpolitik und erklärte: „Canada is well placed to wield *soft power* and to act as a knowledge broker" (Axworthy 1996). Und schließlich wurde als Strategie formuliert: Man wollte Kapazitäten des eigenen Landes nutzen, um sie im internationalen Bereich anzuwenden und einzusetzen – wie beispielsweise in der Entwicklungsarbeit von CIDA, der Canadian International Development Agency. Axworthy nannte es:

> „a strategy that allows us to reach foreign markets more effectively and influence international audiences. A strategy that puts new information technology to work for Canada as it pursues its internationalist vocation [...] and a strategy that provides a sharp national focus, and is horizontally integrated, across both government and the private sector" (Axworthy 1996).

Was entstand, wurde Canadian International Information Strategy, kurz: CIIS genannt.

Axworthy hatte zwei Ziele vorgegeben: Zum einen wollte man ein Forum schaffen, um Informationen über Kanada zu verbreiten, über die Strukturen des Landes sowie die kanadischen Werte. Zum anderen sollten neue Informationstechnologien dazu verwendet werden, um in gezielten außenpolitischen Projekten als Instrument zu dienen, wie beispielsweise bei Verstößen gegen die Menschenrechte oder internationalem Verbrechen. Letzteres war schließlich mit ausschlaggebend für die enge Kooperation der kanadischen Regierung mit dem International Criminal Court (ICC). Zudem wurde die Strategie im Kampf gegen Landminen genutzt, den die kanadische Regierung so beharrlich führte. Durch neue Medien wie beispielsweise das Internet konnte die Landminen-Problematik einer breiten internationalen Öffentlichkeit nähergebracht werden. Eine weitere Nutzung des Internets ist außerdem in dem von Kanada unterstützten electronic conferencing service zu sehen, der Parlamentarier aus neun Südafrikanischen Provinzen vernetzte und im Rahmen der Südafrika-Hilfe einen virtuellen Austausch ermöglichte, um post-apartheid Regierungsinstitutionen zu erneuern und zu reformieren.

Inwiefern die Informationstechnologie die kanadische Außenpolitik jedoch tatsächlich beeinflusst hat, ist schwer einzuschätzen. Sicherlich war es nicht die Revolution, die sich Axworthy versprochen hat. Statt tiefgreifender Beeinflussung hat die Informationstechnologie die Außenpolitik wohl lediglich tangiert. Jedoch hat die kanadische Regierung den IT-Bereich als Instrument neuer politischer Möglichkeiten begriffen und nicht, wie viele andere Länder, nur als wirtschaftlichen Fortschritt. Der Begriff *soft power* wurde im diplomatischen Sinne durch die Möglichkeiten der Informationstechnologie neu definiert. „Information technology is reorganizing international politics, giving power and influence to the disenfranchised, empowering new groups and reshaping the constellation of international players" (Axworthy 1998).

4. Cybercrime: Eine neue Herausforderung für Kanadas Human Security

Die Bekämpfung von Kriminalität im Internet ist eines der momentan größten Herausforderungen des Department of Foreign Affairs and International Trade (DFAIT). Und nicht zuletzt durch die Geschehnisse des 11. September hat sich der Kampf gegen Cyber-Kriminalität und Cyber-Terrorismus noch weiter in den Vordergrund geschoben. „The cyberbattlefield is real. It's a place where computers are used instead of guns, data packets instead of bullets, and firewalls are used instead of barbed wire", schreibt Richard Tracy in seinem Artikel „Cybercrime...Cyberterrorism...Cyberwarfare...: Averting an Electronic Waterloo. (Tracy 1998). Und während in den USA bereits seit den 80er Jahren das Internet als Gefahrenquelle für Kriminalität und Krieg begriffen wurde, hat auch die kanadische Regierung in den vergangenen Jahren das Thema auf die Agenda ihres Human Security Programms gesetzt und zahlreiche Kooperationen mit Nichtregierungsorganisationen (NROs), Mitgliedern des privaten Sektors sowie Vertretern der Wirtschaft bemüht. Man hatte die Kehrseite der Medaille erkannt: Dass der Ausbau von Informationstechnologie nicht nur Vorteile hat, sondern auch Gefahren in sich birgt.

Tatsächlich war Kanada vor einigen Jahren noch eines der wenigen Länder, die das Internet zwar als wichtigen Kommunikationszweig nutzten, jedoch nicht Mitglied des *Forum for Incident Response Teams (FIRST)* war – eine internationale Gemeinschaft von Fachleuten aus unterschiedlichen Regierungen und dem privaten Sektor. Dennoch hat sich auch Kanada in den letzten Jahren gerüstet gegen die Gefahr der virtuellen Kriminalität und hat ihre eigenen Organe zur IT-Sicherheit gegründet, wie das *Canadian Computer Emergency Response Team (CANCERT)*, das als Äquivalent zum amerikanischen *Federal Computer Emergency Response Team (FedCERT)* gilt, das sich mit Cyber-Terrorismus und Internet-Sabotage beschäftigt. Und ganz ähnlich wie das *National Infrastructure Protection Centre (NIPC)* – eine Art Spezialabteilung des Federal Bureau of Investigation (FBI) – in den USA hat auch die kanadische Regierung das *Communications Security Establishment (CSE)* gegründet, das sich als Government of Canada's National Centre of Cryptological Expertise innerhalb des Department of National Defence (DND) mit der Sicherheit von Informationstechnologie auseinandersetzt und jährlich das Annual Canadian Information Technology Security Symposium veranstaltet. Das *Office of Critical Infrastructure Protection and Emergency Preparedness (OCIPEP)*, das von der Chrétien-Regierung ins

Leben gerufen wurde, gilt schließlich als spezielles Regierungsorgan für die Prävention von Internetkriminalität.

Mittlerweile gehört Kanada also durch ihre ausgefeilte Informationsstruktur nicht nur zu den meist gefährdeten Ländern, was Internetkriminalität angeht, sondern auch zu denjenigen, die sich am stärksten für die Sicherheit der Informationstechnologie einsetzen – und das an allen Fronten. Denn neben den üblichen Bereichen der Internetsicherheit – wie Verschlüsselung, Copyright oder dem Eingriff von Hackern in fremde Systeme – gehört zum Beispiel auch der Kampf gegen Kinderpornographie und anderen illegalen Web-Seiten zum Programm der kanadischen Regierung.

Dennoch, obwohl die Maßnahmen der IT-Sicherheit heute bereits ähnlich wie in den USA oder Europa stark zugenommen haben und ein übersichtliches Netzwerk an speziellen Sicherheitsorganen bilden, so scheint der Kampf gegen Cyber-Kriminalität und Cyber-Terrorismus noch in den Kinderschuhen zu liegen. „Canada is still a long way behind", wurde James Adams von der US National Security Agency and the Central Intelligence Agency in einem Artikel der National Post zitiert. „Canadian intelligence is beginning to do a lot of work on it, but law enforcement has a long, long way to go" (Akin 2000).

In der Tat ist Kanada im Vergleich zu den USA eher langsamer in der Entwicklung von Internetsicherheit. Von amerikanischer Seite sei Kanada allein sogar unfähig, sich gegen Internet-Angriffe zu verteidigen, geschweige denn, sich gegen einen Informationskrieg zur Wehr zu setzen. In den vergangenen Jahren hat die amerikanische Regierung immer wieder Druck auf ihre kanadischen Nachbarn ausgeübt, sich noch mehr um die Sicherheit der Informationstechnologie im Lande zu kümmern. Ein Grund liegt sicherlich darin, dass sich in Kanada mehrere Büros von U.S. corporations befinden. James Adams bringt es folgendermaßen auf den Punkt: „Canada is essentially the back door into America" (Akin 2000).

Jedoch rückt mehr und mehr ein zweiter Grund in den Vordergrund: Der Kampf gegen den Terrorismus. Cyber-Terrorismus ist in den USA vor allem seit dem 11. September zu einem neuen Brennpunkt geworden. Und ähnlich wie in Washington rückt die Gefahr des virtuellen Angriffs auch in Ottawa mehr und mehr ins Bewusstsein. „The protection of Canada's critical infrastructure from the risks of failure or disruption is essential to ensuring the health, safety, security and economic well-being of Canadians", erklärte Jean Chrétien und bezog sich im gleichen Statement auf die USA. „We will also be able to build strong partnerships to ensure the protection of our shared North American infrastructure" (May 2001).

Chrétien mag es zu diesem Zeitpunkt noch nicht geahnt haben, aber nur zwei Monate später sollte der Begriff „cyber terrorism" für die US-kanadische Partnerschaft eine neue Dimension bekommen.

5. Zusammenfassung

Wie vielseitig die Möglichkeiten im Bereich der Informationstechnologie auch sein mögen: Kanada hat sie alle ergriffen. Politisch, wirtschaftlich und kulturell. Nicht nur wurde der Fortschritt des Informationszeitalters als Vorteil der eigenen Wirtschaft begriffen, sondern er soll auch der Entwicklungspolitik und somit der Arbeit von CIDA neue Chancen eröffnen. So, wie sich die kanadische Wirtschaft durch die neue Informationstechnologie entwickeln konnte, hofft man, auch in den Ländern der Dritten Welt die Wirtschaft durch E-commerce zu stärken.

Dennoch bedeutet die Informationstechnologie in Bezug auf Kanadas Entwicklungshilfe nur einen kleinen Beitrag. Mit einer neuen Form von *soft power* sollte die kanadische Außenpolitik ein neues Gesicht bekommen. Kanadische Werte, Strukturen und politische Inhalte sollten über die Grenzen hinweg weitergetragen werden, was im Fall der Landminen-Kampagne erfolgreich war – virtuelles Peacekeeping. Jedoch ist skeptisch zu hinterfragen, inwiefern die neue Informationstechnologie die kanadische Außenpolitik tatsächlich beeinflussen kann.

Die Themen Cyber-Kriminalität und Cyber-Terrorismus bilden das wohl interessanteste Thema in Bezug auf die Zukunft der Informationstechnologie in Kanada. Denn es ist eine Thematik, dessen Aktualität jetzt erst richtig wahrgenommen wird und die besonders in einem Land wie Kanada als Partner und Nachbar der USA besondere Brisanz besitzt. Somit steht Kanada unmittelbar vor Herausforderungen, die nicht nur politischer Natur sind, sondern auch militärische Strukturen betreffen. Denn angesichts der Tatsache, dass sich die kanadische Regierung im Kampf gegen Cyber-Kriminalität immer stärker an den USA orientiert, die besonders seit dem 11. September ihre IT-Forschung intensiviert hat, um sich einem möglichen Informationskrieg stellen zu können, kommt die Frage auf, ob auch Kanada in Zukunft einen größeren Teil ihres Budgets für Sicherheit in der Informationstechnologie ausgeben wird. Sicher ist schon jetzt, dass das Thema Internetkriminalität in den nächsten Jahren einen noch höheren Stellenwert in Kanadas Human Security-Programm bekommen wird. Kanada versucht sich zu rüsten gegen schlummernde Gefahren des Informationszeitalters. Das Dilemma besteht darin, die Bevölkerung zu schützen, ohne die Möglichkeiten der neuen Informationstechnologie gegen das Interesse der Bürgerinnen und Bürger zu beschneiden. Das ist das Ziel der kanadischen Regierung, bleibt aber auch ihre größte Herausforderung.

Literatur

Akin, David (2000): Canada's computer security loopholes called threat to US. In: National Post, 30.10.2000. http://cert.uni-stuttgart.de/archive/isn/2000/10/msg00157.html (31.01.2003).

Axworthy, Lloyd (1996): Foreign Policy in the Information Age. Ottawa, 06.12.1996. http://webapps.dfait-maeci.gc.ca/minpub/Publication.asp?FileSpec=/Min_Pub_Docs/102447.htm&bPrint=False&Year=&ID=&Language=E (31.01.2003).

Axworthy, Lloyd (1998). Notes for an address by Lloyd Axworthy to the NGO Forum on the Internet and Human Rights. Montréal, Québec, 11.09.1998. http://webapps.dfait-maeci.gc.ca/minpub/Publication.asp?FileSpec=/Min_Pub_Docs/101096.htm&bPrint=False&Year=&ID=&Language=E (31.01.2003).

Department of Foreign Affairs and International trade (DFAIT) (200x): Cyber Crime. Ottawa: DFAIT. http://www.dfait-maeci.gc.ca/internationalcrime/cybercrime-en.asp (31.01.2003).

Duncan, Gaylen (2000): Fighting Crime in Internet Time. Speech on the G8 High Tech Industry Governments Dialogue in Paris, 15.05.2000. http://www.itac.ca/client/ITAC/ITAC_UW_MainEngine.nsf/0/b9bee074930bc561852568e10003960e/$FILE/sp00-05-15paris.pdf (31.01.2003).

ITAC (2000): IIIC Common View Paper on Cyber Crime. Presented by ITAC at the IIIC 2000 Millennium Congress, 19.09.2000, Québec City. http://www.iiicongress.org/accepted/ap00-itac.pdf (31.01.2003).

May, Kathryn (2001): Cyber Security Agency unveiled. In: The Ottawa Citizen, 2.7.2001.

Pettigrew, Pierre S. (1996): The internet as an economic and cultural development pool. Notes for remarks by Pierre S. Pettigrew, Minister for International Cooperation before the Congress of the Internet Society INET 96. Montréal, Québec, 28.06.1996.

Tracey, Richard (1998): Cybercrime...Cyberterrorism...Cyberwarfare...: Averting an Electronic Waterloo. Washington: Center for Strategic and International Studies.

Armutsbekämpfung in Entwicklungsländern und Einwanderungspolitik - Zwei Seiten derselben Medaille?

Dagmar Eichert

1. Zur Geschichte des kanadischen Engagements in der Entwicklungshilfe

In den 1950er Jahren begann Kanada mit seinen ersten Entwicklungshilfeinitiativen. Die kanadische Entwicklungshilfe (Canadian Official Development Assistance, ODA) spielte neben Kanadas Rolle bei Peacekeeping-Missionen eine bedeutende Rolle in der Außendarstellung Kanadas als eines der großzügigen und gestaltenden Akteure auf der internationalen Bühne. Um den kanadischen Bemühungen um Entwicklungshilfe ein größeres Gewicht zu verleihen und diese fest in die Administration zu verankern, wurde unter Premierminister Trudeau die Canadian International Development Agency (CIDA) gegründet.

1970 wurde zum ersten Mal ein Rahmenprogramm (Foreign Policy Review) entwickelt, das den Entwicklungshilfebemühungen Kanadas eine einheitliche Stoßrichtung geben sollte. Hauptsächlich sollte die Konzentration der Bemühungen auf die wirtschaftliche Entwicklung des Empfängerlandes gelegt werden. Trotzdem wurden aber auch kanadische Interessen vertreten, wie etwa die Vergrößerung von Aktivitäten des privaten Sektors oder die Ausweitung der kanadischen kommerziellen Interessen im Ausland. In dem 1974 veröffentlichten policy paper „Taking Stock" wurde zudem festgelegt, dass Kanada seine Bemühungen auf einzelne Bereiche zu konzentrieren gedachte: „Rather than [...] try to offer a little bit of help to many, Canada hopes to achieve a significant impact in a selected number of countries in keeping with the recommendations of the 1970 Foreign Policy Review" (CIDA 1974: 20-22).

Im Jahre 1975 wurden die Prinzipien dieser ersten beiden Rahmenpläne revidiert und unter dem Titel „Strategy for International Development Cooperation 1975-1980" veröffentlicht (CIDA 1975). In diesem Papier wurden bereits Fehler in früheren policy papers benannt, wie etwa die Annahme, dass wirtschaftliche Entwicklung unausweichlich auch die Reduzierung der Armut mit sich führt. Leider wurden die Lehren aus dieser Einsicht noch nicht umgesetzt und in eine armutsbezogene Entwicklungspolitik eingeflochten (CIDA 1975: 8-10; Ehrhardt 1989: 560). Die Entwicklung des kanadischen Exports (in

Kooperation mit der Export Development Corporation – EDC) war gemeinsam mit der kontinuierlichen Förderung des Wirtschaftswachstums der Empfängerländer kanadischer Entwicklungshilfe weiterhin Hauptziel der Bemühungen von CIDA.

In den späten 1970er Jahren wurde damit begonnen, das Entwicklungshilfebudget zu beschneiden. Dieser Trend setzte sich auch in den 1980er Jahren fort. Die kanadische ODA wurde um durchschnittlich 6 Prozent pro Jahr gekürzt (Clarke 1989:202). Als im Zuge der humanitären Krise in Äthiopien 1984 klar wurde, dass CIDA nicht in der Lage war, die Erwartungen der kanadischen Öffentlichkeit zu erfüllen und keine umfassende Strategie zur Behebung des Problems vorlegen konnte, orientierte sich CIDA in einigen wichtigen Bereichen neu. So wurde zum Beispiel die Zusammenarbeit zwischen CIDA und den in diesem Feld tätigen Nicht-Regierungsorganisationen (NROs) ausgeweitet und gefestigt (Cooper 1997: 226, 228). Erst 1987 wurde jedoch ein neues Policy Paper mit dem Titel „Sharing our Future" veröffentlicht, welches die Reaktion auf den sogenannten Winegard Report „For whose benefit?" war. Der Winegard Report kritisierte die bisherige Praxis der Ankurbelung des Wirtschaftswachstums in den Dritte-Welt-Ländern und forderte statt dessen, dass man den ärmsten Staaten und Menschen helfen solle, sich aus der Armut zu befreien (Clarke 1989: 193). Die neuen Rahmenpläne sahen zwar immer noch strukturelle Maßnahmen zur wirtschaftlichen Entwicklung und zur Reduktion der Schuldenberge vor, neu war jedoch der individuenzentrierte Ansatz der Entwicklungshilfe. Dazu gehörte zum Beispiel, dass die Rolle der Frau in der Entwicklung von Gesellschaften, die Nachhaltigkeit der Programme und die Hilfe zur Selbsthilfe wichtige Kriterien für die weitere Planung von Programmen wurden. Des weiteren wurde die kanadische ODA an die Einhaltung von grundlegenden Menschenrechten in den Empfängerländern gekoppelt (Tomlinson 1991: 26f, Rudner 1988: 150).

1995 wurde der individuenzentrierte Ansatz der kanadischen Entwicklungshilfe in der Revision der kanadischen Außenpolitik mit dem Titel „Canada in the World" weiter entwickelt. In dem Kapitel „International Assistance" wurde dieser Ansatz verbunden mit einer Verbesserung der Zusammenarbeit mit den NROs und anderen nationalen Organisationen, wie etwa dem Canadian Council for International Ço-Operation (CCIC). Zudem wurde gefordert, die Tätigkeit der staatlichen Agenturen transparenter zu machen. Am wichtigsten war wohl die Entwicklung von sechs Prioritäten, die der zukünftigen Entwicklungshilfe Kanadas als Leitfäden dienen sollten. Diese sechs Punkte waren: 1. die Einbindung der Frauen in den Entwicklungsprozess, 2. die Beachtung der Menschenrechte, Good Governance und Demokratie, 3. eine grundlegende Infrastruktur, 4. die Ausweitung des privaten Sektors, 5.die Befriedigung grundlegender Bedürfnisse und 6. die Nachhaltigkeit der Entwicklungshilfe für die Umwelt (CIDA 1995).

„A sound development program must be people-centred, with a focus on human development – on building capacity, which means helping women, men and children in developing countries, their communities and institutions, to acquire the skills and resources needed to sustain their own social and economic progress. An emphasis on poverty is vital – one that recognises that there is no single approach to poverty reduction and that our efforts to help the poor must rely on an array of programs and policies working together in an integrated fashion. Finally, an effective development program must involve activities at the local, institutional and policy levels and must be built on a wide range of partnerships, at home and abroad, to bring together the best possible combination of expertise and skills. Canadian partners include NGOs, the private sector, universities and colleges, youth, professional organisations and federal, provincial and municipal governments, all of whom have long played a key role in Canada's development program. Canada also works with a number of international organisations and institutions and, most importantly, with the people and institutions of the developing world" (CIDA 1995).

1996 wurde ein Strategiepapier zur Armutsbekämpfung unter dem Titel „CIDA's Policy on Poverty Reduction" veröffentlicht, das ganz explizit darauf hinweist, dass ökonomische Entwicklung nicht automatisch zur Reduzierung der Armut eines Staates führt: „There is no automatic link between economic growth and poverty reduction" (CIDA 1996: 8). Somit wurden die bereits 1975 in dem Papier „Strategy for International Development Co-operation 1975-1980" geäußerten, jedoch noch nicht umgesetzten Bedenken offiziell revidiert.

Die in den späten 1990er Jahren entwickelten Prioritäten und Strategien bestimmen auch heute noch die kanadische Entwicklungshilfe.

1.1 Armut als eines der größten Probleme

Armut ist das beherrschende Problem der Entwicklungspolitik. Armut scheint nicht nur Ursache sondern auch Auswirkung von einer Reihe von Einzelproblemen zu sein. Wie bereits im historischen Überblick über Kanadas Entwicklungshilfeprogramme angedeutet, hat CIDA einen Wechsel hin zu einer individuenzentrierten Armutsbekämpfung unternommen. In „Canada in the world" wird der zugrundeliegende Gedanke der kanadischen Entwicklungshilfe dargelegt: „The purpose of Canada's ODA is to support sustainable development in developing countries, in order to reduce poverty and to contribute to a more secure, equitable and prosperous world" (CIDA 1995).

Unterschieden werden muss zwischen der Bekämpfung und der Linderung der Armut. Wo Armut oft akut gelindert werden muss, zum Beispiel bei Hunger- oder Umweltkatastrophen, kann nur die Bekämpfung der Armut langfristig Wirkung zeigen. Die Bekämpfung der Armut erfordert die Hilfe zur Selbsthilfe, sie muss das Individuum in die Lage versetzen, sich selbst aus der Armut zu befrei-

en, etwa mit Hilfe von strukturellen Angeboten wie zum Beispiel Bildung. Kanada versucht sowohl in der Linderung der Armut als auch in ihrer Bekämpfung
tätig zu werden durch die Integration von Rahmenplänen, die ganz explizit dieses Ziel aufweisen, in die nationale Entwicklungshilfe (CIDA 1996:2-4).

Armutsbekämpfung wird nicht nur von Kanada als Beitrag zur Stabilisierung
der Welt auf verschiedenen Ebenen angesehen. Armut führt zur weiteren ökonomischen Destabilisierung der Dritten Welt und damit indirekt auch zu Absatz-
verlusten der Industrienationen. Daraus folgt Migration, sowohl innerstaatlich
(Landflucht) als auch international, welche auch von Kanada als problematisch
erachtet wird. Weiter wird die Ausbeutung der Natur mit allen daraus folgenden
ökologischen, ökonomischen und gesundheitlichen Problemen mit Armut ur-
sächlich in Zusammenhang gebracht. Nach neueren Auffassungen produziert
Armut auch politische Instabilität (CIDA 1996). 1994 listete das United Nations
Development Programme (UNDP) in seinem jährlich erscheinenden Human
Development Report einige der bereits genannten Faktoren unter dem Konzept
„Human Security" auf: ökonomische Dimensionen, Ernährung, Gesundheit,
Umwelt, persönliche, kommunale und politische Stabilität (UNDP 1994). CIDA
stellte dazu sieben Prinzipien auf, die die Implementierung von Strategien zur
Armutsbekämpfung in allen CIDA Programmen sicherstellen sollen:

1. Grundlegende strukturelle Faktoren der Armut sollen angesprochen werden,
wie etwa die Schaffung von Möglichkeiten zur nachhaltigen Steigerung sozialer
und produktiver Kapazitäten von Armen und den Abbau von Barrieren, die sozialer Partizipation im Wege stehen;

2. Die Sicherstellung einer Herangehensweise an das Problem auf allen Ebenen.
Dies bedeutet zum einen die Unterstützung der Armen selbst über Bil-
dung/Ausbildung oder technischer/finanzieller Hilfe und zum anderen die Bearbeitung und Beseitigung von systematischen Faktoren, die zur Armut führen;

3. Eine dreistufige Herangehensweise an das Armutsproblem bestehend aus
Programmen, die zum einen direkt und individuell mit den armen Menschen
zusammenarbeiten; zum zweiten Programme, die einer möglichst großen Anzahl
von Menschen zugute kommen, ohne direkt Einfluss auf das Individuum zu
nehmen (technische Innovationen, institutionelle Reformen, Unterstützung von
Organisationen die im Feld der Armutsbekämpfung arbeiten); und zum dritten
strukturelle Anpassungen auf dem Policy-Level;

4. Die Kombination von wirtschaftspolitischen Anstrengungen zur Ankurbelung
des Wirtschaftswachstums mit Investitionen in die soziale und gesellschaftliche
Entwicklung. Diese Kombination entstand aus der Erkenntnis, dass Wirtschaftswachstum allein nicht zur Reduzierung von Armut führt, sondern dass integrative Modelle zur Armutsbekämpfung entwickelt werden müssen;

5. Die Errichtung sozialer Sicherungssysteme, die grundlegende Bedürfnisse
(Basic Human Needs, BHN) befriedigen, wie etwa grundlegende Gesundheits-

fürsorge und Bildung, Ernährung, Unterkunft, Familienplanung, Wasserversorgung und sanitäre Einrichtungen;
6. Sicherung der Lebensmittelversorgung;
7. Die Unterstützung von Programmen, die auf Partizipation aller am Prozess beteiligten Gruppen abzielen. Dazu gehört die Einbindung von nationalen und internationalen NRO's, internationalen Finanzinstitutionen, Regierungen von Empfängerländern und Betroffenen (CIDA 1996: 4-10).

Im folgenden sollen einige der Korrelationen von Armut und politischer Stabilität, Gesundheit, ökonomischer Entwicklung, Bildung, Achtung der Menschenrechte, der Stellung der Frau in der Gesellschaft aufgezeigt werden.

1.1.1 Persönliche und politische Stabilität

„In essence, human security means safety for people both from violent and non-violent threats. It is a condition or state of being characterized by freedom from pervasive threats to people's rights, their safety, or even their lives. [...] It is an alternative way of seeing the world, taking people as its point of reference, rather than focusing exclusively on the security of territory or government. [...] Human security entails taking preventive measures to reduce vulnerability and minimize risk, and taking remedial action where prevention fails" (DFAIT 1999: 5).

Das Konzept der Human Security ist nicht synonym mit Human Development („die Fähigkeit von Menschen, sich selbst zu entwickeln", Nuscheler 1996: 143). Die beiden Ziele Freiheit von Angst und Freiheit von Unterversorgung können in einem gegenseitig verstärkenden Kreislauf einen positiven Einfluss auf die Entwicklung des Landes haben. Politische und soziale Instabilität sind oft die Wurzel für Armut und Armut wiederum ein Ausgangspunkt für Konflikte jedweder Art. Unklare politische Verhältnisse verhindern nicht nur einen effektiven Einsatz der Arbeitskraft und der Rohstoffe eines Landes, sondern verhindern auch internationale Investitionen und führen dazu, dass internationale Hilfsprogramme nicht greifen können. Sie verhindern aber auch jegliche Anstrengung von innen und blockieren Reformen auf den Weg in die Zukunft. Besonders prekär ist die Lage von Kindern, welche sich nicht nur Krankheit und Armut ausgesetzt sehen, sondern auch unter nicht kindgerechter Arbeit leiden und sexuell ausgebeutet werden. Zur Sicherung der Kinder im Besonderen hat Kanada Programme und Initiativen entwickelt, die sie vor dem Einsatz als Soldaten und Prostituierte schützen und die Reintegration von Flüchtlingskindern und Waisen fördern sollen (CIDA 2000d: 1-3). Die Sicherung persönlicher und politischer Stabilität kann den Weg frei machen für Programme, die den Zugang zu Arbeit, Bildung, sozialen Diensten und grundlegenden menschlichen Bedürfnissen herbeiführen können (DFAIT 1999: 7).

1.1.2 Bildung

In den Entwicklungsländern hatten 113 Millionen Kinder – davon zwei Drittel Mädchen – niemals die Chance, eine Schule zu besuchen. Das Resultat: Fast 900 Millionen Erwachsene weltweit sind Analphabeten (CIDA 2000a: 1). CIDA sieht in dieser Tatsache eine der wichtigsten Ursachen für Armut, Krankheit und Konflikte. Armut, da Analphabeten fast nicht in der Lage sind, eine Berufsausbildung zu erhalten; Krankheit, da gesundheitliche Aufklärung nur schwer zu vermitteln ist, wenn Schulen und vor allem auch andere Bildungseinrichtungen fehlen und die Menschen nicht in der Lage sind, sich selbst zu informieren; Konflikte, da Unwissenheit zu Missverständnissen und Intoleranz führen.

Innerhalb der Jahre 2000 bis 2005 werden die kanadischen Ausgaben für grundlegende Schulbildung in Entwicklungsländern vervierfacht. Das entspricht einer Steigerung des jährlichen Budgets von 41 Millionen US$ auf 164 Millionen US$. Besonderen Wert wird bei der Verteilung der Gelder auf die Bereitstellung von Ausbildungsplätzen für Mädchen gelegt. Insgesamt sollen lokale Anstrengungen zur Errichtung von Bildungseinrichtungen aufgegriffen und unterstützt werden. Dabei werden selektiv in einzelnen Ländern Programme gefördert, anstatt nach dem Gieskannenprinzip Gelder zu verteilen. Beispiele für solche gezielten Initiativen aus dem Jahr 2000 sind Projekte zur Unterstützung von Regierungsanstrengungen zur Reform des Schulwesens im Senegal und in Tansania, die Förderung von Randgruppen in bestimmten Regionen Ugandas und Lehrerbildungsprojekte in Mali (CIDA 2000a: 2).

1.1.3 Gesundheitsfürsorge

Gesundheitsfürsorge hängt in einem nicht unerheblichen Maße mit Bildung zusammen. Wie bereits dargelegt, bringen nicht nur die staatlichen kanadischen Entwicklungshilfeorgane die Verbreitung von Krankheiten mit Unwissenheit in Verbindung. Besonders evident wird dies im Zusammenhang mit der Immunschwächekrankheit AIDS. Eine effektive Aufklärung über die Gefahren und die Möglichkeiten der Prävention wird durch die Verbreitung dieses Wissens im Rahmen der Schulerziehung sehr erleichtert. Alphabetisierte Bevölkerungsteile sind wesentlich leichter über Maßnahmen zur Erhaltung oder Wiedererlangung der Gesundheit und zur effektiveren Ernährung zu informieren.

Generell hängt die Entwicklungsfähigkeit einer Region vom Gesundheitszustand und der Güte der Ernährung der Bevölkerung ab. Unterernährte Erwachsene und kranke Kinder sind kaum in der Lage, einen entscheidenden Beitrag zur ökonomischen Entwicklung des Landes zu leisten. Wieder wird dies mit Hilfe des Beispiels AIDS besonders deutlich: Es sind gerade die produktivsten Teile der Bevölkerung im Teenager- und jungen Erwachsenenalter, die von der

Krankheit am häufigsten heimgesucht werden und sterben. Sie hinterlassen eine Gesellschaft aus Waisen und Großeltern. „By reducing life expectancy, and putting overwhelming demand on health care and social systems, the HIV/AIDS pandemic is reversing decades of development progress in Africa" (CIDA 2000b: 1).

Kanadische Bemühungen, diese negativen Auswirkungen zu lindern oder zu beseitigen, führten zu einer Reihe von Programmen und Initiativen. Eine der bekanntesten ist die Kampagne der Vereinten Nationen zur Ausrottung der Kinderlähmung (Polio). Seit 1988 wird diese Kampagne kanadisch geleitet und hat seitdem beachtliche Erfolge geleistet: Polio ist gegenwärtig nahezu ausgerottet. Weitere Programme schließen zum Beispiel die Kampagnen zur Bekämpfung der Malaria in Afrika ein (CIDA 2000c: 1-2). Andere Maßnahmen zielen auf Ausbildung (wie in einer Kampagne zur Schulung von Menschen im Gesundheitsdienst im Kosovo im Jahre 2000, oder Kampagnen zur sexuellen Aufklärung und Gesundheitserziehung in Malawi) ab, oder auf wissenschaftliche Forschung (wie die Suche nach AIDS-Impfstoffen oder Studien zum anti-HIV Medikament Nevirapine) und den internationalen Austausch von Wissen (wie etwa auf einer Konferenz im Juni 2000 in Toronto, die Experten zu HIV/AIDS zusammenführte, um CIDAs Bemühungen im Kampf gegen die Krankheit zu unterstützen) (CIDA 2000b: 1).

1.1.4 Unterstützung von Frauen

Eine besondere Rolle im Kreislauf der Armutsbekämpfung spielen Frauen. Frauen sind in den Entwicklungsländern zum größten Teil für die Herstellung von Grundnahrungsmitteln zuständig, sie versorgen die Familie, erziehen die Kinder und, bei häufiger Abwesenheit eines männlichen Ernährers, müssen oft genug noch für den Lebensunterhalt der Familie sorgen. Für diese Belastungen sind Frauen oft sehr schlecht ausgestattet. Es fehlt ihnen an Kenntnissen, die zum einen helfen, die Lebensqualität der Familie zu erhöhen (grundlegende medizinisch-hygienische Kenntnis, Kenntnis landwirtschaftlicher Methoden, Berufsausbildung) und an persönlicher Stärke und Gesundheit (welche durch häufige Geburten angegriffen sein kann, ebenso wie schlechte Behandlung innerhalb der Familie, entwürdigende und entstellende traditionelle Praktiken, Ausbeutung und generelle Rechtlosigkeit) (Wachendorfer-Schmidt 2000: 269). Chronische Erschöpfung und eine zu hohe Anzahl an Geburten führen auch zu schwächeren Nachkommen mit einer geringeren Chance auf ein gesundes Überleben; ganz besonders, wenn bewusste Vernachlässigung weiblicher Nachkommen hinzukommt (Nuscheler 1996: 130).

Bildung für Frauen kann hier eine positive Veränderung der Bedingungen für Frauen bewirken. Kanadische Untersuchungen zeigen, dass bereits vier Jahre

Schulausbildung in einem kausalen Zusammenhang mit der geringeren Anzahl von Kindern pro Frau und deren besserer gesundheitlicher Verfassung stehen (CIDA 2000a: 2). Zunehmend sind Frauen auch in der Lage, mit einer außerhäuslichen Erwerbstätigkeit die ökonomische Situation ihrer Familie zu verbessern und somit ihre eigene soziale Position innerhalb der Familie aufzuwerten. Mit der Einschulung der Mädchen und dem damit verbundenen Anstieg des Heiratsalters (in Nigeria ist etwa die Ehe erst nach Beendigung des Schulalters erlaubt), verringert sich auch die Zahl der Kinder (Wachendorfer-Schmidt 2000: 270).

Kanada hat die Frauenförderung als eine der dringendsten Objektiven der Entwicklungshilfe zum integralen Bestandteil jeglicher Art von Projekten und Initiativen gemacht. Besonders die Bildung von Mädchen im formellen (Schul-) Sektor als auch von Frauen im informellen Sektor ist eines der Hauptziele von Frauenförderung. „Educating girls is, in particular, the single most effective development investment" (CIDA 1996:8). Frauenförderung wurde somit zu einer von sechs Direktiven ernannt, von der die kanadische ODA geleitet werden soll (CIDA 1995). ‚Empowerment of Women' ist mehr als nur ein Schlagwort in der kanadischen Entwicklungshilfepolitik (CIDA 2000e).

2. Kanadas Anteil an der internationalen Migration

In vielen Ländern der Erde gibt es ein Asylrecht für politisch Verfolgte. Neben jenen, die aus politischen Gründen ihr Land verlassen und Zuflucht in einem fremden Staat suchen, gibt es noch jene große Gruppe an Flüchtlingen, die vor Hunger und Armut flüchten. Oft versuchen Menschen auf der Suche nach einem besseren Leben in die reichen Industrienationen einzureisen. Die internationale Migration hat gegenüber der nationalen Migration zwar einen geringeren Umfang, wird jedoch von der Weltgemeinschaft und der Öffentlichkeit der Zielländer weitaus stärker beachtet. Nachdem die Migration von Industrienationen mit Vollbeschäftigung nach dem Zweiten Weltkrieg gefördert und im Zuge der Rezession in den 70er Jahren unterbunden wurde, erleben diese Nationen einen weiteren, teilweise unkontrollierten Zuzug von Ausländern. Formell anerkannte Flüchtlinge machen nur einen kleinen Anteil der Migration aus: Im Zeitraum von 1965 bis 1995 stieg die Zahl der Flüchtlinge von 2 Mio. auf 15 Mio., im gleichen Zeitraum stieg die Anzahl der im Ausland lebenden Menschen laut Angaben der UN-Flüchtlingskommission (UNHCR) von 75 Mio. auf 120 Mio. (Krennerich 2000:519). Paul Kennedy fragt in seiner Schrift „In Vorbereitung auf das 21.Jahrhundert":

„Auswanderung aus weniger entwickelten Ländern könnte dort den Bevölkerungsdruck und die Arbeitslosigkeit vermindern, während sie die ökonomischen Probleme eines negativen Bevölkerungswachstums und einer alternden Arbeiterschaft in den entwickelten Ländern aufheben sollte. Wenn das so ist, warum sollte Nordamerika dann nicht froh sein, dass Millionen von Familien aus dem Land südlich des Rio Grande ins Land kommen? Warum sollte das unter Arbeitskräftemangel leidende Japan nicht gewaltige Massen von willigen Arbeitern aus Südostasien hereinlassen? Oder warum sollte die Europäische Gemeinschaft mit ihren ergrauenden Bevölkerungen nicht die Millionen von arbeitslosen Nordafrikanern willkommen heißen?" (Kennedy 1997:62).

Sowohl in den Ziel- als auch in den Herkunftsländern verursacht diese Bewegung jedoch große Probleme. In den Zielländern wird oft ein Kontrollverlust antizipiert und die medial heraufbeschworene „neue Völkerwanderung" als Bedrohung aufgefasst (Nuscheler 1996: 103-105). Die Entwicklungsländer haben hingegen mit dem Verlust der oft produktivsten und gesellschaftlich wichtigsten Bevölkerungsschichten zu kämpfen (Krennerich 2000: 520). Dieser sogenannte „brain drain" – die Auswanderung von Wissenschaftlern, Lehrern, Ärzten, Ingenieuren – verursacht in den Entwicklungsländern einen nicht unerheblichen, teilweise irreparablen volkswirtschaftlichen Schaden (Windfuhr 2000: 117).

Im Jahre 1998 lag Kanada an fünfter Stelle einer Statistik, die die Anzahl der Immigranten in OECD Ländern auflistet. Gemessen an der Bevölkerung nahm Kanada in diesem Jahr die viertgrößte Anzahl an Menschen auf (Coppel/Dumont/Visco 2001: 7). Insgesamt wanderten im Zeitraum vom 1. Juli 1999 bis zum 30. Juni 2000 252.088 Menschen aus allen Erdteilen ein (Statistics Canada: 2001). Fast 20 Prozent der kanadischen Bevölkerung kommen aus dem Ausland (Coppel/Dumont/Visco 2001: 9). Jedoch nicht nur gemessen an diesen Daten, auch im Selbstverständnis der Bevölkerung, ist Kanada ein Einwanderungsland. In einer Studie zur nationalen Immigrationspolitik schrieb die damalige Ministerin des Department of Citizenship and Immigration, Lucienne Robillard: „Immigration goes to the core of our values and aspirations. It has shaped our country. It speaks to who we are as Canadians, and what sort of society our children will inherit. Immigration is an issue in which all Canadians have a stake" (Robillard 1998:1).

Die amtierende Ministerin Elinor Chaplan charakterisierte die Bedeutung von Immigration wie folgt: „For Canada, immigration has been and will continue to be an essential tool for social, cultural and economic nation building" (Caplan 2001). Für Kanada ist die Immigration also anders als für viele der europäischen Länder: ein aktiver Posten, der zur ökonomischen kulturellen und sozialen Identität beiträgt und gleichzeitig eine Ressource, die bei Bedarf hilft, Probleme zu beheben. Dementsprechend ist es Kanadas Politik, permanente Einreise zu ermöglichen im Gegensatz zu temporär begrenzenden Modellen, wie sie in Japan und EU-Staaten gehandhabt werden. In Kanada gilt ebenfalls im Gegensatz zu Japan und vielen EU-Staaten als Immigrant, wer im Ausland geboren wurde und nicht, wer eine fremde Nationalität besitzt (Coppel/ Dumont/ Visco 2001: 5).

3. Profitiert Kanada von der Migration?

Weltweit wächst die Bevölkerung. Verdeckt durch das stetige Ansteigen der Weltbevölkerung wird jedoch ein gegenläufiges Phänomen, das in den Industrienationen zu Tage tritt: der Bevölkerungsrückgang. Seit Mitte/Ende des 19. Jahrhunderts sanken die Geburtenraten in Europa stetig in Folge von Verbesserungen der Nahrungsmittelproduktion, der öffentlichen Versorgung und der privaten Hygiene sowie durch Fortschritte in der medizinischen Versorgung (Münz 1995: 44); unter das Bestandserhaltungsniveau von 2,1 Kindern pro Frau geriet die Rate dabei erstmals 1960 (Höhn 2000:84). Viele Faktoren beeinflussen diese Entwicklung, so zum Beispiel finanzielle Erwägungen, die zeitliche Bindung, die von einem oder mehreren Kindern ausgeht, die Einschränkung der persönlichen Entfaltungsmöglichkeiten der Eltern und die Sicherheit, dass mehr Kinder das Erwachsenenalter erreichen (Höhn 2000: 83-84).

Mit sinkender Geburtenrate und gleichzeitig höherer Lebenserwartung geht die Steigerung des Anteils der alten Menschen in einer Gesellschaft einher. Birg (1996:78) argumentiert, dass die Geburtenraten umso weniger ausreichen, um den Bestand der Bevölkerung zu sichern, je höher der Wohlstand des Einzelnen und der Gesellschaft ist. Die Debatten in den Industrienationen drehen sich in Bezug auf die Bevölkerungsentwicklung folglich um den Erhalt des Lebensstandards im Alter und die Stabilisierung sozialer Sicherungssysteme im Ganzen. Die Rezepte gegen die Bevölkerungsimplosion werden kontrovers diskutiert. Immigration als Ausgleich der Bevölkerung (Birg 1996:80) wird aus bevölkerungspolitischen Erwägungen in den meisten Gesellschaften misstrauisch betrachtet und staatliche Möglichkeiten, Anreize zur erhöhten Produktivität der eigenen Bevölkerung zu schaffen, scheitern oft an den sehr begrenzten finanziellen Mittel zur Bereitstellung von sozialen Systemen, die der finanziellen und zeitlichen Entlastung der Familien dienen.

In einem 2000 veröffentlichten Bericht des Sekretariats der Vereinten Nationen (Zoubanov 2000) werden Daten angegeben, die eigentlich darauf schließen lassen, dass auch Kanada mit einer Bevölkerungsverminderung zu kämpfen hat: Mit einer durchschnittlichen Kinderzahl von 1,6 Kindern pro Frau in den Jahren 1995 bis 2000 bleibt die Wachstumsrate der Bevölkerung hinter der der reinen Selbsterhaltung zurück. Dennoch wird angegeben, dass das Bevölkerungswachstum für das Jahr 1999 von Kanada als zufriedenstellend eingestuft wird und keinerlei Interventionen in das Reproduktionsverhalten als notwendig erachtet werden (Zoubanov 2000: 26). Für das Jahr 2050 wird die Fertilitätsrate der kanadischen Bevölkerung sogar nur noch mit 1,5 Kindern pro Frau angenommen, während die Lebenserwartung von 75,5 (2000) auf 80,0 Jahre (2050) steigt (Dang/ Antolin/ Oxley 2001: 22). Kanada wird damit in die Gruppe der langsamer alternden Länder eingestuft (Dang/ Antolin/ Oxley 2001: 30), was aber das Problem keinesfalls auf Dauer irrelevant erscheinen lässt.

Dies bedeutet jedoch nicht, dass Kanada dieses Problem verdrängt. Sehr wohl ist der kanadischen Regierung klar, welche Probleme eine negative Bevölkerungsentwicklung und damit verbunden das Altern der Bevölkerung auf die soziale Sicherung hat. Vor der 54. Special Session der Generalversammlung der Vereinten Nationen im Oktober 1999 gab die Abgeordnete Kanadas an, dass der prozentuale Anteil der alten Bevölkerung von 12 Prozent im Jahre 1999 auf 25 Prozent im Jahre 2041 anwachsen wird (Wilson 1999). Bereits im Jahre 1997 wurde dementsprechend der Canadian Pensions Plan reformiert, um die soziale und finanzielle Sicherheit im Alter zu gewährleisten. Im Zuge der nationalen Bemühungen zum International Year of Older Persons (IYOP) 1999, entwickelte Kanada einen nationalen Rahmenplan, der sich mit dem Altern der Bevölkerung befasste und sich an die UN Principles for Older Persons anlehnte. Diese Prinzipien fordern Unabhängigkeit für alte Menschen, Sicherheit und Fairness sowie die Möglichleiten zur sozialen und politischen Partizipation in der Gesellschaft und ein Leben in Würde. Im Zusammenhang damit wurden finanzielle Mittel bereitgestellt, die die Forschung auf dem Gebiet der Gesundheitsführsorge und die Erneuerung medizinischer Technologien unterstützen sollen (Wilson 1999).

Die Implementierung der kanadischen Initiativen zum IYOP wurden überwacht von dem Canada Coordinating Committee for IYOP. Dieses Gremium setzte sich getreu allgemeinen kanadischen Prinzipien politischer Partizipation aus Mitgliedern aller nationalen Gruppierungen und Altersschichten zusammen. Dieses Komitee war ebenfalls Gastgeber der Fourth Global Conference on Ageing, die im September 1999 in Montréal stattfand. Repräsentanten aus 60 Ländern kamen in der Montréal Declaration überein, die Principles for Older Persons der Vereinten Nationen zu bekräftigen und die Initiativen des IYOP weiter zu verfolgen (Wilson 1999).

In einer Studie (OECD 2001), die neun OECD Länder in Bezug auf ihren Umgang mit der Altersproblematik vergleicht, kommt die OECD zu dem Schluss, dass Kanada ein sehr gutes, weil breit gefächertes Spektrum an Maßnahmen ergriffen hat, um alte Menschen in ihrer Gesellschaft zu sichern: „In the nine-country comparison Canada is the country with the least problems ensuring pensioners' economic well-being and protecting vulnerable groups, but is only average in its success in balancing time spent in work and retirement" (OECD 2001: 15). Probleme gibt es also noch auf dem Gebiet der Altersbeschäftigung und der Sicherung der Renten in den kommenden Jahrzehnten, wenn sich die

Anzahl der Rentner im Vergleich zur arbeitenden Bevölkerung deutlich erhöht. Der Anteil der Altersgruppe über 65 im Vergleich zur Altersgruppe der arbeitenden Bevölkerung (20-64 Jahre) liegt momentan um 20 Prozent. Im Jahr 2050 wird er jedoch deutlich über 40 Prozent liegen (Visco 2001: 26, 35).

Was heißt das für Kanada? Kanada muss Wege finden, um aus dieser Altersstruktur herauszufinden. Mit Blick auf die Zukunft ist es nicht nur wichtig, die soziale Sicherung im Alter so effektiv wie möglich zu gestalten. Es ist vielmehr geboten, Maßnahmen zu ergreifen, die das Altern der Gesellschaft stoppt oder sogar umkehrt. Eine unter vielen, jedoch kontrovers geführten Diskussionen nicht nur in Kanada ist die kontrollierte Zuwanderung. Es ist daher auch das erklärte Ziel Kanadas, die Rate der Einwanderer noch zu erhöhen und auf die Dauer eine jährliche Einwanderung von ca. einem Prozent der Bevölkerung zu erreichen (Caplan 2001). Im Jahr 2001 sollte eine Anzahl von 177.900 bis 195.700 Einwanderern und 22.100 bis 29.300 Flüchtlingen erreicht werden; im Jahr 2002 sollten 187.000 bis 204.600 Einwanderer und 23.000 bis 30.400 Flüchtlinge in Kanada ein neues zu Hause finden (CIC 2001: Appendix C). Die meisten dieser Menschen werden wie in den letzten Jahren aus Asien stammen. Im letzten Jahr waren die ersten sechs Plätze einer Auflistung der Herkunftsländer mit asiatischen Ländern besetzt (in Reihenfolge China, Indien, Pakistan, Philippinen, Süd Korea, Sri Lanka), erst auf den folgenden Plätzen fanden sich Staaten aus anderen Kontinenten (USA, Iran, Jugoslawien, und Großbritannien). Kanada verfolgt mit seiner Einwanderungspolitik zwei verschiedene Ziele: Zum einen sieht Kanada in einer aktiven Einwanderungspolitik einen Beitrag „[to] strengthen our humanitarian tradition" (CIC 2001: Introduction). Mit der Einwanderung von Flüchtlingen, Asylsuchenden und deren Familien möchte Kanada einen Beitrag leisten zur Entspannung des Flüchtlingselends. In der Tat bildet die Gruppe der Flüchtlinge jedoch nur einen relativ kleinen Anteil an der Gesamtsumme der Einwanderer: 1999 kamen 24.249 Flüchtlinge ins Land, 2000 waren es 26.708 Menschen. Die größte Anzahl kam als offizielle Einwanderer ins Land. In dieser Gruppe befinden sich in der Industrie als Arbeitskräfte tätige Personen (1999: 105.496; 2000: 133.201) und Familienangehörige bereits in Kanada lebender Personen (1999: 55.269; 2000: 60.426) als größte Gruppen (CIC 2001: Appendix A, B). In diesem Ungleichgewicht zwischen Flüchtlingen und Einwanderern offenbart sich die zweite Zielsetzung kanadischer Immigrationspolitik: Die Sicherung der nationalen Wirtschaft durch den Import von Humanressourcen. Ausdrücklich legt Kanada dabei Wert auf eine Auswahl der zur Einwanderung Berechtigten. Richtwerte für den Bedarf an hoch qualifizierten Arbeitskräften sind dabei nationale Engpässe in der Versorgung der Industrie mit Arbeitskräften und der globale Wettbewerb um Menschen mit Schlüsselqualifikationen bestimmter Branchen. Sie werden angeworben, um die Wettbewerbsfähigkeit der kanadischen Wirtschaft sicherzustellen und ausländische Investitionen anziehen zu können. Ebenfalls wird ein Wissenstransfer ausländischer Arbeiter auf die kanadische Bevölkerung befürwortet. In diesem Zusammenhang werden auch Personen bevorzugt ins Land geholt, die nur für kurze Zeit nach Kanada kommen, etwa um für einen begrenzten Zeitraum dort zu arbeiten, zu studieren oder auch nur zu reisen (CIC 2001: International Trends and Challenges). Besonders wichtig werden diese Faktoren im Zeichen sinkender Arbeitskräfte im Land, was Folge der sinkenden Geburtenraten und der alternden Bevölkerung ist. Diese Zusammenhänge werden ganz explizit als Entscheidungsfaktor für die aktive Einwanderungspolitik Kanadas genannt (CIC 2000: Domestic Trends an Challenges).

Kritik an der gezielten Anwerbung hochqualifizierter Fachkräfte, also an Kanadas selektiver Einwanderungspolitik wird indes im Zuge der Debatte um den sogenannten „brain drain" laut. Zwischen 1960 und 1986 wanderten etwa 1,2 Mio. hochqualifizierte Arbeitskräfte aus den Entwicklungsländern aus, diesen entstand dadurch ein Verlust von etwa 24 Mrd. US$. Unter den Zielländern erhielten Kanada und die USA mit zusammen 70 Prozent den höchsten Anteil (Windfuhr 2000: 117). Konflikte ergeben sich in diesem Zusammenhang offensichtlich zwischen der kanadischen Einwanderungspolitik und der Entwicklungspolitik, die sich explizit die Förderung von Bildung in Drittweltsaaten auf die Fahnen geschrieben hat. Der „brain drain" aus Kanada in die Vereinigten Staaten von Amerika wirkt sich angesichts der Dimensionen kanadischer Einwanderung auch im Urteil von Experten als nur geringfügig besorgniserregend aus (PRI 1998).

4. Fazit

Obwohl kanadische Entwicklungshilfebemühungen weltweit positiv aufgefasst werden, wird der Rückgang des finanziellen Engagements Kanadas kritisch und besorgt beobachtet. Allein innerhalb der neunziger Jahre des 20. Jahrhunderts fiel der Anteil der ODA am Bruttosozialprodukt (BSP) von 0,45 auf unter 0,3 Prozent (OECD 1998a: 1, 4). In Anbetracht der Tatsache, dass sich alle Industrienationen zur Erreichung einer Aufwendung von 0,7 Prozent des BSP selbst verpflichteten, wird die finanzielle Schwäche der kanadischen Entwicklungshilfeprogramme sehr deutlich. Dies Veranlasst die Organisation for Economic Cooperation and Development (OECD) auch zu dem Schluss, dass es Kanada in Zukunft nicht mehr gelingen wird, die großen Initiativen der Vergangenheit zu wiederholen oder gar aufrechterhalten zu können (OECD 1998a: 1). Mit Hilfe großer und sehr erfolgreicher Kampagnen wie die zur Bekämpfung von Kinderarbeit, der Ausrottung von Polio oder dem Bann von Landminen kann sich Kanada vor der Weltöffentlichkeit immer noch als einer der großen Staaten in der

Entwicklungshilfe präsentieren, obwohl die reellen finanziellen Leistungen sinken.

Nichts desto weniger beurteilt die OECD die theoretischen Grundlagen kanadischer Entwicklungshilfe, also die Rahmenpläne wie dargelegt in dem policy-paper Canada in the World und die Bemühungen diese umzusetzen, als hervorragend. Besonders erwähnenswert erscheint hier die Implementierung von Menschenrechts- und Good Governance Dimensionen in die Programme und die tägliche Arbeit von CIDA (OECD 1998: 3). Die Zusammenarbeit der Regierungsstellen mit NROs und privaten Organisationen ist ebenfalls fest implementiert, somit können diese auch auf viele Ressourcen zurückgreifen. Auch die strukturelle Möglichkeit zur schnellen Antwort auf Krisensituationen und somit zur Deeskalation von drohenden Konflikten ist im System der kanadischen Entwicklungshilfe angelegt und spiegelt auch auf diesem Gebiet eines der kanadischen Hauptaugenmerke der Außenpolitik wider. CIDA wird als eine Organisation gesehen, die lernfähig ist und sich so den Gegebenheiten der sich ändernden Welt anpassen kann.

Anpassen muss sich Kanada jedoch nicht nur den Gegebenheiten in der Welt, sei es in Bezug auf Entwicklungshilfe oder jedes andere Feld außenpolitischer Tätigkeiten, sondern auch den Gegebenheiten im Innern. Das hier herausgegriffene Problem der veränderten Altersstrukturen ist nur eines von vielen, dem sich Kanada, wie die gesamte industrialisierte Welt, stellen muss. Es wurde hier ausgewählt, um die Verbindung zwischen entwicklungspolitischem Engagement und innerstaatlicher Problematik einmal nicht von der sonst gewählten ökonomischen Seite zu betrachten. Handelsbeziehungen von Industrienationen zu Ländern der Dritten Welt werden üblicherweise als problematisch, weil einseitig betrachtet, jedoch sind solche Beziehungen auch auf anderen Ebenen zu beobachten. Migration als Lösung für innenpolitische Problemstellungen ist im Kontext des Ressourcenabzugs als ebenso problematisch zu betrachten.

Was bleibt ist ein etwas zwiespältiger Eindruck. Kanadas Anspruch auf einen Platz unter den am stärksten in die Entwicklungshilfe involvierten Nationen der Erde erscheint auf den ersten Blick auf Grund der Initiative Kanadas gerechtfertigt. Ein zweiter Blick enthüllt das kaum zu verbergende Defizit an finanziellen Mitteln zur Entwicklungshilfe. Auch die Betrachtung von kanadischem Eigeninteresse in Zusammenhang mit entwicklungs- und bevölkerungspolitischen Fragenstellungen zeigt deutlich, dass auch innenpolitische Erwägungen und Zielsetzungen eine Rolle spielen. Diese Zielsetzungen werden auch geäußert:

„Based on wide consultations, it is clear that Canadians want to remain actively involved in the world, although they recognize the financial constraints we face. In response to Canadians' aspirations and to meet the challenges of an evolving world, the Government will pursue foreign policy to achieve three key objectives: The promotion of prosperity and employment; the protection of our security, within a stable global framework; and the projection of Canadian values and culture. These objectives are interrelated and mutually reinforcing. They will guide decisions on priorities and on the allocation of resources" (CIDA 1995).

Kanadische Interessen werden somit kanadischem Handeln auch auf dem Gebiet der Entwicklungspolitik übergeordnet. Immerhin sichert jedoch die Vielfalt der multilateralen Beziehungsgeflechte, dass Kanada sich dabei im Rahmen der jeweils internationalen Konventionen, Organisationen und westlichen Handlungsmuster bewegt. Kanada ist dabei eines der aktiv gestaltenden Länder mit großer Kraft zur Initiative.

Literatur

Birg, Herwig (1996): Die Weltbevölkerung Dynamiken und Gefahren. München: C.H. Beck.

Canadian International Development Agency (CIDA) (1970): Foreign Policy Review. Ottawa: Supply and Services Canada.

CIDA (1974): Taking Stock. Ottawa: Supply and Services Canada.

CIDA (1975): Strategy for International Development Co-operation 1975-1980. Ottawa: Supply and Services Canada

CIDA (1995): Canada in the World. Ottawa: Supply and Services Canada.

CIDA (1996): CIDA's Policy on Poverty Reduction. www.acdi-cida.gc.ca/poverty (04.02.2203).

CIDA (2000a): Backgrounder. Basic Education – Ensuring Opportunity for All. Ottawa: CIDA.

CIDA (2000b): Backgrounder. HIV/AIDS – Confronting the Global Pandemic. Ottawa: CIDA.

CIDA (2000c): Backgrounder. Health and Malnutrition – Making Strides to Improve Human Well-Being. Ottawa: CIDA.

CIDA (2000d): Backgrounder. Child Protection – Investing in the Future. Ottawa: CIDA.

CIDA (2000e): Gender Equality at CIDA. Ottawa: CIDA.

Caplan, Elinor (2001): Message from the Honourable Elinor Caplan. In: Citizenship and Citizenship and Immigratio Canada -CIC- (Hrsg.) (1998): Building on a Strong Foundation for the 21st Century. Ottawa: Minister of Public Works and Government Services Canada.

Citizenship and Immigration Canada (CIC) (2001): Planning Now for Canada's Future. Ottawa: Minister of Public Works and Government Services Canada.

CIC (2001): Planning Now for Canada's Future. Ottawa: Minister of Public Works and Government Services Canada.

Clarke, Robert E. (1989): Overseas Development Assistance: The Neo-Conservative Challenge. In Hampson/ Appel Molot (Hrsg.) (1989): 193-207.

Cooper, Andrew F. (1997): Canadian Foreign Policy – Old Habits and New Directions. Scarborough: Prentice Hall.

Cooper, Andrew F. (1997): The Scattering of Purpose: Canada and Development Assistance, Seiten 210-243. In: Ders. (1997): Canadian Foreign Policy – Old Habits and New Directions. Scarborough: Prentice Hall.

Coppel, Jonathan/ Dumont, Jean-Christophe/ Visco, Ignazio (2001): Trends in Immigration and Economic Consequences. Economics Department Working Paper No. 284, ECO/WKP (2001) 10. Paris: OECD.

Dang, Thai Than/ Antolin, Pablo/ Oxley, Howard (2001). Fiscal Implications of Ageing: Projections of Age-Related Spending. Economics Department Working Papers No. 305, ECO/WKP(2001)31. Paris: OECD.

Department of Foreign Affairs and International Trade (DFAIT) (1999): Human Security. Safety for People in a Changing World. Ottawa: DFAIT.

Ehrhardt, Roger (1989). The Politics of Canadian Aid. In Painchaud, Paul (Hrsg.) (1989): 555-577.

Hampson, Fen Oesler/ Appel Molot, Maureen (Hrsg.) (1989): Canada among Nations 1989. The Challenge of Change. Ottawa: Carleton University Press.

Höhn, Charlotte (2000): Demographische Entwicklungen. In: Kaiser/ Schwarz (2000): 83-89.

Kaiser, Karl/ Schwarz, Hans-Peter (2000): Weltpolitik im neuen Jahrhundert. Bonn: Bundeszentrale für politische Bildung.

Kennedy, Paul (1997): In Vorbereitung auf das 21. Jahrhundert. Frankfurt: Fischer.

Krennerich, Michael (2000): Migration. In: Nohlen, Dieter (Hrsg.) (2000): Lexikon Dritte Welt. Reinbek: Rowohlt, S. 519-520.

Münz, Rainer/ Ulrich, Ralf (1995): Bevölkerungswachstum. Ein globales Problem. In: Opitz (Hrsg.) (1995): 35-69.

Nuscheler, Franz (1996). Lern- und Arbeitsbuch Entwicklungspolitik. Bonn: Dietz.

OECD (1998): Canada. Development Co-operation Review Summary and Conclusion. http://www.oecd.org/EN/document/0,,EN-document-67-2-no-3-18353-67,00.html (03.02.2003).

OECD (2001): Ageing and Income. Financial Resources and Retirement in 9 OECD Countries. Paris: OECD Publications.

Opitz, Peter J. (Hrsg.) (1995): Weltprobleme. Bonn: Bundeszentrale für politische Bildung.

Painchaud, Paul (Hrsg.) (1989): De Mackenzie King à Pierre Trudeau – Quarante ans de diplomatie canadienne. Ste-Foy: Les Presses de l'Université Laval.

Policy Research Institute Canada -PRI- (1998): Brain Drain or Brain Gain? Report on the National Policy Research Conference. Horizons – Sunrise Issue Octobre 1 1998. Policy Research Institute Canada.

Robillard, Lucienne (1998): Statement by the Honourable Lucienne Robillard Minister of Citizenship and Immigration. In: Citizenship and Immigratio Canada (Hrsg.) (1998): Building on a Strong Foundation for the 21st Century. Ottawa: Minister of Public Works and Government Services Canada.

Rudner, Martin (1989): New Dimensions in Canadian Development Assistance Policy. In Tomlinson, Brian/ Appel Molot, Maureen (Hrsg.) (1989): Canada among Nations 1988. The Tory Record. Toronto: James Lorimer, S. 149-169.

Statistics Canada (2001): Recent Immigrants by country of last residence. Statistics Canada, CANSIM II, Tabelle 051-0066.

Tomlinson, Brian/ Swift, Jamie (Hrsg.) (1991): Conflicts of Interest. Canada and the Third World. Toronto: Between the Lines.

United Nations Development Programme (UNDP) (1994): Human Development Report. New York: UNDP.

Visco, Ignazio (2001): Ageing Populations. Economic Issues and Policy Challenges. Speech held at the Kiel Week Conference on Economic Policies for Ageing Societies. Paris: OECD Publications.

Wachendorfer-Schmidt, Ute (2000): Frauen in der Dritten Welt. Nohlen, Dieter (Hrsg.) (2000): Lexikon Dritte Welt. Reinbek: Rowohlt, S. 268-271.

Wilson Lois (1999): Statement at the 54th Session of the United Nations General Assembly, Item 106: Social Development, including Questions Relating to the World Social Situation and to Youth, Ageing, Disabled persons and the Family: Follow-up to the International Year of Older Persons. New York: United Nations General Assembly.

Windfuhr, Michael (2000: Brain Drain. In: Nohlen, Dieter (Hrsg.) (2000): Lexikon Dritte Welt. Reinbek: Rowohlt, S. 116-118.

Zoubanov, Anatoly (2000): Population Ageing and Population Decline: Government views and Policies. Paper No. UN/POP/PRA/2000/2 of the Expert Group Meeting on Policy Responses to population Ageing and Population Decline. New York: Population Division, Department of Economic and Social Affairs, United Nations Secretariat.

Maßnahmen gegen die Angst -
Die Rolle Kanadas im Kampf gegen den internationalen Terrorismus

René Marc

Die Terroranschläge vom 11. September 2001 haben eindrucksvoll unter Beweis gestellt, wie akut die weltweite Bedrohung durch internationalen Terrorismus ist. Die Worte des kanadischen Premierministers Jean Chrétien in einer Rede an die Nation unterstreichen dies: „On September 11, 2001, Canada and the world looked on, in shock and disbelief, as the deadliest terrorist attack in history was carried out against thousands of defenceless victims in New York and Washington" (07.10.2001). Unter den Opfern waren auch 23 Kanadier. Die „hervorragende Koordinierung und Synchronisierung" der Angriffe auf das World Trade Center in New York und das Pentagon in Washington, einhergehend mit einer „Privatisierung des Terrors" durch Osama Bin Ladens Terrornetzwerk Al Qaida, haben den internationalen Terrorismus schlagartig in den Mittelpunkt des Interesses der Weltöffentlichkeit gerückt (Hoffman 2001: 276, 282). Die Bekämpfung des Terrorismus steht seither an der Spitze der Prioritätenliste vieler Regierungen aller Kulturkreise. Durch die verheerenden Angriffe auf die USA wurde deutlich, zu welchen Taten Terroristen ideologisch – und vor allem logistisch – fähig sind. Dennoch ist die terroristische Bedrohung nicht neu. Die weltweite jahrzehntelange Erfahrung mit terroristischen Zwischenfällen im Zivilluftfahrbereich und die zahlreichen Anschläge auf US-amerikanische Einrichtungen im Ausland in den 90er Jahren des letzten Jahrhunderts, haben den Blick der Staatengemeinschaft auf die Bekämpfung des internationalen Terrorismus gelenkt.[1] Der Bombenanschlag auf eine Boing 747 im Jahre 1985, die über der irischen Küste zum Absturz gebracht wurde und über 300 kanadische Opfer forderte, zeigt eine besonders schmerzliche Erfahrung Kanadas mit dem internationalen Terrorismus. Das Beispiel macht deutlich, dass nicht nur die Vereinigten Staaten – ohne Zweifel das Hauptangriffsziel von Terroristen in der jüngeren Vergangenheit – Maßnahmen zum eigenen Schutz ergreifen müssen. Auch Staaten wie Kanada laufen

---

[1] Exemplarisch für Angriffe gegen Einrichtungen der USA sollen hier die Sprengstoffanschläge auf die US-amerikanischen Botschaften in Kenia und Tansania im August 1998 und die „U.S.S. Cole" im Golf von Aden im November 2000 stehen; als bisher markantestes Beispiel für Anschläge auf die Zivilluftfahrt sei das Bombenattentat auf den PanAm-Jumbo 1988 über Lockerbie genannt.

gegenwärtig und in Zukunft Gefahr, Opfer von terroristischen Attacken zu werden. Dessen sind sich die Kanadier wohl bewusst, und so ließen sie in der Vergangenheit keineswegs Initiativen zur Eindämmung des Terrorismus vermissen. Doch haben die Anschläge vom 11. September 2001 die Aktivität Kanadas in der Terrorismusbekämpfung weiter verstärkt.

Nachfolgend wird Kanadas Anti-Terrorismuspolitik einer näheren Betrachtung unterzogen. Zunächst sollen – um die Hintergründe von Maßnahmen zur Terrorismusbekämpfung besser einordnen zu können – die bestehenden definitorischen Probleme mit dem Begriff „Terrorismus" aufgezeigt werden. Im Anschluss daran stehen die nationalen Initiativen Kanadas zur Verringerung der terroristischen Bedrohung im Mittelpunkt, gefolgt von einem Abschnitt über die bilaterale Sicherheitspartnerschaft mit den USA. Das kanadische Engagement auf multilateraler Ebene wird anhand der Politik Ottawas in internationalen Zusammenschlüssen beleuchtet. Abschließend wird versucht, eine Bilanz der bisherigen Politik zu ziehen und die Erfolgsaussichten der getroffenen Maßnahmen zu bewerten.

1. Terrorismus – ein undefinierbares Phänomen

Die langjährigen Bestrebungen, den Begriff „Terrorismus" im Sinne einer allgemeingültigen Definition fassbar zu machen, haben bis heute keine Früchte getragen (Hoffman 2001: 34, 49 f.; Gießmann 2000: 121; Rumpf 1985: 384). Weder auf der nationalstaatlichen Ebene Kanadas, noch auf der internationalen Ebene hat sich bisher ein Definitionsansatz durchgesetzt.

So ist der Terminus zwar im Wortlaut einiger kanadischer Rechtsnormen zu finden, eine Begriffsklärung findet jedoch nicht statt. Das liegt hauptsächlich daran, dass der kanadische Gesetzgeber sich bis dato nicht auf die Stossrichtung einer Definition einigen konnte: Eine allgemein gehaltene Definition stünde schnell im Verdacht des Missbrauchs, da in diesem Fall die Gefahr der ungerechtfertigten Subsumtion von Handlungen unter den Tatbestand des Terrorismus bestünde. Eine spezifische Definition hingegen engt sowohl den politischen Spielraum der kanadischen Exekutive ein, als auch die Jurisdiktion hinsichtlich der Strafverfolgung von Terroristen und/oder deren Unterstützer, so die einhellige Meinung von Regierung und Generalbundesanwaltschaft (Chwialkowska 2001). Folglich konnte sich keine der beiden Varianten durchsetzen. Ein Richter des kanadischen Federal Court hält dies jedoch nicht für problematisch. Er ist der Meinung, dass Terrorismus keiner näheren Definition bedarf:

„When one sees a terrorist act, one is able to define the word. When one sees a bomb placed in a public market frequented by civilians, and the bomb causes death and injury, one is able to see a terrorist act or what is referred to as terrorism" (Teitelbaum, zitiert in: Chwialkowska 2001).

Um eine effektive Strafverfolgung zu gewährleisten, hat sich der kanadische Gesetzgeber im Ergebnis darauf verständigt, bestimmte Tatbestände als „terroristisch" zu definieren (DFAIT Backgrounder 2002: 2-3; Chwialkowska 2001). Dieser Tatbestandskatalog wurde als Folge des 11. September 2001 um einige strafbare Handlungen ergänzt. In absehbarer Zeit wird es somit – zumindest in der kanadischen Rechtsprechung – keine exakte Terrorismusdefinition geben.

Auf der internationalen Ebene sind die Ursachen für das Scheitern jeglicher Definitionsversuche komplex und vielfältig. Ein Hauptgrund liegt sicherlich in den divergierenden Einstellungen einzelner Staaten zu einzelnen, unter Terrorismusverdacht stehenden Gruppen und ihren jeweiligen Zielen. „An der Einstellung zu terroristischen Delikten zeigt sich die Zerklüftung der Staatenwelt in Interessen, Imperialismen und Ideologien und daraus fließender Sympathien und Antipathien" (Rumpf 1985: 398). Der vielzitierte Grundsatz „one man's terrorist ist another man's freedom fighter" bringt die Definitionsprobleme auf den Punkt (Waldmann 1998: 198; Rumpf 1985: 398). Die sich aus diesen Zusammenhängen ergebenden definitorischen Schwierigkeiten werden zusätzlich dadurch verstärkt, dass mutmaßliche Terrororganisationen alle Bezeichnungen, die mit dem Wortstamm „Terror" zusammenhängen, bewusst vermeiden. „Der Terrorist ... wird niemals bestätigen, dass er ein Terrorist ist, und er wird sich darüber hinaus die größte Mühe geben, um jede derartige Annahme oder Beziehung zurückzuweisen oder zu vernebeln" (Hoffman 2001: 37). Den Ausweg aus dem Definitionsdilemma könnte man als „kanadischen Weg" bezeichnen, auch wenn Kanada hier keine Vorbildfunktion inne hat: Auf eine Gesamtdefinition wurde zugunsten der Festlegung von einzelnen Handlungen als „terroristische Akte" verzichtet, deren Bekämpfung wiederum im Mittelpunkt zahlreicher internationaler Abkommen und Konventionen steht (Klink 2000: 250; Chladek 1987: 584).

Die von Kanada im Februar 2002 ratifizierte „International Convention for the Suppression of the Financing of Terrorism" von 1999 umschreibt Terrorismus wie folgt:

„any (...) act intended to cause death or serious bodily injury to a civilian, or to any other person not taking an active part in the hostilities in a situation of armed conflict, when the purpose of such act, by ist nature or context, is to intimidate a population, or to compel a government or an international organization to do or to abstain from doing any act" (International Convention for the Suppression of the Financing of Terrorism, 1999, Art. 2, Abs. 1b).

Diese von Kanada akzeptierte Quasi-Definition soll die Behandlung der Definitionsproblematik abschließen und als Annäherung an das kanadische Verständnis von Terrorismus dienen.

2. Die kanadische Anti-Terrorismuspolitik auf nationaler Ebene

Die leidvollen Erfahrungen mit verschiedenen Formen des Terrorismus haben den kanadischen Gesetzgeber im Laufe der Jahre dazu veranlasst, zahlreiche Anti-Terrorismusgesetze zu verabschieden. Die Gesetze dienen der Prävention von terroristischen Anschlägen und gewährleisten eine konsequente Strafverfolgung.

Neben der am Beispiel des Bombenanschlags auf die Air India-Maschine im Jahre 1985 aufgezeigten Konfrontation mit dem internationalen Terrorismus sah sich Kanada der Bedrohung durch nationale Terrororganisationen ausgesetzt. Der steigende Nationalismus in den frankophonen Teilen Kanadas in den 60er Jahren des letzten Jahrhunderts mündete im Jahre 1970 in zahlreichen Bombenattentaten. Des weiteren wurden hochrangige Politiker entführt, um die politische Führung in Ottawa zu erpressen (Benner; Gerke 2001: 304; Sautter 2000: 102). Das entschlossene Handeln der Regierung Trudeau – sie ließ sich auf keinerlei Konzessionen gegenüber den Terroristen ein – verhinderte eine Eskalation der Gewalt. Die Situation gipfelte in der Ausrufung des Kriegszustandes über Québec am 16. Oktober 1970. Die in Folge der sogenannten „Oktober-Krise" lancierten Reformen des kanadischen Strafrechts ermöglichen seither eine effektive juristische Verfolgung der „einheimischen" Terroristen. Ergänzend trat im Jahre 1989 der „National Counter-Terrorism Plan" (NCTP) in Kraft, der die Zusammenarbeit von lokalen, provinzialen und bundesstaatlichen Behörden mit der Polizei besser koordiniert (Solicitor General Canada 2001). Das Hauptziel des NCTP ist der Schutz vor weiteren terroristischen Akten. Die Gefahr von Seiten der nationalistischen frankophonen Extremisten scheint demnach vorerst gebannt zu sein (Wilkinson 1992: 170).

Die bevorzugten Handlungsweisen des internationalen Terrorismus überschneiden sich zum Großteil mit den o.a. Aktivitäten „nationaler" Terroristen (Bombenattentate, Geiselnahmen). Die unterschiedlichen Erscheinungsbilder der beiden Terrorismusformen hatten jedoch zur Folge, dass weitere Tatbestände – wie z.B. die Flugzeugentführung – in die kanadische Strafgesetzgebung aufgenommen wurden. Am Beispiel der Flugzeugentführung wird deutlich, dass das vom internationalen Terrorismus ausgehende Bedrohungspotential – im Vergleich zu nationalen Gruppierungen – weit höher anzusiedeln ist. Durch den NCTP, eine präventive Einwanderungsgesetzgebung und zahlreiche Maßnahmen zur Sicherheit der Zivilluftfahrt versucht der kanadische Gesetzgeber, die gesteigerten Risiken zu minimieren.

Der bisherige Erfolg Kanadas, durch eine umsichtige Immigrationspolitik den Gefahren des internationalen Terrorismus vorzubeugen, erscheint fraglich. Der südliche Nachbar USA rügt seit Jahren die – selbst für ein traditionelles Immigrationsland „offenherzige" – Einwanderungsgesetzgebung Kanadas (Jaekl 2001). Prominente Unterstützung erfahren die US-amerikanischen Stimmen durch den kanadischen Staatssicherheitsdienst (CSIS-Report 2000/04: 4). Allen Warnungen zum Trotz war die politische Führung in Ottawa stets der Meinung, den öffentlichen Sicherheitsanforderungen genüge zu tun und sah sich nicht zu Nachbesserungen veranlasst. Der Fall Ahmed Ressam verdeutlicht die Schwächen des kanadischen Einwanderungs- und Asylwesens und stellt gleichzeitig einen politischen Wendepunkt dar (Hoffman 2001: 278; Beltrame 2001; CSIS-Report 2000/04: 6): Ressam reiste im Jahre 1994 mit gefälschten Ausweisdokumenten nach Kanada ein und stellte einen Antrag auf Asyl. Obwohl sein Gesuch abgelehnt wurde, konnte Ressam nicht ausgewiesen werden, da er vorgab, dass ihm in seinem Heimatland die Todesstrafe drohe. Die kanadischen Einwanderungsbehörden waren aber – aufgrund seiner gefälschten Papiere – nicht in der Lage, die Aussage zu überprüfen. Folglich blieb Ressam in Kanada. Im Dezember 1999 wurde sein Versuch in die USA einzureisen vereitelt. Offensichtlich wollte er sich dort an einer – letztlich gescheiterten – Terrorkampagne zum Jahrtausendwechsel beteiligen.

In der Folge dieses Ereignisses wurden erste legislative Schritte zur Änderung des „Immigration Act" eingeleitet. Am 11. September 2001 befand sich die angestrebte Einwanderungsreform mitten im Gesetzgebungsprozess. Die Ereignisse in den Vereinigten Staaten beschleunigten nun alle Reformierungsbestrebungen. Obwohl keiner der Attentäter von Kanada aus in die USA einreiste und der Vorwurf, man habe ein „schlechtes Gewissen", von offizieller Seite definitiv zurückgewiesen wurde (Jaekl 2001), waren doch auf dem Gebiet des Einwanderungs- und Asylwesens Entwicklungen zu konstatieren, auf die man in der Vergangenheit vergeblich wartete. Als Teil eines komplexen Pakets, des sogenannten „Anti-Terrorism Plan", wurde im Dezember 2001 der „Public Safety Act" verabschiedet, der u. a. die Einwanderungsgesetzgebung dahingehend umgestaltet, dass Ausweisungen von Asylbewerbern – bei bestehendem Verdacht auf terroristische Hintergründe – ohne Aufschub möglich sind (DFAIT Backgrounder 2002: 2-3; Canada World View 2002: 6-7). Die Praxis wird die Wirksamkeit dieser Maßnahme prüfen. Auch im Rahmen der neuen Gesetze bleiben Personen von der Abschiebung verschont, denen in ihrer Heimat die Todesstrafe droht oder drohen könnte. Somit ist unwahrscheinlich, dass ein zweiter Fall Ahmed Ressam auf diese Art verhindert werden kann. Dem versucht man durch einen vergrößerten Handlungsspielraum der Einwanderungsbehörden entgegenzuwirken: Personen, die nicht in der Lage sind, sich „zufriedenstellend" auszuweisen, können neuerdings unter Arrest gestellt werden. Hier steht zwar die Effektivität außer Frage – die (völker-) rechtliche Legitimität ist jedoch problematisch. Doch praktikable und gleichzeitig wirkungsvolle Alternativen sind rar.

In puncto Flugsicherheit gehört Kanada traditionell zu den weltweit führenden Nationen. Das kanadische Engagement in diesem Bereich lässt sich vielleicht auch daran verdeutlichen, dass die Internationale Zivilluftfahrt-Organisation (ICAO) ihren Sitz in Montréal hat. Dennoch wurde auch der „Aeronautics Act" im Rahmen der jüngsten Reformen vom Dezember 2001 ergänzt (DFAIT Backgrounder 2002: 3).

Ein wesentlicher Bestandteil des Reformpakets ist der „Anti-Terrorism Act", der eine ganze Reihe von Maßnahmen zur Terrorismusbekämpfung, sowie zum Schutz von Gesamtbevölkerung und Minderheiten umfasst (DFAIT Backgrounder 2002: 1-3; Canada World View 2002: 6-7; Kanada-Newsletter 41/2001). Dazu gehören u. a.: der Ausbau und die verstärkte Nutzung elektronische Überwachungstechnologien; die Ahndung jeglicher Unterstützungshandlungen für Terroristen; strengere Gesetze zur Verhinderung von Propaganda gegenüber Minderheiten; und Mechanismen zur Gewährleistung der gleichmäßigen Gewichtung von nationaler Sicherheit und Freiheitsrechten. Außerdem ermöglicht der „Anti-Terrorism Act" die sofortige Ratifizierung zweier internationaler Anti-Terrorismus-Konventionen und die Implementierung von weiteren internationalen Maßnahmen.

Die bisherige nationalstaatliche Politik Kanadas in Reaktion auf die Anschläge in den USA wird durch diverse Sofortmaßnahmen abgerundet. So setzte die Regierung bereits im Oktober einen Sonderausschuss unter dem Vorsitz des früheren Außenministers John Manley ein. Zielsetzung des Gremiums ist die Entwicklung einer umfassenden und langfristigen Strategie zur Bekämpfung des Terrorismus. Mit dem „Anti-Terrorism Plan" trägt die Arbeit des Ausschusses erste Früchte. Des weiteren investierte die kanadische Regierung unmittelbar nach den Ereignissen in den USA 280 Millionen kanadische Dollar zur Verbesserung der personellen und materiellen Ressourcen von Polizei, Sicherheits- und Geheimdiensten. Insgesamt belaufen sich die Ausgaben Kanadas für den „Anti-Terrorism Plan" auf knapp 8 Milliarden kanadische Dollar.

3. Bilaterale Maßnahmen – die Sicherheitspartnerschaft mit den USA

Die Sicherheitspartnerschaft zwischen Kanada und den USA hat viele Gesichter. Neben der gemeinsamen Luftverteidigung im Rahmen des „North American Air Defence Agreement" (NORAD), einer engen Zusammenarbeit der Sicherheitsdienste, den gemeinsamen Initiativen zur Bekämpfung von internationaler Kriminalität und der Kooperation in Fragen der Grenzsicherung, gehört auch die Terrorismusbekämpfung in diese Kategorie (Fergusson 2001: 237 f.). Der Ursprung dieser Koalition geht zurück bis ins Jahr 1940: Im Kontext des Zweiten Weltkrieges schlossen das kanadische Dominion und die USA einen Vertrag über die gemeinsame Verteidigung des nordamerikanischen Kontinents, das sogenannte „Ogdensburg-Abkommen" (Sautter 2000: 91). Auf der Grundlage dieser Vereinbarung wurde die kanadisch-amerikanische Sicherheitspartnerschaft im Laufe der letzten sechs Dekaden weiter ausgebaut. Wegen des mittlerweile beträchtlichen Umfanges der Sicherheitszusammenarbeit, auch im Kontext der Terrorismusabwehr, werden nachfolgend nur die Entwicklungen der jüngeren Vergangenheit skizziert (DFAIT Crime and Security 2001; Beerman 2000):

Im April 1997 etablierten beide Staaten mit dem „Cross-Border Crime Forum" (CBCF) ein Konsultativgremium zur Behandlung von Angelegenheiten grenzübergreifender Kriminalität und Terrorismusfragen. Das jährlich tagende Forum vereinbarte bis heute u.a. den ständigen Austausch von relevanten Informationen, sowie die gemeinsame Entwicklung und Nutzung von Technologien im Rahmen der Polizeiarbeit (z. B. Sprengstoffdetektoren). Außerdem wurde das sogenannte „Integrated Border Enforcement Team" (IBET) eingerichtet, das die Zusammenarbeit von kanadischen und amerikanischen Behörden aller Ebenen koordiniert.

Bereits im Jahre 1988 wurde die „Bilateral Consultative Group on Counter-Terrorism" (BCG) gegründet. Die Verfahrensweisen der BCG sind denen des „Cross-Border Crime Forum" ähnlich. In ihrer Bedeutung ist die BCG aber dem CBCF unterzuordnen.

Die Kooperation in Grenzfragen erstreckt sich auch auf die Immigrationspolitik. Wie zuvor aufgezeigt, bringt die Zusammenarbeit in Einwanderungsfragen für Kanada vor allem Kritik seitens der USA mit sich. Eine bisher nicht behandelte Maßnahme der kanadischen Einwanderungsbehörden verdiente jedoch Lob: Seit 1994 werden Beamte auf ausländischen Flughäfen zur Personenkontrolle eingesetzt, um die Einreise von Terroristen und anderen Kriminellen nach Nordamerika zu verhindern (DFAIT Backgrounder 2002: 2). Ein Mechanismus, dem ein höheres Maß an Effektivität zu bescheinigen ist als den Instrumenten, die nach dem 11. September 2001 auf kanadischer Ebene zum Schutz vor illegaler Einwanderung konstituiert wurden.

Nach den Anschlägen vom 11. September 2001 wurde die Sicherheitspartnerschaft, die häufig auch als „Security Perimeter" bezeichnet wird, weiter intensiviert (Beltrame 2001; Jaekl 2001). Ein im Dezember 2001 ausgehandelter, 30 Punkte umfassender Aktionsplan, der wiederum aus drei einzelnen Abkommen besteht, forciert die Entwicklung einer „kontinentalen Außenhaut" (Jaekl 2001). Kernpunkte der Vereinbarung sind (DFAIT Backgrounder 2002: 2; DFAIT Smart Border Declaration 2001; Jaekl 2001): diverse Vorkehrungen für einen sicheren und reibungslosen grenzüberschreitenden Personen- und Güterverkehr, wie die personelle und materielle Verstärkung der Grenzkontrollbehörden; systematischer Ausbau der Sicherheitsinfrastrukturen beider Länder; die „völlige Gleichschaltung der Einwanderungs- und Asylpolitik" durch die Anwendung gleicher Visakriterien (Jaekl 2001) und eine intensivere Koordination der allgemeinen Polizeiarbeit (Projekt „Nordstern"). Außerdem wurde beschlossen, die Zusammenarbeit der beiden Bundespolizeibehörden zu verbessern. Die kanadische Bundespolizei, die Royal Canadian Mounted Police (RCMP), und das amerikanische FBI werden zukünftig z. B. ihre jeweiligen Fingerabdruckdatenbanken austauschen.

Des weiteren diskutieren hochrangige Politiker beider Seiten darüber, die gemeinsame Verteidigung zum Schutz vor weiteren terroristischen Angriffen auszuweiten. Bereits im September 2001 erhöhten beide Staaten die Anzahl der zur gemeinsamen Luftraumüberwachung im Rahmen des NORAD eingesetzten Militärflugzeuge (DFAIT Backgrounder 2002: 2; Ward 2001). Seit Februar 2002 finden offizielle Verhandlungen zur Bildung eines gemeinsamen kontinentalen Oberkommandos statt, dessen Strukturen sich auf alle Teilstreitkräfte (Heer, Luftwaffe, Marine) erstrecken sollen (Jaekl 2002). Ob dieses Kommando jedoch nach dem Vorbild des NORAD – wie es der dezidierte Wunsch Kanadas ist – entstehen wird, ist unklar. Hier ist ein kanadischer General stellvertretender Befehlshaber. Es ist nicht davon auszugehen, dass das militärische Schwergewicht für die geplante Kontinentalverteidigung einer ähnlichen Gewichtung Kanadas erneut zustimmen wird. In diesem Fall wird Kanada, zur Sicherung eines zumindest formellen Mitspracherechts, nichts anderes übrig bleiben, als sein Militärbudget in den nächsten Jahren beträchtlich zu erhöhen.

Das „Perimeter-Projekt" findet in der kanadischen Öffentlichkeit nicht nur Befürworter. Prominente Kritiker wie der frühere Außenminister Lloyd Axworthy befürchten den völligen Souveränitätsverlust Kanadas in außen- und sicherheitspolitischen Belangen (Axworthy 2002). Doch die Entwicklung einer „Fortress North America" scheint unaufhaltbar (Beltrame 2001; Wilson-Smith 2001): „Die Nachbarschaftslage und die völlige wirtschaftliche, militärische sowie in unzähligen Aspekten politische Abhängigkeit schließen jede Alternative aus" (Jaekl 2001).

4. Kanadisches „coalition building" auf internationaler Ebene

Der erfolgreiche Abschluss zahlreicher internationaler und regionaler Abkommen verdeutlicht das Engagement der Staatengemeinschaft in der Terrorismusbekämpfung. Die traditionelle multilaterale Ausrichtung seiner Außenpolitik hat dazu geführt, dass sich Kanada im Bereich der Anti-Terrorismuspolitik internationaler Organisationen zu einem bedeutenden Akteur entwickelt hat, wie die nachfolgenden Beispiele illustrieren.

4.1 Die vereinigte Wirtschaftsmacht gegen den Terror

Der Zusammenschluss der sieben führenden Wirtschaftsmächte („Great Seven"/ G-7) beschäftigt sich seit Ende der siebziger Jahre des letzten Jahrhunderts mit der Terrorismusabwehr. Die Miteinbeziehung Russlands im Rahmen der P-8 („Political Eight") Mitte der neunziger Jahre hatte zur Folge, dass seither vermehrt politische Akzente gesetzt werden. Dies wiederum verstärkte das Engagement der Organisation im Bereich der Terrorismusbekämpfung. Kanada kommt in diesem Zusammenhang eine zentrale Rolle zu: Im Januar 1995 übernahm die kanadische Regierung turnusmäßig den G-7/P-8-Vorsitz von Italien. In Vorbereitung des im Juni desselben Jahres stattfindenden Gipfeltreffens der Wirtschaftsmächte in Halifax, wurden einige Punkte auf die Agenda gesetzt, die zuvor eher ein Schattendasein geführt hatten, wie etwa die nukleare Sicherheit, Fragen der nachhaltigen Entwicklung und eben der internationale Terrorismus. Als Ergebnis des Gipfels wurde eine Expertengruppe zur Bekämpfung des Terrorismus eingesetzt, deren Aufgabe in der inhaltlichen Vorbereitung einer Tagung auf Ministerebene lag, die im Dezember 1995 in Ottawa stattfand. Die Außenminister der G-7/P-8-Staaten verabschiedeten auf diesem Treffen einen detaillierten Aktionsplan zur Terrorismusabwehr, die sogenannte „Ottawa Declaration". „The Ottawa Declaration is both a summary of what has been accomplished over the last 17 years as well as a road map for the years ahead" (Smith 1996: 85). Auf dem im Sommer 1996 in Lyon stattfindenden Gipfel wurde der Aktionsplan bestätigt und die Anti-Terrorismuspolitik zur Priorität der Zusammenarbeit erklärt (G-7 Declaration on Terrorism 1996). Eine Tagung der Außen- und Wirtschaftsminister im Anschluss an den Frankreich-Gipfel resultierte in einem „Katalog von 25 Empfehlungen zur Terrorismusbekämpfung ..., der in den Mitgliedsländern umgesetzt werden sollte" (Klink 2000: 256). Nach dem Vorbild des Treffens in Ottawa abgehaltene Konferenzen auf Ministerebene finden seither regelmäßig statt, z. B. unter deutscher Präsidentschaft im Jahre 1999 in Berlin.

Zusätzlich finden seit 1996 sogenannte „Practisioners Meetings" statt. Auf der Ebene von leitenden Polizeibeamten und Nachrichtendienstmitarbeitern der Mitgliedsstaaten wird hier u.a. über die Vereinheitlichung konkreter Maßnahmen verhandelt. Des weiteren werden spezielle Phänomene erörtert, wie z. B. der Islamische Fundamentalismus, terroristische Geldströme und die Nutzung des Internets durch Terroristen.

Seit Januar 2002 hat Kanada zum vierten Mal den Vorsitz der G-7/P-8 inne. Die Regierung Chrétien hat – aus aktuellem Anlass der Anschläge vom September 2001 – angekündigt, den Terrorismus zu einem Schlüsselthema des Gipfels in Kananaskis zu machen, der Ende Juni 2002 stattfinden wird (Canada World View 2002: 16; DFAIT Diplomatic Actions 2002: 3).

4.2 Erfolge der Vereinten Nationen in der Terrorismusbekämpfung

Im Laufe der letzten vier Dekaden haben die Vereinten Nationen in langwierigen Aushandelungsprozessen zwölf Anti-Terrorismuskonventionen verabschiedet, die jeweils spezifische Bereiche des internationalen Terrorismus abdecken. Eine, die einzelnen Themenfelder umfassende allgemeine Vereinbarung ist bisher – aufgrund der o. a. Definitionsprobleme – allerdings nicht zustande gekommen. Die beiden „jüngsten" Konventionen sind die „International Convention for the Suppression of Terrorist Bombings" (ICSTB) von 1997 und die „International Convention for the Suppression of the Financing of Terrorism" (ICSFT) von 1999. Die Tatsache, dass Kanada bis zum September 2001 zehn der zwölf internationalen Konventionen ratifiziert hatte, macht das langjährige kanadische Engagement in der Anti-Terrorismuspolitik der Vereinten Nationen deutlich. Der – infolge des 11. September 2001 verabschiedete – nationale „Anti-Terrorism Plan" schuf die Voraussetzungen zur Ratifizierung der verbleibenden beiden Abkommen. Am 15. Februar 2002 setzte die kanadische Regierung – wie bereits im Kontext der Definitionsproblematik erwähnt – die ICSFT auf nationaler Ebene in Kraft (DFAIT Terrorism Financing 2002). Die im Kontext des 11. September 2001 forcierten Ratifikationsvorgänge verwundern nicht weiter, da Kanada in den jeweiligen Verhandlungen eine Schlüsselposition inne hatte. Vor allem im Bezug auf letztgenanntes Abkommen wird dies deutlich: „Canada has expressed strong support for and has chaired the negotiating committee for this Convention", so der ehemalige kanadische Außenminister Lloyd Axworthy anlässlich der Unterzeichnung der Konvention im Februar 2000. „As well as fighting terrorist fundraising, it strengthens the powers of the international legal community in blocking terrorists' sources of financial support" (Axworthy, zitiert in: DFAIT Terrorism Financing 2000). Die Vereinbarung befinde sich völlig im Einklang mit der kanadischen Politik. Dies spiegelt sich vielleicht auch darin wider, dass die Regierung das Abkommen von 1999 – obwohl die ICSTB zwei Jahre zuvor verabschiedet und von Kanada unterzeichnet wurde – zuerst ratifizierte.

Ottawa tritt auch an anderer Stelle zur Unterdrückung des Sponsorings von Terrorismus ein. Der UNO-Sicherheitsrat verabschiedete am 28. September 2001 die Resolution 1373 mit dem Ziel, Terroristen weltweit „den Geldhahn zuzudrehen" Banken und Finanzinstitutionen der UNO-Mitgliedstaaten wurden aufgefordert, Konten und Vermögenswerte, die im Verdacht des Zusammenhangs mit terroristischen Gruppierungen stehen, „einzufrieren" (United Nations S/RES/1373/2001). Die kanadische Regierung begrüßte Inhalt und Ziel der Resolution und setzte viele der Forderungen bereits – im Rahmen des „Anti-Terrorism Plan" – um. Darüber hinausgehend hat Kanada in das „Financial Transaction Reports Analysis Center of Canada" (FINTRAC) investiert. FIN-TRAC soll die Bemühungen der kanadischen Regierung unterstützen, die Finanzierung von Terrorismus zu unterbinden (DFAIT Backgrounder 2002: 3).

Die bisher nicht genannten Konventionen, die im Rahmen der Vereinten Nationen ausgehandelt wurden, verurteilen die unterschiedlichsten terroristischen Handlungen und dienen der Prävention von Terroranschlägen. Im einzelnen befassen sich die Abkommen mit Geiselnahmen, dem Schutz vor Missbrauch von Nuklearmaterial, dem Schutz von Diplomaten und der maritimen Sicherheit. Hinzu kommen zahlreiche Vereinbarungen der ICAO zum Schutz der Zivilluftfahrt.[2] Kanada ist mit der Internationalen Zivilluftfahrt-Organisation – wie zuvor dargestellt – nicht nur „geographisch" verbunden; die in den internationalen Abkommen vereinbarten Standards zur Flug- und Flughafensicherheit wurden auf kanadischer Ebene erfolgreich implementiert.

Die bisher erfolglosen, in den letzten Jahren nicht mehr ernsthaft vorangetriebenen Bestrebungen der UNO zur Ausarbeitung einer allumfassenden Anti-Terrorismus-Konvention sind durch die Anschläge auf die USA wiederbelebt worden. Die politische Führung in Ottawa bekräftigt ihr Interesse für diesbezügliche Verhandlungen (Canada World View 2002: 16).

Das von den Vereinten Nationen verabschiedete und mittlerweile in Kraft getretene Statut für den Internationalen Strafgerichtshof (ICC) spielt im Kontext der Terrorismusbekämpfung ebenfalls eine Rolle. Vor dem Den Haager Gericht soll zukünftig auch Terroristen der Prozess gemacht werden – mit kanadischer Unterstützung.

4.3 Kanadas Anti-Terrorismuspolitik in sonstigen internationalen Zusammenschlüssen

Die wirtschaftliche und politische Kooperation der G-7/P-8-Staaten und die Vereinten Nationen bilden zweifellos den Fokus der kanadischen Anti-Terrorismuspolitik auf internationaler Ebene. Doch auch im Rahmen von OAS (Organization of American States), APEC (Asia Pacific Economic Cooperation), La Francophonie, dem Commonwealth und weiteren internationalen Organisationen ist Kanada in puncto Terrorismusbekämpfung aktiv.

Im Zusammenhang mit der OAS sind zwei Dinge bemerkenswert: Zum einen, dass Kanada – obwohl seit 1989 Vollmitglied – bisher nicht der „OAS Convention to Prevent and Punish Acts of Terrorism" von 1971 beigetreten ist. Dies

---

[2] Eine Auflistung aller internationalen Anti-Terrorismus-Konventionen findet sich unter http://untreaty.un.org/English/Terrorism.asp (31.01.2003).

steht im Widerspruch zu den vielschichtigen Bestrebungen Kanadas zur Eindämmung des internationalen Terrorismus. Zum anderen, dass die Organisation
nach dem 11. September 2001 – ähnlich wie die NATO – den kollektiven Ver-
teidigungsfall gemäß dem „Inter-American Treaty of Reciprocal Assistance"
(Rio Treaty) beschlossen hat (Waller 2001: 1). Ein koordiniertes, gesamtheitli-
ches militärisches Vorgehen der OAS ist – im Gegensatz zur NATO – jedoch
nicht zu konstatieren.

Die Rolle der NATO in der Terrorismusbekämpfung ist eine besondere. Die
Ausrufung des kollektiven Verteidigungsfalls nach Artikel 5 des Washingtoner
Vertrages von 1949 am 2. Oktober 2001 legte den Grundstein für das Eintreten
der Nordatlantischen Verteidigungsgemeinschaft gegen den internationalen Terrorismus. Im Gegensatz zu den bisher aufgeführten multilateralen Maßnahmen
zur Terrorismusbekämpfung, die rein politischer Natur sind, haben die Handlungen der NATO – und damit die der Streitkräfte ihrer Mitgliedstaaten – eine vor-
wiegend militärische Ausrichtung. Die kanadische Armee beteiligt sich mit ca.
3000 Soldaten der Land-, See- und Luftstreitkräfte am „Krieg gegen den Terror"
(DFAIT Backgrounder 2002: 3; Canada World View 2002: 8, 20). Der militärische Beitrag der kanadischen Armee, „Operation Apollo" getauft, stellt das zah-
lenmäßig größte Kontingent kanadischer Truppen außerhalb des eigenen Territoriums seit der Korea-Krise 1950-53 dar (Rede Chrétiens vor dem kanadischen
Parlament, 15.10.2002).

Die nach den Anschlägen vom 11. September 2001 gebildete Anti-Terror-
Koalition ist trotz ihrer starken multilateralen Ausrichtung keiner internationalen
Organisation zuzuordnen. Vielmehr sind internationale Organisationen in das
Bündnis eingebunden und haben hier maßgebende Bedeutung. Folgende Beispiele unterstreichen dies: Der Sicherheitsrat der Vereinten Nationen erkannte in
seiner Resolution 1368 vom 12. September 2001 das Selbstverteidigungsrecht
der USA an und autorisierte somit das militärische Vorgehen der Staatenkoaliti-
on (United Nations S/RES/1368/2001). Die NATO hingegen beteiligt sich direkt
an den Militäraktionen.

Kanadas Beitrag ist politischer, militärischer und wirtschaftlicher: Neben der
Lancierung von politischen Initiativen – z. B. die Unterstützung der USA bei der
Bildung (und Aufrechterhaltung) der Koalition – und dem militärischen Beitrag,
beteiligt sich Kanada durch humanitäre Hilfe. Die kanadischen Hilfsleistungen
für Afghanistan im Jahr 2001 (vor und nach dem militärischen Eingreifen des
Anti-Terror-Bündnisses) betrugen 28 Millionen kanadische Dollar. In den letzten
10 Jahren gab der Fiskus 160 Millionen kanadische Dollar für die Verbesserung
der humanitären Situation in Afghanistan aus (DFAIT Backgrounder 2002: 4).

5. Bilanz und Erfolgsaussichten der kanadischen Politik

Die Bewertung der Anti-Terrorismuspolitik eines Staates, hinsichtlich der bisher erzielten Erfolge und der Wirkungsweisen ergriffener Maßnahmen zur Prävention von zukünftigen Anschlägen, ist eine undankbare und schwierige Aufgabe. Es gibt keine geeigneten Indikatoren, die die Effektivität der kanadischen Politik messbar machen, da nicht feststellbar ist, wie viele Anschläge durch die Ergreifung (oder Unterlassung) einer bestimmten Maßnahme tatsächlich verhindert wurden. Auch hat der 11. September 2001 die Weltöffentlichkeit gelehrt, dass terroristische Handlungen nur sehr schwer vorauszusehen sind, was die Beurteilung der Erfolgsaussichten von heute implementierten Maßnahmen nahezu unmöglich macht.

Ob die Anschläge in den USA mit dem damaligen Wissen hätten verhindert werden können, erscheint fraglich. Es hat sicherlich Warnungen gegeben, die unbeachtet blieben (Stamm 2002). Wahrscheinlich war in den Prognosen, die im Laufe der letzten Jahre das Gefährdungspotential des internationalen Terrorismus zu analysieren versuchten, der Blick zu sehr auf „unkonventionelle" terroristische Handlungen – wie etwa der Einsatz von atomaren, biologischen und chemischen Kampfstoffen – gerichtet, anstatt auf „konventionelle" Flugzeugentführungen. Dies belegen u. a. die jüngsten Berichte des kanadischen Staatssicherheitsdienstes (CSIS-Report 2000/02). Dennoch konnte niemand mit vier synchron stattfindenden Entführungen von Passagiermaschinen rechnen, die letztlich als fliegende Bomben missbraucht wurden. Auf Flugzeugentführungen nach altbekanntem Muster hätte man etwa durch den Einsatz von Spezialeinheiten angemessener reagieren können.

Die Zukunft wird zeigen, wie es um die Effektivität der seit dem 11. September 2001 eingeleiteten Politik bestellt ist. Darüber, dass die Bush-Administration ihr gesetztes Ziel, den Terrorismus „auszurotten", nicht erreichen wird, ist man sich in der Fachliteratur weitgehend einig (Hoffman 2001: 284; Waldmann 1998: 183; Lange 1998: 6; Chladek 1987: 585).

Ziel der internationalen Gemeinschaft muss es dennoch sein, denkbar schlechte Voraussetzungen für Terroristen zu schaffen, um die vom internationalen Terrorismus ausgehende Bedrohung wenigstens zu minimieren. Dazu gehört zum einen die Schaffung einer internationalen Rechtsordnung, die Terrorismus in all seinen Formen verurteilt und die Staatengemeinschaft dazu befähigt, Terroristen und ihre Hintermänner zur Rechenschaft zu ziehen. Die zahlreichen internationalen Anti-Terrorismus-Konventionen der Vereinten Nationen und die Einsetzung des Internationalen Strafgerichtshofes in Den Haag zeigen den richtigen Weg. Das Fehlen einer allgemeinen Terrorismusdefinition könnte sich allerdings negativ bemerkbar machen (Heintze 2000: 223). Außerdem muss Terrororganisationen der finanzielle Boden entzogen werden. Die „International

Convention for the Suppression of the Financing of Terrorism" und die Resolution 1373 des UNO-Sicherheitsrats sind Schritte in die richtige Richtung. Es liegt nun an den Mitgliedsstaaten der Vereinten Nationen, die Konvention zu ratifizieren und sie ebenso wie die vom Sicherheitsrat geforderten Maßnahmen erfolgreich umzusetzen. Schließlich muss ein „globales Stimmungs- und Meinungsklima" geschaffen werden, in dem terroristischen Handlungen – unabhängig von den jeweiligen Hintergründen – keinerlei Sympathien entgegengebracht werden (Waldmann 1998: 200). Alle auf internationaler Ebene ausgehandelten politischen Abkommen und Deklarationen tragen ein Stück dazu bei. Auf diese Art und Weise entzieht man Terrororganisationen ihre ideologische – und letztlich auch materielle – Unterstützung. Ergänzend ist die Proliferation bestimmter Waffensysteme zu verhindern, da Terrororganisationen so die Möglichkeit zur Aufrüstung genommen wird (Heintze 2000: 237; Lange 1998: 34).

Ferner ist es notwendig, Synergieeffekte auf der Praxisebene zu nutzen. Die Zusammenarbeit von Polizeibehörden und Sicherheitsdiensten muss international besser koordiniert werden (Hoffman 2001: 284; Laqueur 1998: 57). Das betrifft sowohl die Prävention von terroristischen Anschlägen als auch die Reaktion darauf im Sinne der Strafverfolgung. Das Beispiel der „Practisioners Meetings" der G-7/P-8-Staaten sollte hier Vorbildfunktion haben.

Der Erfolg von militärischen Maßnahmen zur Terrorismusbekämpfung ist umstritten (Crenshaw 2000: 214; Klink 2000: 260). In der Regel sind militärische Schläge als nicht besonders wirkungsvoll anzusehen (Chladek 1987: 582 f.). Alternativ sollten verstärkt Initiativen zur Beseitigung der möglichen Ursachen des Terrorismus ergriffen werden. Die Armut, sowie die politische und wirtschaftliche Unterentwicklung vieler Staaten dienen dem Terrorismus als Nährboden.

Kanada hat im Laufe der vergangenen Jahrzehnte auf vielen verschiedenen Bühnen Anti-Terrorismuspolitik betrieben. Nicht alle getroffenen Maßnahmen sind durchweg positiv beurteilt worden, wie das Beispiel der jüngsten Reform des „Immigration Act" zeigt. Die Anschläge vom 11. September 2001 haben in vielen Staaten zu einem gewissen politischen Aktionismus geführt. Viele der eingesetzten Instrumente zur Terrorismusbekämpfung stehen in puncto Legitimität und Effektivität in der Kritik – in Deutschland etwa die umstrittene Rasterfahndung.

Von diesem Aktionismus ist auch Kanada offensichtlich nicht verschont geblieben. Die Frage nach Alternativen zur aktuellen Einwanderungspolitik bleibt dennoch bestehen.

Durch sein traditionell starkes Engagement auf internationaler Ebene hat Kanada ohne Zweifel seinen Teil zur Annäherung an das oben skizzierte Ziel – Schaffung von ungünstigen Rahmenbedingungen für den internationalen Terrorismus – beigetragen. Die Rolle Kanadas in diesem Kontext ist keineswegs zu unterschätzen und hat seit dem 11. September 2001 an Bedeutung hinzugewonnen.

Seit Jahrzehnten sind viele internationale Organisationen in der Anti-Terrorismuspolitik aktiv. Die politischen Anstrengungen müssen in Zukunft konsequent weiterverfolgt und vorangetrieben werden. Dies sollte eine der Lehren der Anschläge auf die USA sein – nicht nur für Kanada.

Letztlich ist im Kampf gegen die „erstrangige Herausforderung der Sicherheitspolitik der Staaten für das 21. Jahrhundert" (Gießmann 2000: 128) vor allem eines unabdingbar: der gemeinsame politische Wille der Staatenwelt (Heintze 2000: 237). Es ist zu hoffen, dass der ehemalige kanadische Außenminister John Manley mit seiner Einschätzung richtig liegt:

„On September 11, terrorists sought to sow fear, but instead they reaped outrage. Their only notable success was in galvanizing world opinion, and world leadership, against themselves. They induced neither retreat nor resignation. They have assured their own destruction. We will finish what they began, and will emerge stronger, prouder and more united than we ever have been" (Rede John Manleys vor der United States Policy Association, New York, 5. November 2001).

Literatur

Axworthy, Lloyd (2002): Watch your step, Mr. Chrétien. The Globe and Mail: 04.02.2002.

Beerman, Elizabeth (2000): U.S. and Canada Sign Agreement to Share Police Technology. Office of International Information Programs. Washington: U.S. Department of State. 09.06.2000.

Beltrame, Julian (2001): Fortress North America: how our world will change. In: Maclean's: Volume 114, No. 42, S. 23-26.

Benner, Thorsten/ Gerke, Ines M. (2001): Kanada. In: Bellers, Jürgen et. al. (Hrsg.) (2001): Handbuch der Außenpolitik. Von Afghanistan bis Zypern. München: Oldenbourg, S. 301-313.

Canadian Security Intelligence Service (CSIS) (1999): Chemical, Biological, Radiological and Nuclear (CBRN) Terrorism. Ottawa: CSIS-Report 2000/02.

Canadian Security Intelligence Service (CSIS) (2000): International Terrorism. The Threat to Canada. Ottawa: CSIS-Report 2000/04.

Chladek, Tilmann (1987): Die westlichen Demokratien im Kampf gegen den internationalen Terrorismus. Eine Bilanz. In: Europa-Archiv. Jg. 42, Nr. 20, S. 577-586.

Chwialkowska, Luiza (2001): Parliament grapples with understanding terrorism. Do laws need a definition? National Post: 19.09.2001.

Crenshaw, Martha (2000): The Vulnerability of Post-Modern-Societies: Case Study „United States of America". In: Hirschmann, Kai/ Gerhard, Peter (Hrsg.) (2000): Terrorismus als weltweites Phänomen. Berlin: Berlin Verlag, S. 209-214.

Department of Foreign Affairs and International Trade (DFAIT) (2000): Canada signs International Convention for the Suppression of the Financing of Terrorism. Ottawa: DFAIT News Release: 10.02.2000. http://webapps.dfait-maeci.gc.ca/minpub/Publication.asp?FileSpec=/Min_Pub_Docs/103015.htm&bPrint=False&Year=&ID=&Language=E (zit. als DFAIT Terrorism Financing 2000, 31.01.2003).

DFAIT (2001): Canada-U.S. Cross Border Crime And Security Cooperation. Ottawa: http://www.dfait-maeci.gc.ca/can-am/menu-en.asp?act=v&mid=1&cat=10&did=1681 (zit. als DFAIT Crime and Security 2001, 31.01.2003).

DFAIT (2001): Canada and NATO: The Campaign Against Terrorism. Ottawa: November 2001. http://www.dfait-maeci.gc.ca/anti-terrorism/nato-en.asp (zit. als DFAIT Canada and NATO 2001, 31.01.2003).

DFAIT (2001): Canada und the United States sign Smart Border Declaration. Ottawa: DFAIT News Release: 12.12.2001. http://www.dfait-maeci.gc.ca/can-am/menu-en.asp?act=v&mid=1&cat=10&did=1669 (zit. als DFAIT Smart Border Declaration 2001, 31.01.2003).

DFAIT (2002): Compassion and Resolve. Canada's response to the September 11 terrorist attacks. Canada World View: Issue 14 (Winter 2002).

DFAIT (2002): Canada ratifies International Convention for Suppression of Terrorism Financing. Ottawa: DFAIT News Release: 15.02.2002. http://webapps.dfait-maeci.gc.ca/minpub/Publication.asp?FileSpec=/Min_Pub_Docs/104924.htm&bPrint=False&Year=&ID=&Language=E (zit. als DFAIT Terrorism Financing 2002, 31.01.2003).

DFAIT (2002): Backgrounder. Canada's Actions Against Terrorism Since September 11. Ottawa: 22.02.2002. http://www.dfait-maeci.gc.ca/can-am/menu-en.asp?act=v&mid=1&cat=10&did=1684 (zit. als DFAIT Backgrounder 2002, 31.01.2003).

DFAIT (2002): Canada's Diplomatic Actions. Questions & Answers. Ottawa: Februar 2002. http://www.dfait-maeci.gc.ca/anti-terrorism/faq-en.asp (zit. als DFAIT Diplomatic Actions 2002, 31.01.2003).

Fergusson, James (2001): National Missile Defence, Homeland Defense, and Outer Space: Policy Dilemmas in the Canada-US Relationship. In: Osler Hampson, Fen et al. (Hrsg.) (2001): The Axworthy legacy. Canada among nations 2001. Oxford: Oxford University Press, S. 233-252.

Gießmann, Hans Joachim (2000): Terrorismus mit staatlicher Duldung. In: Hirschmann, Kai/ Gerhard, Peter (Hrsg.) (2000): Terrorismus als weltweites Phänomen. Berlin: Berlin Verlag, S. 121-128.

Heintze, Hans-Joachim (2000): Völkerrecht und Terrorismus. In: Hirschmann, Kai/ Gerhard, Peter (Hrsg.) (2000): Terrorismus als weltweites Phänomen. Berlin: Berlin Verlag, S. 217-240.

Hoffman, Bruce (2001): Terrorismus – der unerklärte Krieg. Neue Gefahren politischer Gewalt. Frankfurt/M: Fischer.

Jaekl, Christian (2001): Kanada und die USA im Gleichschritt? Vor einem Ausbau der Sicherheitszone Nordamerika. Neue Zürcher Zeitung: 07.12.2001.

Jaekl, Christian (2002): Kanada im militärischen Bannkreis der USA. Vor der Bildung eines kontinentalen Oberkommandos. Neue Zürcher Zeitung: 01.03.2002.

Kanadische Botschaft Berlin (2001): Den Terrorismus bekämpfen. Kabinettsausschuss erarbeitet neue Konzepte. Kanada-Newsletter: 41/2001.

Klink, Manfred (2000): Nationale und internationale Präventions- und Bekämpfungsstrategien. In: Hirschmann, Kai/ Gerhard, Peter (Hrsg.) (2000): Terrorismus als weltweites Phänomen. Berlin: Berlin Verlag, S. 241-260.

Lange, Klaus (1998): Neue Formen des Terrorismus. Aspekte – Trends – Hypothesen. München: Hanns-Seidel-Stiftung.

Laqueur, Walter (1998): Die globale Bedrohung. Berlin: Propyläen.

Rumpf, Helmut (1985): Völkerrechtliche Probleme des Terrorismus. In: Außenpolitik. Jg. 36, Nr. 4, S. 383-399.

Sautter, Udo (2000): Geschichte Kanadas. München: C. H. Beck.

Smith, Gordon S. (1996): Canada and the Halifax Summit. In: Osler Hampson, Fen et. al. (Hrsg.) (1996): Big enough to be heard. Canada among nations 1996. Ottawa: Carleton University Press, S. 83-93.

Solicitor General Canada (2001): Background on Canada's Counter-Terrorism Arrangements. Ottawa: Februar 2001. http://www.sgc.gc.ca/national_security/about_ nat_security_e.asp (31.01.2003).

Stamm, Rudolf (2002): Amerika und die unbeachteten Warnungen. Diskussion über die Verantwortung der Medien. Neue Zürcher Zeitung: 22.02.2002.

Waldmann, Peter (1998): Terrorismus. Provokation der Macht. München: Gerling Akademie Verlag.

Waller, Michael (2001): Who IS With US – and Against US. Insight on the News: 29.10.2001.

Ward, John (2001): No word on Canadian role in war. Top general briefs cabinet. The Canadian Press: 18.09.2001.

Wilkinson, Paul (1992): Can the European Community develop a concerted policy on terrorism? In: Howard, Lawrence (Hrsg.) (1992): Terrorism. Roots, impact, responses. Irvine: University of California, S. 167-171.

Wilson-Smith, Anthony (2001): War in the new world disorder. In: Maclean's. Volume 114, No. 42, S. 2.

Zwischen den Fronten -
Kanadas Initiative für Kinder im Krieg

Katharina Iskandar

Anfang der 90er Jahre, nachdem die *Convention on the Rights of the Child* ratifiziert war und bereits über 170 Staaten unterzeichnet hatten, trat ein Thema in den Vordergrund, das bis dahin nahezu unbekanntes Terrain war: Kinder im Krieg. Es kam auf, als sich Regierungen und weltweite Organisationen im Zuge der Konvention vermehrt mit Kindern in globalen Konflikten beschäftigten und sollte schon bald eine Eigendynamik erfahren. Die kanadische Regierung, allen voran der ehemalige Außenminister Lloyd Axworthy, hat an diesem Prozess maßgeblich mitgewirkt. Man kann sagen, dass Kanada binnen kurzer Zeit zum Anführer wurde in einem Kampf, der sich diesmal nicht gegen Landminen richtete, sondern speziell gegen die Ausbeutung und den Einsatz von Kindern in Kriegen bzw. in bewaffneten Konflikten.

Etwa zwei Millionen Kinder und Jugendliche sind in den letzten zehn Jahren durch Kriegshandlungen ums Leben gekommen, über sechs Millionen Kinder wurden schwer verletzt und leiden noch heute an körperlichen und psychischen Schäden. Ein Zustand, der Kanada damals als erstes Land überhaupt die Initiative ergreifen ließ, indem die kanadische Regierung das Thema *war-affected children* auf die Agenda ihrer Human Security-Politik setzte. Heute ist dieses Thema neben dem Kampf gegen Landminen einer der wichtigsten Punkte auf der Agenda und ist zum Brennpunkt vieler humanitärer Maßnahmen in der kanadischen Außenpolitik geworden. Die Initiative, die der ehemalige Außenminister Lloyd Axworthy den kriegsgeschädigten Kindern widmete, ist ein weiteres Beispiel dafür, wie die kanadische Regierung ihr Interesse an Human Security auch auf globaler Ebene umzusetzen versucht.

Dieses Kapitel soll erklären, inwiefern die hartnäckige, aber doch auf einem außergewöhnlichen diplomatischen Geschick beruhende Politik von Lloyd Axworthy *war-affected children* zu einem öffentlich diskutierten Thema gemacht hat, und welche Initiativen der ehemalige Außenminister unternommen hat, um ethisch und rechtlich auf die Problematik der Ausbeutung von Kindern im Krieg aufmerksam zu machen. Dabei steht vor allem das Netzwerk von Regierungen, Nichtregierungsorganisationen (NROs) und den Vereinten Nationen im Vordergrund, mit dem die kanadische Regierung ihre Ziele zum Schutz von kriegsgeschädigten Kindern schließlich Schritt für Schritt durchsetzen konnte. Zudem wird die Wichtigkeit der Konferenz in Winnipeg erörtert, die Kanada die Gelegenheit gab, die führende Rolle in einem Kampf einzunehmen, der nicht nur im Namen kanadischer Human Security-Politik geführt wird, sondern vielmehr aus Respekt vor Kindern, die unfreiwillig zu grausamen Instrumenten des Krieges werden.

1. Kinder im Krieg: Zwischen den Fronten

Kinder im Krieg sind Opfer in vielerlei Hinsicht. Die Vergehen, die an Kindern in bewaffneten Konflikten und offenen Kriegen begangen werden, scheinen grenzenlos – sowohl in ihrer Vielfalt als auch in ihrer Grausamkeit. Graca Machel beschreibt in ihrem erschütternden Report, der 1996 mit Unterstützung des *United Nations Centre for Human Rights* (das heutige *Office of the High Commissioner for Human Rights*), des *United Nations Children's Fund*, sowie des *United Nations High Commissioner for Refugees* veröffentlicht wurde, das grausame Schicksal von Kindern im Krieg – bezogen auf Konflikte in Angola, Ruanda, Sierra Leone und vielen anderen Staaten der Erde. Der Report, der unter anderem durch die Initiative von Lloyd Axworthy und dem Department of Foreign Affairs and International Trade (DFAIT) entstanden ist, zeigt, wie Kinder dabei körperlich, aber auch emotional beeinflusst werden und wie sie durch die gesellschaftlichen Strukturen in ihrem Land zu unfreiwilligen Kämpfern werden. Sie sind Kinder zwischen den Fronten.

1.1 Kindersoldaten

Der Einsatz von Kindersoldaten ist eines der grausamsten Verbrechen, zu dem Kinder und Jugendliche in bewaffneten Konflikten gezwungen werden. Graca Machel definiert in ihrem Bericht Kindersoldaten als „any child-boy or girl under the age of 18 who is compulsorily, forcibly, voluntarily recruited or otherwise used in hostilities by armed forces, paramilitaries, civil defense units or other armed groups" (Machel 1996). Heute sind mehr als 300.000 Kindersoldaten im Einsatz, die nach Beendigung der gewalttätigen Konflikte, in denen sie dienen, als psychische Opfer zurück gelassen werden. Viele von ihnen sind 10 Jahre alt – oder jünger.

1.2 Entwurzelung von Kindern im Krieg

Die wohl verheerendste Auswirkung auf Kinder im Krieg ist die Entfremdung von ihren Familien, ihrem Umfeld und ihrer Kindheit. In den letzten zehn Jahren wurden über eine Million Kinder zu Waisen, indem sie ihre Familien in Kriegen verloren haben. Über sechs Millionen wurden verletzt oder müssen mit lebenslangen Behinderungen leben, was für sie in ihren Heimatländern eine schwerwiegende Beeinträchtigung der Lebensumstände bedeutet. Vor allem aber haben Kindersoldaten oft keine Perspektive mehr, ein normales Leben zu führen, da sie durch die Kriegserfahrungen jegliche Verbindung zu ihrem ursprünglichen Leben verloren haben. Die kanadische Regierung sowie die Vereinten Nationen und zahlreiche Nichtregierungsorganisationen haben mittlerweile verschiedene Hilfsprogramme aufgestellt, um entwurzelte Kinder in ihr ursprüngliches soziales und kulturelles Umfeld zu reintegrieren.

1.3 Psychologische Traumata

Neben körperlichen Schäden gehören psychologische Traumata zu den Hauptkonsequenzen, mit denen Kinder in Kriegen und bewaffneten Konflikten leben müssen. Über 10 Millionen Kinder und Jugendliche leiden unter psychologischen Schäden, die durch aktive oder passive Teilnahme am Krieg entstanden sind, meistens durch Vergewaltigung und die Erfahrung, im Gefecht zu töten. Der Umgang mit kriegsbedingten psychologischen Traumata gehört zur Hauptaufgabe vieler Hilfsorganisationen.

1.4 Mädchen im Krieg

Mädchen gehören zu der verwundbarsten Gruppe von Kindern im Krieg. Sie müssen sich nicht nur mit der allgemeinen psychologischen Kriegssituation auseinandersetzen, die für viele Kinder in jeder Hinsicht Verlust bedeutet. Sie haben zudem verstärkt unter sexuellem Missbrauch zu leiden. Außerdem werden sie Opfer von Vergewaltigungen und Pornographie, was es ihnen in vielen Fällen nicht erlaubt, sich wieder in ihre Familie und ihr kulturelles Umfeld zu integrieren. Die kanadische Regierung hat sich in zahlreichen Resolutionen sowie im *Optional Protocol to the Convention on the Rights of the Child on the Involvement of Children in Armed Conflict* für den Schutz von kriegsgeschädigten Mädchen eingesetzt.

2. Kinder im Blickpunkt der Human Security – eine kanadische Initiative

„Children are not a special interest group. Childhood is a period in every human life. It is a time when our beliefs and our personalities develop; when we learn how to learn; when we begin to understand what friendship means; when we discover what the rules are; when we learn how to communicate with one another, our families, our friends and the external world. Childhood is the time of our lives that shapes the citizens we will become and the societies in which we live [...]. Childhood is also the time when we are at our most vulnerable, when insecurities are felt most keenly, when fears develop, when anger is fuelled. As leaders we must respond to this reality for children both in Canada and abroad" (Senator Pearson, National Child Day am 19. November 1998).

Kanadas Engagement für die weltweiten Belange von Kindern hat eine lange Tradition und ist heute wohl so vielfältig wie in keinem anderen Staat. Seit 1995 stellte *CIDA International Humanitarian Assistance* insgesamt 25 Millionen kanadische Dollar für politische Aktionen und Hilfsmaßnahmen zur Verfügung, die die kanadische Regierung in zahlreichen Ländern durchgeführt hat. Allein 3,4 Millionen Dollar gingen an die Hilfe für Kindersoldaten in Angola, Ruanda, Sierra Leone und Uganda. Die Initiative, die die kanadische Regierung speziell gegenüber *war-affected children* zeigt, reicht über mehrere Ebenen von der engen Zusammenarbeit mit den Vereinten Nationen bis hin zu Kooperationen mit Nichtregierungsorganisationen und anderen Staaten, wie zum Beispiel Norwegen. Seit Anfang der 90er Jahre, als Kanadas Initiative für *war-affected children* seinen Lauf nahm und Lloyd Axworthy das Anliegen der kanadischen Regierung immer mehr publik machte, ist ein Netzwerk entstanden, im dem Kanada seine Human Security-Politik weltweit vorantrieb.

2.1 Die Convention on the Rights of the Child

In der Tat hat die kanadische Regierung bereits in den 80er Jahren ihr Engagement für die Belange von Kindern betont, indem sie eine führende Rolle beim Entwurf der *Convention on the Rights of the Child* gespielt hat. Schon damals hob Lloyd Axworthy die Dominanz dieses Themas für die kanadische Außenpolitik hervor und machte deutlich, dass der Schutz von Kindern seit jeher eine wichtige Rolle in der kanadischen Human Security-Politik gespielt hat.

Im November 1999, zehn Jahre nach der Annahme der Konvention in der Generalversammlung der Vereinten Nationen, verlieh er diesem Dokument, das für ihn den wichtigsten Schritt zu einem weltweiten Schutz von Kindern darstellte, noch einmal Nachdruck:

„The Convention on the Rights of the Child was an effort to give that sentiment global meaning. It set the international standard for our responsibilities. A decade ago, Canada was a leader in drafting the Convention because Canadians were concerned about the problems facing children. We helped draft a Convention that espouses respect, compassion, tolerance and equality. I was proud to have been involved in that process" (Axworthy 1999).

Die Konvention stellt somit nicht nur einen wichtigen internationalen Schritt zum Schutz von Kindern dar, sondern war für die kanadische Regierung auch gleichzeitig eine Möglichkeit, sich dem Thema intensiv zu widmen. Denn schon damals stand für die Regierung in Ottawa fest, dass dies ein Hauptpunkt in Kanadas zukünftiger Human Security-Politik sein sollte. Gleichzeitig bedeutete die Konvention für Lloyd Axworthy den Anfang seines Engagements für *war-affected children*. Eine Initiative, die internationales Interesse wecken sollte und für Kanada zu einem wichtigen Thema in der Außenpolitik wurde.

In den nachfolgenden Jahren bemühte sich Lloyd Axworthy, das Thema verstärkt in den internationalen Diskurs einzubringen. Er hoffte, dass es ebenso wie der Kampf gegen Landminen tiefer ins Bewusstsein der anderen Gesellschaften dringen und die Vereinten Nationen aufrütteln würde. Nachdem 1994 im Rahmen der Vereinten Nationen erste Verhandlungen über den besseren Schutz von Kindern im Krieg stattgefunden hatten und zwei Jahre später Graca Machel, die ehemalige Bildungsministerin von Mosambique, im Auftrag der Vereinten Nationen den o.a. Report veröffentlicht hatte, stand für die kanadische Regierung fest, dass *war-affected children* zu einem internationalen Thema geworden war. Es hatte die Aufmerksamkeit der Weltöffentlichkeit gewonnen.

2.2 Das Optional Protocol

Das *Optional Protocol to the Convention on the Rights of the Child on the Involvement of Children in Armed Conflict* kann als der erste entscheidende Schritt angesehen werden, den die kanadische Regierung in Bezug auf war-affected children gemacht hat. Es war ein Zusatzprotokoll, das – auf Drängen von Lloyd Axworthy – von Kanada und anderen Staaten erarbeitet wurde, um der Convention on the Rights of the Child einen Anhang zu geben, der sich ausschließlich mit den verheerenden Auswirkungen des Krieges an Kindern beschäftigt und am 12. Februar 2002 in Kraft trat. Nur einen Monat zuvor war das *Optional Protocol to the Convention on the Rights of the Child on the sale of children, child prostitution and child pornography* in Kraft getreten – ein Dokument, das zwar nicht direkt die Auswirkungen von Kindern im Krieg thematisiert, jedoch ebenfalls ausschlaggebend war im Kampf gegen den Missbrauch von Kindern.

„We are pleased with the broad scope of this Optional Protocol, which includes significant obligations with respect to non-state actors, compliance with the standards establishing and international assistance. With its concrete measures to protect war-affected children, it is also a significant milestone in advancing Canada's agenda at the Security Council concerning the protection of civilians in armed conflicts", sagte Axworthy während der Verhandlungen, die vom 10. bis 21. Januar 2001 stattfanden und demonstrierte mit dieser Aussage nicht nur seine Dankbarkeit für die Kooperationsbereitschaft der anderen Staaten, sondern – und vor allem – auch den Stolz auf eine Entwicklung, die durch sein eigenes beharrliches Engagement und diplomatisches Verhandlungsgeschick zustande gekommen war (Axworthy 2000).

Hauptziel der Verhandlungen war, das legale Mindestalter von Soldaten von 15 auf 18 Jahre zu erhöhen. Die betroffenen Staaten, darunter besonders afrikanische und asiatische Staaten, sollten versichern, dass sie zukünftig im Falle eines gewalttätigen Konfliktes keine Kinder und Jugendliche mehr einsetzen werden. Dies forderte die kanadische Regierung mit großem Nachdruck. Bereits im Juni 2000 schließlich war Kanada das erste Land, das das *Optional Protocol* ratifizierte und hoffte, dass das Zusatzprotokoll ebenso wie das Hauptwerk, die Convention on the Rights of the Child, viele Befürworter fand. 111 Nationen waren es am Ende, die das Protokoll unterzeichneten.

2.3 Kanadas Zusammenarbeit mit den Vereinten Nationen

Die Zusammenarbeit mit den Vereinten Nationen hat für Kanada schon im Kampf gegen Landminen eine dominierende Rolle gespielt. Kanadische Diplomaten fanden in den verschiedenen Organen nicht nur Partner in Bezug auf die Durchsetzung ihrer Human Security-Interessen, sondern auch einen Rahmen, um ihr Anliegen international präsent zu machen.

Die Kooperation in Bezug auf Kanadas Initiative für *war-affected children* wurde besonders durch die Ernennung von Olara Otunnu als *Special Representative for Children and Armed Conflict* gestärkt. UNO-Generalsekretär Kofi Annan setzte Otunnu als direkte Reaktion auf den 1996 erschienenen Report von Graca Machel über die körperlichen und psychischen Auswirkungen von Kindern, die durch den grausamen unmoralischen Missbrauch ihrer Regierungen Kämpfer und Opfer zugleich wurden, ins Amt. Eine Entscheidung, die die kanadische Regierung begrüßte und gleichzeitig in ihrem Ziel – einer umfangreichen Human Security-Politik – bestärkte.

„Canada supports Mr. Olara Otunnu, the Special Representative of the UN Secretary-General, particularly in his role as an advocate raising awareness of the issue of children and armed conflict with both governments and rebel groups who employ children in conflict" gab Axworthy damals bekannt (Axworthy 1999).

Er sah in Olara Otunnu einen Verfechter desselben Interesses und gleichzeitig einen Verbündeten im Kampf gegen die Ausbeutung von Kindern in bewaffneten Konflikten. Am 12. Februar 1999 übergab die kanadische Regierung 400.000 kanadische Dollar aus ihrem Etat für Peacebuilding-Operationen an den

Trust Fund von Olara Otunnu, der für den Schutz von *war-affected children* eingerichtet worden war und spezielle Hilfsprogramme unterstützt. Ein symbolisches Zeichen, das die enge Kooperation zwischen der kanadischen Regierung und Olara Otunnu verdeutlicht.

Zudem unterstützte die Regierung UN-Organe wie UNICEF, indem sie im April 1998 noch einmal 400.000 kanadische Dollar für Projekte zur Verfügung stellte, die sich mit kriegsgeschädigten Kindern in Uganda und Liberia beschäftigten. Durch die finanzielle Unterstützung Kanadas war es möglich, die Entführungsquote von Kindern zu verringern. In Liberia hat es UNICEF mit kanadischer Hilfe geschafft, 800 Kindersoldaten in die Gesellschaft zu reintegrieren und sie mit finanziellen und technischen Mitteln auszustatten, die ihnen den Besuch einer Schule ermöglichen. Zur gleichen Zeit stellte DFAIT UNICEF 200.000 Dollar für Projekte zum Schutz und zur Reintegration von 1.500 Kindersoldaten im Kongo zur Verfügung.

Den stärksten Einfluss hat die kanadische Regierung jedoch im UN-Sicherheitsrat geltend gemacht, indem sie immer wieder auf die Notwendigkeit des Schutzes von *war-affected children* hinwies. Schon damals, nach Annahme und Unterzeichnung des *Optional Protocol* hatte sich die kanadische Regierung das Ziel gesetzt, den Schutz von Kindern im Krieg auf die Agenda des Sicherheitsrats zu setzen. Sie hatte die Hoffnung, somit der Ausbeutung von Kindersoldaten auf wirksame Weise rechtlich entgegen zu wirken.

Im August 2000 hat die kanadische Regierung dieses Ziel erreicht. Der Sicherheitsrat nahm einstimmig die Resolution 1314 an, die die Mitgliedsstaaten aufforderte, jeglichen Missbrauch von Kindern im Krieg zu unterbinden. Für Axworthy war dies ein weiterer Meilenstein seit der Unterzeichnung des *Optional Protocol*: „The passing of this important resolution by the United Nations Security Council offers hope for war-affected children around the world and demonstrates that global awareness of their plight is growing", sagte er (Axworthy 2000b). Für die kanadische Regierung war die Annahme der Resolution auch insofern ein Erfolg, da sie die Debatte um einen weiteren wichtigen Punkt ergänzen konnte. Sie brachte einen Artikel ein, der sich speziell mit den Verwundbarkeiten von Mädchen im Krieg beschäftigt, wie zum Beispiel sexuelle Ausbeutung und Vergewaltigung. Bereits im *Optional Protocol* hatte die kanadische Regierung darauf hingewiesen, dass Kinderprostitution und Kinderpornographie Themen sind, die neben Kindersoldaten unmittelbar mit *war-affected children* zu tun haben. Somit hoffte man, dass die Resolution nicht nur ein „Strohfeuer" war, sondern einen langfristigen Schutz für Kinder in bewaffneten Konflikten bedeutete.

2.4 Kanadas Kooperation mit Norwegen, NROs und civil society partnerships

Im Rahmen ihrer bilateralen Politik hat die kanadische Regierung begonnen, Koalitionen mit anderen Staaten zu bilden, sogenannte *Human Security-Partnerships*. Im Vordergrund steht hier vor allem die enge Zusammenarbeit mit Norwegen, die Kanada im Laufe der Jahre aufgebaut hat, um gemeinsam für den Schutz von *war-affected children* einzutreten. Im Dezember 1998 wurde beim Senior Officials Meeting in Ottawa die *Lysoen Declaration* auf den Weg gebracht. Darin verpflichteten sich beide Staaten, gemeinsame Ziele in der Human Security zu verfolgen – vorrangig natürlich der Kampf gegen die Ausbeutung von Kindern in bewaffneten Konflikten. Angelehnt an den Report von Graca Machel, wollten Kanada und Norwegen gemeinsame Schritte gegen den Einsatz von Kindersoldaten unternehmen, Hilfsprogramme für *war-affected children* initiieren und Programme für die Rehabilitation kriegsgeschädigter Kinder anbieten. Die beiden Staaten setzten sich kurz nach Entstehung der Kooperation mit anderen Regierungen zusammen, um über gemeinsame Herausforderungen und die Formulierung von Gesetzen gegen den Einsatz von Kindersoldaten zu diskutieren, wie im *Optional Protocol* bereits erwähnt wurde. Eine Initiative, die sich in den letzten drei Jahren etabliert hat. Zudem hat der kanadische Peacebuilding Fund 260.000 kanadische Dollar für die kanadisch-norwegische Initiative zur Verfügung gestellt.

Die Kooperationen, die die kanadische Regierung mit NROs zusammen bringen, sind Initiativen, die ebenso wie die Zusammenarbeit mit den Vereinten Nationen oder anderen Regierungen, im Mittelpunkt der Aktionen stehen. Sie haben seit jeher den Handlungsspielraum der kanadischen Regierung erweitert. „Children as zones of peace" war eine Initiative, die am 2. Oktober 1998 verschiedene NROs und die kanadische Regierung in einen Dialog brachte. Zudem war Kanada die erste Regierung, die die internationale NRO-Koalition *Stop the Use of Child Soldiers* unterstützte.

Der wichtigste Zweig in der Zusammenarbeit mit Nichtregierungsorganisationen jedoch ist das sogenannte „Pearson-Committee", das 1996 im Rahmen der *Stockholm Conference* gegründet wurde. Lloyd Axworthy sah in diesem Komitee eine Möglichkeit, die Kooperation zwischen Kanada und NROs weiter auszubauen und vor allem noch intensiver auf die Belange des kanadischen Außenministeriums zu beziehen. Er übergab den Vorsitz des Gremiums Senator Landon Pearson, der zu dieser Zeit sein spezieller Berater für die Rechte von Kindern war.

Man mag es Taktik nennen, dass die kanadische Regierung ein Netzwerk aufgebaut hat, um ihre Interessen der Human Security auf globaler Ebene zu verfolgen. Jedoch sollte man die Initiative, in die insbesondere Lloyd Axworthy so viel Engagement gesteckt hat, eher so betrachten, dass die kanadische Regierung sich erneut eines Themas mit hoher Brisanz angenommen hat. Kanada hat mit seiner Initiative für Kinder im Krieg eine Politik weitergeführt, die bezeichnend ist für das Land und seit jeher die Außenpolitik der „freundlichen Mittelmacht" geformt hat.

3. Die International Conference on War-Affected Children

Die *International Conference on War-Affected Children*, die vom 10. bis 17. September 2000 unter der Schirmherrschaft Kanadas in Winnipeg stattfand, kann als der bisher größte Erfolg der kanadischen Regierung gegen den Missbrauch von Kindern im Krieg gewertet werden. Mit über 1000 Teilnehmern war es die größte Konferenz, die bisher zu diesem Thema veranstaltet wurde.

Auch hier spielte das von Kanada aufgebaute Netzwerk aus Regierungen, NROs und den Vereinten Nationen wieder eine große Rolle, denn schon in der Planungsphase hatte das Ministerium um Außenminister Axworthy darauf geachtet, dass Vertreter aus allen Sparten – Regierungsvertreter, Vertreter der Vereinten Nationen, NRO-Experten sowie Jugendliche aus betroffenen Ländern – an der Konferenz teilnahmen.

Für Kanada hatte die Konferenz zum einen eine starke symbolische Bedeutung, zumal Lloyd Axworthy erneut sein starkes Engagement für *war-affected children* unter Beweis stellen konnte. Zum anderen bot die Konferenz vor allem aber auch die Möglichkeit, im Rahmen des Human Security-Netzwerkes weitere Fortschritte für den Schutz von Kindern im Krieg zu erzielen. Axworthy selbst erhoffte sich viel von den Verhandlungen, die nur kurze Zeit nach dem Millenium-Gipfel in New York stattfanden, was der Außenminister als großen Vorteil wertete, da somit viele Eindrücke und Ideen des Gipfels in die Konferenz einfließen konnten.

„When the lights turned of last Friday night, at the end of the Millenium Assembly in New York, did other lights go on around the world – in our Chancery offices, Parliamentary Assemblies, and Cabinet meeting rooms – to illuminate the way forward?", lautete Axworthys rhetorische Frage in einer Rede während der Winnipeg-Konferenz (Axworthy 2000c). Er sagte den Regierungsvertretern aus den 136 teilnehmenden Ländern, dass er auf jeden Fall einen Fortschritt in der Frage über die Behandlung von Kindern im Krieg erwartete. Denn für ihn waren das „legal framework" und die „international infrastructure concerning the rights and protection of children" (Axworthy 2000c) lediglich der erste Part der Handlungsoffensive, der eine Basis für weitere Aktionen geschaffen hatte. Axworthy sah in der Winnipeg-Konferenz das notwendige Potential für weitere Schritte. Sein erklärtes Ziel lag darin, in der Konferenz eine Agenda zu entwerfen, die bei der *UN General Assembly Session on Children* vorgestellt werden

sollte – einem Gipfel, der ursprünglich ein Jahr später, im September 2001, stattfinden sollte, jedoch wegen der Ereignisse des 11. September 2001 kurzfristig
auf Mai 2002 vertagt wurde.

Die Strategie des früheren Außenministers stützte sich auf fünf Punkte, die
durch den „Peacebuilding und Human Security Fund" realisiert werden sollten:
Erstens sollte eine „Child Advocacy and Protection"-Initiative eingeleitet werden, die kanadische Fachleute auf dem Gebiet *war-affected children* in Bezug
auf Kinderrechte, Kinderschutz, Vermittlung und Förderung von Hilfsprogram-
men ausbilden sollte. Zudem sah die Initiative vor, die „Canadian Resource Bank
for Democracy and Human Rights" (CANADEM) in ihrer Struktur zu festigen
und die Mitarbeiter ebenfalls in den o.a. Qualifikationen zu schulen. Der zweite
Punkt befasste sich mit dem *Independent Special Court for Sierra Leone* – ein
Gerichtshof, der sich speziell mit den Belangen von *war-affected children* in
diesem Land beschäftigt. Die kanadische Regierung beschloss, dem Gericht
notwendige Ressourcen zur Verfügung zu stellen und unterstützte hier vor allem
die Ausbildung von Anwälten, die sich speziell mit dem Thema *war-affected
children* beschäftigen. Drittens sollten NROs weitere finanzielle Unterstützung
bekommen, um ihr Netzwerk und ihre Arbeit für *war-affected children* weiter
ausbauen zu können. Viertens bekräftigte Axworthy sein Ziel, einen jährlichen
Report über Kinder im Krieg zu erstellen – ähnlich dem *Landmines Monitor*. Der
fünfte Schritt sah vor, eine Studie über „Impact of Small Arms on Children" zu
unterstützen, die bei der *UN Conference on Small Arms* in 2000 vorgestellten
werden sollte (Axworthy 2000c).

3.1 Struktur der Konferenz

Die Konferenz war in drei Sektoren unterteilt, die in je zwei- bis dreitätigen
Sitzungen tagten. Am Anfang stand das *Youth Meeting*, das vom 10. bis 12.
September stattfand und Jugendlichen aus betroffenen Regionen die Möglichkeit
gab, ihre Erfahrungen und Vorstellungen bezüglich der weiteren Handlungs-
schritte zu äußern. Im Anschluss daran fand vom 13. bis 15. September das *Experts and NGO Meeting* statt, in das Axworthy besonders viel Hoffnung setzte.
An den letzten beiden Tagen, dem 16. und 17. September, trafen sich schließlich
die Regierungsvertreter im *Ministerial Meeting*, um konkrete Schritte zu beschließen und über die Vorschläge, die im Youth- und Experts/NGO-Meeting
geäußert wurden, zu beraten.

Axworthy machte in seinen Reden während der Konferenz das Ziel immer
wieder deutlich: „The course is clear", sagte er. „From Winnipeg in September
2000 to New York and the UN General Assembly's Special Session on Children
in 2001" (Disarmament Diplomacy 2000).

3.1.1 Die Youth Delegation

Den Jugendlichen, die an der Konferenz teilnahmen, wurde von Anfang an eine bedeutende Rolle beigemessen. Die Besonderheit, die auch Axworthy immer wieder betonte, war, dass die Jugendlichen aus 25 Ländern selbst Opfer waren und somit aus „erster Hand" von ihren Erfahrungen berichten konnten.

„This conference is at its heart about you", waren Axworthys Worte auf dem Youth Meeting. „Here your voices will be heard as loudly as any other; your opinions will count; your input will be vital. Your role is not only to tell us of your experience, but to help us to find solutions. Your involvement is key to the success of our efforts over the next week and beyond" (Axworthy 2000d). Der ehemalige Außenminister legte viel Hoffnung in das Youth Meeting, denn nur so konnte seiner Meinung nach gesichert werden, dass die Hauptprobleme bezüglich des Missbrauchs von Kindern im Krieg effektiv angegangen werden können. Zudem hoffte er, dass die persönlichen Berichte besonders die Regierungsvertreter betroffener Staaten zu emotionalem Handeln veranlassen würden.

3.1.2 Das Experts Meeting

Das Experts Meeting definierte von Anfang an klare Ziele. Es sollte beschlossen werden, *was* getan werden kann, um einen besseren Schutz von Kindern im Krieg zu erreichen. Speziell sollte dabei auf die Belange eingegangen werden, die im Youth Meeting unmittelbar vor dem Experts Meeting geäußert wurden. Schließlich entwarfen die Delegierten aus 136 Ländern das Dokument „Caught in the Crossfire No More: A Framework for Commitment for War-Affected Children" – ein Dokument, das in den Verhandlungen entstand und eine Liste von Prioritätenpunkten enthielt, die zum Schutz von Kindern im Krieg dringend berücksichtigt werden müssen.

Erstens sollte gesichert werden, dass das International Criminal Court Statute bei der UN Special Session on Children in Kraft tritt, und zum gleichen Zeitpunkt auch das Optional Protocol on the Rights of the Child on the Involvement of Children in Armed Conflict ratifiziert wird. Zweitens sollte das Bildungsangebot für kriegsgeschädigte Kinder weiter ausgebaut werden, um den Reintegrationsprozess zu fördern. Zudem wurde festgelegt, dass Jugendliche weiterhin Raum in Verhandlungen haben sollen, um ihre Agenda bei der Special Session der Vereinten Nationen präsentieren zu können. Als vierter Punkt stand der Wunsch nach einem Monitoring Network, um systematisch den Missbrauch von Kindern im Krieg erfassen zu können. Der fünfte Punkt war die Feststellung der Notwendigkeit einer Studie über „Impact of Small Arms", die Axworthy bereits in seinem Fünf-Punkte-Plan angemerkt hatte. Punkt sechs forderte die Freilassung von entführten Kindern, besonders im Hinblick auf die Situation im nördlichen Uganda – ein Thema, das bisher nur am Rande diskutiert wurde. Ebenso der letzte Punkt, der eine höhere Finanzierung bezüglich HIV/AIDS für weitere Versorgungs- und Schutzprogramm forderte (DFAIT 2000).

Mit diesem Dokument haben Offizielle, Experten und NROs einen Plan aufgestellt, der eine Richtlinie für neue und weiterführende Aktionen darstellte.

3.1.3 Das Ministerial Meeting

Nach sechs vorangegangenen Verhandlungstagen sollte das Ministerial Meeting – das Vertreter von NROs und den Vereinten Nationen, Experten und betroffene Jugendliche aufmerksam mitverfolgten – nun eine internationale *Agenda on War-Affected Children* erstellen, die im darauffolgenden Jahr in der *UN Special Session on Children* behandelt werden sollte. Anders als in den Treffen von Jugendlichen und Experten trafen hier zum ersten Mal verschiedene Interessen aufeinander. Vor allem viele der betroffenen Staaten zeigten kein großes Engagement zur Erstellung einer solchen Agenda (Vandergift 2001). Doch auch hier bewies Axworthy Stärke, indem er auf diplomatische Lösungen setzte und somit letztendlich die Agenda durchsetzen konnte.

„The past six days have been a steady crescendo af activity, building dynamic partnerships between youth, experts and officials towards the common goal of action. Now it is time for us to take what has come out of these meetings and do our job by turning that into public policy", erklärte Axworthy (Axworthy 2000c). Er legte viel Wert auf eine breite Verhandlungsbasis, die schließlich zum Erfolg führte.

3.2 Die Agenda

Die Agenda, die im Laufe des Ministerial Meetings entstand, enthielt vierzehn Punkte, die sich mit den Belangen von kriegsgeschädigten Kindern auseinandersetzen. Es ist ein Dokument, das Vorschläge macht zum Schutz von *war-affected children* – und das in der Hoffnung entstand, bei der *UN Special Session on Children* weitere Aufmerksamkeit zu bekommen.

Im Mittelpunkt der Agenda (Punkte 1-5) steht die Forderung nach einem Stopp des Missbrauchs von Kindern im Krieg. Punkt 2 („Fulfill obligation") beschreibt dieses Bestreben wie folgt:

„All states and other parties to armed conflict must repect fully their obligations to children affected by conflict under international human rights and humanitarian law. States are invited to sign, ratify and subsequently implement the *Optional Protocols to the Convention on the Rights of the Child on Involvement of Children in Armed Conflict and Sale of Children, Child Prostitution and Child Pornography*, and to consider or reconsider becoming parties to conventions and agreements related to the protection of children in armed conflict. Armed groups must also respect the child protection standards within international law regarding the rights and protection of children in armed conflict" (DFAIT 2000c).

Und auch Punkt 4 („End targeting of children") bezieht sich auf die direkte Forderung, „killing, maiming, torture, rape, sexual exploitation, abduction, forced labour and other violations" sowie „recruitment and use of children in armed conflict" einem Verbot zu unterziehen. Weitere Punkte der Agenda beziehen sich auf humanitäre Hilfeleistungen, langfristige Aktionen im Rahmen des Netzwerkes und spezielle Themen, wie z.B. Punkt 10 „Protect Children from HIV/AIDS".

Letztendlich hatte es also Lloyd Axworthy mit Hilfe seiner Mitstreiter geschafft, eine Agenda aufzustellen, die, wenn umgesetzt, einen Fortschritt im Kampf gegen den Missbrauch von Kindern im Krieg bedeuten kann. Inwiefern diese Agenda Einfluss auf die weitere Entwicklung im Kampf gegen war affected children haben wird, bleibt allerdings abzuwarten.

4. Ausblick

Die Initiative, die die kanadische Regierung im Kampf gegen den Missbrauch von Kindern im Krieg führt, entwirft ein Bild, das in einem Zeitalter der globalen Konflikte hoffen lässt. Lloyd Axworthy sprach von Pflicht und Verantwortung in seinen Plädoyers für *war-affected children*, doch in Wirklichkeit war es sogar noch mehr: Kanada ist einmal mehr seiner Rolle als freundliche Mittelmacht gerecht geworden. Im Rahmen der Human Security hat die kanadische Regierung eine Initiative gestartet, die heute nicht nur auf vertraglicher Ebene ins Bewusstsein vieler Staaten gerückt ist, sondern – nicht zuletzt durch die Konferenz in Winnipeg – auch durch die hartnäckigen diplomatischen Bestrebungen von Lloyd Axworthy.

Dieses Kapitel hat gezeigt, wie die kanadische Regierung eine Entwicklung in Gang bringen konnte, die in ihrer Dynamik wohl nur mit dem Kampf gegen Landminen vergleichbar ist. Tatsächlich war das Thema *war-affected children* zwar nicht gänzlich unbekannt, jedoch nicht von internationalem Belang, bevor die kanadische Regierung sich Anfang der 90er Jahre entschlossen hat, es auf ihre Human Security-Agenda zu setzen. Heute, zehn Jahre später, ist es ein Thema, das sich nicht mehr verdrängen lässt. Die Einführung des Themas auf die Agenda des UNO-Sicherheitsrates und die darauf folgenden Resolutionen, sowie die intensive Kooperation zwischen Nichtregierungsorganisationen und anderen Staaten und nicht zuletzt die *International Conference on War-Affected Children* ist als maßgeblicher Erfolg für Kanadas Konzept der Human Security zu werten. Es ist ein Schritt in Richtung einer friedlicheren Außenpolitik. Und nicht zuletzt ist es auch ein Schritt zur Stabilisierung von Humanität in internationalen Konflikten.

Literatur

Axworthy, Lloyd (1999): Conference on Childrens' Rights in the New Millenium. Montréal, Québec: 24.11.1999. Ottawa: DFAIT. http://webapps.dfait-maeci.gc.ca/minpub/Publication.asp?FileSpec=/Min_Pub_Docs/ 102845.htm&bPrint=False&Year=&ID=&Language=E (31.01.2003).

Axworthy, Lloyd (2000): Canada welcomes international consensus on optional protocol on the involvement of children in armed conflict. Ottawa: DFAIT.

Axworthy, Lloyd (2000b): Axworthy welcomes adoption of UNSC Resolution on war-affected children. Ottawa: DFAIT. http://webapps.dfait-maeci.gc.ca/minpub/Publication.asp?FileSpec=/Min_Pub_Docs/ 103627.htm (31.01.2003).

Axworthy, Lloyd (2000c): Address by Canadian Foreign Minister Lloyd Axworthy on the International Conference on War-Affected Children. Winnipeg: Canadian Department of Foreign Affairs text (2000/32): 15.09.2000. Ottawa: DFAIT. http://webapps.dfait-maeci.gc.ca/minpub/Publication.asp?FileSpec=/Min_Pub_Docs/ 103728.htm&bPrint=False&Year=&ID=&Language=E (31.01.2003).

Axworthy, Lloyd (2000d): Address by Canadian Foreign Minister Lloyd Axworthy to the Youth Meeting at the International Conference on War-Affected Children. Winnipeg: 10.09.2000. http://webapps.dfait-maeci.gc.ca/minpub/Publication.asp?FileSpec=/Min_Pub_Docs/ 103702.htm&bPrint=False&Year=&ID=&Language=E (31.01.2003).

Axworthy, Lloyd (2000e): Address by Canadian Foreign Minister Lloyd Axworthy at the opening of the Ministerial-Level Meeting of the International Conference on War-Affected Children. Winnipeg: 16.09.2000. http://webapps.dfait-maeci.gc.ca/minpub/Publication.asp?FileSpec=/Min_Pub_Docs/ 103730.htm&bPrint=False&Year=&ID=&Language=E (31.01.2003).

Department of Foreign Affairs and International Trade (DFAIT) (1999): Canada welcomes and supports Security Council Resolution on Children in Armed Conflict. http://webapps.dfait-maeci.gc.ca/minpub/Publication.asp?FileSpec=/Min_Pub_Docs/ 102569.htm (31.01.2003).

DFAIT (2000a): Canada and Peacebuilding. http://www.dfait-maeci.gc.ca/Peacebuilding/index-e.asp (31.01.2003).

DFAIT (2000b): Caught in the crossfire no more: A framework for Commitment to War-Affected Children. http://www.waraffectedchildren.gc.ca/crossfire-e.asp (31.01.2003).

DFAIT (2000c): The Agenda for War-Affected Children. http://www.waraffectedchildren.gc.ca/Final_Agenda-e.asp (31.01.2003).

Disarmament Diplomacy (2000): International Conference on War-Affected Children: Issue No. 50. http://www.acronym.org.uk/50child.htm (31.01.2003).

Machel, Graca (1996): The Impact of Armed Conflict on Children. http://www.un.org/rights/introduc.htm (31.01.2003).

UNICEF (1996): The State of the World's Children 1996. Children in War. http://www.unicef.org/sowc96/contents.htm (31.01.2003).

Vandergift, Kathy (2001): Winnipeg Conference on War-Affected Children. In: Peace Magazine, No. 1. http://www.peacemagazine.org/0101/vander.htm (31.01.2003).

Kanada – der Peacekeeper par excellence im Wandel

Oliver Claas

„If there is any one area of foreign and defence policy in which Canada did unquestionably make a difference, it is surely in the area of peacekeeping" (Granatstein 1992: 222). Das schrieb der kanadische Militärhistoriker J. L. Granatstein 1992, als er die Ursprünge dessen untersuchte, was er „idea of Canada as peacekeeper *par excellence*" nannte. Der Ost-West-Konflikt war erst kurze Zeit vorüber, und der Sicherheitsrat hatte seitdem stärker als bisher seine Hauptverantwortung für die Wahrung des Weltfriedens wahrgenommen. Die Zahl der Friedensoperationen der Vereinten Nationen war stark angestiegen. „Zwischen 1945 und 1987 sind dreizehn Friedensoperationen durchgeführt worden; seitdem weitere dreizehn" (SEF 1992: 45), merkte der damalige UNO-Generalsekretär Boutros Boutros-Ghali im Juni 1992 in seiner Agenda für den Frieden an. Kanada, das sich seit Lester B. Pearsons Engagement in der Suez-Krise 1956 an jeder Peacekeeping Operation beteiligt hatte, stellte zu diesem Zeitpunkt mit über 4.000 Soldaten mehr als zehn Prozent des Personals der UNO-Friedenstruppen. Die Armee warnte, dass sie an die Grenze ihrer Belastungsfähigkeit gestoßen sei.

Doch nicht nur die Quantität, sondern auch die Qualität der Einsätze hatte sich geändert:

> „A large civilian component; often the organization and conduct of elections; an important information component; usually a police component; usually a human rights dimension; time-limited (with a timetable for implementation); usually concern internal conflicts; often involve intervention into the affairs of sovereign states; and a requirement for a more effective military component" (Canada 1993: 4).

Diese neuen Elemente listete das „Standing Senate Committee on Foreign Affairs" im Februar 1993 auf. Man müsse auf eine neue Generation der Friedenssicherung reagieren, die komplexer sei und größere Gefahren berge, als traditionelle Friedensoperationen. Der grundsätzliche Kurs, den Kanadas Peacekeeping-Engagement in Zukunft nehmen sollte, deutete sich daher schon zu dieser Zeit an, vor dem liberalen Regierungswechsel im November 1993. „Canada [...] will not be able to participate in every mission that is requested of it. Indeed, it ought not to be involved if its interests or resources dictate otherwise" (Ebd.: 13).

Inzwischen regieren die Liberalen unter Jean Chrétien, der in seinem Wahlkampf 1993 eine Neuorientierung der kanadischen Außenpolitik angekündigt hatte, in ihrer dritten Amtszeit und in den Vereinten Nationen ist die Reform der Friedenssicherung zu einem quasi-permanenten Diskussionsthema geworden, zuletzt im Brahimi-Report.

1. Einzelne Stationen der Friedenssicherung im Fokus

Im Golf-Krieg 1990/91 schrieb sich die kanadische Regierung unter Mulroney zu, die USA dazu bewegt zu haben, ihren Militäreinsatz unter dem Schirm der Vereinten Nationen bewegt zu stellen (Wirick 1992: 96). Kanada war damals nichtständiges Mitglied im UNO-Sicherheitsrat und sah nach dem Ende des Ost-West-Konflikts eine neue Zeit der kollektiven Sicherheit gekommen (Rudner 1991: 268). In den Einsätzen im ehemaligen Jugoslawien, in Somalia und Ruanda sollten sich die neuen Probleme der Friedenssicherung erst noch zeigen und den „Peacekeeper par excellence", vor dem Hintergrund eines ständig sinkenden Verteidigungshaushalts, zum Umdenken bewegen. Die kanadischen Erlebnisse in diesen Operationen möchte ich daher zunächst kurz schildern. Der Einsatz auf Haiti dient dabei als positives Gegenbeispiel.

1.1 Ehemaliges Jugoslawien (1992-1995)

Hier traten die Grenzen traditioneller Friedensoperationen in der neuen internationalen Umwelt zu Tage. Die anschließende öffentliche Diskussion in Kanada zeigte, dass sie „unter den veränderten Umständen in der bisherigen Form nicht mehr unumstrittenes Kernelement internationalistischer Außenpolitik sein [können]" (Borchard 1997: 236).

Die Vereinten Nationen hatten im Januar 1992 die Schutztruppe United Nations Protection Force (UNPROFOR) auf den Balkan entsandt, um UNO-Schutzzonen in Kroatien zu entmilitarisieren und zu sichern. In Bosnien–Herzegowina sollte sie später außerdem u.a. die humanitäre Versorgung der Stadt Sarajevo, Flugverbotszonen sowie Schutzzonen um fünf bosnische Städte sichern. Außerdem überwachte die Schutztruppe verschiedene Waffenstillstände (UNDPI 1996). Die Blauhelmsoldaten gerieten jedoch wegen des brüchigen Friedens oft zwischen die Fronten. Obwohl zwischenzeitlich rund 38.600 Mann stark, konnte UNPROFOR nicht gegen die schweren Menschenrechtsverletzungen vorgehen, da weder ihr klassisches Friedenstruppenmandat noch ihre Ausrüstung Kampfeinsätze vorsahen (Volger 1995: 191). Kanada entsandte im April 1992 1.200 Soldaten nach Bosnien, Ende August nochmals 1.200 Mann nach Kroatien und war die nächsten Jahre stets mit mindestens 2.000 Blauhelmen auf dem Balkan aktiv. Sie schützten als erstes den Flughafen von Sarajevo. Außerdem waren es kanadische Soldaten, die 1993 in Srebreniza unter den Beschuss und im April 1994 in Geiselhaft der bosnischen Serben gerieten (Borchard 1997: 239 ff.). Durch die starke personelle Unterstützung der UNPROFOR durch Brian Mulroney wollte Kanada sein bestehendes Interesse an der Sicherheit Europas zeigen, nachdem es von seinen Verbündeten für die Reduzierung seiner in Deutschland stationierten NATO-Truppen kritisiert worden war. Ab Februar 1994 war die jeweilige Verlängerung des Balkan-Engagements für die inzwischen ins Amt gewählte liberale Regierung unter Jean Chrétien keine Selbstverständlichkeit mehr. Zur Beteiligung mit 1.000 Soldaten an der NATO Implementation Force (IFOR) in Bosnien, die das Daytoner Friedensabkommen von 1995 anschließend überwachte, entschloß sie sich nur unter dem Druck der NATO-Partner (Bratt 1999: 76).

1.2 Der Somalia-Skandal

Im Fall Somalia intervenierten die Vereinten Nationen nicht nur in einen Bürgerkrieg, sondern standen ebenfalls vor der fast unlösbaren Aufgabe, einen Staat komplett zu reorganisieren. Aus kanadischer Sicht ist dieser Einsatz jedoch zusätzlich mit einem schmerzhaften Vorfall verbunden. Der Somalia-Skandal und die öffentlichen Untersuchungen, die folgten, haben dabei das kanadische Militär zutiefst erschüttert (Oliver 1998: 99). Am 28. August 1992 hatte die kanadische Regierung einer Beteiligung an der United Nations Operation in Somalia (UNOSOM) zugestimmt. Das dafür bestimmte Canadian Airborne Regiment meldete am 4. September 1992 Einsatzbereitschaft. Jedoch wurde die Truppe noch am 4. Dezember 1992 aufgestockt, nachdem der Sicherheitsrat am 3. Dezember 1992 die Aufstellung der Unified Task Force (UNITAF) beschlossen hatte, um auf die sich ständig verschlechternde humanitäre Situation vor Ort zu reagieren. Die Stationierung der aufgestockten Canadian Airborne Regiment Battlegroup war am 15. Januar 1993 beendet. Ihr Auftrag war es, die humanitären Hilfslieferungen zu unterstützen (Sens 1997: 104 f.). Doch nicht diese Tätigkeit, sondern zwei Vorfälle, die sich Anfang März 1993 ereigneten, machten den kanadischen Einsatz berüchtigt. „The incidents of misconduct include the beating death of a Somali national by 2 Commando personnel and the shooting death and wounding of two other Somali nationals" (Sens 1997: 106). Nach dem Erscheinen von Medienberichten setzte die Regierung 1995 die „Commission of Inquiry into the Deployment of Canadian Forces to Somalia" ein, die ihren Abschlussbericht „Dishonoured Legacy. The Lessons of the Somalia Affair" im Juli 1997 vorlegte (Hannaford 2001: 205). Der Abschlussbericht widersprach der bis dahin veröffentlichten Darstellung, dass die Vorfälle die Fehler Einzelner gewesen seien. Stattdessen seien sie „the result of systemic, organizational and leadership failures" (zit. nach Hannaford 2001: 206). Mehrere hochrangige Offiziere verloren ihre Posten, und das Ansehen der Armee in der Öffentlichkeit sank. 1997 erklärten 54 Prozent der Befragten in einer Umfrage, die aktuellen Probleme wären ein Beweis für „widespread, fundamental problems in the whole structure of Canada's Armed Forces". Die offizielle Antwort des Verteidigungsministeriums auf den Bericht der Untersuchungskommission, der „Report to the Prime Minister on the Leadership and Management of the Candian Forces" (Oliver 1998: 100), umfasst 100 Reformvorschläge aus den Bereichen „military justice and police investigation services; training, education and professional development; operations; the integrated civilian-military headquarters; and public information" (DND 2000a: 2) und wird zur Zeit noch umgesetzt. Ein Komitee zur Überwachung der Armeereform bezeichnete die Fortschritte im Frühjahr 2000 als gut. Es sei z.B. Anti-Rassismus Training eingeführt worden, allerdings bestehe noch weiterer Handlungsbedarf u.a. bei der Offiziersausbildung (Canadian News Facts 2000).

1.3 Ruanda (1993-1996)

Im Fall Ruanda waren die Vereinten Nationen nicht in der Lage, das Ausarten des ruandischen Bürgerkriegs in einen Völkermord an mindestens 500.000 Menschen (UNDPI 2001) zu verhindern. Dabei zeigte sich im Nachhinein, dass ein schnelles und entschlossenes Handeln die schrecklichen Vorkommnisse hätte verhindern können. Obwohl sich die ruandischen Bürgerkriegsparteien schon im August 1993 auf das Friedensabkommen von Arusha geeinigt hatten, autorisierte der UNO-Sicherheitsrat die United Nations Assistance Mission for Rwanda (UNAMIR) erst zwei Monate später. Nur Belgien und Bangladesch stellten zunächst insgesamt 800 Soldaten. Es brauchte fünf Monate, bis die autorisierte Stärke von 2.548 Soldaten erreicht werden konnte. Zudem waren nur die belgischen Soldaten voll ausgerüstet (DFAIT 1995: 4 f.). Als der Völkermord im April 1994 begann, und auch UNAMIR-Blauhelmsoldaten bei den Unruhen ums Leben kamen, reduzierte der Sicherheitsrat die Truppe auf eine Stärke von 270 Mann. Erst im Juni 1994 startete dann die von Frankreich angeführte Militäroperation „Türkis". Der Bürgerkrieg endete im Juli 1994 und UNAMIR, deren Truppenstärke in der Zwischenzeit auf 5.500 Mann angehoben worden war, konnte einen Monat später das Kommando übernehmen. Der kanadische Generalmajor Roméo Dallaire, bis August 1994 der Oberbefehlshaber von UNAMIR, leidet noch heute unter seinen traumatischen Erinnerungen. Er sagte später über diesen Einsatz:

„In Rwanda, the international community's inaction contributed to the Hutu extremists' belief that they could carry out their genocide. UNAMIR could have saved the lives of hundreds of thousands of people. As evidence, with the 450 men under my command during this interim, we saved and directly protected over 25,000 people and moved tens of thousands between the combat lines. A force of 5,000 personnel rapidly deployed could have prevented the massacres in the south and west of the country that did not commence in earnest until early May, nearly a month after the start of the war" (zit. nach DFAIT 1995: 4 f.).

1.4 Haiti (1991-2000)

Kanada hat sich durch seine Beteiligung an allen vier UNO-Missionen auf Haiti in den 90er Jahren stark engagiert. Haiti war jedoch auch der erste Testfall für Kanadas Engagement in der Organisation Amerikanischer Staaten (OAS), der es am 1. Januar 1990 beigetreten war, um die 1987 eingeleitete kontinentale Integration über die USA hinaus auszudehnen (Benner/ Gerke 2001: 305). Nach Wirtschaftssanktionen der OAS und der Vereinten Nationen sowie zahlreichen Vermittlungsbemühungen, sollte die im September 1993 durch den UNO-Sicherheitsrat eingesetzte United Nations Mission in Haiti (UNMIH) eigentlich die Umsetzung der Vereinbarung von Governors Island unterstützen, die einen Rücktritt der Putschisten vorsah. Es bedurfte jedoch einer aus 28 Nationen bestehenden Multinational Force (MNF) unter Führung der USA, um dem demokratisch gewählten Präsidenten Aristide im Oktober 1994 die Rückkehr zu ermöglichen. Erst am 1. April 1995 konnte eine erweiterte UNMIH die Aufgaben der MNF übernehmen (Rittberger/ u.a. 1997: 36 f.). Kanada war sowohl an UNMIH, als auch nachfolgend an der United Nations Support Mission in Haiti (UNSMIH, Juli 1996 bis Juli 1997), der United Nations Transistion Mission in Haiti (UNTMIH, August 1997 bis November 1997) und der United Nations Civilian Police Mission in Haiti (MIPONUH, Dezember 1997 bis März 2000) beteiligt. Sie hatten alle mehr oder weniger die selben Aufgaben, wie „sustaining a secure and stable environment, professionalize the Haitian National Police, support efforts to promote institution building, national reconciliation and economic rehabilitation" (Bratt 1999: 77). Schon für UNMIH stellte Ottawa 500 Mann, sowie 100 Zivilpolizisten und leistete zu UNSMIH den größten Beitrag mit insgesamt 750 von 1.300 Soldaten und einem Drittel der rund 300 Zivilpolizisten. Außerdem setzte sich Kanada als Mitglied der „Friends of the Secretary General for Haiti" für die Gründung von UNSMIH ein. Haiti ist ein Beispiel für die zentrale Rolle, die zivile Polizei heute in vielen Operationen spielt und so zur Friedenskonsolidierung (peace building) in einem Staat beiträgt.

2. Peacekeeping und eine neue Außenpolitik

Während die eben angesprochenen Friedensmissionen fortschritten, kam es in der kanadischen Regierung im November 1993 zu einem Regierungswechsel.

Die Liberalen lösten die Progressive Conservative Party, bis dahin neun Jahre Regierungspartei unter der Führung von Brian Mulroney und zuletzt noch kurz Kim Campbell, ab. Neuer Premierminister wurde Jean Chrétien. In den sich nun anschließenden Debatten über die Neuorientierung der Außen- und Verteidigungspolitik wurde die Bereitschaft Kanadas, sich weiterhin an Friedensoperationen zu beteiligen, nicht in Frage gestellt. Ganz im Gegenteil: die Liberalen hatten in ihrem Wahlkampf angekündigt, die kanadische Führungsrolle bei der internationalen Friedenssicherung zu stärken, für eine Verbesserung der Friedenssicherungspolitik der Vereinten Nationen einzutreten, die nationale Verteidigungspolitik neu zu orientieren und dabei einen Schwerpunkt auf die Friedenssicherung zu legen, eine multifunktionale Peacekeeping-Brigade aufzubauen und außerdem die von Kürzungen betroffenen Militärbasen in Peacekeeping Training Center umzuwandeln (Knight 1999: 31). Die neue weltpolitische Lage, also das Ende des Ost-West-Konflikts und seiner ideologischen Gegensätze, sollte im außenpolitischen Kurs Kanadas berücksichtigt und der Prozess bei der Entstehung von Außenpolitik offener und demokratischer werden. Daher richtete die Regierung im März 1994 das „Joint Committee of the House of Commons and the Senate to review Canadian foreign policy" ein, das seinen Bericht „Canadas Foreign Policy: Principles and Priorities for the Future" im November 1994 vorlegte (Melakopides 1998: 165). Die darauf aufbauende Regierungserklärung „Canada in the World", aus dem Jahre 1995, trifft klare Aussagen bezüglich der Vereinten Nationen und ihrer Friedensfunktion:

„The UN continues to be the key vehicle for pursuing Canada's global security objectives. But the UN must be more effective. [...] To this end, at the General Assembly in September 1994, Canada pledged to work to: strengthen the UN's capacity for preventive action; conduct an in-depth review of the UN's economic and social activities to reflect a broader definition of global security; strengthen the UN's rapid reaction capability; improve the functioning of the UN's decision making bodies; and put the UN on a sound financial basis" (Canada 1995: 27).

Auch für den Bereich Verteidigungspolitik wurde im März 1994 ein „Special Joint Committee of the House of Commons and Senate" eingesetzt. Dessen Bericht vom 31. Oktober 1994 trug den Titel „Security in a changing world" und sollte in das neue Weißbuch über Verteidigungspolitik einfließen. Er basierte seinerseits auf Gesprächen mit Soldaten und Bürgern, Vertretern der Rüstungsindustrie und Verteidigungsexperten sowie Friedensgruppen, die das Komitee seit März 1994 durchgeführt hatte (Lawson 1995: 99 f.).

Gerade einmal einen Monat später jedoch veröffentlichte das Verteidigungsministerium schon das „1994 Defence White Paper", was zu Recht die Frage aufwirft, inwieweit dieser Parlamentsbericht das Weißbuch überhaupt beeinflusst hat. Zusätzlich beklagten „ [...] Reform Party members on the foreign policy review committee [...] that there was simply „no coordination" between the two reviews" (Lawson 1995: 110). Das Weißbuch beschreibt die Welt nach Ende des Ost-West-Konflikts als einen unsicheren Ort, der die Beibehaltung einer kampfbereiten Vielzweckarmee notwendig macht. Es vermeidet die Frage, inwieweit eine Truppe, die für Bedrohungen des Ost-West-Konflikts konzipiert wurde, Strukturanpassungen für neu aufkommende Sicherheitsherausforderungen brauche. Wie „Canada in the World" bekennt sich das „Defence White Paper" in Kapitel VI (Contributing to International Security) zur Friedenssicherung, stellt jedoch deutlich fest: „Our resources are finite" (DND 1994: 334). Kanadas Armee könne sich jedoch an verschiedensten Einsätzen beteiligen, von einem „Preventive Deployment of Forces" über „Peacekeeping and Observer Missions" bis zum „Post-Conflict Peacebuilding". Die für solche Einsätze angemessene Ausbildung sei klassisches Kampftraining, wobei man sich auch für eine Ausweitung von speziellem Peacekeeping-Training einsetze. Das Weißbuch kündigte jedoch Einsparungen bei Neuanschaffungen in Höhe von 15 Milliarden kanadischen Dollar bis 2009 an und sah eine Verkleinerung der Armee bis 1999 auf 60.000 Mann zuzüglich 23.000 Reservisten vor. Das bedeutete für die Gesamtheit des Personals, inklusive der Zivilangestellten, einen Abbau von 25 Prozent. Schon bis 1997 wurde die Armee dann tatsächlich auf eine Größe von 61.465 Soldaten und 22.946 Personen Zivilpersonal verkleinert (Bratt 1999: 78). Diese Einsparungen dürfen angesichts des damaligen kanadischen Haushaltsdefizits nicht verwundern. Und auch die kanadische Bevölkerung sah lieber Einsparungen dieser Art als Kürzungen im Sozialbereich (Knight 1999: 32). Der Verteidigungshaushalt wurde erst wieder im Jahr 2000 aufgestockt, um dringend benötigte 2,3 Mrd. kanadische Dollar verteilt über vier Jahre (Rigby 2001: 52).

Neben der Vorlage der neuen Dokumente zur Außen- und Verteidigungspolitik löste die neue Regierung noch ein weiteres Wahlversprechen ein. Schon im Februar 1994 hatte sie angekündigt, das „Lester B. Pearson Canadian International Peacekeeping Traning Center" (PPC) in der stillgelegten Militärbasis Cornwallis, Nova Scotia zu eröffnen (Jockel 1995: 205). Für 10 Mio. kanadische Dollar errichtet, sollte es den kanadischen Beitrag zu Frieden und Sicherheit im Rahmen der New Peacekeeping Partnership, die das Militär, Zivilpolizei, Regierungs- und Nichtregierungsorganisationen aus dem Bereich Menschenrechte usw. umfasst, unterstützen. Das Center betreibt Forschung auf dem Gebiet der Friedenssicherung und bietet jährlich eine Reihe Runder Tische, Seminare und Kurse an. Es wird privat unter der Verantwortung des „Canadian Institue for Strategic Studies" geführt (Jockel 1995: 205), das eine Starthilfe von 5 Mio. kanadischen Dollar erhielt und auch weiterhin jährlich durch die Regierung mit 1 Mio. kanadische Dollar bis 1999 unterstützt wurde. Jedoch unterliegt das Center keiner parlamentarischen und ministerialen Kontrolle, und auch die finanzielle

Unterstützung ist zu gering, denn das PPC hat nicht die Kapazitäten, um das für militärische und zivile Peacekeeper benötigte multifunktionale Training anzubieten (Knight 1999: 34).

Neuer Außenminister nach dem liberalen Regierungswechsel 1993 wurde zunächst André Ouellet, ein UNO-Enthusiast, der „Canada in the World" mit seiner starken Betonung der Vereinten Nationen realisiert hatte. Die Regierungserklärung erwähnte erstmals „Shared human security: a broader concept of security" (Kanada 1995: 25) und lieferte somit quasi die Vorlage für Lloyd Axworthy, der ab 1996 das Amt des kanadischen Außenministers innehatte. Nach Ouellet, der 1995 vor der UNO-Generalversammlung noch eine kanadische Studie zur Stärkung der Krisenreaktionsfähigkeit der Vereinten Nationen präsentiert hatte, vollzog Axworthy den Wandel zu einem neuen Schwerpunkt in der Außenpolitik. „Human Security is much more than the absence of military threat. It includes security against economic privation, an acceptable quality of life, and a guarantee of fundamental human rights" (Axworthy 1997: 184). Sichtbarste Merkmale dieses neuen Konzepts waren die kanadische Unterstützung der Initiative zum Bann von Landminen, die Unterstützung für die Errichtung eines internationalen Strafgerichtshofs, Initiativen gegen die Rekrutierung von Kindersoldaten und die Einrichtung eines Peacebuilding Fonds (Benner/ Gerke 2001: 310). Das große Gewicht, welches das Peacebuilding von nun an erhielt, zeigte sich auch in Axworthys Rede 1996 vor der UNO-Generalversammlung, in der er betonte, Kanada habe Anstrengungen unternommen, um Peacebuilding-Aktivitäten in Zukunft besser unterstützen zu können, z.B. „preventive mediation and dialogue, human rights monitoring and investigation, media and police training, judicial reform, and demobilization" (zit. nach Bratt 1999: 74). Axworthy betonte später allerdings: „The focus on peace building has not translated into a weakening of Canada's traditional emphasis on peacekeeping" (Axworthy 1997: 187).

Die Erweiterung des Sicherheitsbegriffs im Sinne der Human Security ist die logische Konsequenz aus Entwicklungen in der Friedenssicherung seit Ende des Ost-West-Konflikts. Zum einen hat die Zahl der innerstaatlichen Konflikte und somit die Rolle der Friedenskonsolidierung immer stärker an Bedeutung gewonnen. Zum anderen ist die Demokratieunterstützung seit Namibia 1989 ein Kernbestandteil vieler UNO-Friedensoperationen gewesen (Hay 1999: 226).

Die Umsetzung des neuen Sicherheitsbegriffs ist ein sehr ambitioniertes Ziel und die oben angeführten Initiativen beschränken sich im Gegensatz dazu nur auf das wirklich Erreichbare. Dass der neue Sicherheitsbegriff auch militärische Aktionen mit umfasst, zeigte sich dann beim NATO Einsatz im Kosovo-Krieg, für Kanada ein Paradebeispiel in Sachen Human Security. Es war ein innerstaatlicher Konflikt, dessen Opfer hauptsächlich Zivilisten waren. Kanada nahm dafür eine Umgehung des Sicherheitsrats, in dem es gerade bis Ende 2000 nichtständiges Mitglied war, und der Vereinten Nationen in Kauf (Knox 2000: 312).

3. Peacekeeping in den Vereinten Nationen

Auch in den Vereinten Nationen wurde diskutiert, wie die Organisation den neuen Anforderungen in der Friedenssicherung begegnen und dabei aus ihren bisherigen Fehlern lernen könne. Das aktuellste Dokument, das sich mit der Reform von Friedensoperationen beschäftigt, ist der Brahimi-Report, der im August 2000 vorgelegt wurde. Der Bericht widmet sich der Reform der Vereinten Nationen und entspricht in seinen Empfehlungen der Auffassung der kanadischen Regierung über Sicherheit und Friedensoperationen, weshalb er von Kanada voll unterstützt wird (Dawson 2000: 296). Die wichtigsten Vorschläge der Brahimi-Kommission beschäftigen sich u.a. mit der konzeptionellen Weiterentwicklung von Friedensoperationen, denn angesichts neuer Konflikte bedürften die Friedenstruppen eines sogenannten robusten Mandates und entsprechender Ausstattung. Die Mitgliedstaaten müssten weiterhin ihre Anstrengungen für die Bereitstellung von Militär-, Polizei-, und Zivilpersonal weiter vergrößern. Schließlich müsste das Department of Peacekeeping Operations (DPKO) zur Durchführung solcher Einsätze gestärkt werden (Kühne 2001: 1). Ein Jahr später schon konnte das Special Committee on Peacekeepng Operations eine Liste von gebilligten Maßnahmen vorlegen, die allerdings zusätzliches Personal erfordern würden. Der kanadische Vorsitzende des Ausschusses Duval schätzt die dafür benötigten Kosten auf 27 Mio. Dollar. Die neuen Stellen müssen daher noch vom Budgetausschuss (ACBGQ) und dem fünften Ausschuss der Generalversammlung genehmigt werden. Wichtige Punkte, wie die Weiterentwicklung der Peacekeeping Doktrin wurden vom Sonderausschuss jedoch nicht diskutiert.

Kurz nach seinem Erscheinen war der Brahimi-Report schon z.B. von Indien kritisiert worden. Demnach sollten Peacekeeping und militärische Gewalt nicht vermischt werden dürfen. Hauptprobleme seien vielmehr z.B. die mangelnde Repräsentativität des Sicherheitsrats und die Unwilligkeit der westlichen Länder, Truppen für „unwichtige" Krisenherde zur Verfügung zu stellen. Auch Kanada hat sich im Jahr 2000 nicht sehr stark in den großen Konfliktherden Afrikas, wie Sierra Leone, engagiert (Dawson 2001: 306). Das wird sich wahrscheinlich auch in Zukunft nicht ändern, denn Kanadas Kräfte sind und werden weiterhin hauptsächlich auf dem Balkan gebunden bleiben.

Die Vorschläge des Brahimi-Report zur Verbesserung der Friedensfunktion der Vereinten Nationen sind keineswegs völlig neu. Schon in der Agenda für den Frieden hatte sich der damalige Generalsekretär der Vereinten Nationen Boutros Boutros-Ghali mit diesem Thema befasst, und seine Vorschläge noch einmal für die Ergänzung zur Agenda für den Frieden überarbeitet (Hildenbrand 2001: 67). Erfolgsbedingungen für eine Friedensmission waren schon für ihn „ein klarer und durchführbarer Auftrag; die Zusammenarbeit der Parteien bei der Ausführung dieses Auftrags; die kontinuierliche Unterstützung seitens des Sicherheitsrats; die Bereitschaft der Mitgliedstaaten, das benötigte Militär-, Polizei- und Zivilpersonal einschließlich Spezialisten zur Verfügung zu stellen; eine wirksame Führung der Vereinten Nationen am Amtssitz und vor Ort; und eine angemessene finanzielle und logistische Unterstützung" (SEF 1992: 47). Daher forderte er die Mitgliedstaaten u.a. erneut auf, den Vereinten Nationen für Friedenseinsätze in Frage kommendes Fachpersonal in Verfügungsbereitschaftsabkommen zu benennen. Aus dieser Idee ging seit 1993 das „Standby Arrangements System" (SAS) hervor, bei dem die Mitgliedstaaten den Vereinten Nationen Einzelpersonen, Truppenteile, zivile Experten, Polizei und Ausrüstung in einer gewissen Reaktionszeit zur Verfügung stellen. Kanada gehört seit 2001 sogar zu den Staaten im SAS, die in einem „Memorandum for Unterstanding" genaue schriftliche Angaben über die bereitgestellten Kontingente gemacht haben. Im SAS behalten sich die einzelnen Staaten aber letztlich immer noch die Befehlsgewalt über ihre Truppen vor (Hildenbrand 2001: 81 f.). Dies war der Grund, warum das neue System bei seiner ersten Bewährungsprobe im Ruandakonflikt versagte. Zum 50-jährigen Jubiläum der Vereinten Nationen im Jahr 1995 bestand daher breiter Konsens über die Notwendigkeit zur Verbesserung des SAS. Neben anderen Ländern, z.B. den Niederlanden oder Dänemark, beteiligte sich auch die kanadische Regierung an der Diskussion mit ihrer Studie „Towards a Rapid Reaction Capability for the United Nations", und benannte darin Defizite bei Friedensoperationen auf mehreren Ebenen:

> „At the political level, an effective response to crisis demands more timely decision-making processes in the Security Council and the General Assembly which effectively mobilize international political will. At the strategic level, or the level of the UN Secretariat, the direction of change in favour of the substantial and qualitative improvements of the past two years needs to be maintained and enhanced. At the operational level, where missions are planned and executed, the key challenge is to change completely the UN's traditional, *ad hoc* way of mounting peace operations. At the tactical level, the operation on the ground, the fundamental need is to ensure the có-ordination of work, or the „unity of effort" among the UN and related agencies, other governments and NGOs which can ensure competent control and directions of UN operations" (Ouellet 1995: 3).

Unter anderem sollte der Einfluss der truppenstellenden Staaten bei der Planung und Durchführung von Friedensoperationen durch ein „Troop Contributors Committees" gestärkt werden. Ein „Troop Contributors Forum" sollte den wichtigsten Staaten im SAS als generelles Diskussionsforum dienen und ihnen außer-

dem eine Stimme verleihen (DFAIT 1995: 36 f.). Eine Kernforderung der kana-
dischen Studie war die nach einem sogenannten „Rapidly Deployable Mission
Headquarter" (RDMHQ), einem schnell an den Einsatzort verlegbaren und sofort
arbeitsfähigen Führungsstab (Hildenbrand 2001: 78). Dieses multinationale
Team kann direkt nach der Mandatserteilung einer Friedensoperation durch den
Sicherheitsrat die Lage im Operationsgebiet erkunden und die Ankunft des
Hauptkontingentes vorbereiten. Diese Idee wurde mit zunächst einigem Erfolg
von den „Friends of Rapid Reaction", einer Gruppe von Staaten, deren Zusammenschluss von der kanadischen Studie befördert wurde, vorangetrieben. Im Juli
1997 wurde ein solches Hauptquartier in das DPKO eingegliedert. Jedoch nicht
mit dem nötigen politischen Willen, sondern nur, um das Konzept verwirklicht
zu haben, denn es fehlten die Haushaltsmittel (Stodiek 1999: 13). Schon 2000
sollten diese beiden Stellen wieder aus dem DPKO ausgegliedert werden, nachdem das RDMHQ eigentlich auf Vorschlag des Generalsekretärs umgebaut und
erweitert werden sollte (Dawson 2001: 310).

Seit 1995 wurde aber eine andere „Rapid Reaction"-Initiative von Argenti-
nien, Österreich, Kanada, Dänemark, Finnland, Italien, den Niederlanden, Norwegen, Polen, Rumänien, und Schweden verwirklicht, die „Standby Forces High
Readiness Brigade" (SHIRBRIG), die am 1. Januar 2000 Einsatzbereitschaft
erlangte und zum ersten Mal in der United Nations Mission in Ethiopia and Eri-
trea (UNMEE) zur Überwachung eines Waffenstillstandes eingesetzt wurde
(Dawson 2001: 311). Dieses Konzept geht auf eine Studie der dänischen Regierung zurück, die, wie die oben genannte kanadische Studie, 1995 erschien (Stodiek 1999: 22). Die multinationale SHIRBRIG wird durch das SAS aktiviert und
kann bei Bedarf mit bis zu 5.000 Soldaten in Friedensoperationen nach Artikel
VI der UNO-Charta entsandt werden (DND 2000b). Zwar behalten sich auch
hier die Mitgliedstaaten die letzte Entscheidung über ihre SHIRBRIG Teilkom-
ponenten vor, allerdings hat die Verweigerung eines Staates keine Auswirkung
auf die Einsatzbereitschaft der Brigade. Das Konzept sah schon von Anfang an
vor, dass die Länderkontingente mehrfach vorhanden sein sollen, um eventuellen
Ausfällen einzelner Nationen vorzubeugen (Stodiek 1999: 26). Der Einsatz der
Brigade ist zeitlich auf sechs Monate begrenzt, weshalb ihre Soldaten zum Fort-
bestehen der Operation durch andere Blauhelme ersetzt werden müssen. An der
UNO-Friedensmission UNMEE beteiligten sich neben 450 kanadischen Soldaten
auch Einheiten aus den Niederlanden. Allerdings handelte es sich hier um einen
traditionellen zwischenstaatlichen Konflikt, der ein eher traditionelles Peacekeeping erforderte.

Ansonsten absolvierte Kanada 1999/2000 seine sechste nichtständige Mitgliedschaft im UNO-Sicherheitsrat. Die drei Hauptanliegen, die es sich dabei
vornahm, waren eine größere Transparenz des Rats, die Verankerung von konkreten Elementen der Human Security in dessen Entscheidungen und eine Stei-

gerung seiner Glaubwürdigkeit und seiner Effektivität (Pearson 2001: 135). Seine Human Security-Initiative zum Schutz von Zivilpersonen in bewaffneten Konflikten konnte Kanada erfolgreich während seiner ersten Ratspräsidentschaft im Februar 1999 vorantreiben. Die daraus hervorgegangene Resolution 1265 (1999) drückt u.a. die Bereitschaft des Rates aus, den Schutz von Zivilpersonen in bewaffneten Konflikten zukünftig stärker in Mandaten für UNO-Friedensoperationen zu berücksichtigen (Ebd.: 140).

4. Zusammenfassung und Ausblick

Kanada hat eine über 50-jährige Peacekeeping-Tradition, deren Wurzeln auf die Zeit des Kalten Krieges zurückgehen. Sein stetes Engagement in der Friedenssicherung hat Kanada dabei den Ruf eines „Peacekeeper par excellence" eingebracht. Hinter diesem Engagement steckte aber nicht nur purer Idealismus, denn man wollte, z.B. durch Beilegung von Krisen im Kleinen, die Ausweitung dieser Konflikte auf die Supermächte USA und Sowjetunion im Großen verhindern (Jockel 1995: 195 f.). Außerdem war Peacekeeping populär „because it was useful, to be sure, but primarily because it was something we could do and the Americans could not" (Granatstein 1992: 232). Doch mit der quantitativen und qualitativen Veränderung der Friedenssicherung nach dem Ende des Ost-West-Konflikts, musste Kanada sein Engagement überdenken, auch wegen des sinkenden Verteidigungshaushalts und der negativen Erfahrungen wie in Bosnien und Somalia. Eine neue Peacekeeping-Politik sollte diesen Entwicklungen Rechnung tragen, war aber gleichzeitig darauf bedacht, den kanadischen Einfluss in der Friedenssicherung zu wahren, z.B. durch Bemühungen zur Stärkung der Krisenreaktionsfähigkeit der Vereinten Nationen oder den Aufbau einer „Standby Forces High Readiness Brigade" (SHIRBRIG) in Kooperation mit elf weiteren Staaten. Gerade sie dient zur Verwirklichung einer neuen „early-in, early out"-Strategie. „For Canada this means our forces deploying among the first and staying only as long as their expertise is required to stabilize an area of operation" (Eggleton 2001).

Die Beteiligung an UNO-Friedensoperationen war im Januar 2002 mit nur 211 Mann sehr gering und brachte Kanada in der Statistik der truppenstellenden Staaten nur noch auf Platz 32 (DND 2002a). Zwar dienten weitere 3.468 Militärangehörige in humanitären oder Friedensoperationen außerhalb der UNO, doch die 1.650 Soldaten unter SFOR Mandat auf dem Balkan sind dort voraussichtlich noch längere Zeit gebunden.

Neueste Diskussionen um Kanadas Rolle in der Friedenssicherung hat die Entsendung von 750 Soldaten zu einem Kampfeinsatz unter US-Führung im Rahmen der Koalition gegen den Terrorismus nach Afghanistan ausgelöst. Sie sollen die Operation der International Security Assistance Force (ISAF) ergänzen (DND 2002b). Kritiker befürchten eine Abkehr von der traditionellen kanadischen Peacekeeping-Politik. Der ehemalige Außenminister Lloyd Axworthy sieht sogar Kanadas Rolle als unabhängiger internationaler Akteur gefährdet (Frankfurter Runschau, 19.01.2002, S.2). Engagiert sich Kanada in dieser Weise, „because it is 'tired' of acting as mere peacekeepers, according to a senior British defence official" (The Globe and Mail, 11.01.2002, A11)? Die weiteren Entwicklungen im Kampf gegen den Terrorismus bleiben abzuwarten, doch in der Friedenssicherung sind auch in Zukunft keine kostspieligen und langwierigen Einsätze in großem Umfang zu erwarten. Denn der Verteidigungshaushalt ist auch nach den Erhöhungen seit dem Jahr 2000 knapp bemessen.

Literatur

Axworthy, Lloyd (1997): Canada and human security: the need for leadership. In: International Journal. Volume 52, No. 2, S. 183-196.

Bellers, Jürgen/ Benner, Thorsten/ Gerke, Ines M. (Hrsg.) (2001): Handbuch der Außenpolitik. Von Afghanistan bis Zypern. München: Oldenbourg.

Benner, Thorsten/ Gerke, Ines M. (2001): Kanada. In: Bellers et. al. (Hrsg.): 301-313.

Bland, Douglas L. (1997): Canada's National Defence Volume I. Defence Policy. Kingston, Ontario: Queen's University.

Borchard, Ralf (1997): Grundlagen einer vierten Option. Kanadische Außenpolitik in der Ära Mulroney. Bochum: Brockmeyer.

Bratt, Duane (1999): Niche-Making and Canadian Peacekeeping. In: Canadian Foreign Policy. Volume 6, No. 3, S. 73-84.

Cameron, Maxwell/ Appel Molot, Maureen (Hrsg.) (1995): Canada among Nations. Democracy and Foreign Policy. Ottawa: Carleton University Press.

Canada (1993). The Senate of Canada. Meeting new Challenges. Canada's Response to a new Generation of Peacekeeping. Report of the Standing Senate Committee on Foreign Affairs. February 1993.

Canada (1995). Canada in the World. Government Statement. Ottawa: Public Works and Government Services Canada.

Canadian News Facts (2000): Progress seen on military reform. In: Canadian News Facts. Volume 34, No. 3, S. 6008.

Dawson, Grant (2001): In Support of Peace. Canada, the Brahimi Report, and Human Security. In: Hampson/ Hillmer/ Molot (Hrsg.) (2001): 294-317.

Department of Foreign Affairs and International Trade (DFAIT) (1995). Towards a Rapid Reaction Capability for the United Nations. http://ace.acadiau.ca/polisci/aa/DigAgora/Courses/pols4283/rap1.htm (zit. als DFAIT 1995, 04.02.2003).

Department of National Defence (DND) (1994): The 1994 Defence White Paper. In: Bland (1997): 289-360 (zit. als DND 1994).

DND (2000a): Defence Planning Document 2000. Ottawa: Department of National Defence.

DND (2000b): The Origins and Status of SHIRBRIG. Presseerklärung vom 21.09.2000: BG-99.033a. http://www.forces.gc.ca/site/newsroom/view_news_e.asp?id=180 (zit. als DND 2000b).

DND (2002a): Peace Support Operations SITREP. http://www.journal.forces. gc.ca/legacy/vol2/no4_e/ronald_e/ronald1_e.html (zit. als DND 2002a, 04.02.2003).

DND (2002b): Kanada stationiert Bodentruppen in Afghanistan. Übersetzung einer Pressemeldung des kanadischen Verteidigungsministeriums vom 7. Januar 2002 (zit. als DND 2002b)

Eggleton, Art (2001): Canada and Peacekeeping. Speaking Notes for The Honourable Art Eggleton, Minister of National Defence at the Security and Defence Forum Conference. http://www.dnd.ca/eng/archive/speeches/2001/apr01/1807_eggleton_s_e.htm (31.01.2003).

English, John/ Hillmer, Norman (Hrsg.) (1992): Making a Difference? Canada's Foreign Policy in a Changing World Order. Toronto, Ontario: Lester Publishing Limited.

Erhart, Hans-Georg/ Haglund, David G. (Hrsg.) (1995): The „New Peacekeeping" and European Security: German and Canadian Interests and Issues. Baden-Baden: Nomos.

Granatstein, J. L. (1992): Peacekeeping: Did Canada make a Difference? And what Difference did peacekeeping make to Canada? In: English/ Hillmer (Hrsg.) (1992): 222-236.

Hampson, Fen Osler/ Maule, Christopher (Hrsg.) (1991): Canada among Nations. After the Cold War. Ottawa: Carleton University Press.

Hampson, Fen Osler/ Appel Molot, Maureen (Hrsg.) (1998): Canada among Nations 1998. Leadership and Dialogue. Oxford: Oxford University Press.

Hampson, Fen Osler/ Rudner, Martin/ Hart, Michael (Hrsg.) (1999): Canada among Nations 1999. A Big League Player? Oxford: Oxford University Press.

Hampson, Fen Osler/ Hillmer, Norman/ Appel Molot, Maureen (Hrsg.) (2001): Canada among Nations 2001. The Axworthy Legacy. Oxford: Oxford University Press.

Hannaford, Nigel (2001): The Military and the Media in Canada since 1992. Security and Defence Studies Review. No. 1, S. 199-214.

Hay, Robin Jeffrey (1999): Present at the Creation? Human Security and Canadian Foreign Policy in the Twenty-first Century. In: Hampson/ Rudner/ Hart (Hrsg.) (1999): 215-232.

Hildenbrand, Jan Christian (2001): Zur Krisenreaktionsfähigkeit der Friedenstruppen der VN. Notwendigkeiten, Konzepte und Perspektiven ihrer Verbesserung. Baden-Baden: Nomos.

Jockel, Joseph T. (1995): Canada and International Peacekeeping Operations. In: Erhart/ Haglund (Hrsg.) (1995): 193-206.

Knight, Andy W. (1999): Coping with a Post-Cold War Environment. In: Canadian Foreign Policy. Volume 6, No. 2, S. 19-48.

Knox, Paul (2000): Canada at the UN: A Human Security Council? In: Molot/ Hampson (Hrsg.) (2000): 303-320.

Kühne, Winrich (2001): Der Brahimi-Report – ein Jahr später. Stiftung Wissenschaft und Politik (Hrsg.). SWP-Aktuell: 13/01.

Lawson, Robert J. (1995): Construction of Consensus. The 1994 Canadian Defence Review. In: Cameron/ Molot (Hrsg.) (1995): 99-117.

Melakopides, Costas (1998): Pragmatic Idealism. Canadian Foreign Policy 1945-1995. Montréal and Kingston: McGill-Queen's University Press.

Molot, Maureen Appel; Hampson, Fen Osler (Hrsg.) (2000): Canada among Nations. Vanishing Boarders. Oxford: Oxford University Press.

Oliver, Dean F. (1998): The Canadian Military after Somalia. In: Hampson/ Molot (Hrsg.) (1998): 99-118.

Ouellet, André (1995): Towards a UN Rapid Reaction Capability. In: Canadian Foreign Policy. Volume 3, No. 2, S. 1-9.

Pearson, Michael (2001): Humanizing the UN Security Council. In: Hampson/ Hillmer/ Molot (Hrsg.) (2001): 127-151.

Rigby, Vicent (2001): The Canadian Forces and Human Security: A Redundant or Relevant Military? In: Hampson/ Hillmer/ Molot (Hrsg.) (2001): 39-63.

Rittberger, Volker/ Mogler, Martin/ Zangl, Bernhard (1997): Vereinte Nationen und Weltordnung. Zivilisierung der internationalen Politik? Opladen: Leske + Budrich.

Rudner, Martin (1991): Canada, The Gulf Crisis and Collective Security. In: Hampson/ Maule (Hrsg.) (1991): 241-280.

Sens, Allen G. (1997): Somalia and the Changing Nature of Peacekeeping. The Implications for Canada. A Study prepared for the Commission of Inquiry into the Deployment of Canadian Forces to Somalia. Ottawa: Public Works and Government Services Canada.

Stiftung Entwicklung und Frieden (Hrsg.) (1992): Die Agenda für den Frieden. Analysen des UN-Generalsekretärs. Forderungen an die deutsche Politik. Bonn-Bad Godesberg: Stiftung Entwicklung und Frieden (zit. als SEF 1992).

Stodiek, Thorsten (1999): Der deutsche Beitrag zu den „Standby Forces" der Vereinten Nationen. Hamburger Beiträge zur Friedensforschung und Sicherheitspolitik. Heft 113.

United Nations Department of Public Information (1996): United Nations Protection Force (UNPROFOR). Profile. http://www.un.org/Depts/dpko/dpko/co_mission/unprof_p.htm (zit. als UNDPI 1996, 04.02.2003).

United Nations Department of Public Information (2001): United Nations Assistance Mission for Rwanda (UNAMIR). http://www.un.org/Depts/dpko/dpko/co_mission/unamirS.htm (zit. als UNDPI 2001a, 04.02.2003).

Volger, Helmut (1995): Geschichte der Vereinten Nationen. München: Oldenbourg.

Wirick, Gregory (1992): Canada, Peacekeeping and the United Nations. In: Hampson/ Maule (Hrsg.) (1992): 94-114.

„Freundliche Interventionen"?
Kanadische Außenpolitik und die „Responsibility to Protect"

Kai Hebel

> If humanitarian intervention is, indeed, an unacceptable assault on sovereignty, how should we respond to a Rwanda, to a Srebrenica – to gross and systematic violations of human rights that affect every precept of our common humanity?
>
> *Kofi A. Annan*

Dass die Anschläge auf das World Trade Centers die internationale Debatte über humanitäre Intervention nicht beendet haben, ist vor allem auch ein Verdienst Kanadas. Seit der NATO-Intervention im Kosovo bemüht sich die Mittelmacht unermüdlich, die festgefahrene Diskussion durch innovative Initiativen voranzubringen. Die Ereignisse des 11. September 2001, die der kanadischen Bevölkerung das Potential des globalen Terrorismus quasi vor der eigenen Haustür demonstrierten, setzten Terrorbekämpfung zwar auf Platz eins der außenpolitischen Agenda. Jedoch hielt Außenminister Bill Graham an der von seinem Vor-Vorgänger Lloyd Axworthy eingeschlagenen Richtung fest und erklärte wiederholt die Interventionsproblematik zu einer der größten Herausforderungen der aktuellen kanadischen Außenpolitik (Graham 2002a-c). Darüber hinaus legte im Dezember 2001 die von Kanada initiierte International Commission on Intervention and State Sovereignty (ICISS) ihren Abschlussbericht vor. „The Responsibility to Protect" (ICISS 2001) stellt die bisher umfangreichste und anregendste Antwort auf die provokative Frage Kofi Annans dar, die ich diesem Artikel vorangestellt habe.

Gibt es ein Recht auf „humanitäre Intervention" in die „inneren Angelegenheiten" eines souveränen Staates? Wie hat sich die Staatengemeinschaft zu verhalten, wenn innerstaatliche Konflikte in massiven, systematischen Menschenrechtsverletzungen, zu Völkermord, Massenvergewaltigungen und „ethnischen Säuberungen" münden? Welche Zwangsmaßnahmen sind zu ergreifen, wenn die amtierende Regierung entweder unfähig oder nicht bereit ist, die eigenen Bürger zu schützen? Wer soll sie durchführen? Ist der Sicherheitsrat der Vereinten Nationen die einzige befugte Instanz, solche Entscheidungen zu treffen? Was ist zu tun, wenn ein Großmachtveto – angedroht oder ausgeübt – die Weltorganisation lahm legt und das kollektive Achselzucken ihrer Mitglieder ein zweites Ruanda zu provozieren droht? „The Responsibility to Protect" ist der Versuch, diese und weitere schwierige Fragen zu beantworten und praxisorientierte Vorschläge für die Vereinten Nationen, deren Mitgliedsstaaten und Zivilgesellschaften zu entwickeln.

Der ICISS-Bericht ist ein Meilenstein in der aktuellen Interventionsdebatte. Entstanden auf Initiative des damaligen Außenministers Lloyd Axworthy, genießt er die volle Unterstützung der aktuellen kanadischen Regierung, die ihn im Dezember 2001 offiziell dem Generalsekretär und den Mitgliedstaaten vorstellte. Die folgende Analyse ist in drei Abschnitte gegliedert: Teil 1 behandelt Souveränität und humanitäre Intervention, die der klassische Interventionsdiskurs als unvereinbare Pole, als binäres Entweder/Oder konstruiert; Teil 2 beschreibt wie der Abschlussbericht die Debatte re-formuliert und markiert einige der Probleme, Grauzonen und Doppelstandards, die dabei zwangsläufig entstehen; Teil 3 versucht, einige Voraussagen zu machen: Wird dieser Initiative kanadischer Außenpolitik ein ähnlicher Erfolg beschert sein, wie Axworthys Kampagne zur Abschaffung von Antipersonenminen oder gar der „Erfindung" von Peacekeeping durch Pearson?

1. Souveränität contra humanitäre Intervention

„The doctrine of national sovereignty (...) has gone with the wind", behauptet ICISS-Mitglied Ramesh Thakur (Thakur 1999); Souveränität sei „our final defense against the rules of an unjust world" (zitiert nach Tharoor und Daws 2001), entgegnet der algerische Präsident Bouteflika im Hinblick auf die afrikanischen Staaten (zitiert nach ICISS 2001, Annex: I. 1.) ; „[t]here is little neutral ground when it comes to sovereignty", resümiert Richard Falk (Falk 1999) und Martti Koskenniemi geht mit Hinweis auf die aktuelle Debatte und die Dynamik des Völkerrechts davon aus, dass der Begriff „Souveränität" nicht definierbar sei (zitiert nach Corell 1999). Diese kurzen Auszüge sind Schnappschüsse aus der aktuellen Debatte um einen Zentralbegriff der internationalen Beziehungen. In der Diskussion scheint den Diskutanten zur Zeit nur klar, dass sie diskutieren – ein Konsens über das Thema ist in nächster Zukunft nicht zu erwarten. Um so deutlicher lassen sich allerdings die Fronten skizzieren: Wenn es um „humanitäre Intervention" geht, stehen die Verteidiger einer traditionellen Definition von Souveränität einer Reihe von „Interventionisten" gegenüber, für die staatliche Integrität nicht unangreifbar sein darf, wenn Menschenleben auf dem Spiel stehen.

Souveränität wird rechtlich als Doppelkonzept definiert: Innerhalb seiner domaine reservé setzt der mit Territorialhoheit ausgestattete, souveräne Staat verbindliches Recht; nach außen ist er anderen Völkerrechtssubjekten gegenüber nicht weisungsgebunden (Fassbender 2000). Souveränität und das daraus abgeleitete Gebot der Nichteinmischung in innere Angelegenheiten bilden somit das Grundprinzip des internationalen Systems und seiner zwischenstaatlichen Organisationen, als dessen Paradebeispiel die Vereinten Nationen gelten: „The UN is the organization dedicated to the maintenance of international peace and security on the basis of protecting the territorial integrity, political independence and national sovereignty of its member states" (Evans 2002). In der UN-Charta finden sich deutliche Referenzen, die Souveränität und Nichteinmischung als Grundpfeiler zwischenstaatlicher Ordnung ausweisen. So schreibt etwa Artikel 2.1 die „souveräne Gleichheit" aller Mitgliedsstaaten fest, aus der das Interventionsverbot abgeleitet wird.[1] Es wäre allerdings verfehlt, Souveränität lediglich rein formalistisch als juristische Norm oder realpolitische Praxis zu verstehen. Die Mehrheit der mittlerweile 191 UN-Mitgliedstaaten besteht aus ehemaligen Kolonien und Staaten, die sich militärischen Eroberungen unterworfen sahen. Für die Gesellschaften und Regierungen dieser Länder besitzt Souveränität als integraler Bestandteil ihrer postkolonialen Identität besondere Bedeutung. Diese spezielle Sensibilität wird durch die wirtschaftlichen Asymmetrien der globalisierten Weltgesellschaft verschärft. Wenn die amerikanische Börse hustet, so heißt es, bekommen europäische Märkte Schnupfen – es ließe sich ergänzen, dass einige Entwicklungs- und Schwellenländer in solchen Fällen Gefahr laufen, tödlich zu erkranken. In dieser Situation ist der Süden um so unwilliger, sich von den reichen Ex-Kolonialherren des Nordens über die angeblich veränderte Bedeutung von Souveränität belehren zu lassen. Kurz gesagt: Der Süden fasst die Diskussion um Souveränität und das angebliche „Recht auf humanitäre Intervention" als machtpolitisches Nullsummenspiel auf, bei dem es nichts zu gewinnen, aber viel zu verlieren gibt.

Der Sachverhalt wäre weniger komplex, wenn nicht auch Intervention tief im Völkerrecht und der Charta der Vereinten Nationen verankert wäre. Unter dem Sammelbegriff Intervention werden verschiedene Formen von Zwangsmassnahmen gegen Staaten, die meist als direkter Bruch staatlicher Souveränität interpretiert werden, subsummiert (ICISS 2001, Annex: 15). Unter Intervention im weiteren Sinne werden alle friedlichen Maßnahmen, z.B. Sanktionen und Boykotts, zusammengefasst (siehe Kapitel VI der UN-Charta), während Intervention im engeren Sinne die Androhung und Anwendung von Waffengewalt einschließt (siehe Kapitel VII der UN-Charta). Der Sicherheitsrat der Vereinten Nationen entscheidet darüber, ob es sich bei einem Konflikt um eine „Bedrohung

---

[1] Juristisch präziser ist es, zwischen dem Interventionsverbot für die UN-Organisation selbst (Art. 2.7) und dem Verbot der Intervention durch Gewaltandrohung oder -ausübung (Art. 2.4), welches für alle Staaten gilt, zu differenzieren (Reinery 2000).

oder einen Bruch des Weltfriedens und der internationalen Sicherheit" (Kapitel VII, Artikel 39 der UN-Charta) handelt.

Sollte das nach Ansicht des Rats der Fall sein, kann er eine Intervention im weiteren oder engeren Sinne beschließen. Letztere kann als „institutionalisierte humanitäre Intervention" bezeichnet werden (Schöbener 2000: 294), da sie explizit in der Charta vorgeschrieben ist.

Die Spannung zwischen Souveränität und Intervention scheint also schon in der Charta der Vereinten Nationen zu liegen, die zwei angeblich unvereinbare Prinzipien gleichzeitig festschreibt. In den neunziger Jahren des 20. Jahrhunderts spitzte sich dieser Konflikt zu. Der Sicherheitsrat entwickelte einen bis dahin für unmöglich gehaltenen Aktionismus, u.a. indem er die Definition, welche Konfliktfälle „eine Bedrohung oder einen Bruch des internationalen Friedens" darstellen, signifikant erweiterte. 1991 wurde mit der Sicherheitsratsresolution SC/Res/688 das Vorgehen der irakischen Regierung gegenüber den Kurden als friedensbedrohend eingestuft und über entsprechende Zwangsmassnahmen entschieden. Von vielen NGOs wurde dies als ein entscheidender Anerkennungserfolg für die Menschenrechte gefeiert. Jedoch fanden sich auch kritische Stimmen, die in dem Ratsbeschluss eine unlautere Erweiterung der Befugnisse des undemokratischsten aller UN-Gremien sahen.

Beinahe alle UN-Interventionen der neunziger Jahre fanden sich heftiger Kritik ausgesetzt – sowohl, wenn sie stattfanden (Somalia, Bosnien), als auch, wenn sie ausblieben (Ruanda). Für die einen intervenierte die Weltorganisation zu viel, für andere zuwenig. Erstere warnten davor, dass die Vereinten Nationen mit ihren sehr beschränkten Ressourcen und mangelnden Kapazitäten als „Weltfeuerwehr" scheitern müsse und durch die zwangsläufig resultierenden Fehlschläge ihre Legitimität untergrabe; letztere prangerten eklatante Doppelstandards an: Wie kann man – um nur ein Beispiel zu nennen – für die Zivilbevölkerung verheerende Sanktionen gegen den Irak legitimieren, gleichzeitig aber Russlands Vorgehen in Tschetschenien ungeahndet lassen? Die Kontroverse wurde 1999 mit der NATO-Intervention gegen die Bundesrepublik Jugoslawien durchgespielt. Ein zu erwartendes Veto von China und Russland im Sicherheitsrat fürchtend, begann die NATO ihre Kampagne – ohne vom Rat unter Kapitel VII dazu ermächtigt worden zu sein. Die 15 Staaten der Militärallianz konnten sich folglich nicht auf die Rechtsfigur der „institutionalisierten humanitären Intervention" berufen. Stattdessen wurde versucht, den Eingriff in die Souveränität der jugoslawischen Republik mit humanitären Idealen – wie dem Schutz der Menschenrechte der Kosovo-Albaner – zu legitimieren. In den Rechtfertigungen der NATO-Mitgliedsstaaten verwendete zwar nur Belgien offiziell den Begriff „humanitäre Intervention", dennoch fußten die verschiedenen Verlautbarungen auf einem Argument: Auch wenn die Intervention nach traditionellem Völkerrecht nicht legal gewesen ist, so war sie trotzdem legitim, weil moralisch geboten.

Folgt man der hier skizzierten Diskurslinie, dann verhalten sich Souveränität und humanitäre Intervention nach dem NATO-Modell wie zwei aneinander grenzende, tektonische Platten – jede Veränderung der einen führt zur Kollision mit der anderen; die Folgen der resultierenden Beben sind für keine Seite abzusehen. Angesichts dieser Situation hatte sich die kanadische Außenpolitik unter Axworthy die schwierige Aufgabe gestellt, die weit verbreiteten Vorbehalte gegen Intervention aus dem Weg zu räumen. Die Vorzeichen hierfür standen nicht sonderlich gut. Zu fest schien das G7-Land als Nachbar und enger Verbündeter der USA im globalen Norden verankert und zu deutlich hatte – so stand zu befürchten – das NATO-Mitglied durch seine Beteiligung an der Kosovo-Operation Flagge gezeigt. Trotz der hohen internationalen Reputation der multikulturell inspirierten kanadischen Außenpolitik konnte die „freundliche Mittelmacht" jedenfalls nicht als neutraler Verhandlungspartner angesehen werden. Wie sollten die Staaten des „Südens" überzeugt werden, von denen nicht wenige in der NATO-Intervention westlichen Neo-Imperialismus und eine bedrohliche Relativierung der Vereinten Nationen sowie völkerrechtlicher Normen witterten?

Vor dem Hintergrund des Kosovo-Kriegs unternahm Kanada besondere Anstrengungen, um die „Souveränität-contra-Intervention-Debatte" voranzubringen. Im Herbst 2000 gab die kanadische Regierung vor der UN-Vollversammlung die Gründung der International Commission on Intervention and State Sovereignty bekannt. Sie antwortete damit auf einen Appell Kofi Annans an die Mitgliedstaaten der Weltorganisation, sich eingehender mit Human Security und Intervention zu befassen. Das Ergebnis, „The Responsibility to Protect", habe ich eingangs als Meilenstein bezeichnet. Das hat mehrere Gründe: Zum einen war die Zusammensetzung und Arbeitsweise der Kommission war auf vorbildliche Weise international geprägt und hat der Nord-Süd-Kluft Rechnung getragen: Bei den zwölf Mitglieder handelte es sich um hochrangige Experten aus Politik und Wissenschaft, Militär und Nichtregierungsorganisationen, die zu gleichen Teilen aus Entwicklungs- und Schwellenländern sowie OECD-Staaten zusammengesetzt waren. Die Arbeitstreffen der Kommission und die „round tables", die diese mit Vertretern aus Regierungskreisen, Wissenschaft und Zivilgesellschaft abhielten, führten ICISS von Asien nach Afrika, von Nord- und Lateinamerika nach Europa und in den Mittleren Osten[2] – „we travelled endlessly and consulted our heads off", resümierte der ehemalige australische Außenminister und ICISS-Vorsitzende Gareth Evans (Evans 2002). Das Projekt

---

[2] Die jeweiligen Arbeitspapiere aus den einzelnen Konsultationstreffen sind auf der Web-Seite der Kommission abrufbar: http://web.gc.cuny.edu/icissresearch/discussion%20papers%20and%20rapporteurs%20reports.htm (31.01.2003).

ist somit in Bezug auf seine internationale Ausrichtung und dem schieren Aufwand, ein bisher einmaliges Unterfangen.[3] Zum anderen fasst der Bericht die Unmenge an Diskussionsbeiträgen, die jeweils spezifische Teilaspekte der Interventionsdebatte ansprechen, adäquat zusammen. Die gesamte Bandbreite an politischen, moralischen, juristischen und militärisch-operationellen Problemen wird systematisch behandelt. Dem im Konsens verabschiedeten Bericht gelingt dabei weitgehend die schwierige Gratwanderung zwischen Wissenschaftlichkeit und politischer Praxisnähe. Als dritter Punkt muss gesehen werden, dass „The Responsibility to Protect" einen innovativen Ansatz formuliert. Anstatt noch ein weiteres Votum für oder gegen das „Recht auf humanitäre Intervention" abzugeben, betritt die Kommission durch eine Rekonzeptualisierung des Souveränitätsbegriffs Neuland. Auch wenn Ideen und Konzepte allein eine Mammutorganisation wie die UN nicht zu ändern vermögen, so ist doch die Zugkraft von neuen Ansätzen nicht zu unterschätzen, wie die Rezeption des Brundtland-Berichts gezeigt hat.

2. „The Responsibility to Protect"

2.1 Das Prinzip Verantwortung

„The Responsibility to Protect" geht davon aus, dass Souveränität und Intervention sich nicht gegenseitig ausschließen. Ein unvereinbarer Widerspruch entsteht nur dann, wenn Souveränität als absolut gesetzt wird, d.h. wenn sie als unqualifiziert geltendes Recht eines Staates oder einer Regierung interpretiert wird. Legitime Souveränität beinhaltet jedoch prinzipiell immer Verantwortung. Diese Verantwortung hat zwei Dimensionen: Erstens, der Staat ist intern verpflichtet, Leben und Menschenrechte seiner Bevölkerung zu schützen; zweitens, der Staat ist extern verpflichtet, die Souveränität der anderen Staaten zu achten. Beide Verantwortungen liegen in erster Linie und ausnahmslos bei dem Staat selbst. Erst, wenn der Staat oder die Regierung eines Staates diesen Pflichten nicht nachkommen kann oder will[4], geht die Verantwortung zum Schutz der respekti-

---

[3] Es gibt hier Ähnlichkeiten zu der im Zusammenhang mit der Kampagne gegen Antipersonenminen bereits erprobten „public diplomacy"-Methode Axworthys. Erst nach Beratungen mit verschiedensten nicht-staatlichen Akteuren wird eine Initiative in das UN-System eingegeben.

[4] Es ist zwar für das im Bericht formulierte Leitprinzip einer „Verantwortung zu schützen" nicht notwendig, zwischen den beiden Situationen – einerseits, die beispielsweise durch Bürgerkrieg hervorgerufene Unfähigkeit eines Staates, seinen Pflichten gegenüber der Bevölkerung nachzukommen; andererseits der Unwille einer Regierung, dieses zu tun – zu unterscheiden. Der Kommission ging es in erster Linie um den Schutz von Bevölkerungen, egal aus welchem Grund sich diese in Gefahr befinden. Dennoch handelt es sich natürlich um eine signifikante Differenz, die völkerrechtlich bedeutsam ist und deshalb nicht verwischt werden sollte.

ven Bevölkerung subsidiär auf die internationale Staatengemeinschaft über.
Diese hat dann zwar immer noch kein „Recht auf humanitäre Intervention"[5], aber
sehr wohl eine Pflicht zu schützen – „The Responsibility to Protect" (ICISS
2001: 11-13 (2.1-2.15)).

Die Rekonzeptualisierung von Souveränität als Verantwortung erleichtert es
ICISS, eine Balance zwischen Souveränität und Intervention, zwischen dem
traditionell behaupteten Primat staatlicher Autonomie und dem moralischen
Imperativ des humanitären Schutzes zu finden. Die Souveränität des Staates ist
weder absolut – Souveränität als Schild, hinter dem sich selbst der brutalste
Diktator verstecken kann –, noch ist der souveräne Staat anachronistisch – ein
funktionierender Staat gilt weiterhin als erste und effektivste Instanz, um Menschen und ihre Rechte zu bewahren Bei einer gemeinsamen Präsentation von
„Responsibility to Protect" mit Kofi Annan und Mitgliedern von ICISS betonte
Bill Graham insbesondere den letzten Punkt: „[I]t is in the state that the international community has vested primary responsibility for the protection of humanitarian standards. It is the community of nations that adopted the Charter and
the Universal Declaration of Human Rights. (...) [G]overnments which acquit
themselves of their responsibilities under these conventions have little to fear for
their sovereignty" (International Peace Academy 2002). Diese Neubestimmung
ist die Hauptinnovation von „Responsibility", „[e]verything else follows from
that" (Evans 2002). Sie stellt die bisherige Debatte auf den Kopf. Der Fokus wird
von der zwischenstaatlichen zur innerstaatlichen Ebene verlagert. Statt die Autorität des Staates durch einen unqualifizierten Souveränitätsbegriff zu zementie-
ren, wird als grundlegende Aufgabe – als Leitprinzip, dem jede Regierung folgen
sollte – die „Verantwortung zu schützen" zugrundegelegt. In dieser Hinsicht
müssen sich Staaten ihre Souveränität erst einmal „verdienen" bevor sie diese als
Schutzmechanismus geltend machen können. Damit kann die originär konfrontative Ausrichtung des bisherigen Interventionsdiskurses – ein Staat hat das
„Recht", in die inneren Angelegenheiten eines anderen Staates zu intervenieren –
zwar letztendlich nicht vermieden, jedoch aber bedeutend reduziert werden.[6]
ICISS versucht darüber hinaus, bei einem gewissen moralischen Grundkonsens
der Staatengemeinschaft anzusetzen: Kein Staat kann ungestraft (öffentlich)
bezweifeln, dass Bevölkerungen ein Recht auf Schutz vor todbringender Gewalt
und systematischen Menschenrechtsverletzungen haben. Diese Neuorientierung

---

[5] Ich folge der Interpretation Schöbeners (2000), der darauf hinweist, dass es sich bei dem Konzept
der humanitären Intervention um einen genuin politischen Begriff handelt, der nicht bzw. allenfalls
als Idealtypus Bestandteil des geltenden Völkerrechts ist. ICISS vermeidet das Reizwort aus diskussionsstrategischen Gründen, was Gareth Evans später freimütig zugegeben hat (Evans 2002).
[6] In Teilen des Berichts finden sich Argumentationsfiguren wieder, die zur „just war theory" à la
Walzer (Walzer 1977) mitsamt seinen zahlreichen Vorgängern und Nachahmern gezählt werden
können.

ist nicht nur rhetorisch-strategisch geschickt, sondern zollt auch einer alarmierenden Veränderung im internationalen System Tribut. Seit dem Ende des Ost-West-Konflikts hat eine Entwicklung drastisch an Dynamik gewonnen, die seit dem 1. Weltkrieg zu beobachten ist: immer mehr steigt die Anzahl der Kriegsopfer unter der Zivilbevölkerung an[7], immer mehr sind Konflikte interner Natur.

2.2 Die Verantwortungs-Trias

ICISS gliedert die „responsibility to protect" in drei Verantwortungen auf. Zuallererst haben Staaten (subsidiär: die Staatengemeinschaft) die Primärverantwortung, Konflikte zu verhindern („the responsibility to prevent"). Die Kommission erklärt diese Verantwortung zur wichtigsten: „Prevention is the single most important dimension of the responsibility to protect" (ICISS 2001: XI). Sie weist darauf hin, dass es nicht nur moralisch geboten, sondern auch aus ökonomischen Gründen ratsam ist, Konflikte anzugehen, bevor ihnen Menschenleben zum Opfer fallen. Die Umsetzung der Vision Kofi Annans von einer „Kultur der Prävention" hätte nicht nur eine humanere Welt zur Folge, sondern würde auch die Etats der Staatengemeinschaft schonen. ICISS versucht deshalb, zum dringend erforderlichen „mainstreaming" von Präventivmassnahmen[8] aufzurufen, indem sie diese als integralen Bestandteil der „responsibility to protect" definiert. Die Mitglieder der Kommission sind realistisch genug, um zu wissen, dass vorbeugende Massnahmen auch in Zukunft nicht alle Konflikte werden entschärfen können. Dementsprechend besteht die zweite Dimension der „responsibility to protect" aus der Verantwortung, in angemessener Weise auf bereits ausgebrochene Konflikte zu reagieren („the responsibility to react"). Der Begriff der „Reaktion" ist hierbei möglichst breit auszulegen und nicht von vornherein auf militärische Maßnahmen zu verengen. Unter „Reaktion" sollte folglich in den meisten Fällen eine Vielzahl friedlicher Maßnahmen verstanden werden. Diese sogenannten „smart sanctions" sind militärischen Aktionen vorzuziehen. Dennoch steht die Problematik der militärischen Intervention naturgemäß im Rampenlicht internationaler Aufmerksamkeit. Ein Großteil des ICISS-Berichts ist deshalb der Durchführung von gewaltsamen Eingriffen gewidmet (siehe 2.4.). Die dritte und letzte Dimension besteht aus der Pflicht, nach einer militärischen Intervention, den betroffenen Staat wiederaufzubauen: „[T]here should be a genuine commitment to helping to build a durable peace, and promoting good governance and sustainable development" (ICISS 2001: 39 (5.1)). Die aktuelle Situation in Af-

---

[7] Schätzungen gehen heutzutage davon aus, dass in einem „durchschnittlichen Krieg" zu 75% Zivilisten sterben.

[8] Vergleiche, statt vielen, die Initiative der United Nations University zu diesem Thema unter der Federführung von David Carment und Albrecht Schnabel (http://www.unu.edu/p&g/conflict-prevention.html).

ghanistan zeigt, wie schwierig es für die UN ist, Staaten zu nachhaltigen Zusagen zu bewegen und diese dann auch fristgerecht einfordern zu können.

2.3 Politische und völkerrechtliche Grundlagen der „responsibility to protect"

Hinter der „Verantwortung zu schützen" verbirgt sich also ein komplexes Paket an Verpflichtungen, die in ihrer Tragweite viele der bisher im Interventionsdiskurs formulierten Ansätze bei weitem übersteigen. Um so dringlicher ist es, dass die unterstellte Verantwortung völkerrechtlich glaubhaft begründet und realpolitisch durchgeführt werden kann. ICISS beruft sich hierbei auf mehrere völkerrechtliche Quellen und Veränderungen in der politischen Praxis, die, so das Argument, zusammengenommen einen Paradigmenwechsel von traditionellen Interpretationen des Souveränitätskonzepts zur „responsibility to protect" bewirken können. Im Gegensatz zum Verständnis von Souveränität als unqualifiziert geltende Autorität und absolute Kontrolle des Staates über seine Bürger schreiben moderne völkerrechtliche Quellen, wie die Charta der Vereinten Nationen, Beschränkungen fest, die dem Konzept inhärent sind. Ein besonders starker Motor völkerrechtlichen und politischen Wandels stellt das Menschenrechtsregime dar. ICISS beruft sich auf die zunehmende Signifikanz der Menschenrechte, die es geschafft haben, einen neuen Verhaltenskodex für Staaten zu formulieren und somit die Bedeutung von staatlicher Souveränität zu verändern. Von ersten Ausführungen in der Charta (z.B. Artikel 1.3 der UN-Charta) und der Allgemeinen Erklärung der Menschenrechte (1948), den beiden Menschenrechtspakten von 1966 bis hin zum Inkrafttreten des Rom-Statuts des Internationalen Strafgerichtshofs – die Menschenrechte sind im Begriff, die konzeptuellen und institutionellen Grundlagen zu schaffen, um Staaten (und Individuen) haftbar machen zu können. Die Art und Weise, wie Souveränität ausgeübt wird, gehört de facto schon lange nicht mehr zur exklusiven Domäne eines Staates, sondern wird von einer Vielzahl staatlicher und nichtstaatlicher Akteure überwacht, die auf formalen und informellen Wegen am globalen Menschenrechtsnetzwerk teilnehmen (Keck und Sikkink 1998: 1-38). Die Kommission interpretiert diese Entwicklung schlagwortartig als die Transformation einer Kultur souveräner Straflosigkeit („a culture of sovereign impunity") in eine Kultur nationaler und internationaler Verantwortlichkeit („a culture of national and international accountability"). Diese geht Hand in Hand mit einer profunden Veränderung der Bedeutung und der Reichweite des Begriffs der Sicherheit in den internationalen Beziehungen. Gerade auch die kanadische Außenpolitik kann als maßgebliches Beispiel dieses Wandels gelten, der in den letzten Jahren unter dem Dachkonzept „Human Security" populär wurde. Anstatt Staaten in den Mittelpunkt des Sicherheitsbegriffs zu stellen, verlagert Human Security die Aufmerksamkeit auf „the security of people – their physical safety, their economic and social well-being, respect for their dignity and worth as human beings, and the protection of their human rights and fundamental freedoms" (ICISS 2001: 15 (2.21)).

2.4 Militärische Intervention – Wer entscheidet nach welchen Kriterien?

Nehmen wir an, dass sich in Zukunft hinreichend politischer Wille hinter dem von ICISS vorgeschlagenen Konzept der „Verantwortung zu schützen" sammeln würde. Wer wäre dann berechtigt, grünes Licht für eine militärische Intervention zu geben? In welchen Situationen ist der Einsatz von Waffengewalt legitim, um Bevölkerungen in Krisengebieten zu schützen? Auch hier dient der Kosovo-Konflikt als Anschauungsmaterial, wie schwierig diese Fragen sind. Die NATO brach mit ihrer nicht von der UN mandatierten Intervention gegen den souveränen Staat Serbien geltendes Völkerrecht, berief sich aber auf die nachträgliche Billigung durch den Sicherheitsrat sowie auf die Tatsache, dass seither kein UN-Organ die Militärschläge der NATO verurteilt hat.[9] Zugleich wurde die NATO für den Doppelstandard in der Auswahl ihres Interventionsziels kritisiert: Warum im Kosovo und nicht bspw. in Tschetschenien, Ruanda, Burundi, Sierra Leone oder im Sudan? Die Kommission erkannte die Notwendigkeit, hier möglichst klare Antworten zu geben. Sie bezieht deshalb eindeutig zur Autoritätsfrage Stellung und schlägt einen verbindlichen Kriterienkatalog vor. Erfüllt eine Notsituation alle Kriterien, dann soll gewaltsam interveniert werden. Laut ICISS ist ein militärisches Eingreifen im Rahmen des „responsibility"-Konzepts nur in zwei Fällen legitim: „A. [If there is] large scale loss of life, actual or apprehended, with genocidal intend or not, which is the product either of deliberate state action, or state neglect or inability to act, or a failed state situation; or B. [if there is] large scale ‚ethnic cleansing', actual or apprehended, whether carried out by killing, forced expulsion, acts of terror or rape" (ICISS 2001: 32 (4.19)). Beide Kriterien zusammengenommen decken eine äußerst umfangreiche Palette von Konflikten ab, weil sie, moralisch konsequent, keinen Unterschied machen, ob Staaten oder nichtstaatliche Akteure involviert sind oder ob es sich überhaupt um einen internationalen (im Sinne von: grenzüberschreitenden) Konflikt handelt. Die Kommission postuliert, dass eine moralisch konsistente Position in Sachen humanitäre Intervention hier keine prinzipiellen Unterschiede machen darf. Ebensowenig ist es haltbar, ein Eingreifen erst zu legitimieren, wenn der Völkermord bereits stattgefunden hat. Die wichtige Qualifikation „actual or apprehended" trägt diesem Umstand Rechnung: Schon wenn es klare Indizien für einen geplanten Genozid oder eine Situation, in der massenweise Menschen

---

[9] Was für die einen ein gefährliches Unterlaufen der Autorität der Vereinten Nationen sowie eine Art Selbstentmachtung der Organisation war – diese Position vertritt z.B. Werner Ruf (Ruf 2001) -, galt anderen als Weckruf, der der Weltorganisation insgesamt gut getan hat (Day 2002).

ums Leben kommen könnten, gibt, soll eingegriffen werden. Interventionen, die es sich zur Aufgabe machen, eine oder beide dieser Situationen zu verhindern oder ihnen ein Ende zu bereiten, müssen darüber hinaus noch fünf weiteren Prinzipien erfüllen, um als rechtmäßig zu gelten: A. Das primäre Ziel muss es sein, menschliches Leid zu beenden oder abzuwenden; B. alle friedlichen Mittel, z.B. Sanktionen, müssen ausgeschöpft sein; C. das Ausmaß der Militäraktion muss strikt dem unter (A.) definierten Ziel angemessen sein; D. es muss eine „vernünftige Aussicht auf Erfolg" bestehen, das gesteckte Ziel erreichen zu können (ICISS 2001: 32-37 (4.15-4.43)).

Wer aber soll nun entscheiden, ob eine Situation all diesen Kriterien auch tatsächlich entspricht? Die Antwort der Kommission lässt sich so zusammenfassen: Hoffentlich der Sicherheitsrat! Es gibt kein legitimeres Gremium, so liest man, als den höchsten Ausschuss der Vereinten Nationen. Dennoch hat die Geschichte gezeigt, dass der Rat, und insbesondere dessen fünf ständige Mitglieder, selbst angesichts der blutigsten Konflikte zerstritten oder schlichtweg desinteressiert sein können (Volger 1995). Sollte sich dies wiederholen, rät die Kommission zu einer sofortigen Sondersitzung der Generalversammlung im Rahmen des „Uniting for Peace"-Verfahrens oder setzt auf ein Eingreifen von den in Kapitel VIII der UN-Charta erwähnten (sub-)regionalen Organisationen, die nach einer Intervention versuchen sollten, den Eingriff genehmigen zu lassen. Letztere Empfehlung bezieht sich natürlich (implizit) auf das Kosovo-Szenario, dass ICISS im Rahmen seiner Verantwortungstheorie für gerechtfertigt hält. Die Kommission geht hier deutlich über geltendes Völkergewohnheitsrecht hinaus, indem sie darauf besteht, dass der Schutz von Menschenleben Vorrang vor der Einigkeit des Sicherheitsrats haben muss. Die Verfasser von „The Responsibility to Protect" senden damit ein deutliches Warnsignal an den Rat, seiner Verantwortung endlich nachzukommen: „The Security Council should take into account in all its deliberations that, if it fails to discharge its responsibility to protect in conscience-shocking situations crying out for action, concerned states may not rule out other means to meet the gravity and urgency of that situation – and that the stature and credibility of the United Nations may suffer thereby" (ICISS 2001: XIII (3 F.)).

3. Blick zurück nach vorn

Mittlerweile ist ein Jahr seit der Veröffentlichung von „The Responsibility to Protect" im Dezember 2001 vergangen – Zeit, eine Bilanz der Reaktionen auf den Bericht zu ziehen. Diese fällt auf den ersten Blick nüchtern aus. Weder der Sicherheitsrat noch die Generalversammlung haben, wie von der Kommission erhofft, offiziell die Vorschläge diskutiert. Letztere hätte beispielsweise durch eine Resolution zu den Vorschlägen bestehendes Völkerrecht in Richtung auf das Leitprinzip der „Verantwortung zu schützen" weiterentwickeln können. Ähnliche Schritte, die auf eine Zivilisierung der internationalen Beziehungen abzielen, hatte das Plenum mit der „Friendly Relations Declaration" unternommen.

Erschwerend kommt hinzu, dass der Interventionsdebatte zur Zeit das fehlt, was in Diplomatenkreisen „momentum" genannt wird. Das liegt nicht zuletzt an den Folgen des 1.. September 2001 für die internationale Politik. Sie verschieben nicht nur die Prioritäten von Politikern, sondern vermischen auch die Konturen der beiden Debatten, die ICISS aus diskussionsstrategischen Gründen auseinanderhalten möchte. Die Kommission äußerte sich im Vorwort des Berichts, in nachfolgenden Artikeln und Vortragsreisen zu dem Terroranschlag und versuchte, Unterschiede zwischen humanitärer Intervention (bzw., in der neuen Terminologie von ICISS: „operations for human protection purposes") und Themen wie Selbstverteidigung und antiterroristische Maßnahmen zu markieren.[10]

Dennoch vermischen sich in der aktuellen, insbesondere der inneramerikanischen Debatte um „preemptive strikes" und „regime change" im Irak, unvermeidlich beide Diskussionen. So wird u.a. erwogen, ob eine „vorbeugende Intervention" nicht aus Gründen des (inter)nationalen Schutzes vor angeblichen Massenvernichtungswaffen des Irak nötig und mit humanitären Idealen legitimierbar sei. Durch einen Regimewechsel, so argumentieren die Interventionisten, könne auch für die Sicherheit und das Wohlergehen der irakischen Bevölkerung und der kurdischen Minderheit gesorgt werden. Hier bestehen in der Tat Anknüpfungspunkte zur „responsibility to protect", die ICISS in ihrem Bericht als Leitprinzip für die zukünftige Außenpolitik der UN-Mitgliedsstaaten vorschlagen: Könnte man nicht argumentieren, dass die internationale Staatengemeinschaft ihre „Verantwortung zu schützen" in Bezug auf das Regime in Bagdad zu lange vernachlässigt hat und das Versäumte jetzt umgehend nachgeholt werden sollte? Ist es nicht offensichtlich, dass die irakische Regierung ihrer Pflicht zu schützen nicht nachkommt, sie deswegen ihre Souveränität nicht „verdient" hat und nun die subsidiäre „responsibility to protect" der Staatengemeinschaft zukommt? Diese Überlegung macht deutlich, dass der ICISS-Bericht nicht prinzipiell von der Irak-Debatte abgegrenzt werden kann. Es kann sich nur um eine relative Distanz handeln. Dieser allerdings ist strategisch wichtig: sollte es in den Augen des Südens zwischen der Verantwortungsdiskussion und der zur Zeit grassierenden Interventions-Debatte US-amerikanischer Provenienz keinerlei Unterschied

---

[10] Letztere würden durch die Charta eindeutig(er) gedeckt, da in Artikel 51 das inhärente Recht auf Selbstverteidigung festgeschrieben ist. Der Kommission geht es allerdings um eine Fortentwicklung bestehenden Völkerrechts hin zu einer Verantwortung der Staaten zu schützen.

geben, ist der Misserfolg der kanadischen Initiative vorprogrammiert. Das dürfte der Grund sein, warum ICISS immer wieder betont, dass es in ihrem Bericht nicht in erster Linie um die Frage nach der Reichweite von ad-hoc-Selbstverteidigungsmaßnahmen angesichts der möglichen Akquisition von Massenvernichtungswaffen durch „Schurkenstaaten" geht, weil sich die Verantwortungsdebatte in erster Linie nicht mit dem Recht von Staaten beschäftigt. Stattdessen geht es um das Recht von Bevölkerungen und der daraus erwachsenden Obligation der Regierungen, diese auch zu gewährleisten (Evans und Sahnoun 2002).

Das erklärte Ziel, die Konsensbildung in Bezug auf „Interventionen zu Menschenschutzzwecken" voranzutreiben, indem man das vermeintliche „Recht auf humanitäre Intervention" in eine bindende Verantwortung zum Schutz transformiert, kann nur durch Überzeugungsarbeit bei denjenigen Ländern des Südens erreicht werden, die bereits demokratische Ansätze zeigen. Diese Länder könnten, geleitet durch das Prinzip der „Verantwortung zu schützen", Druck auf die autoritären Staaten des Südens ausüben ohne dem Neo-Imperialismusverdacht[11] ausgeliefert zu sein, der oft gegen Initiativen des Nordens ins Feld geführt wird. Eine wichtige Voraussetzung hierfür ist jedoch, dass „the responsibility to protect" nicht im voraus mit eins-zu-eins mit der Irak-Politik führender westlicher Staaten gleichgesetzt und somit diskreditiert wird.

Die Zukunftsaussichten für die Hauptinnovation des ICISS-Berichts sind also nicht unbedingt rosig. Der Bericht ist jedoch auch deswegen ein wichtiger Beitrag zur Interventionsdebatte, weil er nicht nur ein theoretisches Großkonzept, sondern auch eine Vielzahl von intelligenten, teils sehr detaillierten Verbesserungsvorschlägen bereithält. Sie sind wertvolle, eigenständige Empfehlungen – gleichviel, wie man zur Hauptinnovation, dem Leitprinzip der „responsibility to protect", steht. Der Bericht kann somit als eine Art Werkzeugkasten für unterschiedliche mit der Thematik verbundene Probleme benutzt werden. ICISS äußert sich beispielsweise ausführlich zur Mandatierung, Koordinierung und Durchführung von militärischen Eingriffen (ICISS 2001: 57-67 (7.1-7.51)) und zieht die Konsequenzen aus den gescheiterten Missionen, wie dem Blauhelmeinsatz in Bosnien. Die relative Unabhängigkeit der militärisch-operativen Vorschläge von der völkerrechtlichen Argumentation oder den politischen Stellungnahmen des Berichts scheinen mir eine wichtige Voraussetzung für erfolgreiche Politikberatung in einer komplexen, noch offenen Debatte zu sein.

---

[11] In der Tat scheinen einige Delegierte aus Ländern des „Südens" Intervention als Synonym für Invasion zu benutzen (Annan 1999: 3). Diese Konnotation hat ihre historischen Wurzeln in der Kolonialzeit, sie wird heute jedoch oft missbraucht, um die zahlreichen autoritären Regime des Südens gegen die Forderungen nach Demokratisierung und Einhaltung der Menschenrechte zu schützen.

Wer unterstützt überhaupt „The Responsibility to Protect"? Die Frage ist um so berechtigter, als ICISS sich anschickt, der Staatengemeinschaft insgesamt weitgehende Pflichten aufzuladen und insbesondere den Handlungsspielraum der permanenten Mitgliedern des Sicherheitsrats einzugrenzen, z.b. dadurch, dass die bisher ad-hoc gefällten Entscheidungen durch klares prinzipiengeleitetes Handeln ersetzt werden sollen?

Der einflussreichste Befürworter des Berichts ist sicherlich, neben der kanadischen Regierung, der Generalsekretär der Vereinten Nationen. Das ist auf den ersten Blick verwunderlich. Es wäre zu erwarten gewesen, dass Annan als Bürger einer ehemaligen Kolonie[12] und oberster Verwaltungsbeamter einer Organisation in „souveräner Gleichheit" (Artikel 2.1 der UN-Charta) verbundener Staaten, Einschränkungen von Souveränität skeptisch gegenübersteht. Doch Kofi Annan hat seit Beginn seiner Amtszeit konsequent eine Position vertreten, die humanitär motivierten Interventionen weitaus aufgeschlossener gegenübersteht, als das bisher bei einem Generalsekretär beobachtet wurde. Annan bekennt hierzu: „Personally, I am haunted by the experience of Rwanda in 1994: a terrible demonstration of what can happen when there is no intervention[13]„ (Annan 1999: 12). Dies erklärt, warum der Generalsekretär sich vor, während und nach der Kosovo-Intervention äußerst milde zu dem Thema äußerte. Statt das Vorgehen der NATO als „ominous precedent" und „new interventionism" zu geißeln, wie das etwa der chinesische Außenminister[14] Tang Jiaxuan tat (zitiert nach Weiss 2002), kehrte Annan die Debatte ins Gegenteil: Kosovo sei vielmehr als Aufforderung an den Sicherheitsrat und die Vereinten Nationen insgesamt zu sehen, ihren Verpflichtungen nachzukommen. Vor diesem Hintergrund verwundert es dann wenig, dass Annan der Kommission hohes Lob aussprach: „I admire

---

[12] Zu Beginn einer Rede in England, die den Titel „Reflections on Intervention" trug, ging Annan explizit auf dieses (vermeintliche) Spannungsverhältnis ein: „[Y]ou may think I have come to preach a sermon against intervention. I suppose that would be the traditional line for a citizen of a former British colony to take, in an address to senior policy makers and diplomats of the former imperial Power" (Annan 1999: 3). Stattdessen sprach sich Annan für eine Transformation des Souveränitätsbegriffs aus.

[13] Das katastrophale Scheitern der UN-Mission in Ruanda (UNAMIR) spielt auch für die kanadische Gesellschaft und Politik eine besondere Rolle. Unter dem Oberbefehl des kanadischen Generalmajors Romeo Dallaire musste das völlig unzureichend bemannte und ausgestattete Blauhelmkontingent zuschauen, wie der Völkermord durch das afrikanische Land tobte. Dallaire erlitt im Anschluss einen Nervenzusammenbruch und schied aus der kanadischen Armee aus. Der „Fall Dallaire" wurde in Kanada durch die Medien publik gemacht. Der spektakuläre Misserfolg einer UN-Truppe unter der Führung eines Kanadiers ist wahrscheinlich auch einer der Beweggründe, die zur Gründung von ICISS führten.

[14] Hier tut sich eine weitere, für die Rezeption des ICISS-Berichts relevante Konfliktlinie auf, die nicht kongruent mit den bereits erwähnten Nord-Süd-Differenzen ist: Wie sollen einflussreiche Großmächte wie Russland, aber vor allem China, die Souveränität extrem eng definieren, in das Verantwortungskonzept eingebunden werden?

your diplomatic skill in redirecting the debate and – believe me – I wish I had thought of this myself. It would have saved me quite a few explanations of just what I was proposing in my speech[15]„ (UNDPI 2002). Annan hielt diese Rede auf einer Konferenz der International Peace Academy im Februar 2002 auf der „The Responsibility to Protect" diskutiert wurde. Neben Vertretern von ICISS sowie der kanadischen Regierung nahmen die Botschafter von zwei P5-Ländern (Großbritannien und Frankreich) sowie Delegierte einflussreicher Schwellen- und Drittwelt-Länder wie Mexiko, Indien, Südafrika, Nigeria und Ägypten teil. Die Stellungnahmen der Diskutanten lassen die Probleme erahnen, auf die der Bericht in der realpolitischen Arena stoßen wird.

Drei grundsätzliche Fragen bildeten sich während der recht offen geführten Debatte heraus: 1. Soll der Sicherheitsrat prinzipiengeleitet oder weiterhin ad hoc über Interventionen entscheiden? 2. Kann die gefürchtete Macht des Veto (siehe Kosovo-Krise) auf einvernehmliche Art und Weise eingeschränkt werden? 3. Wie können Mitgliedsstaaten dazu ermuntert werden, die Bekämpfung von humanitären Krisen in anderen Ländern in Zukunft auch als Teil ihres nationalen Interesses zu sehen? Zu allen Fragen fielen die Antworten der Botschafter Frankreichs und Großbritanniens verhalten aus. Dennoch wurden die Vorschläge der kanadischen Kommission nicht grundlegend abgelehnt. Es wurde sogar die Möglichkeit eingeräumt, konkrete Empfehlungen z.B. zum Vetogebrauch auf einer Klausurtagung der P-5 zu diskutieren. Es herrschte allerdings auch Einvernehmen darüber, dass die Diskussion um die Nutzung des Vetos als geringer eingeschätzt werden sollte als ein weitaus grundlegenderes Problem, nämlich die Zurückhaltung vieler Staaten, den Vereinten Nationen, in humanitären Krisen überhaupt Truppen zur Verfügung zu stellen. Als Fazit der bisherigen Debatte um „The Responsibility to Protect" kann festgehalten werden, dass die UN-Mitgliedsstaaten generell gesehen durchaus Interesse an neuen, innovativen Vorschlägen haben. Es bedarf natürlich weitaus mehr als kluger Vorschläge. Eine Rekonzeptualisierung alter Debatten ist nicht genug. Der Kritik von Thomas G. Weiss, Mitglied des ICISS Research Directorate und einer der Hauptverfasser des wissenschaftlichen Annex von „The Responsibility to Protect", ist teilweise rechtzugeben: „[ICISS] est finalement arrivée à préconiser de changer de vocabulaire plutôt que d'adopter un plan politiquement réaliste qui exigerait dorénavant des États de concrétiser et de mettre en œuvre la notion de „responsabilité de protéger "" (Weiss 2002b). Dennoch wäre es ebenfalls unrealistisch anzunehmen, ICISS könnte genau präzisieren oder gar den UN-Mitgliedsstaaten vorschreiben, wie die „Verantwortung zu schützen" zu implementieren sei. Hier sind die politischen Praktiker gefragt, denen der ICISS-Bericht das neue Leit-

---

[15] Gemeint ist: „Two Concepts of Sovereignty, Address to the 54th session of the United Nations General Assembly" (Annan 1999: 37-44).

konzept mitsamt seiner diplomatischen Sprache sowie eine Palette hilfreicher Vorschläge an die Hand gibt. Es gibt viele Gründe zu bezweifeln, dass dieser kanadischen Initiative auf kurz- oder mittelfristiger Sicht ein vergleichbarer Erfolg à la Suez oder der Landminenkampagne beschieden sein wird. Und dennoch: Langfristig sehe ich keine vertretbare Alternative zur Transformation staatlicher Souveränität und ihrer Eingliederung unter den Primat der Menschenrechte, auf die „The Responsibility to Protect" in letzter Konsequenz abzielt. Die „freundliche Mittelmacht" Kanada besitzt die diplomatische Reputation, das strategische Geschick, die finanziellen Kapazitäten und, seit dem Bericht der International Commission on State Sovereignty and Intervention, auch die konzeptionelle Finesse, um diese Entwicklung voranzubringen und entscheidend mitzugestalten.

Literatur

Annan, Kofi A. (1999): Two Concepts of Sovereignty. Address to the 54th session of the United Nations General Assembly, in: Ders., The Question of Intervention. Statements by the Secretary-General. New York: United Nations Department of Public Information.

Corell, Hans (1999): Address by Mr. Hans Corell, Under-Secretary-General for Legal Affairs, Legal Council of the United Nations, to the Canadian Council of International Law 1999 Annual Conference „From Territorial Sovereignty to Human Security". Ottawa, 29. Oktober 1999.
http://www.un.org/law/counsel/ottawa.htm (31.01.2003).

Day, Graham M. Day (2002): Lecture at the United Nations University International Courses on Armed Conflict and Peacekeeping. Mitschrift des Autors. 4. Juni 2002.

Evans, Gareth (2002): The Responsibility to Protect. Humanitarian Intervention in the 21st Century. 2002 Wesson Lecture in International Relations Theory and Practice, by Gareth Evans, President of the International Crisis Group, Co-Chair of the International Commission on Intervention and State Sovereignty and former Foreign Minister of Australia, Stanford University, 27. Februar 2002.
http://www.garethevans.dynamite.com.au/speechtexts/Stanford_Wesson_27ii02.htm (31.01.2003)

Evans, Gareth/ Sahnoun, Mohamed A. (2002): „The Responsibility to Protect". Foreign Affairs, November/December 2002.
http://crisisweb.org/projects/showreport.cfm?reportid=808 (31.01.2003)

Falk, Richard F. (1999): World Prisms. The Future of Sovereign States and International Order. Harvard International Review, 20th Anniversary Issue (Summer 1999).

Fassbender, Bardo (2000): Souveränität. In: Volger (Hrsg.) (2000): 492-495.
Gillessen, Günther (1997): Mythos „humanitäre Intervention". Ein Holzweg der internationalen Politik. In: Internationale Politik. Nr. 9, S. 13-20.

Graham, William (2002a): Notes for an Address by the Honorable Bill Graham, Minister of Foreign Affairs, to the Ambassadors of the Human Security Network on Canadian Perspectives on the Human Security Network and its Activities. 7. Juli 2002.
http://webapps.dfait-maeci.gc.ca/minpub/Publication.asp?FileSpec=/Min_Pub_Docs/105315.htm (31.01.2003).

Graham, William (2002b): Notes for an Address by the Honorable Bill Graham, Minister of Foreign Affairs, to the 57th UN General Assembly. 12. September 2002.
http://webapps.dfait-maeci.gc.ca/minpub/publication.asp?FileSpec=/Min_Pub_Docs/105443.htm (31.01.2003).

Graham, William (2002c): Notes for an Address by the Honorable Bill Graham, Minister of Foreign Affairs, at the Parlamentarians for Global Action 24th Annual Parliamentary Forum on the International Criminal Court and „The Responsibility to Protect". 4. November 2002.
http://webapps.dfait-maeci.gc.ca/minpub/Publication.asp?FileSpec=/Min_Pub_Docs/105633.htm&bPrint=False&Year=&ID=&Language=E (31.01.2003).

International Commission on Intervention and State Sovereignty (ICISS) (2001): The Responsibility to Protect. Ottawa: International Development Research Centre.
http://www.dfait-maeci.gc.ca/iciss-ciise/menu-en.asp (31.01.2003).

International Peace Academy (2002): Launch of the Report of the International Commission on Intervention and State Sovereignty: „The Responsibilty to Protect", 15. Februar 2002.
http://www.ipacademy.org/Events/EventsCalendar07.htm (31.01.2003).

Keck, Margaret E. und Sikkink, Kathryn (1998): Activists Beyond Borders. Advocacy Networks in International Politics. Ithaca: Cornell University Press.

Reinery, Isabelle (2000): Interventionsverbot. In: Volger (Hrsg.) (2000): 284-285.

Ruf, Werner (2001): Humanitäre Intervention im Zeitalter der Globalisierung. Perspektiven für die Organisation der Vereinten Nationen.
http://www.uni-kassel.de/fb10/frieden/science/ruf-intervention.html (31.01.2003).

Schöbener, Burkhard (2000): Schutz der Menschenrechte mit militärischer Gewalt: die humanitäre Intervention zwischen Völkerrecht und internationaler Politik. Zeitschrift für Politik. Nr. 3, S. 293-317.

Thakur, Ramesh (1999): Kosovo Teaches Us Might Is Right. The Japan Times. 19. April 1999. http://www.unu.edu/hq/ginfo/media/Thakur9.html (31.01.2003).

Tharoor, Shashi/ Daws, Sam (2001): Humanitarian Intervention: Getting Past the Reefs. World Policy Journal. Volume 18, No. 2.

United Nations Department of Public Information (2002): Secretary-General Addresses International Peace Academy Seminar on „The Responsibility to Protect". Press Release SG/SM/8125. 15. Februar 2002. http://www.un.org/News/Press/docs/2002/sgsm8125.doc.htm (31.01.2003).

Volger, Helmut (1995): Geschichte der Vereinten Nationen. München: Oldenbourg.

Volger, Helmut (Hrsg.) (2000): Lexikon der Vereinten Nationen. München: Oldenbourg.

Walzer, Michael (1977): Just and Unjust Wars. A Moral Argument with Historical Illustrations. New York: Basic Books.

Weiss, Thomas G. (2002a): Contemporary Views on Humanitarian Intervention and China: „The Responsibility to Protect". The National Committee on United States-China Relations. http://www.ncuscr.org/articles%20and%20speeches/Articles%20and%20speeches.htm (31.01.2003).

Weiss, Thomas G. (2002b): Intervenir ou ne pas intervenir? In: Canadian Foreign Policy Journal. Volume 9, No. 2.

Fazit und Ausblick

Wilfried von Bredow

Die nur für die Fachleute wirklich interessante Theorie-Debatte in der Disziplin der Internationalen Beziehungen, sie geht eigentlich mehr über Weltbilder und den letzten Sinn von Politik, hat dementsprechend also die Form einer Endlosschleife, diese Debatte hat im letzten Jahrzehnt in der angelsächsischen akademischen Welt wie bei uns auch eine „konstruktivistische Wende" durchgemacht. Das klingt zunächst ein wenig abweisend. Tatsächlich aber sind mit einer konstruktivistischen Perspektive auf die internationalen Beziehungen weltanschauliche Entkrampfungen verbunden. Denn während sich vorher die Reflexionen immer wieder an Fragen wie der, ob der Mensch nun ein eher rationales oder irrationales Wesen und durch sein Machtstreben geprägt sei oder ob er wesensmäßig eher die Kooperation suche, festliefen, vermeiden die Konstruktivisten solche essentialistischen Aussagen und kümmern sich mehr um das Wechselverhältnis zwischen den Handlungsabsichten (Intentionen) der Akteure, ihrer Wahrnehmungsweise und Interpretation der Welt (Perzeption), in der sie handeln und den sozialen und politischen Strukturen, in die ihr Handeln eingebettet ist.

Kanada ist ein gutes Beispiel für die Fruchtbarkeit eines solchen Betrachtungsansatzes. Man kann, wenn man die kanadische Außenpolitik studiert, sehr deutlich erkennen, wie deren Grundausrichtung nach dem Ende des Zweiten Weltkriegs von einer relativ kleinen Gruppe von Diplomaten formuliert und definiert und in den Prozess der innenpolitischen Willens- und Konsensbildung eingespeist worden ist. Sie waren damit sicherlich nicht nur deshalb so erfolgreich, weil sie das politische und moralische Selbstverständnis ihres Landes so überzeugend zu formulieren verstanden. Die Konstellations-Veränderungen des internationalen Systems nach 1945 verliefen auch so, dass die kanadische Außenpolitik sich immer hervorragend anpassen konnte, ohne in sich über die Maßen widerspruchsvoll zu werden. Ein bisschen Widersprüchlichkeit und ein gewisses Maß an Doppelstandards sind in der Außenpolitik ja zugelassen.

1. Kontinentalismus

Die geographische Lage als nördlicher Nachbar der Vereinigten Staaten sowie die Struktur der wirtschaftlichen Beziehungen über die kanadisch-amerikanische

Grenze hinweg bewirken zwangsläufig einen starken amerikanischen Einfluss auf die kanadische Außenpolitik. Dies ist ein Faktum, das sich keinesfalls hinwegkonstruieren lässt. Aber wie mit diesem Druck und diesem Sog, diesem starken und oft wenig rücksichtsvollen Attraktor aus dem Süden umgegangen wird, dies ist nicht vorgegeben, sondern die Folge von Prioritäten und Präferenzen, von Wert- und Willensentscheidungen, die ganz unterschiedlich ausfallen können und, an diesem Beispiel lässt sich das auch besonders gut ausmachen, in der Entwicklung der kanadischen Außenpolitik auch unterschiedlich ausgefallen sind. Seit dem Ende der Ära Trudeau dominiert eine eher kontinentalistische Perspektive die kanadische Außenpolitik, sehr zum Widerwillen kanadischer Nationalisten auf der politischen Rechten und vor allem auf der politischen Linken, und liberaler Internationalisten. Seitdem es die NAFTA gibt, bezieht sich diese Perspektive nicht ausschließlich auf die Vereinigten Staaten. Kanada hat Mittel- und Südamerika gewissermaßen entdeckt.

Die Ausbildung von Makro-Regionen ist eine Antwort auf die Herausforderung der Globalisierung, beileibe nicht die einzige.

2. Weltpolitik als Mittelmacht

Die kanadische Außenpolitik ist nach 1945 als Politik einer Mittelmacht konzipiert und konstruiert worden, welche die strukturelle Abhängigkeit Kanadas von den Vereinigten Staaten, diese asymmetrisch-bilaterale Beziehungsstruktur, durch die Akzentuierung multilateraler Handlungszusammenhänge, Kooperationen und Netzwerke auszugleichen versucht. Weil das internationale System unter dem Vorzeichen des Ost-West-Konflikts für eine solche Rolle großen Bedarf hatte, war diese Außenpolitik sowohl in der Phase des Kalten Krieges, als auch in der Ost-West-Entspannung durchaus erfolgreich, zuletzt allerdings schon etwas weniger. Besonders die Vorgänge um die Entkolonialisierung in den fünfziger und frühen sechziger Jahren ermöglichten es Kanada, mit Vermittlungsvorschlägen und entsprechenden Aktionen ein eigenständiges außenpolitisches Profil zu gewinnen.

Kanadas Außenpolitik war dabei immer schon, jedenfalls in ihren Perspektiven, weltpolitisch gemeint. Dieser Anspruch und die Eingewöhnung an die damit verbundenen politischen Horizonte (z. B. mittels einer dichten und informationsreichen Berichterstattung in der Qualitätspresse und im CBC, der öffentlich-rechtlichen Rundfunk- und Fernsehanstalt, später auch in den Privatsendern) haben inzwischen eine jahrzehntelange Tradition. Sie wird nicht zuletzt auch durch die gezielt für Einwanderer aus allen Teilen der Welt offene Immigrationspolitik des Landes gefördert und weitergeführt.

Seit dem Ende des Ost-Ost-Konflikt, das sollten die Einzelstudien im zweiten und dritten Teil dieses Bandes hinreichend verdeutlichen, ist diese weltpolitische Ausrichtung der kanadischen Außenpolitik noch verstärkt worden. Einmal hat man damit auf die Herausforderungen der Globalisierung geantwortet. Zweitens benötigt das internationale System gegenwärtig mehr denn je Akteure, die eine zivil-orientierte Sicherheitspolitik zu definieren und voranzubringen vermögen.

Es gibt aber noch einen dritten Grund, der hier anzuführen ist. Das föderale Kanada ist heute allen staats-zentrifugalen Kräften in besonderer Weise ausgesetzt. Die Globalisierung hat ja nicht nur Prozesse der Makro-Regionalisierung, sondern auch der Mini-Regionalisierung vorangetrieben. Die kanadischen Provinzen haben eigene Vorstellungen über das Maß ihrer internen Selbststeuerung und die Vertretung ihrer Interessen nach außen. Mit den sezessionistischen Bestrebungen in Québec, obgleich sie kaum zur Abspaltung dieser Provinz führen werden, ist sogar die Grundfrage nach dem politischen Sinn des Staates Kanada und nach der Tragfähigkeit der kollektiven, (multi-)nationalen Identität seiner Bürgerinnen und Bürger nachdrücklich auf die politische Tagesordnung gelangt, von wo sie nun schon seit bald vier Jahrzehnten nicht zu verdrängen ist. Ein Teil der auswärtigen Politik, nicht sein unwichtigster, ist damit beschäftigt, die wirtschaftlichen Interessen des Landes zu propagieren und ihnen im Ausland die Wege zu erleichtern. Das kanadische Außenministerium trägt seit ein paar Jahren den Namen *Department of Foreign Affairs and International Trade / Ministère des Affaires étrangères et du Commerce International*. Im zweiten Teil dieses Namens kommt jener Auftrag zur Förderung der Außenwirtschaftsinteressen deutlich zum Ausdruck. Der andere Teil der Aktivitäten des Ministeriums hat nicht zuletzt auch eine identitätsstiftende Funktion. Durch ihn sollen das Bild Kanadas in der Welt und das Bild, das die Kanadier von sich selbst in ihren vielfältigen Bezügen zur Welt haben, rekonstruiert und immer wieder neu befestigt werden.

3. Nationale Identität, Menschenrechte und Menschliche Sicherheit

Als es Fürsten und Monarchen waren, die in den Staaten herrschten und ihre Außenpolitik mehr oder weniger arkan leiteten, gab es kaum ein Problem der nationalen Identität, weil die Untertanen ziemlich umstandslos in den Staat integriert wurden. Im Zeitalter des Nationalismus wurden die nationalen Identitäten auf sehr unterschiedliche Weise konstruiert, über die Geschichte und Tradition, die Sprache und Kultur, die Abstammung oder gemeinsame politische Grundvorstellungen als die Nation einigender Wertekanon. Obwohl Nationalismen und Nationsbildungen noch als einflussreiche Konzepte bzw. wichtige und folgenreiche Vorgänge im internationalen System der Gegenwart betrachtet werden müssen, hat die Bedeutung von transnationaler Politik erheblich zugenommen. Daraus folgen, nicht überall mit gleicher Deutlichkeit, aber in bestimmten Regionen dieses internationalen Systems unübersehbar, eine langsame Erosion nationaler Identitäten und eine Tendenz zur Multikulturalität. Wo sich derartige Entwicklungen bemerkbar machen, braucht das politische System neue und glaubwürdige Identifikations-Konzepte für die Bürgerinnen und Bürger. Zeitgemäße Identitätspolitik von demokratischen Staaten setzt in starkem Maße auf die Betonung interner Demokratisierung und die Projektion der in der Demokratie verankerten Werte in die politische Umwelt.

In Kanada mit seinen beträchtlichen Schwierigkeiten, den politischen Zusammenhalt zu wahren, ist von den Politikern relativ früh erkannt worden, dass in der Außenpolitik ein beträchtliches identitätspolitisches Potential steckt. Neben der sanften, aber nachdrücklichen Abgrenzung von den Vereinigten Staaten sind es vor allem die „guten Dienste", die Kanada bei der Bearbeitung internationaler Konflikte anbietet und das Auftreten Kanadas als ein Staat, dem es um die Unterstützung von in ihren grundlegenden Rechten und in ihrer Sicherheit bedrohten Menschen geht, gleichviel, wo sie leben, die das Selbstbild der Kanadier über die Jahre und Jahrzehnte kräftig mitgestaltet haben. Multilateralismus als außenpolitische Methode, der hohe Stellenwert internationaler Organisationen in der kanadischen Außenpolitik, die Beteiligung an internationalen Maßnahmen zur Konflikteindämmung (Peacekeeping), die demonstrative Betonung der Menschenrechte gegenüber Staaten, in denen sie nicht hoch im Kurs stehen, Entwicklungspolitik als Armutsbekämpfung und in den letzten Jahren auch die Propagierung des Konzepts Menschlicher Sicherheit als Ergänzung zu staatsbezogener Sicherheitspolitik – all das ergibt einen eindrucksvollen Katalog außenpolitischer Handlungen, die nicht nur Akteure außerhalb Kanadas angehen, sondern auch die eigene Gesellschaft. Der außenpolitische Diskurs in Kanada ist gewiss nicht frei von Widersprüchen und Kontroversen; aber es gilt festzuhalten, dass die identitätspolitischen Grundlagen einer, sagen wir es einmal mit einem unpolitischen Wort: menschenfreundlichen Politik in der kanadischen Gesellschaft unumstritten sind.

4. Kanada und Deutschland

Ein zu weit gehender Vergleich kanadischer und deutscher Außenpolitik verbietet sich schon aus Gründen der sehr unterschiedlichen geographischen Voraussetzungen und historischen Entwicklungen beider Länder. Indes gibt es doch eine Reihe gemeinsamer oder zumindest ähnlicher Züge. Für beide Länder hat sich der Multilateralismus als eine erfolgreiche Methode außenpolitischen Handelns erwiesen. Nach der Vereinigung 1990 hat Deutschland begonnen, seine

Rolle im internationalen System neu zu überdenken und entsprechend umzudefinieren. Dabei spielen Vorstellungen wie die internationale Förderung der Menschenrechte, die Beteiligung an Friedensmissionen mit Billigung der internationalen Gemeinschaft, das hohe Gewicht, das den Vereinten Nationen beigelegt wird und eine Reihe von Versuchen, herkömmliche Sicherheitskonzepte durch solche zu ergänzen, in denen zivile Komponenten stärker gewichtet werden, eine herausgehobene Rolle.

Unter dem Vorzeichen der Globalisierung steht insbesondere der Multilateralismus in einem hellen Licht. Er erweist sich in dieser welthistorischen Phase als die am ehesten angemessene Methode von Außen- und internationaler Politik. Für ihn wirkt sich die Globalisierung als Schubkraft aus, um auf den verschiedenen Politikfeldern gestaltend einzugreifen. Insofern ist man geneigt, denjenigen Beobachtern der internationalen Beziehungen zuzustimmen, welche die multilateral ausgerichteten Außenpolitiken Kanadas und Deutschlands gewissermaßen als avantgardistisch für das 21. Jahrhundert ansehen. Solche Qualifizierungen sind freilich nicht ganz frei von einem hohen Maß an innerer Übereinstimmung zwischen solchen Beobachtern und dem Gegenstand ihrer Analyse. Und fragt man nach den Ursachen, welche die beiden Länder bewogen haben, diesen außenpolitischen Kurs einzuschlagen, kommt man auch wiederum auf beträchtliche Unterschiede zwischen ihnen.

Kanada als „freundliche Mittelmacht" ist jedenfalls, ausweislich der hohen internen Zustimmungsraten zu seiner Außenpolitik und des positiven Images, dessen das Land sich fast überall in der Welt erfreuen kann, in seiner Außenpolitik sehr erfolgreich. Wenn es fortfährt, das internationale politische Klima im Sinne der Eindämmung von Gewalt, der Milderung ökologischer Bedrohungen und der Vermehrung von Chancen für ein menschenwürdiges Leben auch außerhalb der OECD-Welt zu beeinflussen, wird sich dieser Erfolg nach innen und nach außen fortsetzen.

„The World has changed and Canada has changed with it"

Ein Interview über kanadische Außenpolitik
mit Kanadas Botschafterin in Deutschland
Marie Bernard-Meunier

Marie Bernard-Meunier schloss ihr Studium der Politikwissenschaft an der Universität von Montréal ab und arbeitet seit 1972 für das kanadische Außenministerium. Kanadische Botschafterin in Deutschland wurde sie im Jahr 2000. Zuvor war sie seit 1996 Kanadas Botschafterin in den Niederlanden. Madame Bernard-Meunier hat u.a. in Bonn, Wien, New York und Paris gearbeitet, darunter etliche Jahre bei der Organisation für Erziehung, Wissenschaft und Kunst der Vereinten Nationen (UNESCO). 1991 wurde sie zur Vorstandsvorsitzenden der UNESCO gewählt und war bis 1993 Kanadas Botschafterin und ständige Vertreterin der UNESCO in Paris.

Das Interview führte Oliver Claas am 19. März 2002 in der kanadischen Botschaft in Berlin.

Claas: How does Canada perceive the part it can play in a more and more globalising world?

Bernard-Meunier: Canada certainly sees itself as a global player and has seen itself as global for a long, long time. Canada is in this very peculiar situation of belonging more or less to every club. Canada, either for historical or geographic reasons, is a legitimate member of the Commonwealth, a legitimate member of La Francophonie, a legitimate member of the Organisation of American States, a legitimate member of APEC. There is not really a club where Canada does not have a legitimate claim to be a member. And I think it is a unique case in the world. A country that willingly belongs to all these forums, because we are great believers that global solutions have to be found to global problems. We also belong to much smaller clubs, like the G7 or the G8, and we are now as you know this year the chairman of this group. And there we think we can also exert a real influence. And we will in this summer try to push a number of issues, and one of them will be Africa. And I think that is also an indication that Canada has global concerns.

Claas: Being a member of all these clubs you mentioned, where are the priorities for Canada?

Bernard-Meunier: Priority is to respond to the interest of our citizens. And there is a demand in Canada for us to be involved in all of these clubs. So it is very difficult to say and set priorities like: „Are our friends in South America more important to us, than our friends in the Pacific Group?" I do not think that we want to set these kind of priorities. We just see ourselves as having to be involved. And we have in all of these forums very often a very similar agenda. We are pursuing in all of these places a recognition of some basic common values, around the theme of human rights and democracy, but also in terms of economic development that takes into account again human needs, economic development that does have a social conscience. So we are pushing for that, we are certainly pushing for rules-based systems in all of these forums. In the Commonwealth we were concerned about Zimbabwe. At the last summit of the Americas in Québec City democracy was a big theme as well. So I mean there is a consistency, it is not a question of saying what is more important for us. Across the board we are basically pushing a very similar agenda, but in different contexts. And it is not like choosing among regions as being the regions that have a higher priority. I mean it is no secret that the bilateral relationship that matters most to Canada is the relationship with the U.S. You do not share a border of, what is it, 4.000 km with a country without it being your major trade partner, especially when you have no other neighbours.

Claas: Are there any tensions between the traditional foreign policy and the foreign policy activities especially seeking for an improvement of economic relationships?

Bernard-Meunier: I am not too sure what you are getting at, when you say this. Is this the usual conflict, or the alleged conflict between values and interests? That we would have in the old Pearson days a value-driven foreign policy and now we have with NAFTA and others a sort of an interest-driven foreign policy?

Claas: It goes in this direction.

Bernard-Meunier: I think we want to go on being everything. We see this as a reflection of the country we are, a country that does not fear competition internationally. We are a trading nation, and we think we can do well internationally. We will try and make sure that there is a level playing field, because we think that there is a level playing field. We can make it. So there is certainly a self-confidence in Canada about our ability to develop economically. But this is not seen as being at the expense of what have been the pillars of Canadian foreign policy. All along, the world has changed, and Canada has changed with it. But if you listen to Mr. Graham you will recognise Mr. Pearson as well. And nobody will think that you can not promote Canada's economic interest, without giving up on that. I do not think that this is the perception of Canadians. We think we can be both. A country with values and interests, and closer international co-operation, and have an economic agenda that is very geared at creating jobs in Canada for Canadians.

Claas: Especially the trade relations with China have been criticised inside Canada, because of the tension between interests and values. How do you comment this criticism?

Bernard-Meunier: That is again a Canadian story. We have always had the view that your chances of having an influence on somebody are greater if you talk to him, than if you do not talk to him. That is the line we took with Cuba forty years ago, and that is the line we take with China. Yes, we are trying to do business with the Chinese, and the fact that we sit down to do business with the Chinese is a sort of prerequisite to talk to the Chinese about other things. And we do not have to read the Charter of Human Rights every time we sign a contract with China. We are doing lot of trade promotion in China and Canadian investment in China. But at the same time we are trying to develop real ties with Chinese universities. We train thousands of Chinese in Canada. And we like to think that while they are spending five years being trained in Canada, they will go home with a sense of values closer to ours. So there is a dialogue that is going on on many fronts at the same time. And it is true that at certain times some aspects of that relationship are more obvious than at other times. But there is definitely on our part a desire to have a balanced relationship with the Chinese.

Claas: How important is multilateral trade policy for Canada in the presence of the strong trade relationship with the United States?

Bernard-Meunier: The relationship with the United States has always been vital for Canada, and we have not always had NAFTA. NAFTA is 10/ 12 years old now. For the longest time our trade-relations with the United States was basically governed by multilateral trade rules. And at one point we were able to negotiate a bilateral agreement with the U.S., which became a trilateral agreement with Mexico. We do not have a trade agreement with the EU, so we need multilateral trade rules to govern that relationship or our relationship with Japan. We are looking always at the possibility of developing other bilateral or regional trade agreements. We are great believers in that. We do not think by doing this that we are undermining the multilateral system. We think we are building blocks towards that, but the same way with those countries where we have nothing, we are quite happy to have multilateral trade rules. And if circumstances warrant it, we will go further and negotiate a bilateral agreement. We have done it with the NAFTA countries, we are definitely working on it with the Americas for the whole continent, and every now and again we raise with our European friends the possibility of a trade agreement with the EU. But again, we do not feel we have to choose. It is not an either or situation.

Claas: Do you see cultural pressure increasing through NAFTA?

Bernard-Meunier: That is also a very complex phenomenon. NAFTA has also given Canadian culture exports a tremendous volume. Canadians sell more culture products in the U.S. today than they ever had in the past. It is not only a danger. It is also a tremendous opportunity. And how much of a danger is it? Look at Europe and we are not talking about a free trade zone, we are talking about an economic union. After forty years of economic union in Europe one can still see the difference between an Italian, a German or a Frenchman. So this notion that having a free trade agreement with a country, or having an economic union with a country, you will loose your soul, I think is grossly exaggerated. And I think it is too in Canada as well. Yes, we have one major trade partner. But in many ways this closeness to the United States feeds a form of regional identity in Canada, and perhaps it has forced us to take on this issue. We are pushing to have international instruments protecting cultural diversity. You do not find yourself with the world where basically everybody will sing to the same tune. We know this, because we are standing next to a very loud singer. And if we want to keep our own tune, we have to fight for it. And it goes through phases. At times Canadians feel that they are quite comfortable with their own ability to survive pressures from the U.S. It is the same in Europe. We are all under tremendous pressure of the American culture. Look at the movies that are on in Berlin today, and see the proportion of those films that are American films. It is a problem in many many parts of the world. But it is not only a problem. It is an opportunity to show that you can do something else, that you are good at doing it. We have convinced, without much difficulty, a lot of American film-makers to make their films in Canada or to use Canadian technology, Canadian software companies in the U.S. There is a real interaction, there is a real Canadian presence in the American culture industry as well. It is not only a question of being totally defensive or being swallowed, that is not the alternative. The real goal is to remain what you are and be a part of a bigger picture.

Claas: How do you try to remain what you are? I mean, what is especially Canadian?

Bernard-Meunier: That is always a tough question, very difficult to explain but so easy to feel, especially when you are Canadian. Anybody travelling to both countries will tell you that it is very easily recognisable, I guess. When you try to describe it, you always feel that it is difficult to sound as convincing as you would want to be. We are definitely a „softer society". I think that human relationships in Canada tend to be „softer" than in the U.S. There is not the same culture that „bigger is better", that financial success and success generally is the important thing. Society is not divided between winners and losers, quite the same way it is in the U.S. We like to think that the bulk of Canadian society is somewhere there, where life is comfortable and human for people. There is certainly a different perception of what social solidarity is all about. That is why we have health care systems as well as we have public education systems. We have a different business culture, again more loyalty to employers. People do not change office as easily as in the U.S. I do not think we have the same kind of patriotism as in the U.S. Especially not the strong version of it that you have seen in the U.S. since September 11th. It is something that is relatively foreign to Canadians, who love their maple leaf flag. And we love maple syrup, but there is not the same kind of attitude. Again, it is diversity in Canada. We just have the feeling that there is not one model, that there is not just not one way of being Canadian. There are many ways of being Canadian. From that point of view I think it is a society that is more tolerant of diversity.

Claas: Coming back to the strong trade relations with the United States, does Canada see the necessity for a monetary union with the U.S. in the future as it has been established in the European Union in recent years?

Bernard-Meunier: The European Union is an economic Union. It has a political agenda, it had a political agenda from the day it was created. This is not the case. What you have got between Canada and the U.S. is a free trade zone. So for the idea of a common currency, the context is not the same. One could see this as a natural thing for Europe to do. It is not seen yet in Canada as a natural thing to do. There are people who think that this is a good idea. Other people are deadly opposed to it. I think the example of Argentina would certainly comfort those who do not think that this is a good idea, that linking your currency to the American currency has its own set of risks. So, the truth of the matter is that it is not on the agenda in Canada. I am not saying that there is no debate about it. But there is certainly not a widespread recognition that this is the way to go. I think there would have to be an evolution within NAFTA, and it is very much again the European debate. It is the old question of whether we are deepening or broadening. And for the time being the emphasis is on broadening. We are trying to negotiate a free trade zone with the whole of the Americas, and that may well be at the expense of further deepening. In Canada, NAFTA as it is asserts our interests very well, and I think we are still kind of cashing in on the benefits of NAFTA as we have seen it. We are quite happy at the idea of broadening it to the rest of the hemisphere. But the idea of a common currency is still at the state of a public debate. And I would say, not a huge public debate, it is not on everybody's mind. We do not want decisions to be made by another financial authority.

Claas: Let us come to an international organisation very much dealing with trade, the World Trade Organisation: Which agenda and reformatory efforts does Canada pursue in this organisation? Maybe we come to the agenda first and then to the reformatory efforts.

Bernard-Meunier: We were very happy that the WTO seems to have launched a new round. And time will tell, how real it is and how much progress will be possible. We certainly see the need for greater liberalisation in some sectors, starting with agriculture. So we definitely have an agenda in the WTO. We are anxious to keep WTO on its course. We are not too sure we want to bring the WTO into all sorts of other issues. We think there are other institutions within the UN-system that are well equipped to deal with labour standards issues, to deal with environmental issues. So we want to be careful that the calling of WTO is to promote trade liberalisation. We would like to stick with that, but we certainly would like it to make sure, that it is beneficial to all members of the WTO and there we are not entirely satisfied. I am not going to blame ... I think the developing countries themselves need to do more to derive more benefit from their membership and from liberalisation efforts that have already taken place.

Claas: For example?

Bernard-Meunier: In the Uruguay-Round there was already there a desire to make sure that the developing countries are part and parcel of the world trading system. And I am not saying that there are no barriers left for developing countries, but there has to be on their part as well a desire to move forward. I mean, you need to train your people, you have to be out there, fighting for yourselves. There are a lot of support mechanisms that have been developed in the WTO, to help developing countries play a bigger role. This is very much the agenda of this new round, to make sure that developing countries derive as much benefit as they should from further trade liberalisation. So that will also be part of our agenda. We would like to see a participation of the developing countries in agriculture services. There will be greater progress on the GATS. And we are looking at other avenues mentioned for the capacity building in developing countries.

Claas: What are the priorities concerning the reformatory efforts?

Bernard-Meunier: Transparency. Definitely we need rules for international trade, we need rules that are understood by people, that they are not used for purposes other than the ones for which they were developed. And I think to us this is also very important. We were very supportive of the WTO mechanisms. And we have to make sure that systems are there to promote freer and fairer trade and not to be used for people with an agenda. Even with our closest partner we have at times trade problems. We have one now that is very difficult for us on softwood lumber. We need to think that WTO represents as well an authority in dispute settlement, so we will want that role of the WTO to remain very important. And I think for Europeans it is very important as well. They have their own war with the U.S. on steel these days. So it is important for us to have in place mechanisms that can be used and that people understand, how they work. The transparency issue for us is a very important one.

Claas: You mentioned the steel tariffs problem between the European Union and the United States. What is Canada's opinion about this issue?

Bernard-Meunier: We have been spared in this particular case. The Americans decided not to impose the same tariffs on Canadian and Mexican steel. So in this particular instance we are not directly affected by the American decision. But we are definitely going to be affected by the new situation this creates. You will have steel that will not find its natural market in the United States. So I do not think it will do anything good for the price of steel. And Canadian steel producers cannot see that as an advantage either. I do not think there is any winner. When therefore there is a decision like this, that goes against freer trade, I think we are all losers.

Claas: You have mentioned Europe several times right now. Looking more generally on traditional foreign policy and on trade policy – did the relationship between Canada and Europe lose weight?

Bernard-Meunier: In this so called „global world", we have seen a lot of regionalisation in recent years. And I think Europe can plead as guilty as Canada on this front. I think there is a tendency to be totally absorbed by regional relationships. And the Europeans are looking very much inwards, and sort of building the European Union at the expense of relationships with other parts of the world, including Canada. We are probably guilty of some of the same. NAFTA allowed us to do so much more trade with the U.S. Perhaps we should have been devoted to maintaining our markets in Europe, developing our markets in Europe, but as I said, we never had the feeling that on the European side as well, there was an interest to maintain the transatlantic relationship, given the fact that European Union construction was so high on everybody's agenda. Because we have closed a few Canadian bases in Western Germany, people think we have severed our links with Europe. But on the other hand you see in crises like September 11th, Europeans, Canadians and Americans all come together in NATO, when it is a matter of deciding, what to do against this new threat of terrorism. We are very heavily engaged in the former Yugoslavia. That is where we are. We went to Bosnia, to Kosovo, now to Afghanistan. So it is very difficult for me to say we have lost sight of Europe. As far as we are in NATO, we are very much in Europe. And how much more interest can Canada show in Germany, than having a state visit in fall and a Team Canada visit to Germany three months later? We spent more time and energy on fostering our bilateral relations with Germany this year in Europe than any other country in Europe. We are making really a huge effort to try and further develop a relationship that is already excellent. So, you know, we are in Russia. That is part of Europe as well, isn't it? So bearing in mind that Europe is going to include more and more Central and Eastern Europe, going on the way to Russia, we want to position ourselves as a partner for Europe. The competition for attention is huge. I mean, there are huge markets in Asia, there are interesting markets in South America as well. And Canadians are looking all over the world. As I said, there is an interest in Europe and it will stay as long as there is something to do here. There is no doubt that there are lots of people pulling in another direction in Canada. People in Vancouver find that Tokyo is closer in many ways, that we have there serious trade partners as well. So it is not Europe at the exclusion of other parts of the world, but it is Europe together with many other regions in the world, where Canadian want to have relations. In fact our relations with Europe are certainly the most sophisticated we have. Exports markets we are looking for. We are looking for investors to come to Canada, we are looking for partners in science and technology in Europe. We have more culture exchanges with Europe than any other region in the world. It is a very complex relationship. It is not, because our trade with the U.S. has increased so significantly, we have lost sight of other regions. We still have with other regions a very significant relationship, and I would say with Europe the most complex.

Claas: Let us have a look at the United Nations now. It is only about one and a half years ago that Canada finished its most recent term on the UN Security

Council. You had an agenda to push through: greater transparency in the work of the Council, applying elements of human security in Council debates and decisions, increasing the credibility and effectiveness of the Council. Is the Council now more credible, more effective and more transparent?

Bernard-Meunier: We like to think so. All we can do is make our contribution and hope for the best. We like to think that the institution is now better equipped to take the right position. There is a sense of common responsibility that is better than it was. We are happy that the Americans have put more money back into the system, paying up some of their areas. None of this is ever done. I mean, this is something, that will continue. We know we still have a fight on the permanent Criminal Court. It is not done. We think we have come a long way, but I mean that is something we have to go on fighting for. We were happy with our initiative on the diamonds in Angola. So we can look at things that we have done while we were on the Security Council, that we are proud of. And we like to think that other countries will be inspired to do something. It is possible. If you care enough, you can do things on the Security Council. We will go on believing it is worth doing and we will go on supporting the further reform of the institution. It is not ideal, by any stretch of the imagination. But we feel we have made a significant contribution, and we do not think that we are alone in this game. There are other countries that are prepared to do so. We cannot wait to see Germany make its contribution, when Germany gets on the Security Council.

Claas: Lloyd Axworthy was pushing forward the topic „protection of civilians in armed conflict" in the Security Council. And the Council expressed its willingness to recognise this topic more and more in the future. Is it acting accordingly? Does it recognise „protection of civilians in armed conflict" more after the Canadian initiative?

Bernard-Meunier: People's attitude to conflict is changing. Our old idea was to try and focus the attention of people on the victims. Wars are not between armies, wars are making innocent victims all the time, civilians loose their lives in all of these conflicts. And I think there is the development of a different awareness of it. Canada played a point in that. When people see kids wear uniforms in Sierra Leone, people remember our initiative on child soldiers. Did we put an end to it? No. We are not that idealistic that we have made a difference overnight. That is not the case, but increasing the number of people who care is already something important. And we think we have achieved that. And it is not only the role of government. It is also the role of NGOs. We found partners, we found allies in civil society as well as in like-minded countries, and it is an ongoing struggle. And Canada is proud to be associated with the Human Security

Agenda. But not at the exclusion of any other agenda. I mean it is part and parcel of what we think is important in this world to realise that conflicts have an impact on people and that the focus should be on the people. And I think that is something that will stay.

Claas: What are the future key challenges for Canada and the Canadian work in the United Nations?

Bernard-Meunier: Development. It is not only the UN, it is all other multilateral institutions devoted to development. If we have made Africa our priority for the G7/G8, it is because we care and we do not think we found the way to help Africa help itself. More has to be done. I think peace and security is one major aspect of the work of the UN, but development is another major aspect. The institution will have to do better in terms of co-ordinating international efforts, making sure that more resources are devoted to that. We increased our budget for defence, which has not happened in Canada for a long, long time and we are also increasing our budget for international development assistance. That is also very important. And I think this will be true of other countries, because we realised, that not only we have to do better in terms of using existing institutions and reforming them, but more resources have to be devoted. It takes money to do this. So I would add development as another area where the UN has to do better. And I think that it is working on that.

Claas: And how do you want to push forward the reform of the Security Council? I mean, what are the next steps after your most recent non-permanent membership?

Bernard-Meunier: I do not know. I really do not know, because Canada has always said: „We will support any reform of the Security Council, that makes it a better forum." That is quite simple. And we have yet to see how making more permanent members will make it more effective. There has not been a lot of new ideas, and the old ones do not seem to work. Perhaps I am just out of the touch with current discussions. Is there any momentum behind the reform of the Security Council? As we speak, it seems to me that it is dying out. People are more focused on the need for the Council to make the right decisions on a number of crises right now, than to say: „How many members would be ideal, which continent should be allowed to have a permanent member?". I think we are out of that phase, and we are more focused on the constructive role the institution can play. There is no doubt that the old Canadian ideas about the link between the Security Council and troop contributors will always be a Canadian line, because we have so many soldiers on the line in various parts of the world. While we are not on the Security Council, we do not like the talk that guys sitting on the Security Council will make decisions and then turn to us and say: „We decided that you guys are supposed to provide 2.000 soldiers for this particular operation." These will always be reforms that we want, associating troop contributors to the decisions of the Security Council affecting them. But more generally, the issue of transparency. What we expect in another forum we certainly expect in the Security Council.

Claas: Peace-keeping has changed. The number of missions has increased and the type of missions, what missions deal with, has changed also. And Canada has tried to change with it. But now after a decade of reformatory efforts, how does Canada perceive its role in peace-keeping? How does Canada perceive its role as a peace-keeper now and in the future?

Bernard-Meunier: Being part of it will forever be part of our identity. We have always done that, and it is important for Canadian people. And in fact the greatest support for the Canadian forces is linked to that. Canadians like the Canadian army to be involved in multilateral operations. That is why we think we should have an army. But we have also come to recognise that there are limits to what we can do. We do not have a huge army, and we will never increase our budget, we will never multiply by ten our military budget. So the conclusion we have reached is that what we have to do is to identify the things we can do well. And only get involved where we can make a difference. And I think that will be our attitude, be selective, be very clear with our partners, what we can do, where. For all along that is important. We will not go anywhere without an extent strategy but I think that is becoming a priority for everybody. We should not go there and say: „We will see later." No, we should have a plan. We will always be prepared to go quickly. What we have troops for is to help out. We have come to recognise that some of these missions will be pretty rough ones. The ones we are involved in Afghanistan right now are rough. They are really military operations. This is not standing on a blue line. So the nature of our work is changing. But there are also upstream activities, downstream activities. We are involved in nation building, we are involved in conflict prevention. Yes, some of our soldiers are taking kids to school in some sense, and we do not think that is such a bad idea. If that is what is required in Bosnia or Kosovo, we have to do that as well. We are prepared for the challenges that peace-keeping represents today, and they are very different.

Claas: You said that Canada will do most where it can make a difference in peace-operations. Where can Canada make a difference?

Bernard-Meunier: We cannot make a difference if we have 50 guys in every peace-keeping operation. We can make a difference if we have a critical mass at a given point. And we feel we are still making a difference in Bosnia. We are in Afghanistan because we think we can make a difference there. We used to be part of every peace-keeping operation, this will not be the case for ever. There are not a few parts of the world, where we cannot go. Some countries are not welcome in some parts of the world, because they carry to much history or because their past experience has not been positive. This is not the case for Canada, we can more or less go anywhere. But we will not be able to go anywhere, because we do not have the resources to go everywhere.

Claas: You have mentioned the Afghanistan mission now two or three times. I read it in an article of The Globe and Mail, where a British defence official was cited because he had the impression that Canada participates in a combat mission in Afghanistan, because it is tired of acting as a peacekeeper. Is this true?

Bernard-Meunier: I do not think so. We are allies and expected to make our contribution. This was discussed in NATO. NATO decided to react according to article five. So we are there to do our share and we have told the Americans that if they needed us for something: „Tell us what it is, and we will see what we can do." And they asked us to do something we can do, so we are out there doing it. It is not a question of saying that we wanted more physical exercise. This was never part of the consideration. It is living up to the legitimate expectation of a major ally, and that is why we are there.

Claas: Critics in Canada are of the opinion that this engagement in Afghanistan is against the traditional Canadian role as a peacekeeper, and especially the former Foreign Affairs Minister Lloyd Axworthy is afraid that Canada puts its role as an independent international actor at risk. Do you share this opinion?

Bernard-Meunier: I think you cannot stick to a traditional role in a new set-up. Yes it would be excessive, if the world does not change. The world has changed. I would like the world to go back to what it was. Yes I would rather not have to do that. If that is the question. I would rather not have to wage a war against international terrorism. But I think circumstances are such that we did not have much choice. Where is the alternative? It is not much different of what we did in Iraq in 1991 or in the former Yugoslavia, in Serbia against Milosevic. Things get tough sometimes, so you have to deal with the reality. I do not have any ambivalence about that. I think there was a proper discussion. There was an understanding after September 11th that we are all in this together and everybody would do what he could to help wage war against terrorism. That is the logic behind our presence in Afghanistan.

Claas: Canada has had some difficult experiences in early missions in the 90's like Bosnia, like Somalia, like Rwanda. When you recall these experiences, what can you say about how Canada will act in similar conflicts in the future, especially in ethnic conflicts?

Bernard-Meunier: What many of these experiences have taught us is that clear mandates are vital. You cannot send soldiers anywhere without a clear definition of what their mandate, their rules of engagement are. That is very important. And I think saying no for a mission is an option. If the conditions are not met you should never feel under any obligation to go somewhere, if the mandate is not clear, if you are putting your people at risk, beyond the normal risk of this business. You cannot have under-funded missions in financial terms and in military terms. There is a critical mass that is necessary. So I think we have learned. But we are not alone in this business. There is the Brahimi-Report. We were a little naive once upon a time. And now we are not allowed to be naive any more. There will always be a clear insistence on clear mandates and clear definition of resources.

Claas: Let us come back to the Human Security agenda Canada was pushing forward so hard in recent years. How important will this concept be in the future in Canadian foreign policy?

Bernard-Meunier: I think it will always be there. I do not think it was that new, I mean it is a new word, but describes a reality that was always present in our foreign policy. And it is not only our decision to emphasise it. It is what happens in the world that makes us to put more emphasise on some aspects of our foreign policy. And the 90's have been bloody years in many ways. If we went through a more peaceful era, perhaps it would have less relevance. I do not like the idea of personalising this that this was the image of Mr. Axworthy and therefore the next one, will not want to be identified with this. I do not think that this was Mr. Axworthy's policy. This was a reflection of Canadian values and attitudes towards international co-operation, and I think that will stay. And as I said, it was in another form in another context present forty years ago, and I think it will remain.

Claas: How successful has the co-operation inside the Ottawa agreement been in recent years?

Bernard-Meunier: We have now a whole system of relays in civil society. And we keep this alive. I mean, every embassy in the world has a program to promote the ratification of the landmines treaty, that thousand dinners initiative. It is there, it is still up there with things we want to do. Whether the Americans will ratify, whether the Americans will ever agree to the establishment of a permanent criminal court. If we waited to be sure that this will happen to start doing something, we will not start at any time. You just have to go on doing it. It is the old idea of the „coalition of the willing". Those who are prepared to stand up and be counted should do it and let others come to terms with their own set of problems. We can only talk to the Americans every time we see them. And we do, we have a permanent dialogue with them, and we remind them of that and another hundred items on our bilateral agenda. And we will never stop trying.

Claas: Let us come back to September 11ᵗʰ. How did Canada perceive the terrorist attacks?

Bernard-Meunier: New York is pretty close. It is 400 miles from where we are. I think we were more directly affected than most countries, just because of the proximity. All of the flights that suddenly could not land in the USA, landed in Canada. We were directly affected on that day, there was a big trauma for Canadians as well. We still hear stories about people, who were stranded in Canada for days as a result of September 11ᵗʰ. We could not have been closer, except for the Americans. And there was certainly an incredible wave of sympathy in Canada for all the victims and all the affected families. And we were part of the first effort, try and respond. The additional dimension for Canada, compared to any other country, is the border issue. We have this common border with the U.S. which is the most open border in the world and must remain the most open border in the world. And of course the natural reflex of Americans after something like this is to build a wall around their country and prevent anybody from coming in. This is sort of a natural instinct to see the danger coming from abroad. They discovered quickly that the danger was from within. That a lot of these people did not come from anywhere else in the world, they did from some point, but they have been in the U.S. already for some time. But still the first reflex of the U.S. was to try and to cover itself off from the world. For Canadians this is a huge problem. Because this border needs to remain open, and the solution of a common perimeter is no solution either. If the idea is to have the fence just a bit bigger and to include the whole of North America, it is not a solution either. First of all we do not want to cover ourselves off from the rest of the world. And secondly, we do not want to find ourselves within a development of legislation between the two countries that would be tend to mount to a total loss of sovereignty in Canada. We reacted very quickly to this particular situation. We created a committee led by our then Foreign Minister Mr. Manley. And we said to the Americans: „We must sit down and go through a list of issues that need to be addressed, that will protect your and our security concerns." We addressed those concerns, while protecting a whole range of other interests, starting with our commercial interest and the need of two countries, to keep this border between us open. And in fact very quickly we arrived at an agreement with the Americans. We have the so called „Smart Border Agreement", and we are very happy about the speed of which we were able to negotiate with the Americans solutions that well address both security concerns and legitimate trade concerns between the two countries.

Claas: And from a more general view, did the Canadian/ American partnership change after September 11th, beside the „Smart-Border Agreement"?

Bernard-Meunier: That is a tough one. I would not say so, because of the complexity of the relationship between Canada and the U.S. Companies are on both sides of the border, very often families are on both sides of the border. It is not a relationship that can be dramatically affected overnight. You can have a wave of sympathy, because of the horror of September 11th, a sudden break-out of sympathy with the U.S. and everybody felt very closely with the U.S. And then after six months, they are back to where basically Canadians have been. And if there is something happening in the U.S., that Canadians are uncomfortable with, you will see again expressions of a mild anti-Americanism in Canada. That has always been. We go through phases in this relationship. Nobody will ever deny the fact that it is for us the most vital bilateral relationship that we have. We are the Americans' closest friend and ally, and we will remain that. We will always want to retain our identity and our sovereignty, and we will fight for that as hard as we need to. So from that point of view, it has not changed. We still have as our only neighbour the only superpower in the world. And that cannot be an easy relationship. But we have been managing it up until now, and we will go on managing it.

Claas: And this neighbour is reacting very actively to the new threat of terrorism. Concerning for example the policy against the „Axis of Evil". How does Canada judge this security policy?

Bernard-Meunier: It is not exactly a Canadian term or phrase. We are in Afghanistan, because that is where there was a consensus. That action was required. And we offered to help, and we are helping. There has not been any consultation or agreement on doing anything else, anywhere else. So whenever the issue of doing something else, somewhere else comes up, we will look at it. We will listen what the evidence is, what the reasons are, whether it is or not linked to

September 11th. We have not taken a position of what we see still as very theoretical issues. We felt no need to subscribe to the „Axis of Evil"-theory, because we do not believe we were asked to subscribe to it. We would deal with the issue of Canadian involvement in an operation in one of these countries if the need arises and we are convinced that there is not only a need for it, but there is a consensus in the organisations we belong to. This is NATO, this is the UN.

Claas: An area of Canadian Foreign Policy that has not come up yet are the Canadian efforts on non-proliferation, nuclear non-proliferation and weapons of mass-destruction.

Bernard-Meunier: We have been very active for a number of years in a number of forums. Look at Iraq. Before we look on anything else, what we will look at is ways and means of putting pressure on Saddam Hussein. We have no doubts in our minds that he is not a nice guy. That is quite clear. We would love to see the inspectors back, but we think we have the multilateral institutions that allow us, to put that kind of pressure on him.

Claas: Another topic on the U.S. agenda has been the National Missile Defence system in recent years. How does Canada judge this action of the United States?

Bernard-Meunier: We do not know. We are not too sure, what we are talking about. We are still waiting as well. It is a concept, and we have not been given enough information of what, where, when, against which enemy, to what aim. I think there are a lot of questions there that are still unanswered. We have not been asked to take a position, and we do not see the need to take a position. For the time being, we are neither for nor against it. And we need to be told, what exactly the American agenda is on this. And as a concept we have taken note, but nothing more than that.

Claas: Could Canada imagine to join the NMD somewhere in the future?

Bernard-Meunier: It would depend, what for, who is the enemy, what is expected from us. If the Americans are going to put 40 billion more in their defence budget, they are in a league of their own. Are they still looking for partners? You wonder, what would be the nature of the participation expected. All of this is very speculative. And the Americans are still in discussions with the Chinese and the Russians with a number of these issues.

Claas: Canada has a new Foreign Affairs Minister, William Graham. What are the foreseeable consequences for Canada's foreign policy?

Bernard-Meunier: Mr. Graham came in with a very broad experience, because he was the chairman of our foreign affairs committee. He has a background in Canadian foreign policy that is really quite significant, for many, many years. And he is taking on this challenge with considerable interest and enthusiasm. Mr. Graham within his first week in office was in London, Paris and Berlin. And that is because he is the Foreign Minister of a country, who is chairing the G7/G8. And we have to prepare for the Kananaskis-summit, and he has been very much focussed on preparing for the summit and talking to all his counterparts in the G7/G8. That has been very much the focus of his attention, since he arrived there. He has ordered a sort of foreign policy review within the department. So we may come out with new foreign policy lines in the months to come. It is too early on to talk about the priorities that our minister has set for himself. I think he comes to this job with a very broad view of what Canada's interests in the world are. And as I said with very much an emphasis on the summit and on current crises. The Middle East will also need a lot of his energy as well. Whether you decide that the Middle East is important or not for you and your new foreign minister, events leave you very little alternatives. You have to focus on the crises of the day. So I think it is fair to say that it is still the early days to talk about the priorities, especially in regional terms, in geographic terms.

Claas: I thank you very much for this interview Madame Bernard-Meunier.

Die Autorinnen und Autoren

Marie BERNARD-MEUNIER, Master of Science (Politikwissenschaft) an der Université de Montréal (1973), Botschafterin Kanadas in Berlin.

Jan BERNHARDT (Jg. 1976), Student am Institut für Politikwissenschaft der Philipps-Universität Marburg; einjähriges Auslandsstudium an der Universität Stellenbosch, Südafrika.

David BOSOLD (Jg. 1977), Student am Institut für Politikwissenschaft der Philipps-Universität Marburg; einjähriges Auslandsstudium an der Université Laval, Québec, Kanada.

Oliver CLAAS (Jg. 1978), Student am Institut für Politikwissenschaft der Philipps-Universität Marburg.

Dagmar EICHERT (Jg. 1974), Studentin am Institut für Anglistik und Amerikanistik der Philipps-Universität Marburg.

Susan HASSE (Jg. 1978), Studentin am Institut für Politikwissenschaft der Philipps-Universität Marburg; einjähriges Auslandsstudium an der Haagse Hogeschool in Den Haag, Niederlande.

Geoffrey HAYES (Jg. 1961), Ph. D., Associate Professor am Department of History der University of Waterloo, Ontario.

Kai HEBEL (Jg. 1977), Student am Institut für Politikwissenschaft der Philipps-Universität Marburg; einjähriges Auslandsstudium an der University of California in Berkeley, USA.

Katharina ISKANDAR (Jg. 1978), Studentin am Institut für Politikwissenschaft der Philipps-Universität Marburg; einjähriges Auslandsstudium an der University of Kent in Canterbury, Großbritannien.

Friederike KREFT (Jg. 1978), Studentin am Institut für Politikwissenschaft der Philipps-Universität Marburg; einjähriges Auslandsstudium an der University of Saskatchewan in Saskatoon, Kanada.

René MARC (Jg.1978), Student am Institut für Politikwissenschaft der Philipps-Universität Marburg.

Martin THUNERT (Jg. 1959), Dr. phil. habil., Visiting Associate Professor of Political Science an der University of Michigan, Ann Arbor, MI, USA.

Wilfried VON BREDOW (Jg. 1944), Dr. phil., Professor am Institut für Politikwissenschaft der Philipps-Universität Marburg.

Thomas VON DER GÖNNA (Jg.1977), Student am Institut für Politikwissenschaft der Philipps-Universität Marburg.

Personenregister

Sachregister

If you have any concerns about our products,
you can contact us on
ProductSafety@springernature.com

In case Publisher is established outside the EU,
the EU authorized representative is:
Springer Nature Customer Service Center GmbH
Europaplatz 3, 69115 Heidelberg, Germany

Printed by Libri Plureos GmbH
in Hamburg, Germany